언어의 유형과 한국어 그리고 영어

이 저서는 2015년 정부(교육부)의 재원으로 한국연구재단의 지원을 받아 수행된 연구임 (NRF-2015S1A6A4A01011159)

언어의 유형과 한국어 그리고 영어

송 경 안

역락

요즈음 대학 캠퍼스를 걸으면서 외국인 학생들을 만나기는 어렵지 않다. 20년 전만 하더라도 상상하기 어려웠던 풍경이다. 이러한 세계화의 바람 속에서 언어와 관련하여 3가지 현상이 뚜렷하게 나타났다. 첫째는 다양한 외국어를 접할 기회가 많아졌다는 것이고, 둘째는 다른 외국어와 마찬가지로 많은 외국인들이 한국어에 대해서도 관심을 갖기 시작했다는 것이고, 셋째는 그러면서도 Lingua Franca(세계어)로서 영어의 지위가 더욱 공고하게 되었다는 것이다. 이는 우리 주위에 인간 언어의 다양성에 대해 호기심을 가질 만한 상황이 조성된 것을 의미하고, 한편으로 이와 관련하여 우리 한국어는 어떤 특징을 가진 언어인가를 정확히 알아야 할 필요가 생긴 것을 의미한다. 이 상황은 또 현대인에게 피해 갈 수 없는 숙명이 되어버린 영어라는 언어에 대해 조금 더 분명하고 객관적인 시각이 필요하다는 것을 의미하기도 한다. 이 책은 이 3가지 인문학적 요구에 대해 소박하게나마 답을 해 보기 위해 쓴 것이다.

인간 언어는 다양한 가운데서도 일정한 경향성이 있고 이 경향성은 몇 가지 패턴(유형)으로 정리할 수 있다는 것이 현대 언어유형론의 발견이다. 이 책은 이러한 맥락에서 한국어는 어떠한 위치에 있고, 또 영어는 어떠한가를 소개하려는 것이다. 이와 관련해서 한 가지 중요한 것은 한국어가 당당한 세계 언어의 일원이라는 점이고, 한편으로는 영어라고 해서 특별할 것이 없다는 점이다. 영어의 세계어적 위상 때문에 우리는 흔히 영어가 표준적인 언어라는 착각에 빠져있다. 그러나 영어는 결코 표준적인 언어가 아니며, 더 정확히 말하면 언어학적으로 표준적인 언어란 있을 수 없다. 굳이 '표준적'이라는 용어를 쓴다면 한국어가 영어보다 오히려 표준적이다. 한국어는 전형적인 첨가어의 특징을 보이고 있는 반면에 영어는 전형적인 굴절어도 아니고 전형적인 고립어도 아닌 상태이기 때문이다.

이 책은 2015년 한국연구재단의 인문교양서 저술사업의 일환으로 출판된 것이다. 교양서 저술이라는 사업 목적을 염두에 두고 가급적이면 쉽게 쓰려고 노력하였으나 언어학이라는 학문분야가 워낙 딱딱한 것이어서 한계는 있을 것이다. 그러나 일반 독자가 큰 흐름을 파악하는 데는 어려움이 없을 것으로 본다. 이 책을 쓰기 위해 필자는 2개월 동안 독일 쾰른대학을 방문한 바 있으며 이 대학의 Bernd Heine(베른트 하이네) 선생님과 이 저술에 대해 상의하였다. 쾰른대학은 현대 언어유형론 연구에서 중심적인 대학이라고 할 수 있으며 Heine 선생님은 그 대표적인 학자이다. 많은 유익한 자료를 제공해 주시고 면담에 응해 주신 Heine 선생님께 감사드린다.

이러한 귀한 연구를 할 수 있도록 지원해 주신 한국연구재단에 감사하며, 모든 것이 디지털화하면서 출판업계의 재정 상황이 녹녹치 아닐 것임에도 불구하고 출판을 허락해 주신 역락출판사의 이대현 대표님께도 심심한 감사를 드린다. 끝으로 이 책이 부족하나마 독자들에게 인간 언어의 경향성과 이와 관련한 한국어와 영어의 특징을 이해하는 데 작은 도움이 되기를 희망해 본다.

2019. 1.

한겨울 눈 덮인 캠퍼스를 그려보며 송 경 안 삼가 씀

제1장　　서 론

이 책의 목적은 언어유형론의 관점에서 한국어와 영어의 특징을 비교·기술하는 것이다. 이는 세계 언어의 시각에서 한국어와 영어를 바라보는 것으로, 지구상에는 어떤 유형(패턴)의 언어들이 있고 한국어는 이 가운데 어떤 유형에 속하며, 또 이와 관련해서 영어는 어떤 언어인가를 소개하는 것이다. 이에 대한 이해를 돕기 위해 먼저 제1장에서는 언어의 구조에 대한 기본개념들과 언어유형론에 대해 소개하고 이어서 특별히 영어라는 언어의 성격에 대해 논의하고자 한다.

1. 언어에 대한 기본이해

인간과 언어: 다른 동물과 비교해서 인간 존재의 특징은 무엇일까? 그리고 이러한 인간 존재에게 언어는 어떤 의미를 갖는 것일까? 많은 사람들이 인간 존재의 특징 가운데 하나로 '언어'를 꼽는다. 일리가 있는 말이다. 그러나 엄밀히 말하면 언어는 인간 존재의 특징을 가능

케 하는 그 무엇이지 특징 자체는 아니라고 할 수 있다. 그러면 인간 존재의 특징은 무엇일까? 이에 대해 사람마다 의견이 다를 수 있겠지만 가장 중요한 특징은 '창의적인 문화' 혹은 '문화의 창의성'이라고 할 수 있다.

문화란 영어로 *culture*라고 하는데 이는 원래 *cultivate*('경작하다')라는 말에서 유래하였다. '경작'이란 인간이 자연 상태로 있는 것만 먹고 살다가 먹을 것을 직접 재배하기 시작했다는 뜻이다. 자연을 바꾸어 이용하기 시작한 것인데 이것이 바로 문화의 시작이다. 즉 문화란 인간이 자연 상태에서 벗어나 보다 편리하고 풍요로운 생활을 위해 고안해 낸 여러 가지 '삶의 방식'이라고 할 수 있다. 이렇게 '자연을 바꾸어 이용하는 것'이 바로 인간과 다른 동물의 근본적인 차이일 것이다. 자동차, 비행기, 스마트폰, 그밖에 각종 전자제품이 모두 인간의 자연 바꾸기, 즉 창의적인 문화의 결과이다. 이에 반해 동물은 창의적인 문화가 없다. 100년 전의 참새와 오늘날의 참새가 살아가는 방법이 다르지 않을 것이며 참새가 살아가는 방식을 바꾸어 학교를 만들고 군대를 만드는 일은 없다.

문화, 즉 '삶의 방식'은 나라나 종족에 따라 다를 수 있으며 이를 그 나라나 종족의 문화라고 한다. '중국의 명절문화, 티베트의 장례문화' 같은 것들이 그 예이다. 한편 문화라는 개념은 한 사회 안에서 특정한 집단이 살아가는 방식이나 그들의 행동양식을 의미하기도 하는데 '청소년 문화, 군대 문화, 대학생들의 음주문화' 등이 그 예이다. 보다 좁은 의미에서 문화는 음악, 미술, 연극, 영화, 문학 등 예술이나 공연과 관련된 활동들을 의미하는데 '문화상품권, 문화예술회관, 청소년들의 문화 공간' 같은 것들이 그 예이다. 이 세 가지 문화의 개념은 얼핏 많이 다른 것처럼 보이지만 이들은 모두 '자연 상태에서 벗어나 인간이 개발한 삶의 방식'이라는 공통분모를 가지고 있다.

이처럼 문화는 인간과 다른 동물을 구별 짓는 중요한 특징이라고 할 수 있는데, 그러면 언어는 문화와 어떤 관계가 있을까? 한 마디로 말하면 언어 없이 인간의 창의적인 문화는 불가능하다. 창의적인 문화란 다른 말로 '문명의 진보'라고도 할 수 있는데 문명의 진보는 협업과 지식의 축적 및 전수를 전제로 하며 이 세 가지 활동은 언어 없이 불가능하기 때문이다. 예를 들면 오늘날 문명의 진보의 상징이라고 할 스마트폰은 오랜 시간에 걸친 인간의 협업과 지식의 축적과 이 지식의 전수의 결과로 생긴 것이며 이 모든 것이 언어가 있었기 때문에 가능했던 것이다.

인간 존재의 또 한 가지 중요한 특징은 사회성이다. 인간은 본질상 혼자서는 살 수 없고 다른 사람과 함께 어울려서 살아간다. 그래서 인간을 사회적 동물이라고 한다. 사회(society)란 둘 이상의 개체가 모여 여러 가지 관계를 형성하며 살아가는 것을 말한다. 사회를 이루는 데 필수적인 것 가운데 하나가 서로의 생각을 주고받는 것, 즉 의사소통이며 여기에 언어가 인간 존재에게 갖는 또 하나의 중요한 의미가 있다. 사회 혹은 군집을 이루면서 사는 것은 꿀벌이나 개미 같은 다른 동물에서도 쉽게 찾아 볼 수 있는 일이며 이들도 나름대로 의사소통 수단을 가지고 있기 때문에 사회성이 인간 존재의 고유한 특징이라고 볼 수는 없다. 그러나 사회성은 인간의 중요한 특징이고 이러한 인간의 존재양식을 위해 없어서는 안 될 것이 언어라는 것은 분명하다.

인간 언어의 특징, 무한한 표현력: 인간이외의 다른 동물들도 의사소통의 수단을 가지고 있기 때문에 언어 자체를 인간의 고유한 특징이라고 할 수는 없다. 예를 들면 꿀벌은 '8'자 모양으로 날면서 움직이는 선이 교차하는 지점으로 꿀의 위치를 알린다. 소도 10가지 정도의 소리신호를 사용한다고 한다. 그러나 인간의 언어는 다른 동물의 언어와 근본적으로 구별되는 특징이 있는데 그것은 무한한 표현력이다. 다른 동물의 언어는 그 표현력이 기껏해야 수 십 가지 정도로 제한되어 있는데 반해 인간 언어의 표현력은 무궁무진하다. 대학도서관의 수십만 권의 장서에 똑 같은 문장은 거의 없을 것이다. 이 무궁무진한 표현력을 인간 언어의 **무한성** 혹은 **창조성**이라고 한다. 이는 끊임없이 새로운 문장을 만들어 낼 수 있는 능력이고 인류 문명의 진보를 가능케 한 기초이기도 하다. 인간 언어의 무한한 표현력은 문명의 진보를 위한 협업과 지식의 축적과 전수를 가능케 한 것이다.

그러면 이 인간 언어의 무한한 표현력은 어떻게 해서 가능한 것일까? 이는 인간 언어의 **분절성**과 **조합성**에서 온 것이다. 동물들의 소리신호는 나누어지지 않고 소리 하나가 하나의 신호를 나타낸다. 그러나 인간의 소리는 자음과 모음으로 분절된다. 보통 인간의 언어는 20-40개 정도의 분절음(낱소리)을 사용한다. 예를 들면 한국어의 경우 자음 19개, 단모음 10개, 이중모음 11개로 모두 40개의 분절음을 사용하고 영어는 자음 24개, 단모음 8개, 이중모음 8개로 모두 40개의 분절음을 사용한다. 일본어의 경우 자음 17개, 모음 5개로 모두 22개의 분절음을 사용한다.

인간 언어의 묘미는 조합성에 있다. 즉 인간은 이렇게 극히 제한된 수의 낱소리를 조합함으로써 무수히 많은 단어를 만들어 낸다. 예를 들면 옥스포드 영어사전(Oxford English Dictionary)은 60만 개 정도의 어휘를 수록하고 있고 대학생들의 학습용 외국어 사전도 보통 10만 개 정도의 어휘를 수록하고 있다. 이 정도만 가지고도 인간 언어의 표현력은 거의 무한하다고 할 수 있을 것인데 인간의 언어는 여기서 한 걸음 더 나간다. 즉 이 무수한 단어들을 다시 조합해서 무수한 문장을 만드는 것이다. 제2단계의 조합이라고 할 수 있다. 책 속에 수많은 문장들은 바로 이 제2단계 조합으로 생성되는 것이다.

한편 인간 언어에서 단어들을 조합하는 방식은 매우 정교한 프로그램에 의한 것이며 인간의 언어는 따라서 정교한 **규칙의 체계**라고 할 수 있다. 예를 들면 영어에서 아래 예문 (1a,b)나 (2a)와 같이 조합하면 괜찮은데 (1c,d)나 (2b,c)와 같이 조합하면 안 된다. 우리는 영어의 조합규칙을 가지고 앞의 것들은 승인하고 뒤의 것들은 걸러내야 하는데 인간은 머리 속에 이러한 정교한 프로그램을 가지고 있는 것이다.

    (1) a. The boy sleeps.
        b. The boy likes the girl.
        c. *The boy sleeps a book.[1]
        d. *The boy likes.

    (2) a. The boy drinks the water.
        b. *The boy drinks a stone.
        c. *The stone drinks the water.

언어의 기본구조, 문장, 명사, 동사: 위에서 우리는 인간 언어를 정교한 규칙의 체계라고 했는데 이 단원에서는 이 언어가 어떻게 구성되는지에 대해 조금 더 자세히 살펴보겠다. 언어는 의사소통의 수단이며 의사소통의 기본단위는 문장이다. 의사소통은 문장을 주고받음으로써 이루어진다는 뜻이며 물론 이때 문장은 생략된 형태로 나타날 수도 있다. 이렇게 볼 때 언어는 곧 문장이라고 할 수 있고 언어의 구조가

---

1) 별표(*)는 틀린 문장이라는 뜻이다.

어떻게 생겼는지를 알려면 문장의 구조가 어떻게 생겼는지를 보면 된다. 언어는 또 규칙의 체계라고 했는데 이때 규칙이란 기본적으로 문장형성 규칙을 말한다.

그러면 문장은 무엇이며 그 기본구조는 어떻게 생겼을까? 문장은 우리 주변의 세상에 대해서 이야기하는 것이다. 세상은 사물들로 이루어져 있는데 이 사물들이 문장 속에 들어가면 **명사**가 된다. 그런데 명사만 가지고는 문장이 성립될 수 없고 이 명사가 '어떠어떠하다'라고 하는 부분이 있어야 하는데 이것이 곧 **동사(술어)**이다.[2] 문장을 구성하는 두 가지 기본 요소는 따라서 명사와 동사이다. 이 명사와 동사는 주품사라고 할 수 있고 나머지 말들은 이 두 가지 품사를 보조해서 문장을 더 정밀하게 다듬는 기능을 한다. 문법이란 이 명사와 동사를 잘 다듬어서 보다 정교한 문장을 만드는 방법이라고 할 수 있다.

한 문장에 동사(술어)는 기본적으로 하나이며 명사는 여러 개 올 수 있다. 이때 명사가 몇 개 와야 하는지 또 어떤 종류의 명사가 와야 하는지는 동사가 결정한다. 즉 문장 전체의 구조는 동사가 결정한다. 예를 들면 한국어 '데려오다'라는 동사는 (3)과 같이 5개의 명사를 취할 수 있는데, 이때 아무 명사나 대강 취하는 것이 아니고 명사의 수와 종류를 정확히 어법에 맞게 고른다는 것이다.

(3) '데려오다'의 문장구성

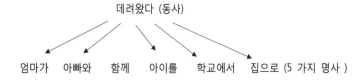

---

2) 한국어의 경우 술어에 형용사까지 포함시켜야 한다.

이 문장에서 5개의 명사에 조사를 정확히 붙여야 하며, 주어와 목적어 자리에는 '책상, 의자'와 같은 무생물이 오면 안 된다. 또 '엄마'와 '아이'는 필수적인 명사이며 나머지는 생략 가능한 명사이다. 이렇게 볼 때 동사는 문장구성을 총지휘하는 사령관이라고 할 수 있으며 언어학에서는 이를 '핵' 혹은 '핵어(head)'라고 부른다. 즉 **문장구성의 핵은 동사**인 것이다. 동사를 도와 문장을 완성해 가는 **명사**들을 핵어에 대해 **보충어**(complement)라고 부른다.

요약하자면 언어는 의사소통의 수단이고 의사소통의 기본단위는 문장이며 문장은 크게 명사와 동사로 구성되는데 이 가운데 문장구성의 핵은 동사이다. 이는 한국어뿐만 아니라 모든 언어에 적용되는 언어 보편적인 원리이다.

언어의 단위와 층위: 위에서 인간 언어의 중요한 특징으로 분절성과 조합성을 들었다. 즉 우리는 낱소리들을 조합하여 단어를 만들고 단어들을 다시 조합하여 문장에 이르게 되는데 이 과정을 자세히 살펴보면 거기에는 몇 가지 단계가 있고 각 단계마다 고유한 언어단위가 있는 것을 알 수 있다. 예를 들면 (4)의 문장은 (5)와 같은 조합과정을 밟는다.

이와 같은 조합과정은 우리가 쉽게 이해할 수 있는 것으로 이러한 조합성, 계층성, 입체성은 인간 언어가 갖는 특징이다. (5)의 5가지 층위 가운데 낱소리, 단어, 문장 층위는 일상 언어에서 흔히 사용하는 개념이기 때문에 별도의 설명이 필요 없을 것이다. '구(句; phrase)'도 '명사구', '부사구' 할 때 '구'로서 이 역시 많이 일상화 되어 있는 개념인데 2개 이상의 단어가 모여서 하나의 문법기능을 수행하는 언어단위를 말한다. 예를 들면 '철수 + 가'는 2개의 단어가 결합하여 주어의 역할을 하는 명사구이고 '학교로 간다'는 3개의 단어가 결합하여 술어의 역할을 하는 동사구이다.

(5)에서 '음절'은 언어학 전문용어인데 우리가 말할 때 끊어서 발음할 수 있는 최소 발음단위를 말한다. 위 문장은 8개의 음절로 구성되어 있는데 한글 한 자가 하나의 음절이라고 보면 되기 때문에 한국 사람은 음절의 개념을 쉽게 이해할 수 있다. 모음은 하나의 음절을 구성할 수 있으나, 자음의 경우 따로 때어서 발음할 수 없기 때문에 음절을 구성할 수 없다. 자음은 모음이 곁들여져야 비로소 자연스럽게 발음할 수 있는 것이다. 우리가 흔히 /p, t, k/ 소리를 내 보라고 하면 /프, 트, 크/ 하고 발음하는데 여기에는 이미 모음이 들어가 있다.

(4) 철수가 학교로 간다.

(5)

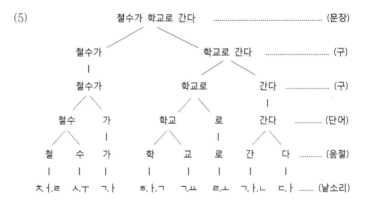

형태소: 언어분석에서는 이밖에 낱소리와 단어 사이에 하나의 층위를 더 설정한다. 예를 들면 '간다'는 하나의 단어이지만 (6)과 같이 3가지 요소로 분석할 수 있으며 이들은 각각 일정한 의미 혹은 정보를 가지고 있다. 이때 정보란 어휘적 정보일 수도 있고 문법적 정보일 수도

있다. (6)에서 '가'는 'go'라는 어휘적 정보를 담고 있고 'ㄴ, 다'는 각각 '현재'와 '서술문 종결'이라는 문법적 정보를 담고 있다.

(6) 간다: 가('go') + ㄴ(현재) + 다(서술문 종결표지)

여기서 '가'를 'ㄱ + ㅏ'로 나누어 버리면 정보가 사라지고 만다. '다'도 마찬가지이다. 따라서 (6)의 3가지 요소는 언어학적으로 **최소 정보단위**라고 할 수 있는데 이를 전문용어로 **형태소**(morpheme)라고 부른다. 언어적인 형태(형식)를 구성하는 요소라는 뜻이다. 언어의 형태, 특히 단어가 어떻게 구성되는가를 연구하는 분야를 형태론이라고 한다. '간다'는 어간과 2개의 어미로 구성되어 있다. 이는 하나의 단어가 3개의 형태소로 구성된 경우인데 '이, 그, 저, 빛, 하늘, 새'와 같이 하나의 단어가 형태소가 되기도 한다.

형태소는 언어분석에서 그리고 언어를 이해하는데 매우 중요한 개념이며 특히 한국어를 분석하고 이해하기 위해서는 더욱 그렇다. 한국어의 문법기능은 대부분 형태소를 통해서 표현되기 때문이다. 위에서 우리는 의사소통의 기본단위는 문장이고 문장을 구성하는 두 가지 기본요소는 명사와 동사이며, 문법이란 이 두 가지 품사를 잘 다듬어서 문장을 만드는 것이라고 했다. 한국어의 경우 명사관련 문법기능은 주로 조사에 의해 표현되고 동사관련 문법기능은 대부분 어미로 표현되는데 이때 조사와 어미가 모두 형태소이다.

예를 들면 (7)의 문장을 보면 2개의 조사와 5개의 동사어미가 있는데 이들은 각각 형태소이다. 한국어의 문법기능은 이와 같이 대부분 명사 뒤의 조사와 동사 뒤의 어미로 표현되는데, 그 중에서도 동사어미가 전체 문법기능의 80-90% 정도를 담당하며 조사로 표현되는 문법기능은 전체 문법기능의 10-20% 정도라고 볼 수 있다. 이때 '동사'라 함은 형용사까지를 포함하는 '술어'의 개념이다.

(7) 선생님-께서 학교-에 도착하-시-었-겠-습니-까?

한국어 문법은 형태소 문법이라고 할 만큼 거의 전적으로 형태소에 의존하고 있으며, 따라서 이는 한국어를 기술하고 이해하는데 매우 중요한 개념이다. 한국어 형태소의 형식을 보면 표 (8)과 같이 낱소리에서부터 1~4개의 음절 그리고 단어에 이르기까지 다양하게 나타난다. 이는 한국어의 문법기능이 이처럼 다양한 형식으로 표현된다는 뜻이며, 한편으로 이러한 언어구조에 익숙하지 않는 외국인에게는 한국어가 매우 어렵게 느껴지는 요인이 되기도 하다.

(8) 한국어 형태소의 다양한 실현 형식

형식	형태소의 예	용 례
낱소리	-ㄴ, -ㄹ, -ㅆ	가+ㄴ +다 (간다), 가+ㄹ 길 (갈 길), 가+ㅆ +다(갔다)
1음절	-다, -었, -냐, -면	간다, 먹었다, 가냐?, 가면
2음절	-습니, -면서, -어서	먹습니다, 자면서, 먹어서
3음절	-으면서, -더라도	먹으면서, 가더라도
4음절	-을지라도, -는다면서	먹을지라도, 먹는다면서
1단어	를, 안, 그, 새,	철수를, 안 간다, 그 사람, 새 집

언어층위와 문법기능의 실현: 언어는 규칙의 체계이다. 여기서 규칙이란 쉽게 말하면 문법규칙이며 이는 문법기능들을 표현하는 방식을 말한다. 문법기능에는 시제, 완료, 진행, 조동사, 수동태, 의문문, 부정문 같은 것들이 있다. 문법기능들은 다양한 언어층위 혹은 언어단위

를 통해 실현된다. 문법기능들이 실현되는 방법 및 층위를 보면 (9)와 같다.

(9) 문법기능의 실현 방법
   a. 형태소 층위: 단어 안에서 접사나 어미로 실현되는 경우
   b. 단어층위: 하나의 단어로 실현되는 경우
   c. 구 층위: 단어의 범위를 넘어 구절 차원에서 실현되는 경우
   d. 문장층위: 어순 등 문장 차원에서 실현되는 경우

한국어의 문법기능은 대부분 어미와 조사로 실현된다고 했는데 어미는 (9a)에 해당하고 조사는 (9b)에 해당한다. 문법기능 실현 방법에 대해 몇 가지 예를 가지고 조금 더 자세히 살펴보기로 한다. 먼저 형태소 층위에서 실현되는 예를 보면 (10)과 같다. 한국어에서는 어미 '-니, -었'이 '의문'과 '과거'를 표시하고 영어에서는 어미 - *es, -ed, -s*가 각각 '현재, 과거, 복수형'을 나타낸다.

(10) 문법기능이 형태소 차원에서 어미로 실현되는 예
   a. 먹다 - 먹니? / 먹었다
   b. go - goes, want - wanted, boy - boys

(11)은 문법기능이 하나의 단어로 실현되는 예이다. (11a)는 한국어에서 '안'을 이용해서 부정문을 만드는 예이고, (11b)는 영어에서 조동사 *do*를 첨가해서 의문문을 만드는 예이다.

(11) 문법기능이 하나의 단어로 실현되는 예
   a. 철수가 간다. - 철수가 안 간다.
   b. You sleep. - Do you sleep?

2개 이상의 단어가 모여서 하나의 기능을 수행하는 것을 구(句: phrase)라고 했는데, 문법기능이 단어 차원을 넘어 구의 층위에서 실현되는 예는 영어의 완료형, 진행형, 수동태 등에서 볼 수 있고, 한국어의 경우 진행형이 이에 해당한다. (12a)는 'have + 과거분사' 형식으로 표현되는 영어 완료형이고, (12b)는 '~고 있다' 형식으로 표현되는 한국어 진행형이다.

(12) 문법기능이 구의 층위에서 실현되는 예
    a. John have bought a book.
    b. 철수는 사과를 먹고 있다.

마지막으로 문법기능이 문장차원에서 실현되는 경우가 있는데 이는 문법기능을 표현하기 위해 문장의 전체적인 구조가 달라지는 것을 말한다. (13a,b)와 같이 영어에서 어순이 바꾸어서 의문문을 만드는 것이 대표적인 예이다.

(13) 문법기능이 문장차원에서 실현되는 예
    a. That is my brother. - Is that your brother?
    b. I love Peter. - Whom do you love _____ ?

지금까지 우리는 4가지 문법기능의 표현방법에 대해 살펴보았는데 언어유형론에서는 이들을 크게 합성적(synthetic) 방법과 분석적(analytic) 방법으로 구분하기도 한다. 문장을 만드는 기본단위를 단어라고 할 때 문법기능을 하나의 단어 안에 통합해서 표현하는 경우를 합성적 방법이라고 하고 별도의 단어나 구(phrase)를 동원하는 경우를 분석적 방법이라고 한다. 위 4가지 방법 가운데 (9a)가 합성적 방법이고 (9b,c,d)가 분석적 방법이다.

문법기능의 실현방식과 개별언어: 문법기능의 실현방식은 언어의 유형을 기술할 때 중요한 기준점이 된다. 즉 같은 문법기능이라도 언어에 따라 실현방식이 다를 수 있는데 하나의 문법기능이 개별언어에서 어떤 방식으로 실현되며 인간 언어 전체로 보면 여기에 어떤 패턴(유형)들이 있는지를 알아보는 것이 언어유형론의 중요한 과제이다.

한국어와 영어를 중심으로 몇 가지 예를 보면 (14)와 같다. (14)에서 우리는 5가지의 문법기능을 볼 수 있는데 한국어에서는 이 기능들이 모두 단어 안에서 어미(형태소)로 실현되고 있는 반면, 영어의 경우 수동 표현은 구의 차원에서 그리고 나머지 4개의 기능은 독립된 단어로 실현되고 있다.

(14) 한·영 문법기능 표현방식의 예

[수동 표현]
한: 쥐가 고양이에게 쫓-기-었다.
영: The rat was chased by the cat.

[의지 표현]
한: 나는 집에 가-겠-다.
영: I will go home.

[추정 표현]
한: 순희가 집에 있-겠-다.
영: Mary may be at home.

[이유 표현]
한: 순희가 아파-서
영: because Mary is ill

[조건 표현]
한: 순희가 아프-면
영: if Mary is ill

  (14)의 예들은 두 언어의 특징 및 차이를 잘 보여주고 있다. 한국어는 문법기능들이 대부분 단어 안에서 어미 등 형태소로 표현되는 합성적 언어의 성격을 띠고 있고 영어는 많은 문법기능들이 단어나 구의 차원에서 실현되는 분석적 언어의 성격이 강하다. 실제로 한국어의 문법기능들은 대부분 명사류에 붙는 조사와 술어(동사, 형용사)의 어미로 표현되며, 따라서 한국어 문법연구에서는 형태소를 다루는 형태론이 아주 중요한 분야가 된다.

  물론 한국어에 분석적 방식이 전혀 없는 것은 아니며 영어에 합성적 방식이 없는 것도 아니다. (11a)의 한국어 부정문 표현방식은 분석적이고 (10b)의 영어 과거형 표현방식은 합성적이다. 즉 이 두 가지 언어유형의 구별은 정도의 문제라는 뜻이며 전체적인 경향성으로 볼 때 한국어는 합성적 성격이 아주 강한 언어이고 영어는 분석적 성격이 비교적 강한 언어라고 할 수 있겠다.

어휘소, 문법소, 형태와 의미의 비대칭성: 위 (14)에서 한국어의 의지 표현과 추정 표현이 동일한 형태 '-겠'으로 나타나는 것을 볼 수 있는데 언어현상을 잘 이해하기 위해 우리는 이에 대해 조금 더 주의를 기울릴 필요가 있다. 언어표현은 기본적으로 형태와 의미의 결합으로 이루어진다. 이들 가운데는 어휘적 의미를 표현하는 것들이 있고 문법적 기능을 표현하는 것들이 있는데 언어학에서는 이들을 **어휘소**와 **문법소**로 구분한다.

언어표현은 보통 하나의 형태에 하나의 의미가 대응된다. 그러나 조금 자세히 들여다보면 이 대칭성이 깨지는 경우가 많다. 즉 하나의 형태가 여러 개의 의미를 갖는 경우도 있고 반대로 하나의 의미가 여러 가지 형태로 표현되기도 한다((15b,c) 참조).

(15) 형태와 의미의 대응관계
　　a. 형태 ①　　　－ 의미 ①
　　b. 형태 ①　　　－ 의미 ① ② ③
　　c. 형태 ① ② ③ － 의미 ①

위 (14)에서 '-겠'은 하나의 형태가 2가지 의미를 갖는 경우이다. 이에 대한 영어의 예를 보면 (16-17)과 같다. (16)에서 *may*는 '추정'과 '허락'이라는 2가지 의미를 표현하고 있으며 (17)에서 *in*은 장소, 시간 그리고 추상적인 의미를 표현한다.

(16) a. John may be at home.
　　 b. John may go home now.

(17) a. John is living in Busan.
　　 b. John goes to Busan in this week.
　　 c. In fact John is my friend.

형태가 여러 개이면서 의미가 같은 예는 한국어의 조사 '-이/가, -을/를, -와/과' 등에서 볼 수 있다. 영어의 복수형 'boys, boxes. oxen'에서 어미 '-s, -es, -en'도 같은 경우이다. 이와 같은 형태-의미 사의의 비대칭성은 어느 언어에서나 나타날 수 있는 보편적인 현상이다.

2. 언어유형론에 대한 기본이해

언어유형론이란 무엇인가?: 지구상에는 5,000~7,000개의 언어가 있는 것으로 추정된다. 그러면 언어는 5,000~7,000가지로 다를까? 물론 이들은 각각 다르기 때문에 독립된 언어로 본 것이다. 그러나 언어를 자세히 관찰하면 이들 사이에 유사성을 발견할 수 있고 거기에는 또 일정한 패턴 혹은 유형(type)이 있는 것을 알 수 있다. 예를 들면 문장을 이루는 세 가지 중요한 성분을 주어(S: subject), 목적어(O: object), 동사(V: verb)라고 할 때 이들 사이의 순서를 기본어순이라고 하는데 이와 관련하여 지구상의 언어는 대체로 (18)과 같이 대개 3가지 유형으로 나누어진다. (19)는 영어, 한국어, 아랍어에서 볼 수 있는 3가지 기본어순에 대한 예이다.

(18) 기본어순의 3가지 유형
    SVO-형: 유럽 언어
    SOV-형: 한국어, 일본어, 터키어
    VSO-형: 아랍어, 통가어[3]

(19) 3가지 기본어순의 예
    SVO: John loves Mary. (영어)
    SOV: 철수는 순희를 사랑한다. (한국어)
    VSO: dakhala   al-waladu   al-ghurfata. (아랍어)
          enter   the-boy   the-room
          'The boy enter the room.' (사희만, 2008: 422)

---

3) 통가(Tonga): 뉴질랜드 북쪽 피지 섬 부근에 있는 작은 섬나라.

이렇게 언어의 유형을 연구하는 분야를 언어유형론이라고 한다. 영어로 유형론을 *typology*라고 하는데 이는 *type*(타입; 유형)과 접사 *-ology*(연구)의 합성어이다.4) 유형을 연구하는 분야라는 뜻이고 언어유형론이란 언어의 유형을 연구하는 분야를 말한다.

언어비교, 언어대조, 언어유형론: 언어유형론은 지구상의 여러 언어를 조사해서 인간 언어의 경향성을 밝히고 이 경향성에 따라 언어를 유형화하는 것이다. 이러한 과정에서 여러 개별언어 현상을 '비교'하는 것은 필수적인 작업인데 언어연구에서 '비교'라는 용어가 여러 가지 의미로 쓰이고 있어서 자칫 혼란이나 오해를 불러일으킬 수도 있기 때문에 이에 대해 간단히 정리하고 넘어갈 필요가 있다.

언어연구에서 '비교'라는 말이 본격적인 전문용어로 쓰인 것은 19세기이다. 학문의 역사에서 20세기를 구조주의 시대라고 한다면 19세기는 역사주의 시대라고 부를 수 있다. 역사주의란 어떤 사물의 본질에 접근하기 위해 그 사물의 역사를 거슬러 올라가 보자는 입장이다. 사물의 역사란 그 사물의 기원과 변화과정을 말하며 이 기원과 변화과정을 알면 우리는 그 사물에 대해 잘 이해할 수 있다고 보는 것이다.

이에 따라 역사주의 언어학은 언어의 기원과 변화과정을 연구하는데 주력하였다. 이들은 때마침 유행하던 진화론의 영향을 받아 현재 지구상의 언어들이 지역별로 공통의 조어(祖語: parent language)를 가지고 있고 이 조어들은 다시 그 위 단계의 조어를 가지고 있으며 이렇게 추적해 나가면 결국 우리는 인류의 공통 조어에 이르게 될 것이라고 생각하였다. 이때 어떤 공통 조어에서 분지되어 나왔다고 추정되는 언어들

---

4) 접사 *-ology*가 붙어서 학문영역을 나타내는 예는 *biology*(생물학), *sociology*(사회학), *psychology*(심리학) 등이 있다.

을 자어(子語: daughter languages)라고 하는데 이 자어들을 하나의 어족 (language family)이라고 부른다. 역사주의 언어학의 목표는 이 자어들을 비교·분석하여 그 전단계의 언어, 즉 조어를 재구성하는 것이었다.

이렇게 볼 때 역사주의 언어학은 자어들을 비교하는 것이 주요 과제였기 때문에 이를 역사·비교언어학이라고 불렀고 간단히 역사언어학이라고 부르기도 했다. 언어연구에서 '비교'라는 용어의 본격적인 사용은 이렇게 시작되었는데 어떻게 보면 이는 특별한 의미의 '비교'라고 할 수 있다. 즉 이들의 비교 대상은 동일한 어족 안의 자어로 추정되는 언어에 한정되었고 비교의 목적은 이들의 조어를 재구성하는 것이었다. 이 경우 한국어와 영어는 '비교'의 대상이 되지 않는다. 언어 간에 차이가 커서 동일한 조어에서 분지되어 나왔다고 생각하기 어렵기 때문이다.

19세기 100여 년 동안 '비교'라는 말을 이렇게 사용하다 보니 언어연구에서 이 용어는 '특별한 비교'를 나타내는 전문용어가 되었다. 이에 따라 가령 어족과는 관계가 없는 한국어-영어를 대상으로 하는 '언어비교'를 지칭하기 위해서는 이와 구별되는 별도의 용어가 필요하게 되었는데 이 상황에서 새로 도입된 개념이 '언어대조' 혹은 '대조분석'이라는 용어이다.

언어대조는 20세기 전반에 외국어교육 분야에서 사용하기 시작한 개념이며 대조분석의 대상은 학습자들의 모국어와 해당 외국어이다. 이에 따르면 모국어와 유사한 외국어 현상은 배우기 쉽고 모국어와 다른 외국어 현상은 배우기 어렵다. 언어학자나 외국어 교육학자들은 따라서 모국어와 외국어의 현상을 면밀히 검토하고 이들 사이의 차이점과 유사점을 잘 정리함으로써 외국어 교육에서 학습의 난이도를 예측하고 이에 대처해야 한다.

언어연구에서는 위의 2가지 관점 말고도 '언어비교'의 필요성이 생길 수 있는데, 예를 들면 언어유형론의 연구가 그 예이다. 앞서 말한 대로 언어유형론은 지구상의 언어들을 '비교'해서 인간 언어의 경향성 혹은 보편성을 밝히려는 분야인데 이 경우 당연히 언어들 사이의 '비교'가 전제되어야 한다. 이러한 관점의 '언어비교'를 위해 언어연구에서 별도의 용어를 도입하지는 않고 있으며 그냥 '비교'라는 용어를 쓰기도 하고 '대조'라는 용어를 쓰기도 한다. 19세기 역사·비교언어학의 본 고장이라고 할 수 있는 독일에서도 *Sprachvergleich*('언어비교')라는 용어를 폭 넓게 쓰고 있다. 이 책에서도 '비교'라는 용어를 일반적인 언어비교의 개념으로 사용하겠다.

언어유형 연구의 역사와 동향: 언어연구의 역사에서 언어비교의 전통은 19세기 독일에서 확립된 것이다. 물론 이는 대부분 조어를 추적하기 위한 역사·비교언어학적 관점의 비교였지만 수평적, 유형론적 비교도 함께 수행되었다. 이때 수평적 비교의 대표적인 학자가 Wilhelm von Humboldt(빌헬름 폰 훔볼트, 1767-1835)이다. 그는 동생 Alexander von Humboldt(알렉산더 폰 훔볼트, 1769-1859)와 함께 Berlin 대학의 설립자이기도 하며[5] 이들 형제는 당대 독일 및 유럽의 최고 지성으로 꼽히는 사람들이다.[6]

---

[5] 이 대학은 통일 전에는 동독지역에 있었으며 지금도 공식 명칭은 베르린 훔볼트 대학(Humboldt-Universität zu Berlin)이다. 연구와 교육, 학문의 자유, 교양시민의 양성이라는 W. v. Humboldt의 설립 취지는 이후 유럽은 물론 세계 모든 대학의 기본이념이자 전통이 되었다(https://www.hu-berlin.de, 2015 참조).

[6] 유럽의 역사에서 19세기는 독일의 시대이다. 그 동안 잠자고 있던 게르만 문명이 활짝 꽃을 피우면서 로마, 이태리, 스페인, 포르투갈, 프랑스로 이어지는 라틴문명에 대해 처음으로 우위를 점한 시기이다. 이 당시는 유럽지역은 물론 미국에서도 독일로 유학을 왔다.

언어연구에서 W. v. Humboldt의 대표적인 업적으로 알려진 책은 1836년 그의 사후에 출간된 『인간 언어 구조의 다양성과 그것이 종족 정신의 형성에 미치는 영향에 대하여』이다.7) 이 책은 이후 1838, 1840에 출간된 『자바섬의 카위어(Kawi)에 대하여』8) 제2-3권의 서론 격인 제1권에 해당하는데 이 제1권이 그의 대표 업적으로 평가받고 있다.9)

이 책의 언어학적 의미는 크게 2가지이다. 첫째는 책의 제목이 암시하는 것처럼 언어와 민족(종족) 정신과의 관계에 대한 상대주의적 관점이다. 이에 따르면 각 종족의 언어는 고유한 특징들이 있고 거기에는 그 종족의 정신 및 세계관이 깃들어 있다는 것이다.10)

Wilhelm v. Humboldt   Joseph Greenberg

---

7) "Über die Verschiedenheit des menschlichen Sprachbaues und ihren Einfluss auf die geistige Entwickelung des Menschengeschlechts", 1836. Berlin: Königliche Akademie der Wissenschaft.

8) "Über die Kawi-Sprache auf der Insel Java". Berlin: Königliche Akademie der Wissenschaft.

9) 카위어(Kawi)는 인도네시아 자바섬과 발리섬 등지에서 사용하는 언어 가운데 하나이며 현대 자바어의 모체이다(Wikipedia, 2015). 자바섬에는 지금도 카위산(Mt. Kawi)이 있다.

10) 이러한 언어관은 미국의 언어학자이자 인류학자인 E. Sapir(E. 사피어)로 이어지며(Sapir, 1921 참조) 영·미계에서는 그와 그의 제자 이름을 따서 이를 Sapir-Whorf(사피어-워프) 가설이라고 부른다.

이 책의 두 번째 언어학적 의미는 언어유형론의 선구적인 저작이라는 것이다. 우리가 흔히 알고 있는 3가지 유형의 언어, 즉 굴절어, 고립어, 첨가어의 구분은 바로 Humboldt의 이 저서에서 유래한 것이다. 이 책의 제14장의 제목이 '단어의 고립, 굴절, 첨가'라고 되어 있다.[11] 이에 대해서는 제3장 자세히 다루기로 한다.

Humboldt의 이러한 언어유형 연구의 전통은 이후 오랫동안 계승되지 못하다가 130여년이 흐른 1960-1970년대에 미국과 독일에서 이어진다. 19세기 독일의 언어비교의 전통을 제외한다면 현대 언어학에서 언어비교를 통한 언어유형론의 태두는 미국의 인류학자이자 언어학자 Joseph Greenberg(조셉 그린버그)라고 할 수 있다. 1963년에 출간된 337쪽 분량의 편저 『언어의 보편적 특질들』이[12] 그 시작이라고 할 수 있으며 1978년에 출간된 그의 편저 『인간 언어의 보편적 특질들』 제1-4권은[13] 어순, 부정문, 격, 관계절 등 구체적인 문법현상들이 지구상의 여러 언어에서 어떻게 나타나는지를 관찰하고 유형화한 것으로 현대 언어유형론의 고전서이자 표준서라고 할 만하다.

Greenberg와 함께 또 한 사람의 영·미계 언어유형론자를 꼽으라고 한다면 Bernard Comrie(버나드 콤리)를 들 수 있다. 영국 출신으로 Cambridge 대학과 미국 Southern California 대학 교수를 역임한 그는 1997년부터 독일 라이프치히의 막스 플랑크 연구소(진화 인류학 분야)[14] 언어학과 주임으로 일하였으며 2002년부터 California 대학 언

---

11) "§.14. Isolierung der Wörter, Flexion und Agglutination"
12) Greenberg, J. (ed.)(1963), "Universals of Language". Cambridge, Mass.: MIT Press.
13) Greenberg et al.(eds.)(1978), "Universals of Human Language". California: Stanford University Press. Vol. 1-4.
14) 막스 플랑크 연구소(Max Planck Institute)는 독일의 대표적인 연구전문기관이며 분야에 따라 여러 지역에 흩어져 있다.

어학과 특별교수로 활동하고 있다. 현대 언어유형론의 초창기라고 할 수 있는 1980년대부터 현재까지 가장 활발하게 활동하고 있는 언어유형론자라고 할 수 있으며 수많은 그의 저작물 가운데 고전서로 잘 알려진 것은 1981년에 출간된 『언어의 보편적 특질들과 언어유형론』이다.15) Comrie의 막스 플랑크 연구소 관련 활동도 최근 언어유형론 연구에서 중요한 부분인데 이에 대해서는 아래 독일 언어유형론 연구 부분에서 자세히 다루기로 한다.

이밖에 영·미계에서 언어유형론 연구에 관심이 많은 곳은 호주이다. 호주는 영국의 식민지배이후 영어를 공용어로 쓰고 있기는 하지만 다양한 원주민 언어가 있고, 또 주변의 섬에서 토착민들이 사용하는 수많은 언어들이 있기 때문에 언어 유형을 연구하기에 아주 좋은 지리적 환경을 가지고 있다. 미국의 Greenberg 등의 『인간 언어의 보편적 특질들(1978)』 제1-4권보다 약간 늦은 시기(1985년)에 국립호주대학의 Timothy Shopen(티머씨 쇼픈)이 이에 버금가는 책 『언어유형론과 통사적 기술』 제1-3권을16) 출간하였으며 그의 사후 2007년에 증보판이 나왔다. 이후 호주 La Trobe 대학의 언어유형론 연구소를 중심으로 해서 R. M. W. Dixon(R. 딕슨)이나 러시아계 여성 언어학자 Alexandra Aikhenvald(알렉산드라 아이켄발드) 등이 활발한 활동을 펼쳤다.

호주 지역의 언어유형론 연구에서 빼놓을 수 없는 학자가 한국인 송재정 교수이다. 뉴질랜드 Otago 대학 교수로 재직하고 있는 그는 국제적으로 인정받고 있는 언어유형론자이며 2001년에 저서 『언어유형론』을17) 출간하였고 2011년에는 Oxford 대학 출판사의 핸드북 시리

---

15) Comrie, B.(1981), "Language Universals and Linguistic Typology". Oxford: Basil Blackwell.
16) Shopen, T.(ed.)(1985), "Language Typology and Syntactic Description", Vol. 1-3. Cambridge: Cambridge University Press.

즈 『옥스포드 언어유형론 핸드북』의18) 편집자로 활동하였다.

영・미 지역의 언어유형론 연구동향에 이어 이제 유럽 쪽으로 눈을 돌려 보겠다. 앞서 말한 대로 독일은 오랫동안 언어유형론의 선구자 격인 Humboldt의 전통을 계승하지 못하다가 140여년이 흐른 1970대 에 쾰른(Köln) 대학 연구팀을 중심으로 이에 대해 다시 관심을 갖기 시 작한다. 1972년부터 이 대학 언어학과의 Hansjakob Seiler(한스야콥 자 일러) 교수가 이끈 이 그룹에는 이후 국제적으로 명성을 떨친 Bernd Heine(베른트 하이네), Christian Lehmann(크리스티안 레만), Hans-Jürgen Sasse(한스-위르겐 자쎄) 등의 학자들이 참여하였으며 UNITYP 이라는19) 대대적인 언어유형연구 프로젝트를 수행하여 많은 성과를 거두었다. 대표적인 업적으로는 1973-1992년에 걸쳐 20년 동안 발간 한 『쾰른 언어유형론 연구』이며20) 1982년부터 독일 Gunter Narr 출 판사에 『언어유형론 시리즈』21)를 출판하기도 했다. Hansjakob Seiler 의 언어유형론 연구의 전통은 그의 제자이자 독일 쾰른대학 언어학과 교수 H.-J. Sasse로 이어지는데 그는 독일연구재단(DFG)으로부터22) 대대적인 지원을 받아 많은 독일 학자들이 참여하는 가운데 오랫동안 언어유형론 연구 프로젝트를 수행하였다.

이러한 쾰른대학 언어유형론 연구는 전후 독일의 경제부흥과 함께 독일 정부로부터 엄청난 지원을 받아 실질적으로 많은 성과를 거두었

---

17) Song, J.-J.(2001), "Linguistic Typology: Morphology and Syntax". London: Long-man.
18) Song, J.-J.(ed.)(2011), "The Oxford Handbook of Linguistic Typology". Oxford: Oxford University Press.
19) UNITYP = 'Universals(보편적 특질) + Typology(유형론)'의 첫머리를 딴 이름이 다. 자세한 것은 Seiler(2001) 참조.
20) "Arbeiten des Kölner Universalprojekts"(= AKUP).
21) "Language Universals Series", edited by Hansjakob Seiler. Tübingen: Gunter Narr.
22) DFG = Deutsche Forschungsgemeinschaft

지만 국제적인 주목을 받는 데는 실패하였는데 여기에는 몇 가지 원인이 있다. 무엇보다 2차 대전 이후 미·소 양극 체제와 함께 세계 학문의 주도권이 미국으로 넘어가면서 독일 학자들의 활동이 주목을 받지 못했고, 둘째는 독일 학자들이 학문 언어로 독일어를 고집하면서 독일의 학문을 국제화하는데 실패한 것이다. 그러나 이후 언어유형론 연구에서 많은 독일 학자들이 국제무대에 부상한 것은 이러한 프로젝트가 밑거름이 되었을 것으로 본다.

근래 독일의 언어유형론 연구에서 빼놓을 수 없는 것이 위에서 잠깐 언급한 라이프치히의 막스 플랑크 연구소이다. 1990년 통일 이후 독일은 구동독 지역의 문화도시 재건을 위해 막대한 예산을 투입하였는데 이 과정에서 1997년 라이프치히에 막스 플랑크 연구소를 설립하였다. 이 연구소는 진화 인류학 전문연구소로서 언어유형론 연구가 한 분과로 되어 있다. 이 분과는 미국에서 언어유형론의 권위자 B. Comrie를 책임연구원으로 초빙하고 젊은 학자 Martin Haspelmath(마르틴 하스펠마트) 등을 투입하였다.[23] 이 결과로 나온 것이 2001/2003년 출간된『언어유형론과 언어보편적 특질들』제1-2권이며 이들은 B5 용지 크기에 각각 900여 쪽에 달한다.[24] 그러나 이 책도 역시 유럽 학자들의 보수성 때문에 국제화로 가는 데 실패했다. 우선 제목부터 영어, 독일어, 프랑스어 3가지로 붙어있고 내용도 장에 따라 영어로 된 것, 독일어로 된 것, 프랑스어로 된 것이 섞여있다.

최근 막스 플랑크 연구소의 활동과[25] 관련해서 중요한 것은 국제적 언어유형론 프로젝트로 떠오르고 있는『세계 언어구조 지도(WALS)』

---

23) 2016년 막스 플랑크 연구소 홈페이지(http://www.eva.mpg.de) 참조
24) Haspelmath, M. et al.(2001; 2003), "Language Typology and Language Universals". Berlin: Walter de Gruyter.
25) 막스 플랑크 연구소의 공식 학문 언어는 영어이다.

이다.26) 이 프로젝트는 젊은 독일 학자 M. Haspelmath의 주도로 전 세계에서 55명의 언어유형론 전문가가 참여하고 있는데 언어의 유형을 세계지도로 보여주는 작업이다. 이는 2005년 25x35cm 크기의 지면에 695쪽에 달하는 방대한 책으로 처음 출판된 이래 온라인상에서 계속 업데이트 되고 있다.27)

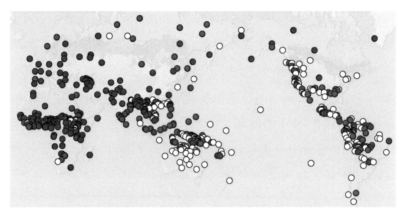

[그림 1] WALS의 유성음과 무성음 구별 언어유형 지도

(20) WALS에 나타난 유성음/무성음 구별 관련 통계(2015. 9.)

기호모양	유성음/무성음 구별 언어유형	언어 수
흰 색	구별이 없는 경우	182
빨간색	파열음에만 있는 경우	189
파란색	마찰음에만 있는 경우	38
자주색	파열음과 마찰음에서 모두 있는 경우	158
합 계		567

26) Haspelmath, M. et al.(2005), "The World Atlas of Language Structures(WALS)", Oxford: Oxford University Press.
27) http://wals.info/ 참조.

[그림 1]은 온라인 『세계 언어구조 지도』에 나타난 유성음/무성음의 구별 언어유형 지도이다.[28] 언어유형을 기호의 모양과 색깔로 표시하면서 통계를 제시하고 있다. 유형별 통계를 보면 (20)과 같다. 한국어는 유성음/무성음의 구별이 없는 유형에 속한다.

이밖에 유럽 지역의 언어유형론 연구 프로젝트로 중요한 것은 프랑스 국립과학연구소의 RIVALC 프로젝트와[29] 유럽연합의 EURO-TYP이[30] 있고 미국이나 서유럽과는 별도로 러시아(옛 소련)에서도 언어유형론에 대한 연구가 활발하게 수행되었다. RIVALC 프로젝트는 1984년부터 1993년까지 10년간 Gilbert Lazard(길베르 라자르)가 연구책임자로 수행한 것으로 술어가 문장을 형성하기 위해 취하는 명사의 종류와 수에 대한 언어 간의 비교연구이다. 이 연구는 프랑스어로 진행되었기 때문에 초창기 독일의 유형론 연구와 마찬가지로 국제화에 한계가 있었다.

유럽통합이후 유럽연합은 프랑스 Strasbourg에 본부를 둔 유럽연합 학술재단을[31] 통해 대대적으로 유럽 언어들에 대한 유형론적 비교 연구를 지원하였다. EUROTYP이라고 부르는 이 프로젝트는 1990-1994까지 5년 과제로 수행되었으며 독일 자유 베를린 대학 Ekkehard König(에케하르트 쾨니히) 교수가 연구책임자이고 미국과 유럽 20여 개 국가에서 100여 명의 학자들이 참여하였다. 이 연구결과는 1998년에 출간된 제1권 『유럽 언어의 어순』을[32] 필두로 2006년에 제8권까지 나

---

28) [p, t, k, b, d, g] 등이 파열음이고 [s, f, θ, z, v, ð] 등이 마찰음이다. 이 가운데 [p, t, k, s, f, θ]는 무성음이고 [b, d, g, z, v, ð]는 유성음이다.

29) RIVALC: Recherche Interlinguistique sur les Variations d'Actance et Leur Corrélats(논항구조의 변이와 상관요소들에 대한 비교연구). 자세한 것은 Pilot-Raichoor & Lazard(2001) 참조.

30) EUROTYP = European Typology(유럽 언어유형론)

31) European Science Foundation

왔다.

러시아(옛 소련)에서는 1960년대부터 독자적으로 언어유형론에 대한 연구를 활발하게 진행했는데 그 가운데 대표적인 활동이 레닌그라드(현재 St. Petersburg) 학파이다. 이들은 주로 태(능동태, 수동태, 중간태)의 유형에 대해 연구하였다.[33]

3. 영어라는 언어

이 책의 목표는 한국어와 영어의 특징을 언어유형론의 관점에서 비교하고 소개하는 것이다. 이에 대한 본격적인 논의에 앞서 이 소단원에서는 영어가 어떤 언어인가를 간략히 소개하고자 한다. 이른바 국제화 시대, 지구촌 시대라고 하는 오늘날 우리가 보통 생각하는 영어에 대한 이미지와 언어의 역사 및 언어유형론의 시각에서 객관적으로 보는 영어의 실체는 많이 다르기 때문이다.

영어의 현재: 21세기 들어 영어는 이른바 '세계 공용어'가 되다시피 했고 현대인의 필수사항이 되었다. 오늘날 영어가 이렇게 중요한 언어가 된 데에는 크게 3가지 이유가 있다. 첫째는 미국의 영향력이요, 둘째는 급속도로 활발해진 국제교류요, 셋째는 인터넷 시대의 도래이다.

한 언어의 중요성은 그 나라의 위상과 밀접한 연관이 있다. 한민족

---

32) Siewierska, A.(ed.)(1998), Constituent Order in the Languages of Europe. Berlin: Walter de Gruyter.
33) 자세한 것은 Testelets(2001) 참조.

5천년 역사에서 요즘같이 중국인들이 한국어를 배우기 위해 열을 올린 적은 없었다. 유럽의 역사를 보면 기원전 300여년 쯤 그리스 제국이 건설되면서 이후 수 백 년 동안 그리스어는 그 일대의 공용어가 되었다. 그리스에 이어 로마제국이 등장하면서 다시 라틴어가[34] 수 백 년 동안 전체 유럽사회의 공용어로 사용되었다. 18세기에는 프랑스어가 유럽 상류층 사회의 공용어로 사용되기도 하였으며 19세기 들어 독일의 위상이 높아지면서 독일어가 국제적으로 중요한 언어가 되었다.

미국이 국제무대에서 힘을 갖기 시작한 것은 2차대전이후의 일이다. 즉 19세기와 20세기 초까지 막강했던 독일이 패전으로 힘을 잃고 세계의 주도권이 미국과 소련으로 넘어가면서 국제무대에서 미국의 영향력은 커지기 시작했고 영어도 그만큼 중요한 언어가 되었다. 특히 20세기 말에 소련과 공산권의 몰락으로 인해 세계 질서가 초강대국인 미국 중심으로 재편되면서 영어의 영향력은 급속도로 커지기 시작했다. 소련이 붕괴되기 이전 공산권에서는 영어보다 러시아어가 더 중요한 언어였는데 지금은 그런 나라들에서조차 영어가 우선이 되고 있다. 말하자면 영어가 국제어로서 경쟁 상대가 없는 시대를 맞은 것이다.

영어가 '세계 공용어'가 된 두 번째 이유는 국제교류의 활성화이다. 1990년대 이후 '국제화', '세계화'는 중요한 화두가 되었고 세계는 마치 하나의 국가처럼 가까워져서 '지구촌'이라는 신조어까지 나왔으며 그 결과 항공 산업은 최고의 호황을 누리고 있다. 특히 공산권의 붕괴와 신자유주의 경제 체제는 이념의 장벽을 무너뜨리고 국가 간의 교류를 가속화시켰다.

교류란 기본적으로 소통을 전제로 한다. 이때 교류 대상국들의 언

---

34) 라틴어는 고대 로마제국의 언어이다.

어를 모두 배우기는 어려울 것이기 때문에 다양한 국가나 종족 간 교류에서 공통으로 사용할 수 있는 언어가 필요하게 되는데 이 상황에서 자연스럽게 국제 사회에서 정치적으로 경제적으로 절대적 우위를 점하고 있는 미국의 언어가 선택된 것이다. 미국이 국제 교류에서 가장 중요한 국가이기 때문이다.

영어의 세계 공용어화에 공헌한 또 한 가지 요인으로 인터넷을 빼놓을 수 없다. 인터넷은 가히 '혁명'이라고 할 만큼 인간의 삶을 바꾸어 놓았다. 스마트폰을 통해 서울의 지하철에 앉아 시리아에서 무슨 일이 일어나고 있는지를 알 수 있는 세상이다. 지구촌 어디서나, 누구나 그리고 아무 때나 정보를 제공하고 공유할 수 있다. 여기에 정보의 제공과 공유의 수단으로 언어가 선택되어야 하는데 위 국제교류에서와 같은 이유에서 인터넷 공통의 언어로 영어가 선택된 것이다. 특히 처음부터 미국이 세계 디지털 기술을 주도하면서 영어가 자연스럽게 디지털 및 인터넷 분야의 공용어가 되기도 하였다. 물론 정보공유의 범위를 국내에만 한정시키려면 자국어로 충분하다. 그러나 지구촌 시대에 정보공유의 범위는 국경이나 종족의 경계를 뛰어 넘은지 오래이다.

국제 사회에서 영어의 위력은 학문의 영역에서 더욱 뚜렷이 나타난다. 오늘날 어느 나라 할 것 없이 국제학술대회의 공용어는 모두 영어이다. 학문 영역의 언어와 관련해서 독일의 상황은 흥미롭다. 20세기 초까지만 하더라도 미국이나 영국 사람들이 독일로 유학을 왔고[35] 유럽에서 학문을 하는데 독일어가 중요했다. 다른 나라 학자들이 논문이나 책을 출판할 때도 독일어로 쓰는 경우가 많았다. 예를 들면 언어학 분야에서 음운론의 고전서라고 할 수 있는 『음운론 개설』이[36] 있

---

35) 미국 현대 언어학의 아버지라고 할 수 있는 Leonard Bloomfield(1887-1949)는 독일에서 유학한 바 있다(https://en.wikipedia.org/wiki/Leonard_Bloomfield).

다. 저자 트루베츠코이(Trubetzkoy)는 러시아 출신으로 라이프치히와 비엔나 대학에서 활동하였으며 이 책은 1939년에 출판되었는데 독일어로 되어 있다.

그러나 이러한 학문적 언어의 지형은 독일에서도 이제 완전히 바뀌었다. 독일에서 발행되면서 목재학 분야에서 세계적인 권위를 가진 『Holzforschung(목재연구)』이라는 학술지가 있다. 50년 전만 해도 이 학술지는 독일어 논문만 게재하였다. 20세기 말엽부터 영어 논문과 독일어 논문이 섞여서 게재되더니 현재는 독일어 논문을 아예 접수하지도 않는다.

베를린의 Walter de Gruyter는 독일의 대표적인 출판사이다. 이 출판사에서 언어학 관련 핸드북 시리즈를[37] 출판하고 있는데 2000년대 초반까지도 이 시리즈의 사용언어로 영어와 독일어를 섞어서 출판하였다. 한 권의 책이 단원에 따라 독일어로 되어 있기도 하고 영어로 되어 있기도 한 것이다. 그러나 이러한 책은 국제 경쟁력이 떨어질 수밖에 없다. 이 책을 읽기 위해서는 영어 이외에 독일어를 알아야 하기 때문이다. 최근 들어서는 이 핸드북 시리즈 거의 영어로만 출판된다.[38]

독일에 대표적인 연구기관으로 막스 플랑크 연구소가 있다. 위에서 소개한 대로 이는 세계적인 연구전문기관이며 분야에 따라 여러 지역에 흩어져 있다. 예를 들면 생물학 분야 연구소는 본(Bonn)에 있고 라이프치히(Leipzig)의 막스 플랑크 연구소는 진화 인류학 분야 전문 연구소이다. 그런데 이 독일의 대표적인 연구기관의 공용어는 독일어가

---

36) Trubetzkoy, N. S.(1939), Grundzüge der Phonologie. Göttingen: Vandenhoek and Ruprecht.
37) 핸드북이란 전문가 집단이 해당분야를 폭 넓게 소개하는 책이다.
38) 2014-2015년에 발행되는 것을 모두 영어로 되어 있는데 2016년 발행예정인 제 43권은 독일어가 섞여 있다(Walter de Gruyter 출판사 홈페이지 참조).

아니고 영어이다. 세계 각국에서 유능한 연구자들을 유치하기 위한 언어정책인 것이다.

오늘날 이러한 세계적 추세로 인해 영어의 주가는 최고조에 달하고 있고 이제 영어는 거스를 수 없는 대세가 되었다. 자기 언어에 대한 자존심 때문에 끝까지 고집스럽게 영어를 거부하던 프랑스도 이 대세를 거스르지 못하고 무릎을 꿇고 말았다. 21세기 초까지도 프랑스는 영어에 관심이 없었고 프랑스 사람들이 영어를 못 한다느니 알면서도 안 한다느니 이야기가 분분했다. 그러나 지금은 상황이 달라졌고 프랑스인들도 영어를 열심히 배운다고 하는데 사실 프랑스 사람들이 영어를 배우는 것은 식은 죽 먹기이다. 한국 사람들이 일본어 배우는 정도이기 때문이다.

유럽의 언어상황과 현대 영어 '출생의 비밀': 프랑스인이나 독일인들이 이렇게 자기 언어를 고집한 데는 크게 2가지 이유가 있다. 첫째는 유럽 사회에서 영국 및 영어의 위상이다. 유럽을 벗어나면 과거 식민지 개척으로 인해 영어가 공용어로 쓰이고 있는 나라들이 많다. 미국, 캐나다, 호주, 뉴질랜드, 인도, 필리핀 등이 그 예이다. 그러나 유럽 안에서 영국 및 영어의 위상은 확실히 다르다. 영국은 유럽의 많은 나라들 가운데 하나일 뿐이고 유럽에서 영어를 공용어로 쓰는 나라는 영국밖에 없다. 유럽 안에서 영국의 영향력을 보면 독일이나 프랑스보다 약한 편이다.

둘째, 영어의 역사를 보면 우리는 프랑스나 독일 사람들이 영어를 무시하는 것을 어느 정도 이해할 수 있다. 오늘날 유럽에는 크게 세 가지 부류의 언어들이 사용되고 있다. 첫째 부류는 남쪽(고대 로마)에서 올라온 언어들이다. 이탈리아어, 프랑스어, 스페인어, 포르투갈어,

루마니아어가 여기에 속하며 로마(Roma)에서 출발했다고 해서 이들을 로만스어(Romance)라고[39] 부른다. 둘째 부류는 북쪽(스칸디나비아 반도)에서 내려와 스웨덴, 노르웨이, 덴마크, 네덜란드, 독일, 스위스, 오스트리아에 걸쳐 사용되고 있는 언어들이며 이를 게르만어라 부른다. 유럽의 또 한 가지 중요한 언어 부류는 슬라브족들이 사용하고 있는 슬라브어로서 이는 주로 러시아를 비롯한 동유럽에서 사용되고 있다.

로만스어는 고대 로마제국의 언어인 라틴어에서 발전한 언어들이다. 로마제국은 본래 이탈리아 반도 중부에 있던 라티움(Latium)이라는 지역에서 출발했는데,[40] 이 지역의 사람들을 라틴족이라고 하고 여기에서 사용되었던 언어가 라틴어이다. 당시 이탈리아 반도에는 여러 가지 언어들도 사용되고 있었는데, 로마제국이 성장하면서 이탈리아 반도를 통일하게 되자, 다른 언어들은 소멸하였고 라틴어가 이탈리아 반도 전체의 공용어가 되었다. 오늘날도 고대 로마의 언어를 '라틴어'라고 부른 것은 이러한 이유에서이다.

그 후 로마제국이 유럽을 정복하면서 정복 지역의 언어에 영향을 미친다. 즉 로마가 침입하기 전에는 유럽 지역에 여러 가지 언어들이 사용되고 있었는데, 로마의 침입으로 각 지역의 언어 위에 라틴어가 덮어지면서 새로운 언어가 나타나게 된다. 오늘날의 프랑스어, 스페인어, 포르투갈어, 루마니아어가 바로 이렇게 해서 발달한 언어들이다. 루마니아를 영어로 흔히 'Romania'라고 표기하는데 자세히 보면 이 단어에 'Roma'가 들어있다. 로마 사람들이 세운 나라라는 뜻이다. 이 언어들을 로만스어라고 부르는데 이들이 모두 'Roma'와 연관이 있기 때문이다. 로만스어들은 라틴어가 가지고 있던 복잡한 변화체계들을

---

39) 프랑스어식 발음으로는 '로망스어'라고 한다.
40) 지금도 로마 근교에 라티나(Latina)라는 도시가 있다.

단순화시켜 버렸는데 '고급 라틴어'를 '통속화'시켰다고 해서 이들을 '통속 라틴어(Vulgar Latin)'라고 부르기도 한다.

이에 비해 본래 유럽 북쪽 발트 해 연안에 살다가 남쪽으로 이동한 게르만족들은 언어적으로 로마인들의 영향을 많이 받지 않았다. 역사적으로 로마인들의 지배를 받지 않았기 때문이다. 게르만족은 현재 노르웨이, 스웨덴, 덴마크, 네덜란드, 독일, 오스트리아까지 걸쳐있는데 이 지역의 언어들은 오늘날까지도 독특한 게르만어의 특징들을 보존하고 있다.[41] 유럽 동쪽의 슬라브족 역시 언어적으로 로마의 영향을 받지 않았으며 슬라브어의 특징을 잘 보존하고 있다.

그러면 오늘날 지구촌을 휩쓸고 있는 영어는 어떤 언어일까? 그리고 프랑스 사람들이 영어를 무시하는 이유는 무엇일까? 전통적인 역사언어학은 영어를 게르만어로 분류하고 있는데, 사실 현대 영어의 생성은 이원적인 경로를 밟는다(김방한, 1988 참조). 유럽 서북부의 조그만 섬나라인 영국에 먼저 게르만의 일파인 앵글로색슨족이 침입하여 언어적으로 영향을 미친다. 고대 영어는 고대 독일어와 같다고 보면 된다. 게르만족이 침입하기 전에 이 브리타니아 섬에 물론 토착 언어가 있었다. 그러나 지배 계층의 언어인 게르만어(고대 영어)에 밀려서 소멸되었고 게르만어가 이 섬의 공식 언어가 된 것이다.

이후 이 섬나라에 다시 프랑스로부터 노르만족이 침입하여 200~300년 동안 지배하게 되는데 이것이 영국 역사에서 유명한 노르만 정복(Norman Conquest) 사건이다(AD 1066년). 노르만족은 원래 게르만의 일파인데 북쪽에서 해안선을 타고 내려와 프랑스를 자꾸 성가시게 하니까 프랑스 국왕이 땅을 일부 떼어주면서 노르만 공국을 세워 정착하

---

41) 로만스어에 비해 게르만어는 복잡한 변화체계들을 아직 유지하고 있다. 핀란드인들은 아시아에서 건너간 사람들이며 언어적으로도 게르만어와 완전히 다르다.

게 한다.42) 노르만족은 그러니까 혈통적으로는 게르만인데 언어·문화적으로는 프랑스인이다.

어떻든 노르만 정복이후 장기간의 프랑스 지배는 당연히 영국의 언어에 영향을 미치게 되었고 그 후 이 섬나라에는 게르만어인 고대 영어와는 아주 다른 언어가 발달한다. 이 새로운 언어가 바로 중세 영어이며 이는 현대 영어의 모체가 된다. 현대 영어는 따라서 로만스어(프랑스어)와 게르만어(독일어)의 요소가 혼합된 언어인데 전체적으로 보면 프랑스어에 훨씬 가깝다. 즉 영어는 어휘나 문법 면에서 프랑스어에 아주 가까우며 더 정확히 말하면 얇은 독일어의 기층부 위에 프랑스어가 아주 두꺼운 상층부를 형성하고 있는 형국이라고 할 수 있다.43)

우리는 흔히 독일어가 영어의 할아버지라는 말을 듣는데 역사적으로 보면 맞는 말이다. 그러나 한 세대 내려오면서 중세에 영어는 프랑스어를 어머니로 맞게 되었고 현대 영어는 이 어머니(프랑스어)의 유전자를 훨씬 많이 가지고 있는 것이다. 따라서 현대 영어를 단순하게 게르만어로 분류하는 것은 아주 적절한 것이라고 볼 수 없다. 이것이 현대 영어 '출생의 비밀'이다.

프랑스어의 영향을 받아 중세 영어로 넘어오는 과정에서 영어는 변화체계 혹은 문법체계를 아주 단순화시켜 버렸다. 원래 가지고 있었던 독일어의 복잡한 변화체계는 물론 라틴어에서 넘어오면서 단순화하기는 했지만 조금 남아 있었던 프랑스어의 변화체계마저도 거의 없애 버린 것이다. 위에서 우리는 라틴어에서 넘어오면서 라틴어의 복잡

---

42) 노르만(Norman)은 북쪽(North)에서 온 사람들이라는 뜻이다.
43) Hughes(2000, 11)은 고대 그리스어와 라틴어도 상층부를 형성한다고 보고 있다. 그러나 이 고대어의 요소들도 프랑스어를 통해서 들어왔을 가능성이 많다. 영어 어휘의 기원에 대한 연구로는 이밖에 McKnight(1923), Scheler(1977), Shipley(1984) 등이 있다.

한 문법체계를 단순화시켜 버린 프랑스어, 스페인어, 포르투갈어 등을 통속 라틴어라고 했는데 이러한 맥락에서 보면 현대 영어는 '통속 프랑스어'라고 할 수 있을지 모른다. 이와 관련하여 Stockwell & Minkova (2001: 34)는 영어를 하이브리드(hybrid)라고 하였다. 하이브리드란 원래 생물학에서 종이 다른 생물을 교배시켜서 나온 것을 말한다.[44] 우리말로 '잡종'이라고 번역하기도 한다. 이것이 바로 프랑스 사람들이 끝까지 영어를 무시하고 거부했던 중요한 이유일 것이다.

프랑스인들이 영어를 무시한 데는 또 한 가지 중요한 이유가 있다. 프랑스어가 통속 라틴어이긴 하지만 이후 프랑스는 로마의 선진문명을 먼저 받아들인 덕분에 유럽 사회에서 앞서 가는 문화 국가로 인정받게 된다. 이에 따라 자연스럽게 프랑스어가 유럽인들에게 선망의 대상이 되었고 유럽의 상류사회에서 사교 및 외교 언어로 자리 잡게 되었다. 그 결과로 나온 말이 바로 'Lingua Franca'이다. 이를 직역하면 '프랑스어'라는 뜻인데 오늘날 '국제어'라는 의미로 사용된다.[45] 이러한 상황에서 프랑스인들이 영어를 무시한 것은 어떻게 보면 당연한 일일 것이다. 영어가 이미 21세기 지구촌의 'Lingua Franca'가 되었음에도 불구하고.

영어, 독일어, 프랑스어: 우리는 영어에 대해 '통속 프랑스어'라는 용어를 사용하였는데 여기서 '통속'이라는 말은 변화체계를 단순화시켰다는 뜻이고 '통속 독일어'라고 하지 않고 '통속 프랑스어'라고 한 이유는 현대 영어가 전체적으로 프랑스어에 훨씬 가깝기 때문이다. 이 소

---

44) https://en.wikipedia.org/wiki/Hybrid_(biology) 참조.
45) 'a common language used by speakers of different languages'
   (다음 인터넷 영영 사전 http://dic.daum.net 참조)

단원에서는 영어, 독일어, 프랑스어의 구조를 비교하면서 이에 대해 조금 더 자세히 논의하겠다.

먼저 변화체계의 단순화에 대해 살펴보겠다. 문장이 보통 (21)과 같이 흘러간다고 할 때46) 영어, 독일어, 프랑스어에서 이 4가지 요소들의 형태변화 양상을 보면 영어의 특징이 분명하게 들어난다. 독일어는 이 4가지 요소들이 아주 복잡한 변화를 하고 프랑스어는 독일어보다는 간단하며 영어는 프랑스어보다 훨씬 간단하다.

(21) 문장 → 관사류 + 형용사 + 명사 + 동사

영어의 경우 (22)와 같이 관사도 형용사도 형태변화를 일으키는 일이 없고 명사에 복수형과 소유격 형태가 남아 있는 정도이다.

(22) a. the tall boy   (남성 단수)
    b. the tall girl   (여성 단수)
    c. the tall boys   (남성 복수)
    d. the tall girls   (여성 복수)
    e. the tall boy's father (소유격)

(22)에 대한 프랑스어 표현들은 (23)과 같다.47) 먼저 영어의 정관사가 한 가지 형태인데 비해 프랑스어는 *le, la, les*와 같이 남성, 여성, 복수형으로 나누어진다. 프랑스어의 모든 명사는 남성과 여성으로 구분되며 성에 따라 관사의 형태가 다르다. 형용사의 어미형태도 *grand, grande, grands*와 같이 남성형, 여성형, 복수형으로 구분된다. 명사의

---

46) 프랑스어는 형용사가 기본적으로 명사 뒤에 온다.
47) 이 단원의 프랑스어 표현은 전남대학교 불문과 김태훈 교수의 도움을 받은 것이다.

경우 단수와 복수형이 구분되는데 복수형에는 보통 ‑s를 붙인다. 영어는 명사의 소유격에 ‑'s를 붙이는데 프랑스어는 소유격 표현에 전치사 de('of')를 사용한다. 영어의 소유격 ‑'s는 프랑스어와는 관계가 없고 게르만어(독일어)의 흔적이 남아있는 것이다. 전체적으로 볼 때 (21)의 구조에서 영어는 관사와 형용사 변화가 완전히 없어진 반면 프랑스어에는 약하게나마 이 변화가 남아 있고 영어 명사의 복수형 ‑s는 프랑스어에서 온 것이다.

(23) a. le   garçon   grand
         the   boy   tall   (= the tall boy)
     b. la   fille   grande
         the   girl   tall   (= the tall girl)
     c. les   garçons grands
         the   boys   tall   (= the tall boys)
     d. les   filles   grands
         the   girls   tall   (= the tall girls)
     e. le   père   de   le   garçon   grand[48]
         the   father of   the boy   tall
         (= the father of the tall boy)

이에 비해 독일어는 복잡한 변화형태를 아직도 유지하고 있다. 독일어에서 *the tall boy*와 *the tall girl*에 해당하는 표현의 형태변화를 보면 (24)와 같다. 프랑스어는 명사의 성을 남성과 여성으로만 구분하는데 독일어는 남성, 여성, 중성 등 3가지로 구분한다. (24)에서 *Junge*('boy')는 남성명사이고 *Mädchen*('girl')은 중성명사이다. 그러니까 영어는 독일어와 프랑스어에 있는 명사의 성 구분을 없애버린 것이다. 문

---

48) 현대 프랑스어에서 *de le*는 *du*로 축약해서 표기한다.

법체계를 단순화시켰다는 뜻이다.

(24)에서 보면 독일어의 경우 정관사 형태만 하더라고 5가지가 나타난다. 프랑스어의 관사가 남성, 여성, 복수의 구분만 있는 반면 독일어의 경우 명사의 성과 수(단수/복수)는 물론 명사의 기능(격)에 따라서도 관사형태가 달라진다. 독일어의 형용사 역시 관사와 마찬가지로 명사의 성, 수, 격에 따라 형태가 달라진다.

(24) 독일어 단수명사 형태변화
    a. der große   Junge('the tall boy')의 변화
       der große   Junge   '그 소년이'
       des großen Jungen   '그 소년의'
       dem großen Jungen   '그 소년에게'
       den großen Jungen   '그 소년을'
    b. das große   Mädchen('the tall girl')의 변화
       das große   Mädchen   '그 소녀가'
       des großen Mädchens '그 소녀의'
       dem großen Mädchen   '그 소녀에게'
       das große   Mädchen   '그 소녀를'

영어나 프랑스어의 경우 명사 자체의 변화는 거의 없다. 복수형에 -s를 붙이고 영어의 경우 소유격에 -'s를 더 붙이는 것이 거의 전부이다. (25)는 프랑스어 복수형의 예이다.

(25) 프랑스어 명사 복수형
    garçon - garçons   (boy - boys)
    fille   - filles   (girl - girls)
    homme - hommes   (man - men)
    femme - femme   (woman - women)

영어가 변화형태를 얼마나 단순화시켰는지는 독일어와 영어 명사의 복수형을 비교해 보면 잘 들어난다. 독일어에서 볼 수 있는 게르만어 고유의 복수형은 (26)과 같이 7가지이다. 영어는 이렇게 복잡한 게르만어의 복수형을 포기하고 프랑스어의 영향을 받아 그냥 어미 ‒s만 붙이는 것이다. 'child‒children, man‒men' 등의 변화는 영어에서 예외적인 것인데 이는 게르만어의 흔적이라고 할 수 있다.49)

    (26) 독일어 명사의 복수형

Onkel	‒ Onkel	('uncle ‒ uncles')
Vater	‒ Väter	('father ‒ fathers')
Hund	‒ Hunde	('dog ‒ dogs')
Hand	‒ Hände	('hand ‒ hands')
Kind	‒ Kinder	('child ‒ children')
Mann	‒ Männer	('man ‒ men')
Frau	‒ Frauen	('woman ‒ women')

지금까지 관사, 형용사, 명사에서 영어가 문법체계를 얼마나 단순화시켰는지를 살펴보았다. (21)의 구조에서 이제 마지막으로 동사 부분이 남았는데 여기에서도 영어는 비슷한 양상을 보이고 있다.

먼저 동사의 기본형을 보겠다. 지구상의 많은 언어들이 동사(술어)의 기본형을 가지고 있고 이 기본형은 문장에 들어가 쓰이는 환경에 따라 형태변화를 일으킨다. 예를 들면 한국어는 동사의 기본형이 모두 '-다'로 끝난다. 독일어와 프랑스어도 동사의 기본형이 있다. 독일어는 ‒en으로 끝나고 프랑스어는 ‒er, -ir 등으로 끝난다. 그런데 영어는 동사의 기본형이 따로 없다. 독일어나 프랑스어에 있는 기본형의

---

49) 일상적으로 자주 쓰이는 어휘들이 전체적인 규칙을 따라가지 않고 예외로 남아 있는 것은 일이 많다.

어미를 영어는 없애 버렸다는 뜻이다. (27)의 자료는 이를 잘 보여주고 있다. 유럽에는 게르만어, 로만스어, 슬라브어 등 세 가지 부류의 언어가 있다고 했는데 이들은 모두 동사의 기본형을 가지고 있으며[50] 영어만 예외인 것이다.

(27) 동사의 기본형

영어	독일어	프랑스어
come	komm-en	ven-ir
go	geh-en	all-er
eat	ess-en	mang-er
sleep	schlaf-en	dorm-ir

동사(술어)는 언어마다 쓰이는 환경에 따라 형태변화를 일으키는 것이 일반적인데 유럽 언어의 경우 보통 주어의 인칭과 수 그리고 문장의 시제에 따라 변화를 한다. 그런데 이 부분에서도 영어는 독일어나 프랑스어와는 비교가 안 될 만큼 단순한 변화체계를 가지고 있다. (28)은 이 세 언어에 나타난 '사랑하다' 동사의 현재인칭 변화이다. 독일어와 프랑스어는 인칭과 수에 따라 6가지의 형태변화가 있는 반면 영어의 경우 이를 거의 없애 버렸고 3인칭 단수에 그 흔적이 남아 있을 뿐이다.

위에서 우리는 영어가 전체적으로 독일어보다 프랑스어에 더 가깝다고 했는데 이에 대해 조금 더 논의하겠다. 언어현상은 크게 어휘와 문법으로 나눌 수 있고 언어요소도 이에 따라 어휘소와 문법소로 나눌 수 있다. 어휘적인 의미를 표현하는 것이 있고 문법적인 기능을 담당하는 요소가 있다는 뜻이다.[51] 두 언어가 가깝다는 것은 이 두 부

---

50) 송경안·이기갑 외(2008), 제1권 제2장 참조.

분, 즉 어휘와 문법이 가깝다는 뜻이다. 우리는 따라서 현대 영어가 어휘와 문법 면에서 프랑스어에 가깝다는 것은 증명해야 한다.

(28) 영어, 독일어, 프랑스어 '사랑하다' 동사의 현재인칭 변화

언어 (기본형)		영어 (love)		독일어 (lieb-en)		프랑스어 (aim-er)	
수	인칭	대명사	변화형	대명사	변화형	대명사	변화형
단수	1	I	love	ich	lieb-e	je	aim-e
	2	you	love	du	lieb-st	tu	aim-es
	3	he	love-s	er	lieb-t	il	aim-e
복수	1	we	love	wir	lieb-en	nous	aim-ons
	2	you	love	ihr	lieb-t	vous	aim-ez
	3	they	love	sie	lieb-en	ils	aim-ent

우선 어휘 면에서 볼 때 영어는 프랑스어와 매우 유사하다.[52] 많은 한국어의 어휘가 중국어에서 온 것과 비슷한 상황이다. 이와 관련하여 필자는 7,826개의 기초 어휘항목이 수록된 『유럽어 사전』의[53] 동사와 기능어를 분석한 적이 있다.[54] 대학생들의 학습용 어학사전이 보통 10만 여 개의 어휘가 수록된 것과 비교하면 이 유럽어 사전은 아주 기초적인 생활어휘만을 수록한 것이다.

이 유럽어 사전의 총 7,826개 어휘항목 가운데 동사는[55] 1,420개였

---

51) 이에 대한 자세한 것은 제1장 참조.
52) 물론 프랑스어의 어휘는 라틴어와 그리스어에서 온 것이 대부분이다. 이와 관련해서 영어 어휘의 기원에 대한 연구로는 McKnight(1923), Scheler(1977), Shipley (1984), Hughes(2000) 등이 있다.
53) Goursau, H. & Goursau, M.(1991), Europäisches Wörterbuch. München: Orbis.
54) 송경안·김순임(1999), 송경안(2015) 참조. 기능어란 대명사, 전치사, 접속사 등 문법적인 기능을 담당하는 어휘들을 말한다.
55) 언어에서 동사와 명사가 가장 기본적인 품사이다.

는데 이 가운데 순수하게 영어와 독일어가 유사한 항목은 173개로 12%에 불과한 반면 영어와 프랑스어가 유사한 항목은 592개(42%)로 나타났다.56) 즉 거의 절반에 가까운 영어의 동사들이 형태적으로 프랑스어와 유사한데 비해 독일어와 유사한 것은 동사 전체의 1/10 정도이다. 여기서 유사성이란 표면적인 형태적 유사성을 말하는데 유사성이 분석되지 않은 46%의 어휘를 역사적으로 더 정밀하게 분석하면 이 통계는 달라질 수 있을 것이다.

전남대학교 김순임 교수는 위 유럽어 사전의 명사를 분석하였는데 이에 따르면 이 사전의 총 7,826개 어휘 가운데 명사가 4,702개로서 양적으로 절반 이상을 차지한다. 세 언어 유사성을 비교한 결과는 동사에서와 큰 차이가 없었다(김순임, 2016 참조). 즉 순수하게 영어-독일어가 유사한 것은 10% 정도이고 영어와 프랑스어가 유사한 경우는 52% 정도였다.

독일 학자 Aronstein(1925, 64)에 따르면 영어의 어휘 55%가 라틴어-프랑스어에서 유래했고 35%가 게르만 전통이며 나머지 10%는 다른 언어에서 온 것이다(Scheler, 1977: 10 재인용). 역시 독일 학자 Finkenstaedt(1973)은 『The Shorter Oxford English Dictionary』(1964)의 주요 어휘 80,096개를 분석하였는데57) 그 가운데 58.5%가 라틴어-프랑스어 기원이었고 26.3%가 게르만 기원이었다(Scheler, 1977: 10 재인용).

이상을 보면 통계에 약간씩 차이가 있는데 이는 분석방법에서 올 수도 있고 분석의 범위 때문에 나온 결과일 수도 있다. 앞의 두 연구

---

56) 여기에는 세 언어가 모두 유사한 경우가 포함되어 있다.
57) 이 사전 제3판(1980)의 속표지에는 163,000여 개의 어휘가 수록되어 있다고 되어 있다.

는 전체 어휘의 30% 정도를 정밀하게 분석하지 못 했기 때문에 정확한 통계는 유동적이다. 또 분석의 범위에 따라 통계가 달라질 수 있는데 분석대상을 기초어휘에 한정시키면 게르만어 비중이 높아지고 분석대상을 넓게 잡으면 게르만어 비중이 낮아질 것이다. 앞서 말한 대로 영어의 기층부에는 게르만어가 얇게 깔려 있고 프랑스어가 두꺼운 상층부를 형성하고 있기 때문이다.

쉽게 이야기 하면 영어에서 '가다, 오다, 자다, 먹다'와 같은 기초어휘는 주로 게르만 기원이고 추상적인 고급어휘는 프랑스어에서 온 것이라는 뜻이다. 이와 관련해서 간단한 예를 들면 (29)와 같다. 즉 기초어휘라고 할 수 있는 '오다/가다' 동사는 영어와 독일어가 가깝고 그보다 약간 추상적인 '도착하다/지나가다' 동사는 영어와 프랑스어가 가깝다.

(29) 영/독/프 '오다/가다' 동사와 관련 동사

	영어	독일어	프랑스어
'가다'	go	gehen	aller
'오다'	come	kommen	venir
'도착하다'	arrive	ankommen	arriver
'지나가다'	pass	vergehen	passer

이상에서 우리는 절반에 가까운 영어의 어휘가 프랑스어에서 유래했다는 것을 보았다. 이제 문법구조의 유사성에 대해 알아 볼 차례이다. 명사의 복수형에서 영어는 복잡한 게르만어의 복수형 어미를 모두 없애 버리고 프랑스어의 복수형 어미 - s로 대체했다는 것은 앞서 논의한 바와 같고 이 단락에서는 어순에 대해 간단히 살펴보고자 한다.

우선 독일어의 어순은 독특한 특징을 가지고 있는데 현대 영어는 이러한 특징이 없고 프랑스어의 어순과 거의 비슷하다. 독일어 어순의 독특한 특징이란 (30)과 같다.

> (30) 독일어 어순의 특징
> a. 종속절에서 동사가 문장 끝으로 간다.
> b. 조동사가 있으면 본동사는 문장 끝으로 간다.
> c. 완료형에서 본동사의 과거분사가 문장 끝으로 간다.
> d. 수동형에서 본동사의 과거분사가 문장 끝으로 간다.
> e. 부정사 구문에서 동사가 구문의 끝으로 간다.
> f. 분리 접사가[58] 문장 끝으로 간다.

이밖에 문장요소들의 전체적인 순서를 보면 영어는 프랑스어와 같고 독일어와는 다르다. 즉 '주어 + 동사 + 목적어' 순서는 세 언어가 같은데 그 밖의 요소들의 위치를 보면 차이가 난다. 먼저 목적어와 부사의 어순을 보면 영어와 프랑스어는 '목적어 + 부사'의 순서이고 독일어는 '부사 + 목적어'의 어순이 기본이다.[59] (31)은 '그는 어제 메리를 만났다.'라는 문장을 세 언어로 번역한 것으로 이러한 어순의 특징을 잘 보여주고 있다.

> (31) 목적어와 부사의 순서
> 영: He met <u>Mary</u> *yesterday*.
> 프: Il a rencontré <u>Marie</u> *hier*.
> 독: Er traf *gestern* <u>Marie</u>.

한 문장에는 부사가 여러 개 쓰일 수 있는데 이들 사이에도 일정한 순

---

58) 영어의 *stand up, wake up, get up* 등에서 *up*에 해당하는 말이 독일어에서는 접
두사가 되며 문장에서 쓰일 때는 이들이 문장 끝으로 간다.
59) 이 단락의 프랑스어 어순은 이숙현·심을식(2008)을 참고한 것이다.

서가 있다. 이 부분에서도 영어는 프랑스어와 일치하며 독일어는 반대이다. (32)의 예문에는 방향부사, 도구부사, 시간부사가 쓰였는데 이들 사이의 순서는 세 언어 사이의 유사점과 차이점을 잘 보여주고 있다.

(32) 부사들 사이의 어순

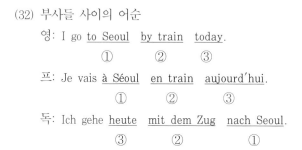

세 언어 어순과 관련해서 수여동사 구문의 직접목적어와 간접목적어의 위치가 흥미롭다. (33)에서 독일어는 '간목 + 직목'의 순서이고 프랑스어는 '직목 + 간목'의 순서인데 영어는 이 두 가지를 모두 가지고 있다. 하나는 독일어에서 온 것이고 다른 하나는 프랑스어에서 온 것이다.

(33) 직접목적어와 간접목적어의 순서

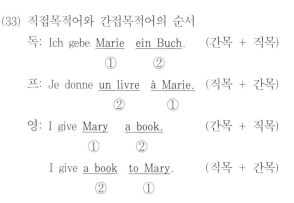

제2장 　소리와 문자

　　인간의 언어는 기본적으로 소리를 신호로 사용하며 언어마다 사용하는 소리의 목록이 다르다. 각 언어에서 사용하는 소리의 체계를 음운체계라고 하는데 이 음운체계가 언어에 따라 다른 것이다. 문자는 인간이 소리를 눈으로 볼 수 있도록 고안해 낸 장치이며 엄밀히 말하면 언어 자체는 아니다. 지구상에 언어는 수 천 가지에 이르지만 문자의 종류는 몇 가지 안 된다. 많은 종족들이 언어체계는 다를지라도 같은 문자를 사용하든지 아니면 문자가 아예 없든지 하기 때문이다.

　　언어는 본래 소리 말에서 출발해서 이후 그 보조수단으로 문자가 등장했다. 그러나 현대사회에서는 신문, 잡지, 책, 인터넷, 이메일, 문자메시지, 스마트폰 등 양과 질에 있어서 음성언어 못지않게 문자가 중요한 역할을 하며 우리는 이를 '문자언어'라고 부르기도 한다. 문자는 언어 자체가 아니기 때문에 정확히 말하면 이 책의 주제인 언어유형론과는 관련이 없으나 현대사회에서는 중요한 부분이기 때문에 언어현상의 일부라고 보고 이에 대해 논의하려는 것이다.

언어와 문자: 음운체계와 문자의 유형에 대한 본격적인 논의에 앞서

먼저 언어와 문자를 정확히 구별할 필요가 있다. 우리는 가끔 농담 삼아서 '세종대왕이 우리말을 너무 복잡하게 만들어 놓았어!'라고 하는데 이는 잘못된 말이다. 언어와 글자를 혼동하고 있는 것이다. 세종대왕은 한국어를 만든 것이 아니라 한국어를 표기하기 위한 글자, 즉 한글을 만든 것이다. 세종이전에도 한국어는 당연히 있었다. 이를 적기 위한 적절한 문자가 없었을 뿐이다. 지구상에 사용되고 있는 수많은 언어 가운데 한 개인이나 인위적인 단체가 만들어 놓은 언어는 없으며,[60] 인간 언어의 정확한 기원은 아무도 모른다.

세종이전에는 우리나라에 문자로 한자가 있었다. 그러나 한자는 우리가 사용하기에 두 가지 문제가 있다. 무엇보다도 배우기가 너무 어렵다. 더구나 공교육 체제가 확립되지 않았던 당시로서는 일반인이 이 어려운 한자를 배우는 것은 쉽지 않았고 따라서 문맹률이 매우 높았다. 문자를 아는 사람은 특별한 사람으로 대접을 받았다. 둘째로 한국어와 중국어는 언어구조가 아주 달라서 한국어를 한자로 표기하는 것은 원칙적으로 불가능한 일이다. (1)의 예문을 한자로 표기한다면 어떻게 해야 할지 생각해 보면 우리말의 한자 표기가 어렵다는 것을 쉽게 알 수 있을 것이다.

(1) 오늘은 비가 와서 외출하기 어렵겠다.

(1)에서 순수하게 한자로 표기할 수 있는 말은 '외출'밖에 없다. 조금 더 양보하면 '오늘, 비, 외출, 오다, 어렵다'까지는 그런대로 '금일

---

60) 폴란드의 안과 의사 자멘호프(Ludwik L. Zamenhof)가 1878년에 인위적으로 만든 에스페란토라는 언어가 있다. 이는 기본적으로 로만스어의 바탕에 불필요한 어형변화를 없애 버리고 문법체계를 단순화 시킨 것이다. 국제 에스페란토 협회가 있고 이 언어를 구사하는 사람은 여러 국가에 걸쳐 많이 있는데 이를 공용어로 쓰는 나라는 물론 없다.

(今日), 우(雨), 외출(外出), 래(來), 난(難)'과 같이 한자로 대체할 수 있을지 모른다. 그러나 언어체계와 관련이 있는 '-은, -가, -서, -하기, -겠, -다'는 한자로 표기할 방법이 없다. 즉 이 말들은 문법적인 기능을 나타내는 말들로서 뜻글자인 한자로 표기하는 것이 불가능한 것이다. 세종이 훈민정음 해례본 서문에 '나라말이 중국과 달라서 문자로 소통하기가 어렵다.'고 말한 것은 이러한 뜻으로 이해하면 좋다.

한글날이면 매스컴에서 한글에 대해 이야기하면서 한글은 배우기 쉬워서 정상적인 지적 능력을 가진 성인이라면 2~3시간이면 배울 수 있다는 보도를 대하곤 한다. 맞는 말이다. 그러나 여기서 한글과 한국말을 혼동해서는 안 된다. 한글은 2~3시간 만에 배울 수 있다. 그러나 한국말을 2~3시간에 배울 수 있는 것은 아니다. 지구상에 2~3시간 만에 배울 수 있는 언어는 없으며 더구나 한국어는 다른 언어에 비해 배우기가 매우 어려운 편에 속한다.[61]

이와 함께 가끔 다른 나라에서 한글을 공식 문자로 채택하는 것도 보도가 되면서 이를 마치 한국어의 국제화라고 생각하는 경우도 있는데 이 역시 문자와 언어를 혼동하는 데서 오는 잘못된 인식이다. 문자가 없는 종족들이 한글은 공용 문자로 채택하여 사용할 수는 있다. 그러나 이들이 한국말을 사용한다는 뜻은 아니다. 자기들의 언어를 그대로 사용하면서 문자만 한글을 쓰는 것이다. 마치 일본 사람들이 지금 쓰고 있는 복잡한 문자를 버리고 한글을 공식 문자로 채택하는 것에 비유할 수 있고, 이는 얼마든지 가능한 일이다. 언어가 다르더라도 문자는 같은 것을 쓸 수 있기 때문이다. 예를 들면 유럽의 여러 나라들이

---

61) 한 언어를 배운다는 것은 기본적으로 그 언어의 어휘와 문법체계 그리고 문자를 배운다는 뜻이다. 언어에 따라 문자는 쉽지만 문법체계는 어려운 경우가 있고 반대로 문법체계는 간단하지만 문자가 어려운 경우도 있다. 한국어는 전자에 속하고 중국어는 후자에 속한다. 일본어는 두 가지가 모두 어려운 경우이다.

언어는 각각 다르지만 문자는 같은 알파벳을 사용하고 있다.

지구상에는 오랫동안 사용하던 문자를 포기하고 편리한 문자로 바꾼 나라들도 있는데 터키와 베트남이 그 예이다.[62] 터키는 대표적인 이슬람 국가로서 오랫동안 이슬람권에서 사용하던 아랍문자를 사용하다가 1928년에 터키 공화국 초대 대통령 무스타파가 문자개혁을 단행하여 아랍문자를 폐지하고 대신 알파벳을 공식 문자로 채택하여 오늘에 이르고 있다. 이슬람권 국가의 속성상 코란의 문자인 아랍문자를 포기하기는 쉽지 않았을 것인데 터키어를 아랍문자로 표기하는 것이 워낙 불편했기 때문에[63] 수십 년의 논의와 진통을 거듭한 끝에 문자개혁을 단행한 것이다. 베트남 역시 8세기부터 한자를 사용하였는데 19세기 말에 당시 베트남을 식민 통치하고 있던 프랑스 정부가 알파벳 사용을 추진하여 현재 이를 공식 문자로 사용하고 있다. 1,000년 동안 사용해 온 한자를 포기한 것이다.

문자의 유형: 지구상에 6,000여 가지의 언어가 있다고 하는데 이 중에서 문자를 갖춘 언어는 300여 개에 이른다. 앞서 말한 대로 언어가 다르더라도 문자는 같은 것을 사용할 수 있기 때문에 문자의 종류가 6,000가지에 이를 필요는 없다. 아래의 세계 주요 문자지도는 이러한 상황을 잘 나타내고 있다. 즉 지구상에서 널리 쓰이고 있는 문자는 알파벳(Latin alphabet), 키릴문자, 한자, 아랍문자, 인도문자(동남아 문자) 등 5가지 정도이다. 이 가운데 키릴문자는 알파벳의 변이형태로 볼 수 있기 때문에[64] 전 세계의 3/4 정도에 해당하는 지역에서 알파벳을 사용한다는 뜻이 된다.

---

62) 자세한 것은 송경안 외(2015), "언어의 이해"(신아사) 47-48쪽 참조.
63) 같은 이슬람권이기는 하지만 터키어와 아랍어는 아주 다른 언어이다.
64) 자세한 것은 아래 '알파벳과 영어' 편 참조.

[세계 주요 문자지도][65]

이 주요 문자들은 각각 특징이 있는데 이는 몇 가지 유형으로 나눌 수 있다. 우리는 앞서 문장의 조합과정을 5가지 단계로 기술한 바 있는데 문자의 유형은 이 가운데 낱소리, 음절, 단어 단계와 연관이 있다. '음절'이란 우리가 말할 때 끊어서 발음할 수 있는 최소 발음단위를 말하며 우리 한글에서 글자 한 자가 하나의 음절이라고 보면 된다. 문자는 유형에 따라 한 글자가 하나의 단어를 표시하는 경우, 하나의 음절을 표시하는 경우, 그리고 하나의 낱소리를 표시하는 경우로 구분할 수 있으며 이들을 각각 단어문자, 음절문자, 음소문자라고 부른다.

1) 단어문자: 단어문자의 대표적인 예는 한자이다. 즉 한자는 각각의 글자가 뜻을 가지고 있기 때문에 그 자체가 하나의 단어인 셈이다. 물론 중국어에서는 2개 혹은 그 이상의 글자를 합해서 하나의 단어를 만들기도 한다.

글자가 의미를 표시한다고 해서 한자를 표의문자라고 부른다. 표의문자에 반대되는 개념은 표음문자인데 한자를 제외한 모든 세계 주요

---

65) https://ko.wikipedia.org/wiki/ => 검색어 "문자"

문자가 여기에 속한다. 표음문자는 각 글자가 소리를 나타내기 때문에 의미를 몰라도 읽을 수는 있으며 '꼭챱, 협문똑'과 같은 전혀 의미 없는 소리들을 표기할 수도 있다.

2) 음절문자: 음절문자의 대표적인 예는 일본의 히라가나/가타카나이다.66) 아래 히라가나표를 보면 '카, 사, 타' 등이 통째로 하나의 글자로 표기되고 있고 이 글자들은 더 이상 분해가 되지 않는다. 즉 한글의 경우 'ㅋ + ㅏ, ㅅ + ㅏ, ㅌ + ㅏ'와 같이 자음자와 모음자로 분해할 수 있고 이를 알파벳으로 나타낼 경우도 역시 'k + a, s + a, t + a'와 같이 분해할 수 있는데 일본문자는 이것이 불가능하다. 자음과 모음을 구별하지 않고 이들을 결합한 소리, 즉 음절을 하나의 글자로 나타낸 것이다.

이 표는 46개의 글자로 구성되어 있고 이 글자로 46가지의 소리를 표기한다는 뜻인데 그러면 '일본 사람들은 다른 소리들은 어떻게 표기할까?'하는 의문이 생긴다. 예를 들면 이 표에 'あ(아), や(야)'는 있는데 '어, 여'를 나타내는 글자는 없다. 또 'さ(사)'는 있는데 '삭, 살, 삼, 삽' 등을 나타내는 글자는 없다. 그러면 일본 사람들은 '어, 여, 삭, 살, 삼, 삽' 같은 소리를 어떻게 표기할까? 이에 대한 대답은 '표기할 수 없다!'이다. 일본문자로는 46개의 소리 이외에 다른 소리를 표기하는 것이 불가능하다. 그럼에도 불구하고 일본 사람들은 불편 없이 문자생활을 잘 하고 있는데 그 이유는 일본어에 이 46가지의 소리(음절)만 쓰이기 때문이다.

---

66) 히라가나와 가타카나는 동일한 소리를 나타내는데 글자모양이 다르고 용도가 다르다. 두 가지 모두 한자를 단순화시켜서 만든 것이다. 히라가나는 한자의 흘림체에서 온 것이고 가타카나는 한자의 한 부분을 생략하고 단순화시켜 만든 것이다(전남대학교 이덕배 교수 개별면담).

	あ行	か行	さ行	た行	な行	は行	ま行	や行	ら行	わ行
あ段	あ	か	さ	た	な	は	ま	や	ら	わ ん
	아	카	사	타	나	하	마	야	라	와 음(N)
い段	い	き	し	ち	に	ひ	み		り	
	이	키	시	치	니	히	미		리	
う段	う	く	す	つ	ぬ	ふ	む	ゆ	る	
	우	쿠	스	쯔	누	후	무	유	루	
え段	え	け	せ	て	ね	へ	め		れ	
	에	케	세	테	네	헤	메		레	
お段	お	こ	そ	と	の	ほ	も	よ	ろ	を
	오	코	소	토	노	호	모	요	로	오

[히라가나표][67]

이 경우 외래어 표기가 문제인데 이 46가지에 포함되지 않는 외래어의 소리는 일본식으로 바꾸어 46가지 글자로 표기가 가능하도록 만든다. 예를 들면 영어의 'door(도어)'는 '도아'로 바꾸어 쓰고 'Hitler(히틀러)'는 '히토라'로 바꾸어 쓴다. 이때 쓰이는 '도, 아, 히, 토, 라'는 위 46가지 소리(음절)에 포함되어 있다.

3) 음소문자: 음소문자란 낱소리들을 하나의 문자로 표시하는 경우를 말한다. 우리 한글이 대표적인 예이다. 낱소리를 전문용어로 '음소'라고 부른다. 앞서 말한 대로 인간 언어는 낱소리를 조합해서 무한한 단어를 만들고 단어를 조합해서 무한한 문장을 만든다. 낱소리, 즉 음소는 자음과 모음으로 나누어진다.[68] 모든 인간 언어는 자음과 모음을 가지고 있기 때문에 이 각각의 낱소리들을 잘 표현할 수 있는 것이 좋은 문자체계이다. 한글과 함께 지구상에서 가장 널리 쓰이고 있는 알

---

67) http://cafe.daum.net/bsikuze/E0qB/1
68) 자음과 모음의 차이는 한글 체계를 보면 쉽게 알 수 있다. 'ㄱ ~ ㅎ'까지의 소리가 자음이고 'ㅏ, ㅑ, ㅓ, ㅕ, ㅗ, ㅛ, ㅜ, ㅠ, ㅡ, ㅣ' 등 그 밖의 소리가 모음이다.

파벳도 음소문자이다.

음소문자는 3가지 하위 부류로 나눌 수 있는데 자음 음소문자, 완전 음소문자, 조합형 음소문자가 그것이다. 자음 음소문자란 자음과 모음의 낱소리 가운데 자음만을 표기하는 문자체계로 아랍문자가 여기에 속한다. 즉 아랍문자는 다음 표와 같이 기본적으로 28개의 자음자로 구성되어 있으며 특수기호를 써서 모음을 표시하기도 하지만 필수사항은 아니다. 이 문자는 따라서 자신의 아랍어 지식을 동원하여 모음을 유추해서 읽어야 한다. 이렇게 모음자가 없이도 문자생활이 가능한 것은 아랍어 모음의 수가 적기 때문일 것이다. 즉 아랍어에는 모음이 3개 밖에 없기 때문에 앞뒤 문맥을 보고 모음을 추정할 수 있는 것이다.[69]

خ	ح	ج	ث	ت	ب	أ
ص	ش	س	ز	ر	ذ	د
ق	ف	غ	ع	ظ	ط	ض
ي	و	ه	ن	م	ل	ك

[아랍문자 28자][70]

음소문자의 두 번째 하위 부류는 자음자와 모음자를 모두 가지고 있는 경우이다. 완전 음소문자라고 할 수 있다. 라틴 알파벳이라고 부르는 영어 알파벳이 여기에 속하고 한글도 이 부류에 속한다. 한편 한글은 완전 음소문자이면서도 조합성이 뛰어나기 때문에 다른 음소문자와 구

---

69) 위에서 우리는 터키어가 아랍어와 체계가 달라서 아랍문자를 사용하기가 어렵다고 했는데 터키어는 8모음 체계이기 때문에 모음을 추정해서 읽기가 매우 어려운 것이다. 터키는 모음을 표시하기 위해 특수문자를 사용하기도 했는데 이 역시 한계가 있었다.
70) http://findnamo.tistory.com/36

별해서 '조합형 음소문자'라고 부를 수 있겠는데 이에 대해서는 별도로 논의하겠다.

4) 혼합형 문자체계: 이상에서 우리는 3가지 문자 유형을 구분하였는데 언어에 따라서는 이들을 혼합해서 사용하는 경우도 있다. 일본어가 그 대표적인 예이다. 위에서 음절문자의 예로 일본의 히라가나/가타카나를 들었는데 사실 일본의 문자는 기본적으로 한자이며 히라가나/가타카나는 보조적인 문자 정도로 보아야 한다. 아래 일본의 신문을 보면 이를 한 눈에 알 수 있다. 우리나라의 경우도 지금은 거의 한글만 사용하고 있지만 몇 십 년 전만하더라고 '혼합형'이라고 불러도 좋을 만큼 한자를 많이 섞어서 사용하였다.

[일본의 신문][71]

알파벳과 영어: 위 세계문자 지도에서 본 것처럼 현재 지구상에서 가장 널리 쓰이고 있는 문자는 알파벳이다. 이를 로마문자, 라틴문자,

---

71) http://richway69.blog.me/220328816800(2015. 11. 13.)

라틴 알파벳 등으로 부르고72) 오늘날은 영어의 영향 때문에 '영어 알 파벳'이라고 부르기도 한다. 제1장 3절에서 언급한 것처럼 '로마'와 '라틴'의 관계는 고대 로마에서 사용하던 언어가 라틴어인 데서 연유 한 것이다. '알파벳'이라는 말은 그리스어의 첫글자 '알파'와 '베타'의 합성어로서 원래 그리스 문자와 로마 문자를 지칭하던 말인데 오늘날 은 그냥 '문자'라는 뜻으로 사용하기도 한다.73) 이와 같이 알파벳은 그리스 문자에서 유래한 것이며 로마인들이 이를 약간 변형하여 쓰기 시작한 것이 오늘날 알파벳의 기원이다.

한편 그리스 문자는 그리스인들의 독창적인 문자가 아니고 동양(오 리엔트)의 페니키아에서 온 것이다. 페니키아의 위치는 현재 이스라엘 과 시리아 지역의 지중해 연안인데,74) 한 때 막강한 해상 왕국으로 지 중해권의 지배자였으며 로마와 100년 동안 패권을 다투었던75) 아프리 카 북부의 카르타고가 페니키아인들이 세운 나라이다. 알파벳이라는 말 자체가 '알파'와 '베타'의 합성어라고 했는데 이 말들은 원래 페니키 아어 Aleph(황소)와 Bëth(집)에서 온 것이다. 페니키아인들이 이 두 글자 [A, B]를 '황소'와 '집'의 모양을 본떠서 만들었기 때문이다.76)

알파벳은 그러니까 고대 오리엔트 지방의 페니키아에서 유래했으 며77) 이것이 그리스를 거쳐 로마에 들어왔고 다시 유럽 전역과 세계

---

72) 영어로는 'Roman Alphabet' 혹은 'Latin Alphabet'이라고 한다.
73) '한글'은 영어로 'Korean Alphabet'이라고 한다.
74) 구약성경에서 '가나안'이라고 하는 지역이 바로 이곳이며 신약성경에는 '베니게' 라는 지명이 나오는데 영어로는 'Phoenicia'이다. 'Phoenicia'는 원래 '붉다'는 뜻 인데 이는 유럽 사람들이 가나안족들의 피부색깔 때문에 붙인 이름이다.
75) 이 전쟁을 포에니 전쟁이라고 하는데 '포에니'라는 말이 '페니키아'에서 온 것이다.
76) 성경에 '벧엘(Bethel)', '베들레헴(Bethlehem)' 같은 이스라엘 지명이 나오는데 여 기서 'Beth'라는 말이 '집'이라는 뜻이다.
77) 페니키아 문자는 원래 아랍문자와 같이 자음 음소문자였는데 그리스인들이 그 일부를 모음자로 전환해서 썼다. [A]도 페니키아어로는 순수한 모음이 아니고 자

로 전해진 것이다. 한편 전 세계가 공통으로 쓰고 있는 '1, 2, 3, 4' 등의 숫자를 아라비아 숫자라고 부르는데 이 역시 아라비아, 즉 오리엔트 지역에서 기원했다는 뜻이다.

러시아 등 슬라브 지역에서 쓰고 있는 문자를 키릴문자라고 하는데 이는 9세기 경에 그리스 수도사 키릴로스가 그리스 알파벳의 모양에 몇 가지 특수기호를 추가하여 슬라브어에 도입한 데서 유래한 이름이다. 아래 표에서 보다시피 키릴문자는 알파벳과 유사하다는 것을 알 수 있으며 이는 이들의 기원이 같기 때문이다. 키릴문자를 알파벳의 변이형태로 보았을 때 전 세계의 3/4 정도의 지역에서 알파벳을 공용문자로 사용하고 있는 셈이다.

Аа	Бб	Вв	Гг	Дд	Ее	Ёё	Жж	Зз
a	b	v	g	d	e	jo	ž	z
[a]	[b]	[v]	[g]	[d]	[ye]	[yo]	[ž]	[z]

Ии	Йй	Кк	Лл	Мм	Нн	Оо	Пп	Рр
i	j	k	l	m	n	o	p	r
[i]	[y]	[k]	[l]	[m]	[n]	[o]	[p]	[r]

Сс	Тт	Уу	Фф	Хх	Цц	Чч	Шш	Щщ
s	t	u	f	x	c	č	š	šč
[s]	[t]	[u]	[f]	[x]	[ts]	[tç]	[š]	[ç]

Ъъ	Ыы	Ьь	Ээ	Юю	Яя
'	y	"	è	ju	ja
silent	[ɯн]	silent	[e]	[yu]	[ya]

[키릴문자][78]

현재 영어에서 사용하고 있는 알파벳은 (2)와 같이 26자로 구성되어 있는데 이는 11세기에 확립된 라틴문자의 체계이다. 그런데 이를 자세히 들여다 보면 불필요하게 보이는 글자들이 많다. [c, q, x, y] 등이 그것이다. [c, q]는 [k]로 쓰면 될 것이고 [y]는 [i]로 쓰면 될 것이다.

음에 해당한다(권종성, 1987: 137 참조)
78) 송경안 외(2015), "언어의 이해"(신아사) 39쪽 참조.

[x]는 [ks]로 발음되기 때문에 [ks]라고 표기하면 될 것이다. 이렇게 불필요하게 보이는 글자들을 그대로 두는 이유는 첫째로 라틴문자의 전통을 유지하자는 뜻일 것이고, 둘째는 외래어 표기를 위한 것이다. 즉 유럽 언어에는 그리스어와 라틴어에서 기원한 단어들이 아주 많은데 그리스·로마의 전통을 유지하려는 것이 유럽인들의 기본정서이기 때문에 이 단어들을 원어대로 표기하려는 경향이 있다.

(2) 알파벳 26자
자음: b, c, d, f, g, h, j, k, l, m, n, p, q, r, s, t, v, w, x, z (20개)
모음: a, e, i, o, u, y (6개)

어떻든 음가로만 보자면 알파벳은 (3)과 같이 자음 17자, 모음 5자로 구성된 셈이다. 그러면 이 22개의 글자로 유럽의 언어들의 소리들을 표기하는데 충분할까?[79] 그렇지 않다. 같은 유럽 언어라고 해도 언어마다 소리체계가 다르고 많은 차이를 보이는 경우도 있기 때문에 한 가지 문자 체계를 각 언어에 동일하게 적용하는 것은 불가능하다. 위 22개 문자는 기본적으로 고대 라틴어를 위한 문자인데 현대 유럽의 언어에는 라틴어에 없는 소리도 많은 것이다.

(3) 음가에 따른 알파벳 22자
자음자: b, d, f, g, h, j, k, l, m, n, p, r, s, t, v, w, z (17개)
모음자: a, e, i, o, u (5개)

그러면 유럽 각국은 이 문제에 어떻게 대처하고 있을까? 한편으로

---

79) 세계 3/4에 가까운 지역에서 알파벳이 쓰이고 있기는 하지만 언어로 보면 이들은 유럽 언어들이다.

는 라틴문자를 보완하기도 하고 다른 한편으로는 불편한 대로 그냥 사용하기도 한다((4) 참조). 예를 들면 영어에 [ʃ, tʃ, θ, ð]와 같은 소리가 있는데 (3)의 알파벳 22자로는 이 소리들을 표기할 수 없다. 그래서 영어에서는 두 개의 글자를 겹쳐서 [sh, ch, th]와 같이 쓴다.

(4) 유럽에서 알파벳을 보완해서 사용하는 예
   영어: she, church, this, month
   독어: ändern('change'), hören('hear'), über('over')
        Schule('school'), Buch('book'), Straße('street')

독일어에서는 [ä, ö, ü]와 같이 모음 위에 점 두 개를 찍어서 독일어의 특수한 모음을 표기한다.80) 독일어는 [a, e, i, o, u] 이외에 3개의 모음을 더 사용하는 언어인 것이다. 독일어는 이밖에 자음을 나타내기 위해 [sch, ch]와 같이 글자를 겹쳐서 쓰기도 하고 그리스 문자에서 [β]를 가져다 쓰기도 한다. 프랑스어는 그리스 문자에서 [ç]를 가져다 쓰고 있고 [à, á, â]와 같이 모음 위에 특수기호를 사용하기도 한다.

고대 로마에서 유래한 알파벳을 불편한 대로 그냥 사용하는 예는 영어가 대표적이다. 영어도 물론 문자를 겹쳐서 쓰기는 하지만 라틴 알파벳 26자만을 사용하며 그밖에 특수기호를 사용하지는 않는다. 그러나 문자적으로 보면 영어는 매우 불편하고 배우기 어려운 상황이다. 이를 모음과 자음으로 나누어서 살펴보기로 한다.

먼저 알파벳에는 모음을 나타내는 글자는 5개 밖에 없다. 그러면 영어의 모음은 5개일까? 그렇지 않다. 영어의 모음은 단모음이 8개이고 이중모음이 8개이다. 단모음의 목록과 예를 보면 (5)와 같다.

---

80) 독일어 [ä, ö, ü]는 대강 한국어 [애, 외, 위]에 해당한다.

(5) 영어의 8개 단모음과 예[81)

[ɑ] father, calm, can't, car, apart

[e] edge, red

[i] eat, sleep, baby, swim

[o] or, daughter, more

[u] put, full, ooze, shoe, suit

[æ] apple, man

[ʌ] under, enough, butter

[ə] above, support, possible, mother

표 (5)를 보면 우리는 무엇인가 혼란스럽다는 것을 느낌을 갖게 되는데 그 이유는 무엇일까? 영어에서 사용하고 있는 라틴문자는 기본적으로 표음문자이기 때문에 원칙적으로 글자를 발음기호 삼아 읽을 수 있어야 한다. 다른 유럽 언어들은 모두 그렇게 할 수 있으며 문자이외에 별도의 발음기호를 사용하지 않는다. 그러나 영어는 글자를 발음기호 삼아 읽기가 불가능하며 문자이외에 별도의 발음기호를 사용한다. 그 이유는 영어가 글자와 발음 사이에 큰 거리가 있기 때문이다.

우선 위와 같이 모음이 8개인데 특수기호를 사용하지 않고 이들을 5개의 글자로 표기하는 것은 원칙적으로 불가능한 일이다. 그런데도 영어는 5개 모음자만 사용하고 있는 것이다. 이에 따라 영어는 글자와 소리 사이에 1:1 대응이 되지 않아서 글자만 보고 이것은 어떻게 읽어야 할지 가늠하기가 어렵다. 이러한 상황은 표 (5)의 몇 개 안 되는 단어만 보아도 쉽게 알 수 있다. 예를 들면 [a]라는 글자는 (6a)와 같이 [a, ei, æ, ə] 등으로 발음된다. 그런가 하면 /i/라는 발음을 표기하기 위해 (6b)와 같이 [ea, ee, y, i, e] 등 5가지의 방법이 사용되고 있다.

---

81) 장모음과 이중모음을 별도의 음소로 보면 모음의 수는 더 많아진다.

(6) 영어 소리와 글자의 비대칭의 예

    a. 하나의 글자가 여러 가지로 발음되는 경우

        father, b*a*by, *a*pple, *a*bove

    b. 하나의 발음이 여러 가지 글자로 표기되는 경우

        eat, sl*ee*p, bab*y*, sw*i*m, *e*nough

(7) 영어의 24개 자음과 예[82]

[p] *put*, su*pp*er, li*p*	[ʃ] *sh*ow, wa*sh*ing, ca*sh*
[b] *b*it, ru*b*y, pu*b*	[ʒ] lei*s*ure, vi*s*ion
[t] *t*wo, le*tt*er, ca*t*	[h] *h*ome, a*h*ead
[d] *d*eep, la*dd*er, rea*d*	[tʃ] *ch*air, na*t*ure, wa*tch*
[k] *c*an, *k*ind, *qu*iet	[dʒ] *j*ump, pi*g*eon, bri*dg*e
[g] *g*ate, ti*g*er, do*g*	[m] *m*an, dru*mm*er, co*m*b
[f] *f*ine, co*ff*ee, lea*f*	[n] *n*o, ru*nn*er, pi*n*
[v] *v*an, o*v*er, mo*v*e	[ŋ] you*ng*, si*ng*er
[θ] *th*ink, bo*th*	[l] *l*et, si*ll*y, fa*ll*
[ð] *th*e, bro*th*er, smoo*th*	[r] *r*un, ca*rr*y
[s] *s*oup, fu*ss*y, le*ss*	[j] *y*ou, *y*es
[z] *z*oo, bu*s*y, u*s*e	[w] *w*oman, *w*ay[83]

    자음의 상황은 모음보다는 조금 낫기는 하지만 글자와 발음 사이에 거리가 있는 것은 마찬가지이다. 영어에는 표 (7)과 같이 24개의 자음이 있다. 위 (3)에서 알파벳의 자음자는 17개라고 했는데 이것을 가지고 영어의 24개 자음을 표기하는 것은 근본적으로 불가능한 것이다. 표 (7)을 보면 [ch, sh, th]와 같이 글자는 2자인데 소리는 하나인 경우

---

82) 송경안 외(2015), "언어의 이해"(신아사) 110쪽 참조.
83) [j, w]는 반자음 혹은 반모음이라고 한다. 자음과 모음 사이의 중간 소리라는 뜻인데 음성학적으로는 자음의 성격이 강하다. 예를 들면 영어에서 부정관사를 쓸 때 *an woman*이라고 하지 않고 *a woman*이라고 한다. 일반 한국인들에게는 잘 이해가 가지 않는 개념이다.

가 있고, [s]자와 같이 글자는 하나인데 소리는 [s, z, ʒ]처럼 3가지로 나타나는 경우도 있다. [ʤ]라는 소리도 [j, g, dg]의 세 가지 글자로 표현된다. 이렇게 소리와 글자 사이에 1:1 대응이 안 되더라도 거기에 일정한 규칙이 있으면 상관없다. 그러나 영어의 표기법에서는 이러한 규칙성을 찾기가 어렵다는 것이 문제이다.

이와 같은 문자와 발음 사이의 불일치가 오늘날 영어 학습을 특별히 힘들게 하고 있는데 영어에 왜 이러한 상황이 벌어졌을까? 여기에는 크게 세 가지 원인이 있을 것으로 보인다.[84] 첫째는 알파벳이 영어의 소리체계에 맞지 않기 때문이다. 즉 알파벳은 원래 고대 로마인들이 그들의 언어, 즉 라틴어의 소리를 표기하기 위해 고안한 것이며 이를 소리체계가 다른 언어에 적용하려면 문제가 생길 수 밖에 없다. 둘째는 영어의 복잡한 역사 때문이다. 즉 영어는 역사적으로 이질적인 언어들, 특히 독일어와 프랑스어의 혼합으로 형성된 언어이다. 다양한 기원을 가진 어휘들을 그대로 표기하면서 발음은 영어식으로 바꾸는 과정에서 문자와 발음 사이에 간극이 생겼을 것이다. 셋째는 영국인들의 보수적인 성향 때문이다. 언어의 소리는 시간이 가면서 변하는 것이어서 시간이 길어지면 소리와 글자 사이에 틈이 생기게 되어 있다. 이 틈이 많이 벌어지면 정부는 맞춤법을 바꾸어 주어야 한다. 그런데 보수적인 영국인들이 맞춤법을 바꾸지 않고 그대로 사용하면서 문자와 발음 사이에 거리가 점점 멀어진 것이다.

한글, 인류의 위대한 지적 성과: 한글은 우리 대한민국에서만 사용하는 독특한 문자이다. 우리 정부는 한글날을 국경일로 지정하고 있고 한글날이면 우리는 매스컴을 통해 한글이 매우 우수한 문자라는 이야기를

---

84) 송경안 외(2015), "언어의 이해"(신아사) 109쪽 참조.

듣는다. 한글날을 국경일로 지정할 만큼 정말 한글이 특별한 문자일까? 그냥 우리 문자이니까 좋다고 한 것 아닐까? 사람에 따라서는 이러한 의구심이 들 수도 있을 것이다. 그러나 국내외 언어학자들이 객관적으로 평가하는 바에 따르면 분명히 한글은 세계 최고의 문자이다.

영국의 언어학자 G. Sampson(샘슨)은 1985년 미국 스탠포드 대학 출판사에서 발간한 저서 『문자체계』의[85] 제7장에서 한글을 별도로 소개하면서 "인류의 위대한 지적 성과"라고[86] 극찬하였다. 미국의 언어학자 E. Reischauer(라이샤워, 1960: 435)는 한글을 "세계에서 가장 과학적인 문자"라고[87] 했고 네델란드 언어학자 F. Vos(포스, 1964: 31)은 "세계 최고의 문자"라고[88] 했다(Sampson, 1985: 120 재인용).

그러면 한글의 어떤 점이 그렇게 특별하다는 말일까? 한글을 제외하면 현재 지구상에서 가장 널리 쓰이면서 가장 간단한 문자 체계는 라틴문자라고 부르는 영어 알파벳인데[89] 이와 비교하면서 한글의 우수성에 대해 살펴보겠다.

첫째, 알파벳은 모음자가 풍부하지 못한 약점이 있다. 알파벳에는 모음을 위한 글자가 5개 밖에 없는데 이는 라틴어가 5모음 체계였기 때문이다. 라틴어에는 모음이 5개 밖에 없었기 때문에 글자도 5개만 있으면 충분했다. 그러나 모음이 그보다 더 많은 언어에서는 이 문자 체계를 사용하기가 불편하다. 반면 한글은 단모음 글자만 해도 10개가 있고[90] 이들을 조합해서 더 많은 모음자를 만들 수 있기 때문에

---

85) Sampson, G.(1985), Writing Systems. Standford: Stanford University Press.
86) "one of the great intellectual achievements of human kind"
87) "the most scientific system of writing"
88) "the world's best alphabet"
89) 표음문자이고 글자 모양이 가장 단순하다.
90) 물론 이는 한국어에 다양한 모음이 사용되고 있기 때문이다.

알파벳보다 훨씬 더 다양한 모음을 표기할 수 있는 장점이 있다.

둘째, 한글의 가장 큰 장점은 조합성에 있다. 즉 한글은 소수의 기본글자가 있고 이를 조합해서 2차, 3차 문자를 만들어 나간다. 한글 자음자에서 조합성을 보면 (8)과 같다. 즉 5개의 기본글자에 획을 하나씩 더하든지 아니면 이를 반복해서 다른 문자를 만들어 나가는 방식이다. 이때 기본글자와 2차, 3차 문자 사이에는 소리 나는 위치가 같다는 공통점이 있다. 예를 들면 [ㅁ-ㅂ-ㅍ-ㅃ]는 모두 두 입술을 이용해서 발음한다.91) 이에 따라 소리가 비슷하면 글자모양도 비슷하게 된다.

(8) 한글 자음자의 조합성
  a. [ㄱ] → [ㅋ, ㄲ]
  b. [ㄴ] → [ㄷ, ㄹ, ㅌ, ㄸ]
  c. [ㅁ] → [ㅂ, ㅍ, ㅃ]
  d. [ㅅ] → [ㅈ, ㅊ, ㅆ, ㅉ]
  e. [ㅇ] → [ㅎ]

한글의 조합성은 특히 모음에서 두드러진다. 즉 모음은 기본적으로 하늘(天), 땅(地), 사람(人)을 뜻하는 [·, ㅡ, ㅣ]의 세 개의 기본글자로 구성되어 있고, 이 기본자를 가지고 수많은 모음자를 만들어 낸다. 요즘 핸드폰에 '천지인 한글'이라는 체제가 바로 이 한글 창제의 원리를 따른 것이다.92)

이에 비해 알파벳은 조합성이 전혀 없는 문자이다. 26개의 글자가 형태적 연관성이 전혀 없이 각각 따로 논다. 가령 [B-P, D-T, G-K] 등

---

91) 현대 언어학에서는 이를 양순음(두 입술 소리; bilabial)라고 한다.
92) 조합성은 다른 문자에도 부분적으로 나타난다. 그러나 조합성이 전체적이고 체계적으로 나타난 것이 한글의 특징이고 우수한 점이다.

은 각각 언어학적으로 비슷한 소리인데도 문자에서는 그 유사성을 전혀 반영하지 못하고 있다. 알파벳은 여기에 대문자/소문자 구별이 있는데 이들 사이에서도 연관성을 찾기가 쉽지 않다.93) 예를 들면 [A-a, B-b, D-d, E-e, G-g, L-l, Q-q, R-r] 등의 대소문자 쌍에서 연관성을 찾기는 쉽지 않은데 이는 알파벳이 그만큼 체계성이 없다는 뜻이고 배우기가 어렵다는 뜻도 될 것이다.

셋째, 한글은 음성기관을 본떠서 만든 문자라는 점이다((10) 참조). (8)에서 우리는 한글 자음자의 기본글자와 2차 문자를 보았는데 이때 기본글자의 모양은 음성기관의 모양을 본뜬 것이다. 위에서 [ㅁ, ㅂ, ㅍ, ㅃ]은 두 입술에서 나는 소리라고 했는데 여기서 [ㅁ]자가 바로 입술모양을 나타낸다. 한글 자음 기본글자와 관련 음성기관을 보면 (9)와 같다.

(9) 기본글자와 관련 음성기관

[ㄱ]	혀의 모양
[ㄴ]	혀의 모양
[ㅁ]	입술 모양
[ㅅ]	이 모양
[ㅇ]	목구멍 모양

이 가운데 [ㅁ, ㅅ, ㅇ]의 모양과 음성기관의 관련성은 전문가가 아닌 사람들도 쉽게 이해할 수 있을 것이다. 그러나 [ㄱ]과 [ㄴ]의 모양을 이해하려면 약간의 전문적인 지식이 필요하다. 이 두 소리를 발음할 때 자세히 관찰해 보면 혀의 모양이 (10)과 같이 [ㄱ]과 [ㄴ]의 모

---

93) 엄밀히 말하면 소문자는 대문자를 약간 변형시킨 것이다. 그러나 일반 사용자들이 이를 인식하기는 쉽지 않다.

양이 된다. [악]과 [안]을 발음하면서 받침이 끝날 때 혀의 모양을 자세히 생각해 보면 이해가 갈 것이다. 현대 언어학의 입장에서 볼 때 이는 대단한 관찰이며 서양의 르네상스와 종교개혁이 있기 100여 년 전에 동양의 조그만 나라에서 이러한 생각을 했다는 데 대해 오늘날 세계의 언어학자들이 놀라고 있는 것이다.

    (10) [ㄱ, ㄴ]의 발음과 혀의 모양[94]

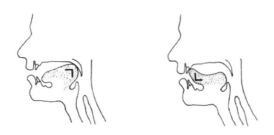

    이에 비해 알파벳은 각각의 글자가 사물의 모양을 본떠서 만든 것이다. 예를 들면 [A]는 황소의 머리를 본뜬 것이고 [B]는 집의 모양을 본뜬 것이다. 알파벳의 기원인 페니키아의 언어에서 '황소(Aleph)'가 [A]라는 소리로 시작하고 '집(Bëth)'은 [B]라는 소리로 시작하기 때문에 이 두 사물의 모양을 간단히 그려놓고 /A/와 /B/ 소리로 읽자고 약속한 것이다. 우리식으로 하자면 나무모양을 그려놓고 [ㄴ]으로 발음하고 오리모양을 그려 놓고 [ㅗ]라고 발음하는 것과 같다. 나무 모양과 오리 모양을 이어서 그려 놓으면 [노]라고 읽게 될 것이다. 어떻든 알파벳은 이렇게 글자가 각각 다른 사물의 모양을 본뜬 것이고 보니[95] [ㅁ-ㅂ-ㅍ-ㅃ]와 같은 글자 사이의 연관성을 찾아 볼 수 없다.

---

94) 출처: http://blog.daum.net/wingjindo/174
95) 몇 가지 예를 더 보면 다음과 같다. [D]: 문, [H]: 울타리, [P]: 머리, [Q]: 원숭이 (권종성, 1987: 136 참조).

음운체계의 유형: 인간의 언어는 소리를 이용한 신호체계이며 분절성을 그 특징으로 한다. 분절음, 즉 낱소리는 자음과 모음으로 나누어진다. 인간이 입을 통해 낼 수 있는 소리의 종류는 아주 많은데 개별 언어는 그 가운데 일부를 사용한다. 개별 언어가 사용하는 소리의 체계를 음운체계라고 하며 언어에 따라 음운체계가 다르다.

1) 모음체계: 한국어의 음운체계를 보면 (11)과 같다. 한국어는 단모음만 해서 10개가 되는데 지구상에는 2모음 체계에서부터 15모음 체계까지 관찰된다.96) 모음의 소리값은 발음할 때 입을 얼마나 벌리느냐 그리고 혀를 앞쪽으로 펴느냐 아니면 뒤쪽으로 웅크리느냐에 따라 결정되는데 입을 벌리고 혀를 웅크리는 정도에 따라 여러 가지 모음이 만들어진다. 개별 언어에서 사용되고 있는 가장 간단한 모음 체계는 2모음 체계인데 입을 벌리는 정도에 따라 2가지 모음만을 구별하는 경우이다.97)

> (11) 한국어의 음운체계
> 자음 19개: ㄱㄴㄷㄹㅁㅂㅅㅇㅈㅊㅋㅌㅍㅎㄲㄸㅃㅆㅉ
> 단모음 10개: 아, 에, 이, 오, 우, 애, 으, 어, 위, 외
> 이중모음 11개: 야, 여, 요, 유, 의, 와, 워, 왜, 웨, 예, 얘

그 다음으로 간단한 모음체계는 3모음 체계이며 아랍어가 여기에 해당한다. 즉 아랍어에는 모음이 [a, i, u] 밖에 없다. [a, i, u]는 (12a)와 같이 극단의 세 꼭지점에98) 해당한다. 가장 간단하고 구별이 쉬운

---

96) 이 단원의 자료와 통계들은 주로 WALS(세계 언어구조 지도) 14, 18쪽과 영문판 Wikipedia를 참고한 것이다.
97) 호주의 원주민어 애런트어(Arrernte)와 호주 위쪽 파푸아 뉴기니아섬의 은두어 (Ndu)에서 2모음 체계가 관찰된다(영문판 Wikipedia, 2015. 11.).

3개의 모음이라고 할 수 있다. 여기서 양쪽 변의 중간에 모음이 하나
씩 더 있으면 (12b)와 같이 5모음 체계가 되는데 언어유형론적으로
볼 때 이것이 지구상에서 가장 많이 사용되는 모음체계이다. 라틴어,
이태리어, 스페인어, 일본어 등이 여기에 속한다.

(12) 모음체계 도표

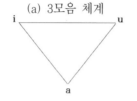

(a) 3모음 체계

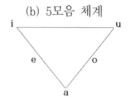

(b) 5모음 체계

(13) 음의 수에 따른 모음체계와 통계

유형	모음의 수	언어의 수
간단한 모음체계	2-4	93
중간단계 모음체계	5	187
	6	100
복잡한 모음체계	7-14	184
	합계	564

(12a)의 3각형 안에 모음이 하나 더 있으면 4모음 체계가[99] 되고
(12b)의 3각형 안에 모음이 하나 더 있으면 6모음 체계가 될 것이다.
WALS(세계 언어구조 지도)에서 조사한 564개의 세계 언어 모음의 수에
따른 통계를 보면 (13)과 같다.[100]

---

98) 입을 벌리는 정도와 혀를 펴고 웅크리는 정도에서 세 가지 극단 위치
99) 4모음 체계의 예는 파푸아 뉴기니아섬의 이마스족(Yimas)이 사용하는 언어에서
볼 수 있다(Foley, 1991: 44).
100) WALS(세계 언어구조 지도)는 복잡한 모음체계를 7-14개의 모음으로 보고 있으
나 영문판 Wikipedia는 덴마크어를 15모음 체계로 보고 있어서 이 책에서는 이

위에서 우리는 영어의 단모음이 8개이고 한국어는 10개라고 했는데 (13)의 통계에 따르면 이 두 언어는 모음이 많은 언어에 속한다. 그러면 두 언어에서 8개의 모음은 같고 2개의 모음만 다를까? 그것은 아니다. 엄밀히 말하면 영어와 한국어 사이에 정확히 똑 같은 모음은 없을지 모른다. 모음의 소리가 비슷하지만 언어에 따라 조금씩 차이가 난다는 뜻이다. 예를 들면 영어의 *apple*, *man* 등에서 나는 모음 [æ]와 한국어의 "애들"에서 나는 모음 [애]는 비슷하게 들리지만 다른 소리이다. 따라서 외국어를 배울 때는 원어민 발음을 정확히 들으면서 익혀야 한다.

한국어와 영어를 비교할 때 서로 간에 특히 배우기 어려운 모음은 영어 [ə]와 한국어의 [으, 어]이다. 영어 [ə]를 한국어 [어]로 발음해도 미국 사람들이 알아듣기는 한다. 그러나 두 소리는 많이 다르다. 한편 유럽 사람들에게는 한국어의 [으, 어] 그리고 이와 관련된 이중모음 [의, 여] 배우기가 매우 어렵다. 자기들 언어에 이 소리가 없기 때문이다. 아랍어는 3모음 체계이고 이태리어, 스페인어, 일본어 등은 5모음 체계 언어라고 했는데 이러한 나라 사람들이 한국어의 [으, 어]를 배우기는 매우 어렵다. 이들에게는 대한민국의 수도 '서울'을 발음하기가 어려운 것이다. 말소리는 신비한 것이다. 언어들 사이의 소리는 아주 미세한 차이가 있는데 어렸을 때 배우지 않는 소리는 자라서 정확히 배우기가 어렵다.

이러한 상황은 같은 나라 안에서도 관찰된다. 즉 한 나라 안에서도 지역에 따라 음운체계가 다를 수 있다. 한국의 경우 경상방언 사용자들은 [으, 의] 발음이나 입술을 둥글게 하는 이중모음 발음을 잘 못한다. 그래서 '의사'를 '이사'라고 하고 '관광'을 '강강', '화해'를 '하해' 라고 발

를 7-15로 수정하였다(https://en.wikipedia.org /wiki/Vowel, 2015. 11. 참조).

음한다. 경상방언에는 또 [씨] 소리가 없어서 '쌀'을 '살'이라고 한다. 그런가 하면 호남방언에는 [애], [에]의 구별이 없고 [에]만 있다. 그래서 집에서 기르는 '개'는 [게]라고 하고 바다의 '게'는 '기'라고 한다.101)

2) 자음체계: 인간 언어에서 자음은 모음보다 수가 많다. 한국어는 단모음 10개에 자음 19개이고 영어는 모음 8개에 자음 24개이다. 언어에 따라 자음의 수는 적게는 10개에서부터 많게는 58개까지 있으며 WALS에서 조사한 569개 언어의 평균 자음 수는 22개이다. 남미 컬럼비아의 원주민어인 앤도크어(Andoke)는 모음 9개에 10개의 자음을 사용하며 코카사스 지역의 압카즈어(Abkhaz)는 모음 2개에 자음 58개를 사용한다. 압카즈어는 자음이 모음의 29배인 셈인데 개별 언어에서 평균적으로 보면 자음이 모음의 3~4배 정도이다. 이에 따르면 영어는 평균 정도이고 한국어는 자음이 적은 편이다. WALS가 조사한 569개 언어에 나타난 자음체계와 모음체계 유형의 통계를 보면 (14)와 같다. 우연의 일치이겠지만 자음체계와 모음체계가 모두 간단한 언어가 13개이고 둘 다 복잡한 언어도 13개이다.

(14) 자음체계와 모음체계 통계

모음체계	자음체계					
	단순	중하	중간	중상	복잡	합계
단순	13	22	27	17	13	92
중간	54	76	86	40	36	292
복잡	20	29	88	35	13	185
합계	87	127	201	92	62	569

---

101) 호남지역에서도 젊은이들은 둘 다 '게'라고 하는데 현대 한국 표준어에서도 [애], [에]를 구분하지 않은 경향이 있다.

모음과 마찬가지로 자음의 종류도 언어에 따라 많은 차이를 보인다. (7)의 24개 영어 자음 가운데 한국어의 자음과 같다고 할 수 있는 것은 [s, h, m, n, ŋ] 등 5개 정도이고 나머지는 같다고 보기 어렵다. [f, v, θ, ð, z, ʃ, ʒ, j, w] 등 9개는 한국어에 아예 없는 소리들이고 [p, b, t, d, k, g, ʧ, ʤ, l, r] 등 10개는 비슷하지만 정확히 같지는 않다. 영어의 [ʧ, ʤ]는 한국어 [ㅊ, ㅈ]과 유사하지만 입술을 둥글게 한다는 점에서 차이가 있다. 예를 들면 영어의 *child*를 한글로 쓰자면 '차일드' 보다는 '촤일드'에 더 가깝다. 이를 정리하면 (15)와 같다.

(15) 영어의 자음과 한국어 대응 자음
    a. 한국어와 같은 소리(5개): [s, h, m, n, ŋ]
    b. 한국어에 없는 소리(9개): [f, v, θ, ð, z, ʃ, ʒ, j, w][102]
    c. 유사하나 다른 소리(10개): [p, b, t, d, k, g, ʧ, ʤ, l, r]

언어유형론적으로 한국어의 자음은 매우 특징적이다. 우선 한국어에는 [l, r]의 구별이 없는 것이 특징이다. 지구상의 많은 언어들이 이 두 가지 소리를 구분하지만 가끔 그렇지 않은 언어가 있는데 한국어가 이에 속한다. 즉 한국어에서는 이 두 가지 소리를 모두 'ㄹ'로 표기하고 (16)과 같이 쓰이는 환경에 따라 [l]로 발음하기도 하고 [r]로 발음하기도 한다. 두 가지 소리를 같은 글자로 표기한다는 것은 그 언어에서 이들을 하나의 소리로 본다는 의미이다. 한편 한국어의 이 두 가지 소리는 영어의 [l, r]과 다르다. 영어의 [l]은 '어두운 [l]'이라고 해서 혀를 많이 구부리면서 내는 소리이며 영어의 [r]은 입술을 둥글게 하면서 내야 한다. 예를 들면 영어의 *right*를 한글로 쓸 경우 '라이트'보

---

102) [j]는 한국어 이중모음 [야, 여, 요, 유] 등에서 나는 앞소리와 같은 것으로 보기도 한다.

다는 '롸이트'에 가깝다.

(16) 'ㄹ'의 두 가지 소리
    a. 멸치 - [l]
    b. 다리 - [r]

한국어 자음에서 특별히 중요한 특징은 (17)과 같은 파열음과 치찰음 계통의103) 3원 대립, 즉 평음-격음-경음의 구별이다. 유럽 언어를 비롯한 대부분의 언어에서 이들은 대개 유성음-무성음의 구별로 2원 대립을 보이는데 한국어에서는 3원 대립을 보인다. WALS는 파열음, 마찰음 계통의 유성음-무성음 구별에 대해서는 유형론적으로 분석하고 통계를 제시하고 있는데 2원대립-3원대립 문제는 언급하지 않고 있다. 이는 후자가 그만큼 유형론적으로 특별한 현상이라는 의미일 것이다.

말소리는 매우 섬세한 것이어서 어릴 적에 배우지 않는 소리는 성장해서 정확히 배우기가 어렵다.104) 한국어에 특징적인 위 세 가지 소리의 구분은 외국인들이 익히기에 매우 힘들다. 그들에게는 이 세 가지 소리가 모두 같은 소리도 들리기 때문이다. '불 - 풀 - 뿔, 달-탈-딸'이 모두 같은 소리로 들린다는 뜻이다. 우리는 이해하기 힘들지만 사실이다. 이와 함께 [ㅅ-ㅆ]의 구별도 외국인들에게는 아주 어렵다.

---

103) 파열음이란 공기를 막았다가 한 번에 터뜨리는 소리로 [p-t-k, b-d-g] 등을 말하며 치찰음이란 앞니 주위에서 마찰되어 나오는 소리로 [ㅅ-ㅆ, ㅈ-ㅊ-ㅉ] 등을 말한다.

104) 그렇다고 조기 외국어교육이 필요하다는 뜻은 아니다. 외국어를 꼭 원어민과 똑 같이 발음해야 하는 것은 아니기 때문이다. 1970년대 미국 국무장관으로 국제 외교에서 이름을 떨친 Henry Kissinger는 독일 출신이었는데 그의 영어에 독일어 악센트가 남아 있었다는 것은 잘 알려진 이야기이다.

(17) 한국어 평음-격음-경음의 구별과 영어의 대응관계

3원대립	3원대립의 예	2원대립
ㄱ-ㅋ-ㄲ	기 - 키 - 끼	g-k
ㄷ-ㅌ-ㄸ	달 - 탈 - 딸	d-t
ㅂ-ㅍ-ㅃ	불 - 풀 - 뿔	b-p
ㅈ-ㅊ-ㅉ	자다 - 차다 - 짜다	ʤ-ʧ

그러면 한국 사람들이 영어나 유럽 언어에 나타난 2원 대립은 쉽게 구별하고 배울 수 있을까? 우리는 영어를 배우기 시작하면서부터 수없이 '유성음-무성음'의 차이에 대해 들어왔기 때문에 흔히 이를 당연히 잘 알고 있다고 생각한다. 그러나 이는 큰 착각이다. 한국 사람들이 유성음과 무성음을 구별하기는 쉽지 않은 것이다. '감기' 할 때 두 개의 [ㄱ]이 있고 '바보' 할 때 두 개의 [ㅂ]이 있는데 앞의 [ㄱ, ㅂ]은 무성음이고 뒤의 [ㄱ, ㅂ]은 유성음이다.105) 이 두 가지 [ㄱ, ㅂ]을 다른 소리로 인식할 수 있는 사람이 유성음과 무성음을 구별할 수 있는 사람인데 한국 사람들은 이 두 가지 소리를 구별하지 못한다. 즉 우리는 유성음과 무성음의 구별을 지식적으로 알고는 있지만 실제로는 구별 못한다는 뜻이다. 이 역시 이해하기 힘들지만 사실이다. 결국 한국 사람은 [p-b, t-d, k-g] 등의 구별을 잘 못한다는 말인데 그래도 우리가 영어를 하면 외국인들이 곧잘 이해하는 것은 어떻게 설명할 수 있을까? 그것은 우리가 발음을 적당히 해도 그들이 앞뒤 맥락을 생각하면서 알아들어 주기 때문이다.

3) 소리의 결합방식: 개별 언어 소리체계의 유형에 대해 논의할 때 또

---

105) 유럽 사람들에게 이 두 단어를 알파벳으로 써 보라고 하면 [kamgi], [pabo]라고 쓴다.

한 가지 중요한 주제는 소리의 결합방식이다. 우리는 낱소리를 조합해서 단어를 만드는데 단어를 만들 때 낱소리의 조합방식 혹은 결합방식이 언어에 따라 차이가 있다.

즉 개별 언어들은 자음과 모음을 섞어서 결합해 나가는데 가장 간단하고 편한 결합방식은 (18)과 같이 '자음 + 모음'의 조합을 반복하는 것이다. 주로 이러한 결합구조를[106) 쓰는 언어가 일본어와 이태리어인데 (19)와 같이 이 두 나라의 인명이나 지명을 알파벳으로 써 보면 이를 잘 알 수 있다. 이 점에서 이 두 언어는 발음하기가 아주 쉬운 것이다.

(18) 가장 간단한 소리 결합구조: 자음 + 모음 + 자음 + 모음, ...

(19) 일본어와 이태리어 소리 결합구조의 예
  일: Nakamura, Tanaka, Nagasaki, Tohoku, Narita
  이: Napoli, Roma, Milano, Galileo, Pavarotti[107)

물론 이 두 언어에 다른 종류의 조합이 전혀 없는 것은 아니다. (20)은 (18)의 결합구조를 벗어나 두 언어에서 자음이 겹치는 예이다. 이 결합구조를 도식화하면 (21)과 같은데 여기에서 [자음1]이 한글식으로 말하면 받침이 된다. (20)의 예들을 (22)와 같이 한글로 표기해 보면 이를 쉽게 알 수 있다.

한편 조금 자세히 보면 이 받침에 해당하는 대부분 [n]이고 [m], [r]이 하나씩 있는 것을 알 수 있는데[108) 이는 우연이 아니다. 자음 가운

---

106) 이를 언어학에서 음절구조라고 한다. '음절'에 대한 자세한 것은 제1장 참조.
107) 'Pavarotti'에 자음자가 겹쳐 있지만 소리는 하나이다.
108) 일본어에서는 [m], [r]이 나타나지 않는다.

데 이 소리들이 가장 모음에 가까운 소리인 것이다.109) 즉 이 언어들은 (18)의 결합구조를 주로 쓰는데 이 구조에서 벗어날 경우 부드러운 자음을 이용한다. 일본어의 경우 이때 [n]만 사용하기 때문에110) 전체적인 소리의 결합구조가 이태리어보다 훨씬 단순하다고 볼 수 있다.111)

(20) 일본어와 이태리어 소리 결합의 다른 예
일: Sendai, Ginza, Genzo, Honda
이: Sorento, Firenze, Pompei, Leonardo

(21) 다른 결합구조: 자음 + 모음 + 자음1 + 자음2 + 모음, ...
⇓
받침

(22) 일본어와 이태리어 인명, 지명의 한글표기
일: Sendai: 센다이, Ginza: 긴자, Genzo: 겐조, Honda: 혼다
이: Sorento: 소렌토, Firenze: 피렌체, Pompei: 폼페이
Leonardo: 레오날도112)

이와 관련해서 중국어의 소리 결합방식이 흥미롭다. 이 언어에서는 (21)과 같은 결합구조, 즉 받침구조가 아주 자주 나타나기는 하는데 이 받침에 쓰이는 자음이 [n, ŋ]으로 한정되어 있다. (23)과 같이 중국의 인명이나 지명을 한글로 표기해 보면 이를 잘 알 수 있다. 크게 보

---

109) 이들을 비음(nasal; m, n, ŋ)과 유음(liquid; l, r)이라고 부르는데 이들은 음성학적으로 모음의 역할을 하기도 한다.
110) [n]이 단어 끝에 오면 [ŋ]으로 소리 나고 [b, p] 앞에 오면 동화현상이 일어나 [m] 소리가 된다(전남대학교 이덕배 교수 면담).
111) 이태리어에는 이밖에도 유럽 언어에서 흔히 나타나는 어두 자음중첩 현상도 많이 나타난다. 예: st-, str-, sp-, spr- fr- pr- 등
112) 보통 '레오나르도'라고 하는데 설명의 편의를 위해 이렇게 표기한다.

면 중국어의 소리 결합구조는 일본어와 큰 차이가 없다고 할 수 있으며 [n, ŋ] 받침 구조가 중국어에 훨씬 자주 나타나는 점이 다르다.

소리 결합구조의 복잡성의 정도에서 그 언어에 받침구조가 얼마나 자주 쓰이느냐도 중요하지만 더 중요한 것은 어떤 자음이 받침으로 쓰이느냐이다. 중국어의 경우 받침구조의 빈도가 높기는 하지만 그 종류가 쉬운 자음에 한정되어 있어서 어려운 결합구조가 아니다. 예를 들면 (23)에서 한국어에는 [ㄴ, ㅇ] 이외에도 [ㄱ, ㅂ, ㅁ]이 받침으로 쓰이고 있어서 한국어의 소리 결합구조가 훨씬 복잡하다는 것을 알 수 있다. 일본 사람들이 한국어 발음을 잘 못한다는 것은 잘 알려진 사실이지만 중국 사람들도 [ㄴ, ㅇ] 이외의 한국어 받침은 잘 발음하지 못한다. (24)에서 '모택동, 습근평, 북경, 남경' 등은 중국인들에게 발음하기 어려운 단어들이다.

(23) 중국어 인명, 지명과 한글표기

중국식 발음	한자	한국식 발음
마우쩌둥	毛澤東	모택동
시진핑	習近平	습근평
덩샤오핑	鄧小平	등소평
샹하이	上海	상해
베이징	北京	북경
광저우	廣州	광주
난징	南京	남경

일본어, 이태리어, 중국어가 비교적 쉬운 소리 결합구조를 가지고 있다면 한국어와 영어의 결합구조는 아주 복잡하다. (18)과 같은 간단한 결합구조에서 벗어난 일이 많다는 뜻이다. 한국어의 소리 결합구조들을 보면 (24)와 같다. 이 가운데 (24a)는 (18)의 단순한 결합구조

이고 나머지는 모두 이에서 벗어난 구조이다. 여기서 '자음1'이 받침에 해당하는데 이러한 구조에 익숙하지 않은 외국인들은 이 받침을 발음하기가 쉽지 않은 것이다.

(24) 한국어 소리 결합구조의 예
    a. 자음 + 모음: '나, 도'
    b. 모음 + 자음1: '앞, 입'
    c. 자음 + 모음 + 자음 + 모음: '가다, 자다'
    d. 자음 + 모음 + 자음1: '독, 삽'
    e. 자음 + 모음 + 자음1 + 자음 + 모음: '낳다, 넘치'
    f. 자음 + 모음+ 자음1 + 자음 + 모음 + 자음1: '복잡'

영어의 소리 결합구조는 한국어보다 더 복잡하다. (25)는 영어 결합구조의 예인데 (25a~e)까지는 한국어에서 비슷한 예를 찾아 볼 수 있다. 그러나 나머지는 한국어에서 대응구조를 찾기 어렵다. 단어 앞이나 끝에서 자음이 여러 개 겹쳐서 나는 것은 특별히 우리 한국인들에게 익숙하지 않은 구조이다.[113] 소리 결합구조 면에서 한국어도 쉽지 않은 언어인데 영어는 이보다 훨씬 복잡하고 학습하기에 어려운 언어이다. 특히 결합구조가 단순한 언어의 사용자들은 영어의 발음 익히기가 매우 어려울 것이며, 상대적으로 복잡한 결합구조를 가진 한국어 사용자들에게는 조금 더 쉬울 것이다.

(25) 영어 소리 결합구조의 예
    a. 모음 + 자음: 'up, on'
    b. 자음 + 모음 + 자음 + 모음: 'coffee, copy '

---

113) 독일어에서는 어미변화 때문에 단어 끝에 자음이 5개 나타나는 예도 있다: *Du schimpfst.*('You scold.')

c. 자음 + 모음 + 자음: 'dog, soup'

d. 자음 + 모음 + 자음 + 자음 + 모음: 'windy, healthy'

e. 자음 + 모음+ 자음 + 자음 + 모음 + 자음: 'wisdom'

f. 모음 + 자음 + 자음: 'ant'

g. 모음 + 자음 + 자음 + 자음: 'asks'

h. 자음 + 모음+ 자음 + 자음: 'help, health, month'

i. 자음 + 모음+ 자음 + 자음 + 자음: 'helps, months'

j. 자음 + 자음 + 모음 + 자음: 'stop, speak'

k. 자음 + 자음 + 자음 + 모음 + 자음: 'street, spread'

제3장 | 굴절어, 첨가어, 고립어

전통적으로 언어의 3가지 유형이라고 하면 고립어, 굴절어, 첨가어를 말한다. 앞서 말한 대로 이는 언어유형론의 선구자격인 19세기 독일의 언어학자 Humboldt가 도입한 개념인데 개별언어에 나타나는 어형변화의 양상에 따라 언어를 3가지 유형으로 구분한 것이다.

어형변화: 인간 언어는 낱소리를 조합해서 무수한 단어를 만들고 단어를 조합해서 다시 무수한 문장을 만든다. 이때 낱말이 문장 가운데 들어가면서 형태가 변할 수 있다. 즉 낱말은 사전에 등재되는 기본형태가 있고 문장 가운데 들어가면 형태가 변할 수 있다. 이를 어형변화라고 하는데 원래의 형태가 변한다고 해서 '굴절(inflection)'이라고 부르기도 한다. 빛이 다른 사물에 부딪칠 때 '굴절되는' 것에 비유한 용어이다. 예를 들면 (1)의 영어 문장에서 명사 'boys'는 복수형을 취했고 'are'는 *be*-동사의 복수형이며 'sleeping'은 현재분사형이다.

   (1) 어형변화의 예: The boys are sleeping.

문장은 크게 명사와 동사로 이루어지는데 어형변화는 이 두 가지 기본성분, 즉 명사 부분에서 나타날 수도 있고 동사 부분에서 나타날 수도 있다. 명사 부분은 대명사, 관사, 형용사 등을 포함하며 이들은 흔히 단수, 복수 구분이 있고 명사의 기능, 예를 들면 주어로 쓰이느냐 목적어로 쓰이느냐에 따라 형태가 달라진다.114) 이때 명사의 기능을 전문용어로 '격(格: case)'이라고 하며, 흔히 복수형도 격에 따라 변화를 하기 때문에 명사 부분의 변화를 전체적으로 '격변화'라고 부른다.

격변화를 영어로 'declension'이라고 하는데 이는 'decline(경사지다)'에서 온 말이다. 고대 그리스 학자들이 격을 경사진 것에 비유한 데서 온 말이다. 이들은 주격을 직격(수직격)이라고 했고 나머지 격은 사격(경사격)이라고 했다. 'declension'을 한국어로 '곡용(曲用)'이라고 번역하기도 한다. '구부러진다', 즉 '변한다'는 뜻이다.

동사 부분의 변화는 시제에 따른 형태변화가 대표적이다. 기본형이 문맥에 따라 달리 사용된다고 해서 동사변화를 '활용'이라고 부르고 그 변화형태를 '활용형'이라고 한다. 활용을 영어로 'conjugation'이라고 하는데 이는 어원적으로 '결합한다(join)'는 뜻이다. 동사가 문장 가운데 들어와 다른 말들과 결합한다는 말이며 결합하는 환경에 따라 나타나는 여러 가지 형태가 활용형인 것이다. 이상의 어형변화의 개념을 정리하면 (2)와 같다.

(2) 어형변화 정리

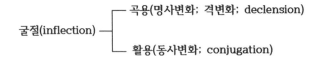

굴절(inflection) ── 곡용(명사변화: 격변화: declension)
　　　　　　　　　└─ 활용(동사변화: conjugation)

---

114) 영어의 대명사 변화가 그 예이다.

언어의 3가지 유형: 어형변화의 방식에 따라 우리는 언어를 3가지 유형, 즉 굴절어, 첨가어, 고립어로 구분하는데 유럽 언어들이 굴절어에 속하고 한국어, 일본어는 첨가어에 속하며 어형변화가 전혀 없는 중국어, 베트남어 등은 고립어에 속한다.

1) 굴절어: 굴절어는 명사의 격변화와 동사변화가 있는 언어인데 (2)의 개념들은 이 굴절어에 잘 적용된다. (3)은 라틴어에서 볼 수 있는 명사변화의 예이다(Blake, 1994: 5). 명사가 기본형이 있고 문장 가운데서 어떤 기능을 하느냐에 따라 형태가 6가지로 변한다. 주격이 기본형이고 나머지 격들은 어미가 조금씩 다르다. 이것이 굴절어에 나타난 전형적인 명사변화, 즉 곡용이다. 라틴어는 이처럼 명사의 6가지 기능을 굴절어미로 표현하는데, 이렇게 굴절어미에 의해 표시되는 명사의 기능을 유럽 언어연구의 전통에서 격(case)이라고[115] 부른다. 라틴어는 이 점에서 6격 체계 언어이다. 영어의 경우 대명사에서 *I-my - me, he-his-him* 등의 구별이 있다고 해서 3격 체계 언어로 본다. (4)는 라틴어 명사가 실제 문장 가운데서 쓰이는 예이다.

(3) 라틴어 명사 dominus '남주인'/domina '여주인'의 격변화

남주인	여주인	기능	한국어 대응표현
dominus	domina	nominative (주격)	철수-가
domine	domina	vocative (호격)	철수-야
dominum	dominam	accusative (목적격)	철수-를
domini	dominae	genitive (소유격)	철수-의
domino	dominae	dative(여격)	철수-에게
domino	domina	ablative(탈격)	철수-에게서

---

115) 격에 대한 더 자세한 것은 제16장 참조.

(4) 라틴어 명사변화의 용례(전남의대 정상우 명예교수 개별면담)

    a. Puell-a   venit.

       girl-주격   came

       'The girl came.'

    b. Puell-a   vidit   puer-um

       girl-주격   saw   boy-목적격

       'The girl saw the boy.'

독일어도 역시 대표적인 굴절어인데 라틴어와는 달리 명사의 4가지 기능만을 굴절어미로 표시한다. 즉 독일어는 4격 체계 언어라고 할 수 있는데 명사에 딸린 관사와 형용사까지 어미변화를 한다. 영어 표현 'the tall man'에 해당하는 독일어의 격변화를 보면 (5)와 같다. (6)은 독일어 명사구가 실제 문장 가운데서 쓰이는 예이다.

(5) 독일어 명사구('the tall man')의 격변화

관사	형용사	명사	기능	한국어 대응표현
der	große	Mann	주격	그 남자가
des	großen	Mannes	소유격	그 남자의
dem	großen	Mann	여격	그 남자에게
den	großen	Mann	목적격	그 남자를

(6) 독일어 명사변화의 용례

    D-er   gross-e   Mann   lieb-t   d-ie   schön-e   Frau.

    the-격   tall-격   man   love-현재   the-격   pretty-격   woman

    'The tall man loves the pretty woman.'

굴절어는 보통 동사에서도 형태변화가 일어나는데 유럽 언어의 경우 대개 주어의 인칭과 수 그리고 문장의 시제에 따라 변화를 한다. 제1장에서 본 영어, 독일어, 프랑스어 동사활용의 예를 다시 보면 (7)과 같다.

(7) 영어, 독일어, 프랑스어 '사랑하다' 동사의 현재인칭 변화

언어 (기본형)		영어 (love)		독일어 (lieb-en)		프랑스어 (aim-er)	
수	인칭	대명사	변화형	대명사	변화형	대명사	변화형
단수	1	I	love	ich	lieb-e	je	aim-e
	2	you	love	du	lieb-st	tu	aim-es
	3	he	love-s	er	lieb-t	il	aim-e
복수	1	we	love	wir	lieb-en	nous	aim-ons
	2	you	love	ihr	lieb-t	vous	aim-ez
	3	they	love	sie	lieb-en	ils	aim-ent

2) 첨가어: 지금까지 우리는 (2)의 명사변화(곡용)와 동사변화(활용)의 개념을 가지고 굴절어에 대하여 살펴보았다. 굴절어는 명사와 동사의 기본형이 있고 이들의 쓰이는 환경에 따라 어미가 약간씩 변하는 언어이다. 그러면 한국어는 어떨까? 한국어는 대표적인 첨가어로서 유럽 언어들과는 많이 다르다.

먼저 (2)의 곡용(격변화)부터 보면 한국어 역시 명사의 기능표지가 있지만 독일어나 라틴어처럼 굴절어미 방식이 아니고 조사를 사용한다. 곡용이 어미를 약간 변형시키는 것이라면 한국어는 명사 뒤에 조사를 '첨가'하는 형식이다. 이때 어미와 조사의 공통점은 문법적인 기능을 표시하는 문법소라는[116] 점인데 그 형식이 다른 것이다. 한국어와 같이 문법소를 관련 어휘 뒤에 첨가하는 언어를 첨가어 또는 교착어라고[117] 한다. 영어로 '첨가'를 'agglutinative'라고 하며 이는 '풀(접착제)'이라는 의미의 'glue'에서 온 말이다.

---

116) 어휘소와 문법소에 대해서는 제1장 참조.
117) '교착(膠着)'이라는 말도 '붙이다'는 뜻이다. '교(膠)'는 '아교'할 때 '교'이고 '착(着)'은 '부착'할 때 '착'이다.

동사변화는 기본형이 있고 쓰이는 환경에 따라 형태가 달라진다는 점에서 유럽 언어와 한국어가 차이가 없다. 그러나 유럽 언어는 동사 자체가 형태변화를 일으키는 형식이라면 한국어는 명사에서와 마찬가지로 문법소를 동사 뒤에 첨가하는 방식이라고 할 수 있다.118) 예를 들면 예문 (8)에서 술어 '도착하시었겠습니까'는 동사 '도착하다'가 형태변화를 일으킨 것이라기보다 '도착하-'라는 어간에 5개의 문법소가 덧붙는(첨가되는) 형식이다.

(8)에는 5가지 문법기능 표지가 동사 뒤에 붙어 있는데 한국어 동사에 덧붙일 수 있는 어미는 이밖에도 (9)와 같이 수없이 많다. 이 모든 것들이 동사에 덧붙여진 문법요소들이며, 이러한 현상이 첨가어의 특징이다. 이와 같이 한국어는 문법소를 명사와 동사 뒤에 덧붙임으로써 문법기능을 표현하기 때문에 한국어 문법의 대부분은 조사와 동사어미에 들어 있다고 보아도 좋을 것이다.119)

굴절어의 어미와 첨가어의 조사 및 어미 사이에 중요한 차이가 있다면 그 수일 것이다. 예를 들면 독일어 명사구나 동사 변화 어미는 그 수가 극히 한정되어 있는데 비해 한국어의 조사나 동사 어미는 이들과 비교가 안 될 만큼 많다. 굴절어의 이러한 제한적인 어형변화의 틀을 변화계열(paradigm) 혹은 계열축이라고 한다.

(8) 한국어 동사 활용어미 첨가의 예
    '아버지께서 도착하-시-었-겠-습니-까?'
    시: 주어 높임   었: 시제
    겠: 추정   습니: 상대방 높임   까: 의문

---

118) 한국어 문법에서도 이들을 활용어미라고 부른다. 한국어의 조사는 별도의 단어로 보기 때문에 '어미'라고 할 수 없다. 어미는 단어가 아니고 단어의 일부이다.
119) 이 가운데서도 80% 이상이 동사(술어) 어미에 들어 있어서 한국어 문법은 '동사어미 문법'이라고 해도 과언이 아닐 것이다.

(9) 만나 + /-고/-니/-며/-면/-서/-면서/-므로/-라고, …

한편 유럽 언어의 경우 동사만 활용어미를 취하는데 한국어는 동사 이외에 형용사도 활용하는 것이 특징이다. 즉 한국어에서는 동사와 형용사가 활용하는 방식이 (10)과 같이 거의 차이가 없으며 한국어 문법에서는 이들을 활용하는 품사들이라고 해서 용언이라고 부른다.

(10) 한국어 동사와 형용사 활용의 예

기능	동사 '막다'	형용사 '작다'
기본형	막다	작다
과거형	막았다	작았다
존대형	막으시다	작으시다
이유('because')	막아서	작아서
조건('if')	막으면	작으면
연접('and')	막고	작고
역접('but')	막지만	작지만
양보('though')	막아도	작아도

이와 같이 위 (2)의 '곡용'은 한국어와 같은 첨가어에 적용하기 어렵고 '활용'도 굴절어와 첨가어에서 양상이 다르다는 것을 알 수 있다. (2)의 '굴절'이라는 용어도 혼란의 여지가 있다. 이 용어가 '굴절어'라는 말에도 동시에 쓰이기 때문이다. 이와 같은 현상은 현대 학문이 대부분 유럽에서 시작되어 발전해 오면서 전문 용어나 개념들이 유럽인들의 시각에서 만들어진 데서 연유한 것이다. 즉 굴절어인 유럽 언어의 시각에서 보면 (2)의 '굴절'이라는 개념이 전혀 문제될 것이 없다. 그러나 첨가어에 이 '굴절'이라는 개념을 사용하는 것은 혼란을 야기할 수 있다. 어떻든 유럽인들이 처음에 어형변화를 '굴절'이라고 부른 것이 지금에 이른 것이며 이는 그냥 '어형변화'라는 뜻으로 이해하면 된다.

3) 고립어: 굴절어와 첨가어는 어떤 형식으로든지 어형변화가 일어나는 것이 공통점이라고 하겠다. 그러나 지구상에는 어형변화를 전혀 일으키지 않는 언어가 있는데 이것이 곧 고립어이며 중국어가 그 대표적인 예이다. 즉 중국어에는 동사변화도 없고 명사나 대명사의 변화도 없다.

(11)의 중국어 문장에서 '我(나)', '他(그)'는 대명사인데 주어로 쓰이든 목적어로 쓰이든 아무런 변화가 없다. 중국어의 명사들도 물론 마찬가지이다. 또 (11)에서 동사 '見面(만나다)', '去(가다)'는 현재나 과거, 미래 시제에 관계없이 똑 같은 형태로 쓰인다. 예문 (11a)의 경우 '昨天(어제)'이라는 말 때문에 과거시제라는 것을 알 수 있으나, (11b)는 이러한 시간부사가 없기 때문에 상황에 따라 현재, 과거, 미래를 모두 나타낼 수 있다.

> (11) a. 昨天　　　我　　跟　　他　　　見面.
> 　　　　yesterday　I　　with　him　　　meet
> 　　　　'I met him yesterday.'
> 　　b. 他　去　　上海.
> 　　　　he　go　Shanghai
> 　　　　'He goes/went/will go/ to Shanghai.'

영어와 굴절어적 성격: 그러면 영어는 어떤 언어일까? 우리는 영어가 유럽 언어이기 때문에 당연히 굴절어라고 생각할 수 있다. 그러나 영어의 현상을 조금 자세히 관찰해 보면 이에 대한 답은 간단한 것이 아니다. 결론부터 말하면 영어는 굴절어적인 성격을 거의 다 잃었고 고립어에 가까운 언어이다. 제1장에서 논의한 바와 같이 영어는 게르만어에서 출발해서 노르만 정복이후 프랑스어의 영향을 많이 받았으나 이 과정에서 문법체계가 아주 단순화되었다.

여기서 문법체계의 단순화란 어형변화의 단순화를 말하며 이는 다시 명사의 격변화 체계와 동사변화 체계의 단순화를 의미한다. 굴절어에서 격변화 체계는 위 표 (3)과 표 (5)에서 볼 수 있는 라틴어와 독일어의 변화체계가 대표적인데 현대 영어의 경우 이러한 격변화 체계가 거의 모두 없어졌으며 명사의 소유격과 대명사에 흔적이 남아 있는 정도이다(이에 대한 자세한 것은 제1장 참조).

동사 부분에서도 역시 영어의 굴절어적 성격은 거의 사라지고 없다. 우선 독일어나 프랑스어 등 다른 유럽 언어들에서 흔히 볼 수 있는 동사의 기본형이 따로 없다. 또 위의 표 (7)에서 보는 것처럼 동사의 현재 인칭변화에서 독일어와 프랑스어는 복잡한 어미변화가 일어나는데 영어는 3인칭 단수형에 그 흔적이 남아 있는 정도이다. 독일어와 프랑스어의 경우 동사의 과거형에서도 현재형에 못지않은 복잡한 어미변화가 일어나는데 영어는 동사의 과거형에 어미 -ed를 붙일 뿐 인칭변화는 일어나지 않는다. 영어 동사의 과거형 인칭변화는 아예 없어진 것이다.

전체적으로 보면 굴절어란 유럽 지역에 많이 분포된 언어들로서 복잡한 명사의 격변화 체계와 동사의 인칭변화 체계가 있는 언어들인데 영어는 이러한 굴절체계가 거의 소멸된 상태이다. 이는 영어가 굴절어적 성격을 거의 상실했다는 뜻이며 이제 영어를 굴절어로 분류하기는 적절하지 않다는 뜻도 된다. 현대 영어의 상태를 객관적으로 볼 때 이는 오히려 고립어에 가까운 언어라고 할 수 있다.

제4장 품사의 의미

품사는 어문학을 전공하지 않은 일반인에게도 익숙한 용어로서 언어 현상이나 문법에 대해 논의할 때 빼놓을 수 없는 중요한 개념이다. 지구상의 언어들을 비교해서 그 속에 나타난 인간 언어의 일정한 패턴 혹은 경향을 탐구하는 언어유형론에서도 이는 중요한 부분이다. 즉 언어유형론은 인간 언어에 품사는 어떤 것들이 있고 언어에 따라 어떤 경향성이 있는지를 연구한다. 이 책의 상당 부분은 바로 개별 품사에 관한 내용인바 이에 대한 본격적인 논의에 앞서 이 단원에서는 먼저 품사가 인간 언어에서 어떤 의미를 가지고 있는지를 살펴보고자 한다.

품사의 정의: 우리는 영어를 배우기 시작하면서 '품사'라는 용어를 접하고 '명사가 어떻고 동사가 어떻고,...' 하는 말을 수도 없이 들어 왔다. 그러나 막상 이 '품사'의 의미를 정확히 이해하고 있는 사람은 많지 않은 것 같다. 인간의 언어는 낱소리를 조합하여 수많은 단어를 만들고 단어들을 조합하여 무한히 문장을 만든다. 한 언어에는 보통 10-30만개 정도의 단어들이 있는데 이들은 일정한 형태적, 기능적 특징을 가지고 결합하면서 문장을 만든다. 이때 한 언어의 단어들을 그

특징에 따라 분류해 놓은 것이 **품사**이다.

'품(品)'이라는 말은 '종류'라는 뜻이며 '사'는 낱말을 뜻한다. 품사는 따라서 단어의 종류를 말한다. 우리말에서 '품(品)'이 '종류'라는 뜻으로 쓰이는 예는 '품종, 1등품, 2등품' 등에서도 볼 수 있다. 독일어에서는 품사를 'Wortart'라고 하는데 이는 'Wort(단어)'와 'Art(종류)'의 합성어이다. 품사를 영어로는 'parts of speech' 혹은 'word classes(어류)'라고 하며 후자가 오늘날 품사의 개념을 더 잘 나타내는 용어이다.

우리는 이 책에서 언어현상을 언어유형론의 시각에서 관찰하고 기술하고자 하는데 이러한 관점에서의 품사와 개별언어 문법에서의 품사가 조금 다를 수 있다. 개별언어의 입장에서는 특별히 별도의 품사로 분류할 필요가 없는 어류라도 언어유형론적인 입장에서는 의미 있는 어류가 있을 수 있기 때문이다. 예를 들면 의성·의태어가 있다. 이는 개별언어에서 하나의 품사로 분류할 수도 있고 그렇지 않을 수도 있다.[120] 그런데 언어유형론의 입장에서 이는 아주 중요한 어류이다. 의성·의태어가 잘 발달한 언어유형이 있고 그렇지 않은 언어유형이 있기 때문이다.

품사분류의 의미: 그러면 품사를 분류하는 목적은 무엇일까? 아니면 단어를 분류하는 것이 무슨 의미가 있을까? 그것은 해당 언어를 잘 이해하고 기술하기 위해서이다. 언어의 기본단위는 문장이고 문장은 단어들의 조합으로 생성된다. 이때 단어들은 아무렇게나 조합되는 것이 아니고 거기에는 일정한 규칙이 있다. 그런데 이 조합규칙을 알려면 먼저 단어들을 공통된 특징을 가진 것들끼리 몇 가지 하위부류로

---

120) 한국어 문법에서는 별도의 품사로 보지 않으며 중국어 문법에서는 독립적인 품사로 분류한다.

묶을 필요가 있다. 그리하고 나서 이 하위부류들이 어떻게 결합해서 문장을 형성하는가를 조사해야 한다. 이때 **공통된 특징이 있는 단어들끼리 묶어 놓은 하위부류**가 곧 명사, 동사, 전치사, 접속사 등의 품사이다. 문법이란 바로 이 단어의 하위부류(품사들)를 어떻게 조합해서 문장을 만드는가를 설명하고 기술하는 것이다.

　단어의 하위부류, 즉 품사는 언어에 따라 다를 수 있으며 품사분류를 보면 그 언어의 중요한 특징을 파악할 수 있다. 즉 한 언어에 어떤 부류의 낱말들이 있고 이들은 각각 어떤 특징이 있는가를 알면 우리는 그 언어의 특징을 많이 이해할 수 있을 것이다. 예를 들면 영어 문법에서는 관사라는 용어가 있는데 한국어 문법에는 그러한 용어가 없다. 영어에는 또 전치사라는 것이 있는데 한국어에는 조사라는 것이 있다. 한국어 문법에는 관형사라는 품사가 있는데 영어 문법에는 없다. 이 3가지 점만 보아도 두 언어의 특징 및 차이가 잘 들어난다.

품사와 개별언어의 특징: 품사분류는 개별언어의 특징을 반영한다고 했는데 중국어를 예로 이에 대해 조금 더 자세히 살펴보겠다. 현대 중국어의 일반적인 품사분류 방식과 일반언어학 및 언어유형론의 대응표현을 보면 표 (1)과 같다(조희무·안기섭, 2008 참조). 이 표에서 양사, 상성사, 조사가[121] 특징적인데 양사란 우리말의 '마리, 그루, 벌, 자루, 켤레' 등의 어류에 해당한다. 언어유형론에서는 이를 분류사(classifier)라고 부르고 한국어 문법에서는 단위명사라고 한다. 상성사는 의성·의태어에 해당하고 조사는 중국어에서 특수한 기능을 담당하는 단어들로서 일종의 특수어류라고[122] 할 수 있다.

---

121) 중국어 문법의 조사는 한국어의 조사와 완전히 다른 개념이다.
122) 다른 언어에는 잘 나타나지 않고 특정한 개별언어에만 특수하게 나타나는 어류

(1) 중국어의 품사분류 및 언어유형론 대응용어

중국어 품사	대응용어	중국어 품사	대응용어
명사(名詞)	명사	부사(副詞)	부사
동사(動詞)	동사	상성사(象聲詞)	의성의태어
형용사(形容詞)	형용사	개사(介詞)	전치사
수사(數詞)	수사	연사(連詞)	접속사
양사(量詞)	분류사	조사(助詞)	특수기능어
대사(代詞)	대명사	탄사(歎詞)	감탄사

위 중국어 문법의 양사, 상성사, 조사는 영어나 유럽 언어 문법에서는 찾아 볼 수 없는 품사이다. 이는 중국어가 유럽 언어와 다르다는 것을 보여주는 것이며 중국어의 특징을 잘 나타내고 있는 것이라 하겠다. 한편 한국어에도 양사, 상성사에 해당하는 어류들이 있는데 한국어 문법에서는 이들을 별도의 품사로 분류하지 않는다. 이는 언어의 차이라기보다는 이들 어류를 바라보는 시각의 차이이며 개별언어 문법의 선택의 문제라고 하겠다.

품사분류의 역사: 많은 학문적 논의에서 그렇듯이 품사분류에 대한 논의도 역시 그리스 시대를 논의의 출발점으로 한다.[123] 즉 일반적으로 품사에 대한 최초의 논의로 인용되고 있는 플라톤은 품사를 명사(onoma)와 동사(rhema)로 2분하고 있는데 이는 주어와 술어라는 말에 가까운 것으로 보인다(이환묵, 1999: 31). 이는 위 제1장에서 문장을 구성하는 두 가지 기본요소를 명사와 동사로 본 것과 맥을 같이 한다.

플라톤의 제자 아리스토텔레스는 명사와 동사에 접속사(syndesmoi)를

를 말한다.
123) 현대 학문이 대부분 유럽에서 건너왔고 유럽인들은 유럽문명의 시작을 보통 그리스로 보기 때문에 그리스는 많은 학문적 논의의 출발점이 된다.

추가하였다. 여기서 접속사란 현대의 문법체계에서 말하는 접속사가 아니고 명사와 동사 이외의 모든 품사를 말한다(이환묵, 1999: 32-33). 명사와 동사를 연결하여 문장을 만드는 말들이라는 뜻이다. 플라톤과 아리스토텔레스까지만 보면 품사를 영어로 'parts of speech'라고[124] 한 것이 이해가 간다. 이는 인간의 언어가 명사와 동사 그리고 그 밖의 연결어들로 이루어져 있다는 뜻으로 해석할 수 있다. 현대적 개념으로 하자면 아리스토텔레스의 명사와 동사는 어휘소에 속하고 '접속사'는 문법소에 해당할 것이다.

이후 그리스 품사론은 Thrax(트락스)의 8품사론 정립으로 정밀하게 체계화되었고 이는 라틴어의 Varro(바로) 문법으로 이어지면서 오늘날까지 유럽 언어 문법을 비롯해서 많은 개별언어 문법에서 품사분류의 근간이 되고 있다(Broschart, 2002: 663). 영문법에서도 전통적으로 8품사(명사, 대명사, 형용사, 동사, 부사, 전치사, 접속사, 감탄사)를 분류하는데 이 역시 그리스와 라틴문법의 전통에 바탕을 두고 있는 것이다.

한편 이러한 유럽 언어 중심 품사분류의 전통은 20세기 들어 미대륙의 인디언 언어나 호주의 원주민 언어 등 유럽 언어들과는 완전히 다른 언어들에 대한 연구가 진행되면서 그 분류체계의 보편성이 도전받기 시작했다(Broschart, 2002: 663). 예를 하나 들자면 형용사와 동사의 구분이다. 유럽 문법의 전통에 따라 우리는 보통 이 2가지 품사의 구분이 당연한 것처럼 생각하는데 사실은 그렇지 않다. 지구상에는 이 2가지 품사의 구분이 어려운 언어가 많고 우리 한국어가 바로이 유형의 언어에 속한다.

---

124) 'parts of speech'는 라틴어의 'partes orationis'를 번역한 것으로, 라틴어 'oratio'는 '문장(sentence)'이라는 뜻도 있고 '말(speech)'이라는 뜻도 있다(이환묵, 1999: 195 참조).

주품사, 보조품사, 품사의 명칭: 우리는 제1장에서 명사와 동사가 문장을 구성하는 기본요소로서 주품사이고 나머지 말들은 이 두 가지 품사를 보조하는 것들이라고 하였다. 명사와 동사이외의 품사는 보조품사라는 뜻이다. 보조품사들의 명칭은 이 2가지 주품사를 중심으로 만들어져 있는데 이는 영어나 우리말 용어에서 모두 마찬가지이다.

예를 들면 형용사는 '꾸미는 말'이라는 뜻인데 이는 곧 명사를 꾸민다는 말이다. 대명사(pronoun)는 명사(noun)를 대신하다는 뜻이고 전치사(preposition)는 '앞에 놓이는 말'이라는 뜻인데 이는 명사의 앞에 놓인다는 뜻이다. 관사란125) '머리가 되는 말'이라는 뜻인데 이는 명사의 머리라는 뜻이다. 부사는 '보조하는 말, 돕는 말'이라는 뜻인데126) 이는 동사를 돕는다는 말이다. 영어로는 형용사와 부사를 'adjective, adverb'라고 하는데 'ad-'는 '돕는다'는 뜻이고 '-ject-, verb'는 '사물(명사), 동사'라는 뜻이다.

품사분류의 기준: 품사를 분류하는 데는 형태, 의미, 기능 등 세 가지 기준이 적용된다. 형태, 의미, 기능은 언어표현이 갖는 세 가지 측면이다. 즉 모든 언어표현, 예를 들면 단어는 형태와 의미의 결합으로 만들어지며 이것이 문장 가운데 들어가면 일정한 기능을 갖는다. 예를 들면 명사는 주어나 목적어로 쓰일 수 있고 부사는 형용사를 수식하는 기능을 한다. 품사는 한 언어에서 단어를 특징에 따라 분류해 놓은 것이라고 했는데 여기서 특징이란 바로 이 3가지 측면, 즉 형태적,

---

125) '관사(冠詞)'에서 '관(冠)'은 '왕관, 월계관'에서처럼 원래 '모자'라는 뜻으로 언어학에서는 '머리, 앞' 등의 의미로 쓰인다. 한국어 문법의 '관형사'에서 '관(冠)'도 같은 것이다.
126) 부사(副詞)에서 '부'는 '부시장, 부총리'의 '부'인데 이는 '돕는다, 보조한다'는 뜻이다.

의미적, 기능적 특징을 말한다. 영어의 예를 가지고 이 세 가지 기준이 어떻게 적용되는가를 보면 (2)와 같다.

  (2) 품사분류의 세 가지 기준

    1) 형태에 의한 분류
      동사: 인칭변화 한다, 시제를 가진다.
      명사: 복수형을 가진다.
      형용사: 비교급을 가진다.
      부사: 형용사에 *-ly*가 붙은 말

    2) 기능에 의한 분류
      대명사: 명사를 대신한다.
      형용사: 명사를 꾸민다.
      부사: 동사나 형용사를 꾸민다.
      접속사: 낱말을 연결한다.
      전치사: 명사의 역할을 나타낸다(방향, 장소 등)

    3) 의미에 따른 분류
      명사: 사물의 이름을 나타낸다.
      형용사: 사물의 성질을 나타낸다.

이 세 가지 기준은 전통적인 품사분류 방법이기는 하지만 자세히 보면 여러 가지 문제점이 있다. 예를 들면 위에서 명사는 형태적으로 복수형을 가진다고 했지만 복수형이 없는 명사도 많이 있다. 형용사는 기능적으로 명사를 꾸민다고 했는데 영어에는 명사 앞에 올 수 없는 형용사도 있다. 또 명사는 의미적으로 사물의 이름을 나타낸다고 했는데 추상명사는 이에 해당하지 않는다. 그러면 이 세 가지 품사분류 기준은 무의미한 것인가? 그렇지는 않다. 어느 하나의 기준만을 가지고 품사분류를 하려고 하면 예외현상이 쉽게 발견되지만 세 가지 기준을 모두 가지고 보면 해당 품사의 특징이 상당히 잘 드러난 것이다.

한편 언어마다 형태적 특징이 다르기 때문에 위의 형태적 기준은 언어에 따라 다를 수 있다. 예를 들면 한국어에서 복수형 어미 '-들'은 명사에만 붙는 것이 아니기 때문에127) 명사분류를 위한 기준이 될 수 없다. 또 영어 등 유럽 언어에서는 동사를 시제 형태를 갖는 품사라고 정의할 수 있는데128) 한국어에서는 형용사도 시제를 가질 수 있다. 한편 형태변화가 없는 중국어 같은 고립어에서는 형태적 기준을 가지고 품사를 분류하기 어려울 것이다.

품사의 종류: 지구상에는 수많은 언어가 있고 각 언어는 수많은 단어들을 사용하는데 그러면 우리 인간의 언어에 어떤 종류의 단어들이 있을까? 다시 말해서 지구상의 언어에 어떤 품사들이 있을까? 이에 대해 미국의 언어학자 Schachter(1985/2007)129), 독일의 언어학자 Sasse(1993), 네델란드 언어학자 Anward(2001) 등의 연구가 있는데 여기에서는 Schachter의 분류를 중심으로 논의를 전개하겠다. 그는 우선 단어를 크게 개방범주와 폐쇄범주로 나눈다. 개방범주란 수적으로 한정되어 있지 않은 품사이고 폐쇄범주란 그 수가 한정되어 있는 품사이다. 예를 들면 한 언어에서 명사나 동사는 수없이 많고 또 수시로 추가될 수 있다. 그러나 대명사나 전치사, 접속사와 같은 품사는 그 수가 한정되어 있다.

---

127) 예를 들면 '잘들 논다', '어서들 먹어!', '무엇들 해?'
128) 독일어 문법에서는 동사를 'Zeitwort'라고 부르기도 하는데 이는 'Zeit(time)'와 'Wort(word)'의 합성어이다.
129) 2007년 개정판은 Schachter & Shopen의 공동저작으로 되어 있다.

(3) 개방범주와 폐쇄범주(Schachter, 1985)
    1) 개방범주: 명사, 동사, 형용사, 부사
    2) 폐쇄범주: 대용사, 명사부가어, 동사부가어, 접속사

(3)은 대분류에 해당하고 특히 (3-2)의 폐쇄범주는 (4)의 소분류를 보아야 이해가 갈 것이다. 앞에서 언급한 것처럼 언어유형론의 품사분류 방식과 개별 언어의 품사분류 방식에는 차이가 있다. 언어유형론은 지구상의 다양한 언어를 대상으로 하기 때문에 유형론적으로 유의미한 어류는 모두 별도의 품사로 본다. (4)의 품사 이름들을 보면 이 점이 잘 드러난다. 예를 들면 대용사에 대형용사, 대부사 등이 있는데 이는 형용사나 부사 대신 쓰이는 말을 뜻한다. 그러나 개별언어 문법에서 대형용사나 대부사를 별도의 품사로 설정하는 일은 거의 없다.

(4) 폐쇄범주의 하위분류

    1) 대용사
        ① 대명사류: 인칭대명사, 재귀대명사, 상호대명사, 지시대
           명사, 관계대명사, 부정대명사
        ② 기타 대용사: 문장대용사, 절 대용사, 대동사, 대형용사,
           대부사, 의문사

    2) 명사 부가어
        ① 역할표지: 격표지, 담화표지, 부치사
        ② 양화사
        ③ 분류사
        ④ 관사: 정관사, 부정관사, 지시형용사

    3) 동사 부가어
        ① 조동사

② 시제표지, 상 표지, 서법표지, 태 표지
③ 동사첨사

4) 접속사
① 등위접속사
② 종속접속사: 보문소, 관계사, 접속부사

5) 그 밖의 폐쇄범주
접어, 계사, 강조표지, 존재사, 감탄사, 부정소, 서법표지, 겸양표지

명사 부가어란 명사와 관련된 여러 가지 기능어들을 말한다. 격표지란 명사의 격을 나타내는 단어들로서 한국어의 격조사가 여기에 해당할 것이다.[130] 담화표지는 담화적인 기능을 표시하는 것인데 한국어의 조사 '-는'은 담화의 주제를 나타낸다. 부치사란 전치사와 후치사를 말하는데 유럽 언어의 전치사가 여기에 해당한다. 양화사는 수나 양을 나타내는 말이며, 영어의 *one, two, many, much, several* 등이 여기에 속한다. 분류사란 우리말의 '마리, 그루, 벌, 자루, 켤레' 등의 어류를 말한다.

동사 부가어란 동사에 딸린 다양한 기능어들이다. 3)-②에서 상이란 진행, 완료 등의 문법범주를 말하며, 서법이란 직설법, 가정법 등의 문법범주, 태는 능동태/수동태 등의 문법범주이다. 이러한 문법범주들은 흔히 동사어미로 나타나기도 하지만[131] 여기에서는 독립된 단어로 나타나는 경우를 말한다. 동사첨사란 동사에 첨가되는 특수한

---

130) 라틴어나 독일어의 격어미는 여기에 해당하지 않는다. 품사란 단어를 분류한 것이며 격어미는 단어가 아니기 때문이다.
131) 동사어미도 단어가 아니기 때문에 품사분류의 대상이 될 수 없다.

부류의 단어들인데 영어의 *give up, take off, get out* 등에서 볼 수 있는 *up, off, out*이 그 예이다.

언어학에서 명사절을 보문이라고 부르는데 4)-②의 보문소란 영어의 명사절을 이끄는 *that*같은 표현을 가리킨다.[132] (4)-5)에서 접어란 영어 *we'll*에서 *-ll*같이 다른 단어에 붙어버린 표현을 말하며 계사란 영어의 *be*-동사나 한국어의 '-이다' 같은 표현이다. 존재사란 영어의 *there is/are*에 해당하는 말들이며 부정소는 영어의 *not*에 해당하는 말이다. (4)-5)에도 서법표지가 있는데 이는 동사와 관계없이, 예를 들면 일종의 부사라는[133] 점에서 (4)-3)의 서법표지와 차이가 있다.

이와 같은 Schachter(1985)의 품사유형 분류는 지구상의 다양한 언어를 관찰하면서 폭 넓게 잘 정리한 것으로 보인다. 그러나 이것이 인간 언어에 나타난 품사현상을 모두 포괄할 수는 없을 것이며 어쩌면 그것은 불가능한 일일 것이다. 그래서 그는 마지막에 '그 밖의 폐쇄범주'로 여지를 남겨 놓은 듯하다. 예를 들면 위 (1)에서 중국어의 조사는 여기에 해당할 것이다. 그런가 하면 의성·의태어는 언어유형론에서 중요한 어휘범주인데 위 Schachter의 분류에서는 이에 대해 아무런 언급이 없다.

품사분류의 다양성: 언어마다 나름의 특징이 있기 때문에 품사의 분류도 언어에 따라 다를 수 있다. 한 언어에서 독립된 품사로 설정된 어류들이 다른 언어에는 없을 수도 있다. 표 (5)는 영어, 독일어, 한국어, 중국어 표준문법의 품사분류 및 언어유형론의 대응용어이다.

영어문법에서는 전통적으로 8품사를 구분하는데 독일어에서는 여

---

132) 명사절을 '보문'이라고 하며 이를 나타내는 표지가 곧 '보문소'이다.
133) 넓은 의미에서 서법이란 화자의 태도표현을 말하며 '아마, 분명히, 어쩌면' 같은 표현들도 여기에 해당한다.

기에 관사, 수사를 더해서 10품사를 설정한다. 영어에도 물론 관사와 수사가 없는 것은 아닌데 영문법에서는 이들을 별도의 품사로 분류하지 않는다. 한국어 표준문법은 9품사를 구분하는데 독일어와 비교하면 전치사, 접속사, 관사가 없고 조사와 관형사가 더 들어 있다. 이 가운데 관사는 한국어에 없는 것이고 조사는 언어학적으로 전치사와 성격이 같은 것이기 때문에 같은 품사로 보아도 된다.

(5) 영/독/한/중 표준문법의[134] 품사분류 및 언어유형론 대응용어

영어	독일어	한국어	중국어	유형론
명사	명사	명사	명사	명사
동사	동사	동사	동사	동사
형용사	형용사	형용사	형용사	형용사
대명사	대명사	대명사	대사	대명사
부사	부사	부사	부사	부사
전치사	전치사	x	개사	전치사
접속사	접속사	x	연사	접속사
감탄사	감탄사	감탄사	탄사	감탄사
x	수사	수사	수사	수사
x	관사	x	x	관사
x	x	조사	x	후치사
x	x	관형사	x	x
x	x	x	양사	분류사
x	x	x	상성사	의성의태어
x	x	x	조사	특수기능어
8품사	10품사	9품사	12품사	

　한국어에서 관형사는 지시사, 특수형용사,[135] 일부 수사를 묶어 놓은

---

134) 중국어의 경우 이 분류가 일반적이긴 하지만 '표준문법'이라는 용어를 사용하기는 어려운 것으로 보인다(첨 연, 2017 참조).

것으로서 다른 언어에서는 보통 이를 독립된 품사로 보지 않으며 언어 유형론에서도 하나의 품사로 분류하지 않는다. 독일어와 비교하면 중국어도 관사가 없으며 대신 양사, 상성사, 조사가 더 들어 있다. 위에서 논의한 바와 같이 이 세 가지 품사는 중국어의 특징을 잘 반영한 것이다.

품사분류는 개별언어 안에서도 학자에 따라 많은 차이를 보인다. 표 (6)은 학자에 따른 다양한 한국어 품사분류의 예다. 이에 따르면 한국어 표준문법은 최현배 선생의 분류와 거의 같은 데 지정사를 뺐다. 지정사란 '-이다, -아니다'를 말한다. 이들이 특별한 기능을 하는 표현이기 때문에 최현배 선생은 하나의 품사로 설정한 것 같다. 최현배 선생은 접속사를 설정하지 않은 것이 특징이다. 박승빈 선생은 지정사외에 존재사와 조용사를 설정하였는데 존재사란 '있다, 없다'를 말하고 조용사란 조동사 혹은 보조용언을 말한다. '있다, 없다'를 독립된 품사로 설정한 것은 이들이 한국어에서 특수한 기능을 하기 때문일 것이다. 이희승 선생의 경우 존재사와 접속사를 인정했고 수사는 인정하지 않았다.

(6) 한국어의 품사분류의 예(이광정, 1987: 232 참조)

이병기 (1929)	명사, 동사, 형용사, 부사, 접속사, 감동사, 조사 (7품사)
박승빈 (1937)	명사, 대명사, 존재사, 지정사, 형용사, 동사, 조용사, 조사, 관형사, 부사, 접속사, 감탄사 (12품사)
최현배 (1937)	명사, 대명사, 수사, 동사, 형용사, 지정사, 관형사, 부사, 감탄사, 조사 (10품사)
이희승 (1956)	명사, 대명사, 동사, 형용사, 존재사, 관형사, 부사, 접속사, 감탄사, 조사 (10품사)
표준문법 (1963)	명사, 대명사, 수사, 동사, 형용사, 관형사, 부사, 감탄사, 조사 (9품사)

---

135) '새, 헌, 옛' 등의 단어들을 말하며 이들은 언어학적으로 보면 형태변화가 없는 형용사로서 일종의 특수형용사라고 할 수 있다.

이와 같이 한 언어 안에서도 학자에 따라 품사분류에 대한 의견이 다른데 이러한 학자들 사이의 의견차는 품사분류에서 뿐만 아니라 문법체계 전반에 걸쳐 나타날 것이다. 이러한 상황에서 그러면 공교육이 이루어지고 있는 각급 학교에서 문법을 어떻게 가르칠 것인가 하는 문제가 생긴다. 이때 각 나라 정부는 전문가들로 구성된 위원회를 구성하여 공교육을 위해 표준안을 만들게 되는데 이것이 곧 그 나라의 표준문법이며, 학교에서 가르치는 문법이라고 해서 이를 학교문법(school grammar)이라고 부르기도 한다.

제5장 관사 언어와 무관사 언어

관사란 무엇인가?: 우리는 영어를 배우면서 '관사'라는 용어에 익숙해 있다. 영어에서 *a/an, the*를 관사라고 한다. 그러면 한국어에도 관사가 있을까? 그런데 곰곰 생각해 보면 중고등학교의 국어시간에 '관사'라는 말을 들어 본 적은 없다. 위 제4장 (6)에서 여러 학자들의 다양한 한국어 품사분류에서도 관사라는 품사는 눈에 띄지 않는다. 그러면 한국어에는 관사가 없는 것일까? 영어의 *a/an, the*에 해당하는 우리말 '한, 그'를 관사라고 하면 안 될까? 이에 대한 대답은 '아니요'이다. 영어의 *a/an, the*와 우리말의 '한, 그'는 근본적으로 언어학적 성격이 다르기 때문이다. 즉 '한, 그'의 기능은 *a/an, the*가 갖는 기능의 극히 일부에 지나지 않는다.

지구상에는 관사가 발달한 언어가 있고 그렇지 않는 언어가 있는데, 영어 등 유럽 언어는 전자에 속하고 한국어는 후자에 속한다. 우리는 이들을 관사 언어와 무관사 언어라는 2가지 언어유형으로 구분할 수 있다. 그러면 관사란 무엇일까? 영어로 관사를 'article'이라고 하는데 이는 원래 'joint(접속)'이라는 의미의 라틴어에서 온 것이다(이환묵, 1999: 197). 이때 '접속'이라는 말은 아리스토텔레스가 명사와 동사이외의 모든 단어를 '접속사'라고 부른 것과 연관이 있는 것으로 보인다. 즉 명사와 동사를 연결시키면서 문장을 완성해 가는 말들이 아리스토텔레스의 접속사의 개념인데 이러한 관점에서 보면 'article'은 명사에 접속되어 문장을 만들어 가는 말이라고 이해할 수 있다.

그러면 관사 언어와 무관사 언어는 무슨 차이일까? 관사 언어는 명사가 문장 가운데 들어갈 때 반드시 이 연결사, 즉 관사가 있어야 하는 언어이고 무관사 언어는 명사가 이 연결사 없이도 문장 가운데서 자유롭게 쓰일 수 있는 언어이다.

영어의 'article'을 우리말에서 '관사'로 번역하고 있는데 이 우리말 용어가 이 어류의 특징을 더 잘 반영한 것으로 보인다. 관사를 한자로 쓰면 '冠詞'가 되는데 이때 '관(冠)'은 '왕관, 면류관'에서 쓰이는 '관(冠)'과 같으며 '모자, 머리'라는 뜻이다. 그러니까 관사란 문자적으로 보자면 '머리가 되는 말'이라는 뜻인데 문법용어로는 '명사의 머리가 되는 말'을 의미한다.[136]

즉 관사란 명사의 머리가 되는 말로서 특별한 일이 없는 한 모든 명사는 관사를 동반해야 한다. 이것이 관사 언어의 특징이다. 예를 들면 관사 언어인 영어에서 명사는 기본적으로 홀로 쓰이지 못하며 관사와 함께 써야 한다. 이때 *this, that, my, your, his* 등이 관사 대신 쓰일 수도 있는데 이들을 합해서 함께 관사류라고 부르기도 한다.

무관사 언어인 한국어는 관사가 발달해 있지 않으며 특별한 경우를 제외하면 명사가 얼마든지 홀로 쓰일 수 있다. 즉 영어는 일반적으로 명사가 홀로 쓰이지 않고 특별한 경우에만 홀로 쓰이는데, 한국어는 이와 반대로 명사가 일반적으로 홀로 쓰이며 특별한 경우, 즉 의존명

---

136) 위 품사편에서 우리는 많은 품사의 명칭이 명사와 동사를 중심으로 만들어져 있다고 언급한 바 있다.

사의 경우에만 명사가 그 앞에 무엇인가를 동반해야 한다. 이것이 관사 언어와 무관사 언어의 차이이다.

영어와 한국어 그리고 관사: 다음 (1)의 예문들은 관사 언어인 영어와 무관사 언어인 한국어의 차이를 잘 보여준다. 영어의 명사 앞에는 모두 관사가 쓰였는데 한국어의 명사 앞에는 아무 것도 없다. 영어는 일단 명사 앞에 관사 *a/an, the*를 붙이든지 아니면 그 대신 *this, that, my, your, some* 등 지시사나 대명사 소유격 혹은 수량사 등을 붙여야 한다고 생각하면 거의 틀림이 없다.

 (1) 관사 언어 영어와 무관사 언어 한국어의 차이

  a. 태양은 동쪽에서 뜬다.

  b. The sun rises in the east.

  c. 개는 짖는다.

  d. The dog barks.

  e. 나는 학생이다.

  f. I am a student.

  g. 이것은 책상이다.

  h. This is a table.

(1d)에서 정관사 *the*는 일반적인 '개(dog)'를 지칭하는 것으로 이 문장의 의미는 'Dogs are barking animals.'라는 뜻이다. 이를 언어학에서 총칭(generic) 표현이라고 한다. (1d)는 물론 총칭적 의미이외에 다른 의미를 가질 수도 있다. 즉 *the dog*이 어떤 상황에서 특정한 개를

가리킬 수도 있다. 이때 *the*는 지시적 기능을 갖는다. 이 경우 영어 문장을 한국어로 번역하면 '그 개가 짖는다.'가 된다.

(2)와 같이 우리에게 잘 알려진 영화나 소설 제목을 비교해 보아도 이러한 현상은 확연히 드러난다. 이때 영어 제목들을 자세히 보면 정관사 *the*가 4번 나타나는데 우리 한국인들은 왜 여기에 관사가 쓰였는지 이해하기 어려운 것이다.

(2) 관사 언어와 무관사 언어: 한국어와 영어 영화 및 소설 제목

　　a. 노인과 바다
　　b. The Old Man and The Sea

　　c. 바람과 함께 사라지다.
　　d. Gone With The Wind

　　e. 누구를 위해 좋은 울리나?
　　f. For Whom The Bell Tolls?

관사류의 사용에서 *this, that, my, your, his, some* 등은 그 의미에 따라 사용하면 큰 어려움이 없다. 그런데 관사에 익숙하지 않은 한국인에게 관사 *a/an, the*의 용법은 간단하지 않다. 즉 어느 때 정관사를 쓰고 어느 때 부정관사를 쓸 것인가의 기준이 쉽지 않은 것이다. 예를 들면 위 (1b,d)나 (2b,d,f)에서 왜 정관사를 쓰고 있는지 이해하기가 어렵다. `

이에 대해 일단 다음과 같이 정리하면 좋을 것 같다: 대화 상황이나 텍스트 상황에서 청자나 독자가 어떤 대상인지 이해할 수 있는 경우 정관사를 사용하고 그렇지 않으면 부정관사를 사용한다. 예를 들

면 (1b)에서 sun, east는 다른 설명을 하지 않아도 화자가 어떤 대상을 말하는지 청자는 이해할 수 있다. (1d)에서도 청자가 총칭표현으로서 '개(dog)'라는 동물이 어떤 동물인지 알고 있기 때문에 정관사를 쓴 것이다. (2)에서 The Old Man과 The Bell은 작품 속에 나타난 특정한 '노인'과 '종'을 가리키기 때문에 정관사를 썼고 The Sea와 The Wind는 총칭적 표현으로 이해할 수 있다.

(1f,h)에서는 부정관사가 쓰였다. 영어에서는 일단 명사가 나타나면 정관사를 쓸 것인가 부정관사를 쓸 것인가 결정해야 하는데 정관사를 쓸 상황이 아니면 부정관사를 쓴다고 생각하면 된다. 정관사를 쓸 상황이란 sun, east나 dog(개라는 동물)처럼 따로 설명하지 않아도 청자가 어떤 사물인지 이해할 수 있는 경우이다. (1f,h)에서 student, table은 그런 상황이 아니다. 이 세상의 많은 학생이나 탁자 가운데 하나라는 뜻이기 때문이다. 여기에서 만일 부정관사 대신 정관사를 쓰면 '제가 바로 그 학생입니다.', '이것이 바로 그 탁자입니다.'와 같이 의미가 완전히 달라진다.

이상을 정리하자면 관사 언어인 영어에서는 명사 앞에 일단 관사 혹은 관사류를 붙여야 한다. 이때 대화의 상대방이 그 명사가 가리키는 대상을 알고 있다고 생각되는 경우 정관사를 쓰고 그렇지 않으면 부정관사를 쓴다. 영어에서 이와 같은 관사의 용법은 아주 간단한 텍스트만 보아도 쉽게 알 수 있다. 다음 (3)의 텍스트는 미국에서 발행한 영어회화 교재 『Focus on Grammar 1』의[137] 제1과 본문이고 (4)는 우리말 번역이다. 두 언어의 텍스트를 비교해 보면 관사 언어와 무관사 언어의 차이가 분명하게 드러난다.

---

137) Schoenberg, I. E. & J. Maurer(2006), Focus on Grammar 1. New York: Pearson.

(3) 『Focus on Grammar 1』 제1과 본문

Mark: Is _the_ restaurant close? I'm hungry.

Steve: Yes, it is.

Mark: Is it good?

Steve: Don't worry! It's very good. It's Indian.

Mark: Great.

Steve: Now drive to _the_ corner, and turn left at Jackson Street.

Mark: At _the_ gas station?

Steve: Yes. Then go two blocks on Jackson.

Mark: Got it.

Steve: OK. Turn right at _the_ next corner.

Mark: At Third Avenue?

Steve: Yes. _The_ restaurant is on _the_ corner on your right.

Mark: Is that it?

Steve: Yes, it is. Don't park here.

It's _a_ bus stop. Park behind _the_ truck.

Mark: OK. Uh, Steve? _The_ restaurant is empty.

Steve: Really? It's usually full.

Mark: Is that _a_ sign on _the_ door?

Steve: Uh-huh... Closed for vacation.

(4) 『Focus on Grammar 1』 제1과 본문 번역

Mark: <u>식당</u> 가까워? 배고픈데.

Steve: 응, 가까워.

Mark: <u>음식</u> 잘 해?

Steve: 걱정 마. 아주 좋아. <u>인도 음식점</u>이야.

Mark: 좋아.

Steve: 자, 저기 <u>모퉁이</u>로 가 가지고, <u>잭슨가</u>에서 <u>왼쪽</u>으로.

Mark: <u>주유소</u>에서 말이지?

Steve: 응. 그리고 나서 <u>잭슨가</u>에서 <u>두 블록</u>.

Mark: 알았음.

Steve: 오케이. 다음 <u>모퉁이</u>에서 <u>오른쪽</u>.

Mark: <u>3가</u>에서?

Steve: 응. <u>모퉁이 오른쪽</u>에 <u>식당</u>이 있어.

Mark: 저기 말이야?

Steve: 그래, 맞아. 여기 <u>차</u> 세우면 안 돼.
　　　<u>버스 정류장</u>이야. <u>트럭</u> 뒤에 세워.

Mark: 오케이. 으으, 스티브? <u>식당</u>에 아무도 없잖아.

Steve: 정말? 항상 만원인데.

Mark: <u>출입구</u>에 뭐라고 붙어 있는 거 아냐?

Steve: 으으. <u>휴가</u> 때문에 문 닫았데.

　위 영어 텍스트를 보면 특별한 경우를 제외하고는 명사 앞에 모두 관사 혹은 관사류가 붙어 있는데 한국어 텍스트에는 그러한 표현이 없다. 영어 텍스트에서 특별한 경우란 *Jackson Street, Third Avenue*와 같은 고유명사이고 마지막 문장에 *for vacation*이다. 위에서 *left, right* 가 관사 없이 쓰이는 경우는 명사가 아니고 부사이다. 고유명사에 관사를 쓰지 않는다는 것은 잘 아는 일인데 *for vacation*에서 왜 관사를 쓰지 않는지는 설명하기가 쉽지 않다. 관사 언어를 공부하려면 따라서 어느 때 정관사를 쓰고, 어느 때 부정관사를 쓰며, 또 어느 때 관사를 쓰지 않는가를 잘 익혀야 한다. 어니스트 헤밍웨이의 소설 '무기여 잘 있거라!'의 영어 제목이 'A Farewell to Arms'인데 앞의 명사에는 관사를 붙였고 뒤의 명사에는 붙이지 않았다.[138)]

　관사 언어라고 해서 그 용법이 모두 같은 것은 아니다. 이에 대해 영어와 독일어의 예를 몇 가지 보면 (5)와 같다. (5a,b)에서 보는 것처럼 직업을 나타낼 때 영어에서는 부정관사를 쓰는데 독일어에서는 쓰

---

138) 영어 무관사 용법에 대한 자세한 것은 Greenbaum & Quirk(1990, 88ff) 참조.

지 않는다. (5c-h)의 경우 영어의 명사 표현에는 관사가 없는데 독일어 해당 명사에는 관사가 붙어 있다.

> (5) 영어와 독일어 관사 사용의 차이
>> a. I am a student.
>> b. Ich bin Student.
>> c. I go to school.
>> d. Ich gehe in die Schule.
>> e. Peter goes to Seoul by train.
>> f. Peter geht mit dem Zug nach Seoul.
>> g. on Sunday, in August, in summer
>> h. am Sonntag, im August, im Sommer[139]

관사와 언어유형: 위에서 우리는 관사 언어와 무관사 언어를 구별하였는데 지구상의 언어를 자세히 관찰하면 관사의 사용과 관련해서 언어유형을 조금 더 세분할 필요가 생긴다. WALS(세계 언어구조 지도)에 따른 정관사 및 부정관사 사용 유형의 통계를 보면 표 (6)-(7)과 같다. 이에 따르면 정관사와 부정관사가 모두 있는 경우, 이 가운데 한 가지만 있는 경우, 그리고 둘 다 없는 경우 등 4가지 언어유형이 있다. 한국어는 네 번째 유형에 속하는데 표본의 수가 다르기는 하지만 표 (6)-(7)에서 모두 이 네 번째 유형의 언어가 198개로 동일하게 나타나고 있다.

지역적으로 보면 한국어, 중국어, 일본어[140] 등 동아시아 언어와 인도 및 동남아시아 지역의 언어 그리고 남아메리카의 원주민 언어에는

---

139) 독일어에서 'am, im'은 전치사와 정관사가 혼합된 형태이다.
140) WALS(2005/2015: chap. 37, 38)은 Hinds(1986, 82)를 인용해서 일본어를 부정관사가 있는 언어로 분류하고 있으나 이는 잘못된 것으로 보인다(전남대 일문과 이덕배 교수 개별면담). 사실은 Hinds(1986/2001, 82)도 일본어에 대해 분명하게 "There is no article."이라고 쓰고 있다.

관사가 발달해 있지 않고 아프리카, 오세아니아주 지역 언어와 북아메리카 원주민 언어에는 관사가 발달해 있다. 유럽 지역의 언어에는 일반적으로 관사가 발달해 있으나 러시아어, 폴란드어 등 슬라브어 계통에는 발달해 있지 않다. (8)은 러시아어의 관련 예문인데 영어 번역문의 관사가 나타나는 환경에서 러시아어는 관사를 사용하지 않고 있다(허성태·임홍수, 2008: 139).

(6) WALS의 정관사 유형 관련 통계(2015. 9.)

언어유형	언어의 수
정관사가 지시사와 다른 경우	216
지시사가 정관사로 쓰이는 경우	69
명사에 접사로 나타나는 경우	92
정관사는 없고 부정관사만 있는 경우	45
정관사도 부정관사도 없는 경우	198
합 계	620

(7) WALS의 부정관사 유형 관련 통계(2015. 9.)

언어유형	언어의 수
부정관사가 수사 '1'과 다른 경우	102
부정관사가 수사 '1'과 같은 경우	112
명사에 접사로 나타나는 경우	24
부정관사는 없고 정관사만 있는 경우	98
정관사도 부정관사도 없는 경우	198
합 계	534

(8) 러시아어 무관사 현상의 예
   a. Solnce voschoit na vostoke.
      sun   rises   on east
      'The sun rises in the east.'

b. Sobaka   laet.

   dog   barks

   'The dog barks.'

c. On   fizik.

   he   physicist

   'He is a physicist.'

정관사와 부정관사 가운데 한 쪽만 발달한 언어도 있다고 했는데 아랍어가 그 예이다. 즉 이 언어는 정관사만 있고 부정관사는 없다. (9a)에서 *al*-이 정관사이다. 우리가 가끔 듣는 아랍어 단어 '알카에다(Al Qaeda), 알자지라(Al Jazeera)' 등에 나오는 '알(al-)'이 바로 정관사이다. 한편 (9b-d)와 같이 영어의 부정관사가 나타나는 환경에서 아랍어는 해당 표현이 없다. 즉 아랍어에는 부정관사가 없다.

(9) 아랍어 관사 관련 예문(정규영, 2008: 149, 152)

   a. al-kitaab-u   jadiid-un.

      the-book-어미   new-어미

      'The book is new.'

   b. kitaab-un   jadiid-un.

      book-어미   new-어미

      'a new book'

   c. huwa   ṭaalib-un.

      He   student-어미

      He is a student.

   d. huwa rajul-un ṭawiil-un.

      He   man-어미 tall-어미

      'He is a tall man.'

위 (6)-(7)의 표를 보면 정관사와 부정관사의 형태가 지시사 및 수사 '1'과 같은 언어가 있고 다른 언어가 있다고 했는데 독일어는 전자에 속하고 영어는 후자에 속한다. 즉 독일어는 부정관사와 숫자 '1'을 모두 *ein*-이라고 표현하고 정관사 *der, die, das* 등도 그대로 지시사로 쓸 수 있다. 그러나 영어의 경우 부정관사 *a/an*은 숫자 'one'과 형태가 다르고 정관사 *the*도 *this, that*처럼 홀로 지시사로 쓰이는 일은 없다.

(10)-(11)의 독일어 예문과 해당 영어 번역문은 이 차이를 잘 보여주고 있다. (10)에서 독일어는 부정관사와 수사 '1'의 형태가 같으나 영어는 다르다. (11)의 두 사람의 대화에서 독일어의 *die*는 첫 문장에서는 관사로 쓰였고 둘째 문장에서는 대명사로 쓰였다. 그러나 영어의 정관사는 그렇게 쓰일 수 없다.

(10) 영어/독일어의 부정관사와 수사 '1'의 형태

    a. Das ist ein Buch. (부정관사)

       That is   a   book.

       'That is a book.'

    b. Es   ist ein Uhr vierzig. (수사)

       it   is   one hour   forty

       'It is one forty.'

(11) 영어/독일어의 정관사와 지시사 형태

    a. Die Frau ist aus   Korea. (정관사)

       the woman is out of Korea

       'The woman is from Korea.'

    b. Ja,   die kenne ich gut. (지시사)

       yes, that know I   good

       'Yes, I know her well.'

제6장

전치사형 언어와 후치사형 언어

전치사란 무엇인가?: 영어를 배우면서 우리는 전치사라는 것을 접하게 되는데 우리말에 없는 현상이기 때문에 처음에 매우 생소하게 느껴진다. 그러면 이 전치사라는 것이 무엇이며, 인간 언어에서 전치사가 갖는 기능은 무엇일까? 그리고 왜 한국어에는 전치사가 없을까? 또 한국어 같은 언어에서는 그런 것이 없어도 되는 것인가? 한국어에 이와 비슷한 것이 있다면 어느 것일까? 이 단원은 이러한 질문들에 대해 답해 보고자 한다.

위 질문들에 대해 효과적으로 답하기 위해 우리는 제1장 '언어의 기본구조' 편으로 돌아가 이야기를 시작해야 한다. 이에 따르면 언어는 의사소통의 수단이고 의사소통의 기본단위는 문장이며 문장은 크게 명사와 동사로 이루어진다. 문장이란 기본적으로 '우리 주위의 사물들(명사)이 어떠어떠하다(술어/동사)'라고 기술하는 것이기 때문이다. 이러한 구조적 특징은 모든 인간 언어에 나타나는 보편적인 현상일 것이다.

하나의 문장에 동사(술어)는 기본적으로 하나이며 명사는 여러 개 나타날 수 있는데, 이때 그 문장에 명사가 몇 개 와야 하는지 또 어떤 종류의 명사가 와야 하는지를 동사가 결정한다. 그래서 동사를 문장의 핵(head)이라고 하였다. 제1장에서 본 '데려오다'의 문장구성을 다시 보면 (1)과 같다. 이 문장에는 하나의 동사에 5개의 명사가 딸려 있다.

(1) '데려오다'의 문장구성

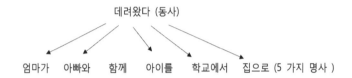

데려왔다 (동사)

엄마가 아빠와 함께 아이를 학교에서 집으로 (5 가지 명사)

(2)는 영어의 예문인데 이 문장에서도 동사 하나에 5개의 명사가 쓰이고 있다. 그리고 이 문장에는 전치사가 4개 나타나는데 그러면 여기서 전치사가 하는 기능은 무엇일까? 동사와 명사만 가지고 (1)과 같은 그림을 그려보면 문장 (2)의 기본 틀은 (3)과 같다.

(2) John went to Amsterdam with Paul by car on Sunday.

(3) 문장의 (2)의 기본 틀

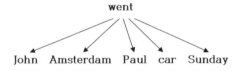

went

John Amsterdam Paul car Sunday

(3)은 went라는 동사에 5개의 명사가 관련되어 있음을 보여 주는 사건의 기본 틀이다. 그러나 이렇게 동사와 명사만 가지고는 문장의 의미가 분명하지 전달되지 않는다. 5개의 명사가 이 사건 가운데서 하는 역할을 알 수 없기 때문이다.

예를 들면 이 그림에 사람 이름이 두 번 나타나는데 앞의 이름은 주어라고 치더라도 뒤의 이름 *Paul*의 역할을 알아내기 어렵다. 또 *Amsterdam*이라는 지명이 나타나는데 이 역시 *went*의 방향을 나타낼 수도 있고 출발점을 나타낼 수도 있을 터인데 이 그림만 가지고는 알 수 없다. 명사 *car*는 사건의 특성상 이동수단을 나타낼 것으로 보이지만 동사가 달라지면 그 역할이 달라질 수도 있다.[141] *Sunday* 역시 기본적으로 사건이 일어나는 시간을 나타내는 명사일 것으로 짐작되지만 꼭 그런 것만은 아니다. 즉 *on Sunday, before Sunday, after Sunday* 등 여러 가지 시간대 표현이 가능하기 때문에 명사만 가지고는 정확한 사건 시간을 알 수 없다.

이제 (2)와 (3)을 비교하면 전치사가 하는 역할이 분명해진다. 의사소통이 기본단위인 문장에 동사는 기본적으로 한 개이고 명사는 여러 개 올 수 있다. 이 때 각각의 명사들이 그 문장 안에서 혹은 해당 사건 가운데서 어떠한 역할을 하는지 분명하게 표현되어야 하는데 전치사는 바로 이 **명사의 역할을 표시**하는 것이다.[142]

품사편에서 우리는 명사와 동사가 주품사이고 나머지는 보조품사라고 했는데 전치사는 대표적인 명사에 대한 보조품사이다. 앞서 말한 대로 전치사는 '앞에 놓이는 말'이라는 뜻이며 이는 명사의 앞에 놓인다는 말이다. 영어의 용어 'preposition(전치사)'는 'pre-(앞)'와 'position(위치)'이 결합한 말이다.

위에서 우리는 (1), (3)의 구조가 모든 언어에 나타나는 보편적인 현상이라고 했는데 그러면 명사의 역할표시는 어떨까? 위와 같은 상황을 생각해 보면 이 역시 언어보편적일 수밖에 없다. 즉 모든 언어에

---

141) 예를 들면 "John found the book in the car."에서는 사건이 일어나는 장소를 나타낸다.
142) 문장 가운데서 명사가 갖는 기능을 언어학에서 보통 '격'이라고 하는데 격과 전치사의 관계는 제16장 '격' 편에서 따로 논의하겠다.

서 명사는 역할이 분명하게 표시되어야 한다. 그렇다면 영어의 전치사에 해당하는 표현들이 모든 언어에 나타날 수밖에 없다는 뜻이다. 그러면 한국어에서는 영어의 전치사에 해당하는 말들이 무엇일까? 한국어에서는 조사가 이 역할을 담당한다.

전치사와 후치사: 영어의 전치사와 한국어의 조사는 언어학적으로 성격이 같은 범주이다. 명사에 붙어 방향, 장소 등 해당 사건 속에서 명사가 담당하는 역할을 표시해 주는 것이다. 이러한 어류(품사)는 어느 언어에든지 있으며 언어에 따라 그 위치만 다를 뿐이다. 즉 이 어류가 영어와 같이 명사 앞에 오는 언어가 있고 한국어와 같이 명사 뒤에 오는 언어가 있는데, 언어유형론에서는 전자를 전치사(preposition)라 부르고 후자를 후치사(postposition)라고 부른다.

이에 따라 우리는 지구상의 언어를 **전치사형 언어와 후치사형 언어**로 나눌 수 있는데 유럽 언어는 전자에 속하고 한국어는 후자에 한다. 중국어는 전치사형 언어이고 일본어는 후치사형이다. 이와 같이 언어유형론적으로 볼 때 한국어의 조사는 후치사에 해당하며 영어로는 'postposition'이라고 부르는 것이 적절하다. 전치사와 후치사를 아울러서 **부치사**(adposition)라고 한다.

전치사형 언어, 후치사형 언어 그리고 동사의 위치: 위에서 우리는 세계의 언어를 전치사형 언어와 후치사형 언어로 나눌 수 있다고 했는데 이는 해당 언어의 동사의 위치 혹은 기본어순과 밀접한 연관이 있다. 제1장 3가지 주요 기본어순에 대해 소개한 바 있으며 설명의 편의를 위해 (4)에 이를 다시 반복한다.

이 기본어순들을 자세히 보면 주어(S)는 항상 목적어(O) 앞에 오고 동사의 위치가 세 가지로 나타난다. 즉 동사가 'S/O'의 사이로 가느냐, 'S/O'의 뒤로 가느냐 아니면 'S/O'의 앞으로 가느냐의 차이이다. 여기서 주어(S)의 위치를 무시하고 동사(V)와 목적어(O)의 위치만을 고려하면 (5)와 같이 'VO-구조'와 'OV-구조'가 남게 된다. 주어의 위치를 무시하면 동사가 목적어 앞에 오느냐 목적어 뒤에 오느냐의 차이인데 이는 언어유형론에서 매우 중요한 사항이다.143)

(4) 기본어순의 3가지 유형
　　 a. SVO-형: 유럽 언어
　　 b. SOV-형: 한국어, 일본어, 터키어
　　 c. VSO-형: 아랍어, 통가어

(5) VO-구조와 OV-구조 언어
　　 a. VO-구조: SVO-형 언어, VSO-형 언어
　　 b. OV-구조: SOV-형 언어

전치사형 언어와 후치사형 언어의 구분은 (5)의 VO/OV 구조의 구분과 밀접한 연관이 있다. 즉 일반적으로 VO-구조의 언어에는 전치사가 발달해 있고 OV-구조 언어에는 후치사가 발달해 있다.144) 다시 말하면 동사가 목적어 앞에 오면 부치사가 명사 앞에 오고(전치사) 동사가 목적어 뒤에 오면 부치사가 명사 뒤에 온다(후치사). 그러니까 우리는 개별언어에서 동사의 위치를 보면 그 언어에 전치사가 발달해 있을 것인지 후치사가 발달해 있을 것인지를 예측할 수 있다.

예를 들면 중국어는 영어와 같이 SVO 어순의 언어로서 VO-구조의

---

143) 이에 대해서는 제15장 어순편에서 자세히 논의할 것이다.
144) Heine(1976; 2004)에 따르면 아프리카 VO-구조의 언어에 후치사가 발달한 경우도 있다.

언어이므로 전치사가 발달해 있을 것으로 예측할 수 있다. (6)에서 '到 (-에)'는 명사 '圖書館(도서관)' 앞에 붙은 전치사이다.145) VSO-형 언어 인 아랍어 역시 VO-구조의 언어이며 (7)은 아랍어 전치사 구조의 예 이다.

    (6) 중국어의 전치사 구조
       他   到   圖書館   去了。
       he   to   library   went
       'He went to the library.'

    (7) 아랍어의 전치사 구조 (사희만, 2008: 319)
       fī   al-bayti
       in   the-house
       '집에서'

환치사: 전치사와 후치사(한국어의 조사)는 언어학적으로 같은 성격의 문법범주이며 그 기능은 명사의 역할을 표시해 주는 것이다. 둘 다 명 사에 붙는 보조품사이며 언어에 따라 위치가 명사 앞에 올 수도 있고 명사 뒤에 올 수도 있다. 그런데 가끔 하나의 부치사가 명사 앞과 뒤 에 분리되어 나타나면서 명사를 감싸고 있는 경우가 있다. 이를 환치 사(circumposition)이라고 하는데 (8)은 아프리카 퐁그베어(Fongbe)에 나 타나는 환치사의 예이다(Haspelmath, 2004: 14ff). (8)에서 *kpodo ~ kpo*가 명사를 감싸고 있는 환치사이며 기능적으로는 영어의 *with*나 *and*에 해당한다.146)

---

145) 중국어 문법에서는 전치사를 '개사(介詞)'라고 부른다. 이에 대한 자세한 것은 제4장 '품사의 의미'편 참조.
146) 엄밀히 말하면 (8b)에서는 접속사의 기능을 한다.

(8) Fongbe어 환치사의 예

    a. Asiba yi axi   mɛ   [kpodo Kɔku kpo].
       Asiba go market in   with Koku with
       'Asiba went to the market with Koku.'

    b. Asiba   [kpodo Kɔku kpo] yi   axi   mɛ.
       Asiba   with Koku with go market in
       'Asiba and Koku went to the market.'

이와 관련해서 중국어의 위치를 나타내는 전치사(개사)들이 흥미롭다. 예를 들면 (9)에서 '在'는 우리말 '에'에 해당하는 전치사이고 '上, 下'는 '위, 밑'에 해당한다. 그런데 중국어 문법에서는 흔히 '在 ~ 上', '在 ~ 下'를 묶어서 하나의 개사로 취급한다. 이렇게 되면 이들은 명사의 앞뒤에 분리되어서 나타나기 때문에 일종의 환치사로 볼 수 있다(안기섭·송진희, 2008: 247).

(9) 중국어 환치사의 예

    a. 在   卓子   上
       에   탁자   위
       '탁자 위에'

    b. 在   卓子   下
       에   탁자   밑
       '탁자 밑에'

중국어에서는 '上, 下'는 명사로도 쓰이는데 명사가 (9)와 같이 부치사의 일부로 사용될 때 Heine(2004)는 이를 명사적 부치사(N-adposition)라고 부른다. 이러한 예는 특히 (10)과 같이 한국어에서 많이 볼 수 있다. 즉 한국어에 장소를 나타내는 후치사(조사)는 '-에(서)' 밖에 없는데 (10)과 같이 그 앞에 '앞, 뒤, 위, 밑, 옆, 사이' 등의 명사를 붙여서 상대적인 위치를 나타낸다. Heine(2004)의 용어를 빌리자면 이들은 명사적 부치사가 되는 것이다.

(10) 한국어의 명사적 부치사의 예
    a. 철수 앞에, 철수 뒤에, 철수 옆에
    b. 책상 위에, 책상 밑에

부치사의 다의성: 전치사나 후치사는 보통 여러 가지 의미를 갖는 경우가 많다. 예를 들면 영어의 *in*이라는 전치사는 (11)과 같이 장소나 시간을 의미하기도 하고 (11c)와 같이 보다 추상적인 의미로 쓰이기도 한다. Heine et al.(1991)에 따르면 언어의 의미적 변화는 구체적인 의미에서 추상적인 의미로 진행된다. (11)의 경우 장소가 가장 구체적이고 시간은 그 보다 추상적이며 (11c)의 *in*의 의미는 가장 추상적이다.

(11) 영어 전치사의 다의성
    a. The child is sleeping in the room.　(장소)
    b. I will visit him in this summer.　(시간)
    c. In fact he was not there.　(추상적 의미)

이러한 부치사의 다의성 및 의미변화의 방향은 어느 언어에서나 관찰되는 현상인데 한국어에서 예를 보면 (12)-(13)과 같다.

(12) 한국어 후치사(조사)의 의미변화 방향
    a. 철수는 도서관-에 있다.　(장소)
    b. 철수는 여름-에 유럽여행 간다.　(시간)
    c. 철수는 영희와 사랑-에 빠졌다.　(추상적 의미)

(13) 한국어 후치사(조사)의 다의성

    a. 메리는 광주-에 산다.   (장소)
    b. 메리는 광주-에 간다.   (방향)

    c. 메리는 학교-에서 공부한다   (장소)
    d. 메리는 학교-에서 온다.   (출발점)

    e. 메리는 광주-로 간다.   (목표)
    f. 메리는 연필-로 쓴다.   (도구)
    g. 메리는 기차로 광주에 간다.   (수단)
    h. 메리는 감기-로 고생한다   (원인)
    i. 메리는 사고-로 다쳤다.   (동기)

(12)는 조사 '-에'의 의미가 '장소 > 시간 > 추상'으로 변화한 예이다. (13a,b)는 조사 '-에'가 장소와 방향을 함께 나타내는 예이다. 영어의 *in*과 *to*가 한국어에서는 같은 조사로 표현되고 있는 셈이다. (13c, d)는 조사 '-에서'가 장소와 출발점을 함께 나타내는 예이다. 영어의 *in*과 *from*이 같은 조사로 표현되고 있다.

영어의 *in/to, in/from*이 우리말에서 같은 조사로 표현된다는 것이 얼핏 보기에 이상하고 이해가 잘 가지 않는다. 그러나 이것은 우리가 영어문법에 익숙해 있기 때문이며 조금 깊이 생각하면 우리말 현상을 이해할 수 있다. 즉 한국어의 조사 '-에/-에서'의 의미는 모두 장소와 관련이 있다. 이것이 어떤 술어(동사)와 결합하느냐에 따라 장소, 방향, 출발점 등을 나타내는 것이다.

(13e-i)의 '-로'도 영어로 하면 *to, with, by, from* 등의 전치사에 해당한다. 이 역시 얼핏 혼란스럽게 보이지만 자세히 보면 '출발점'과 '목표'라는 2가지 의미로 요약할 수 있다. (13e)에서는 목표 지점을 나

타내고 (13f-i)에서는 출발점을 나타낸다. (13h,i)의 '-로'가 추상적인 출발점과 관련이 있다는 것은 어렴풋이 느낄 수 있다. (13f,g)의 경우 '쓰는 행위'와 '가는 행위'가 각각 연필과 기차에서부터 시작된다고 생각하면 '출발점'이라는 말을 이해할 수 있다.

문제는 목표와 출발점은 완전히 반대되는 개념인데 어떻게 이것이 하나의 조사 '-로'로 표현되느냐는 것이다. 이 역시 위의 '-에/-에서'와 비슷한 원리로 풀면 된다. 즉 '-로'는 '움직이는 방향'과 관련이 있는데 술어(동사)에 따라 출발점을 나타내기도 하고 목표지점을 나타내기도 한다.

부치사의 기원: 전치사나 후치사는 문법적인 기능을 나타내는 대표적인 기능어인데 이들은 내용어인 명사나 동사에서 유래한 경우가 많다. 한국어와 영어에서 몇 가지 예를 보면 (14-15)와 같다. (14d)의 '가지고'는 국어문법에서 아직 조사라고 보지는 않지만 기능적으로는 조사에 해당한다. (15e)의 *instead*는 'in + stead'의 결합형이다.

(14) 한국어 조사가 내용어에서 유래한 예(송경안 외, 2015: 236)
    a. 철수가 나보고 오라고 한다.   (동사 → 조사)
    b. 철수는 나하고 놀았다.   (동사 → 조사)
    c. 방 안에 철수밖에 없다.   (명사 + 조사 → 조사)
    d. 칼 가지고 장난하지 말하라. (동사 → 조사: 진행중)

(15) 영어 전치사가 내용어에서 유래한 예(송경안 외, 2015: 239)
    a. off > of   (부사 → 전치사)
    b. during, following, including   (동사 → 전치사)
    b. according to   (동사 + 전치사 > 전치사)
    c. by + fore > before   (전치사 + 명사 > 전치사)

d. by + side > beside　　　　　(전치사 + 명사 > 전치사)

e. instead of　　　　(전치사 + 명사 + 전치사 > 전치사)

이와 같이 내용어가 기능어로 혹은 어휘소가 문법소로 바뀌는 현상을 언어학에서 문법화라고 한다.[147] (16)은 아프리카 이위어(Ewe)에서 사람의 신체부위 '등(back)'을 나타내는 명사가 후치사로 발달한 예이다(Heine, 1989; 이기갑, 2008: 214).

(16) 이위어(Ewe)의 명사가 후치사로 발달한 예

　a. éé　　megbé　　fá.

　　his　　back　　be.cold

　　'His back is cold.'

　b. é-　le　xɔ　á　　megbé.

　　he-　be　house　the　　back

　　'He is behind the house.'

　c. é-　kú　le　é-　　megbé.

　　he-　die　at　his-　　back

　　'He died after him.'

고립어인 중국어의 경우 개사(전치사)들이 대부분 동사에서 온 것들이며 이들은 지금도 동시에 동사로 쓰이고 있다. (17)은 '在'와 '到'가 동사와 개사로 쓰이는 예이다(안기섭·송진희, 2008: 255).

(17) 중국어 개사의 범주적 변화

　a. 他們　在　　海邊。

　　그들　있다　해변

　　'그들은 해변에 있다.'

147) 문법화에 대한 자세한 것은 이성하(1988) 참조.

b. 他　　住　　在　　中山路。
그　　산다　　에　　중산로
'그는 중산로에 산다.'

c. 我們　　到了　　　香港。
우리　도착했다　　홍콩
'우리는 홍콩에 도착했다.'

b. 他　到　上海　去了。
그　에　상해　갔다
'그는 상해에 갔다.'

영어의 전치사와 한국어 조사: 영어의 전치사와 한국어 조사는 언어학적으로 같은 성격의 문법현상인데 자세히 보면 그 용법에 약간의 차이가 있다. 먼저 영어와 비교할 때 한국어의 조사는 (18)과 같이 4가지 기능을 갖는다.

(18) 영어와 비교한 한국어 조사의 4가지 기능
　　a. 격 기능: 철수가 잔다. 　　　　　(주격 표시)
　　b. 전치사 기능: 철수는 학교에 갔다. (to school)
　　c. 접속사 기능: 철수와 영희가 왔다. (John and Mary)
　　d. 부사적 기능: 철수조차 안 간다. 　(even John)

또 영어나 유럽 언어의 경우 위치를 나타내는 전치사들이 세분되어 있는데 비해 한국어에서 위치를 나타내는 조사는 '-에/-에서'밖에 없다. 즉 영어의 경우 상대적인 위치를 나타내는 조사들이 (19)와 같이 세분되어 있는데 이들을 한국어로 표현하려면 (20)과 같이 위치를 나타내는 명사에 위치 조사 '-에/-에서'를 붙여야 한다.

(19) 영어의 위치 전치사들
　　in, on, under, over, by, before, after, between, behind, beside

(20) 한국어의 상대적 위치 표현 (위치 명사 + 위치 조사)
안에, 위에, 밑에, 뒤에, 옆에, 사이에

영어의 전치사와 한국어의 조사가 1:1로 대응되는 경우도 있고 그
렇지 않는 경우도 있다. (21)은 두 언어의 부치사가 1:1로 대응되는
예이고 (22)는 영어의 전치사가 한국어에서 하나의 조사로 표현되지
않는 예이다. 한편 (23)과 같이 영어에 복합 전치사가 있는데 이들 역
시 한국어에서 하나의 조사로 표현되지 않는다.

(21) 영어 전치사와 한국어 조사가 대응되는 경우
at: -에, to: -에, till: -까지, from: -에서, with: -로

(22) 영어 전치사가 한국어의 조사로 표현되지 않는 경우
about: -에 대하여   for: -을 위하여
through: -을 통하여   during: -동안에

(23) 영어의 복합 전치사와 한국어 대응표현
in front of: -앞에   in spite of: -에도 불구하고
instead of: -대신에   because of: -때문에
according to: -에 따라서

제7장

동사와 형용사의 구분

우리는 보통 품사분류에서 형용사와 동사를 구분하는 것은 당연한 것으로 생각한다. 우리에게 익숙한 영어 문법에서도 구분하고 있고 한국어 문법에서도 이들을 구분하고 있기 때문이다. 그러나 세계의 언어를 폭넓게 관찰하고 영어와 한국어를 자세히 비교해 보면 이야기가 달라진다.

영어의 동사와 형용사: 영어를 비롯한 유럽 언어의 경우 형용사와 동사는 분명하게 구분된다. 위에서 우리는 품사분류의 기준으로 형태, 의미, 기능의 3가지 측면을 들었는데 이 가운데 가장 분명한 것은 형태적 기준이고 다음으로 기능적 기준이며 가장 모호한 기준은 의미이다. 유럽 언어를 보면 형태와 기능의 측면에서 형용사와 동사가 잘 구분된다.

1) 기본형: 우선 형태적으로 볼 때 유럽 언어의 동사와 형용사는 완전히 다르다. 유럽 언어의 경우 동사는 보통 기본형이 있는데 형용사는 그렇지 않다. 즉 (1)에서 보는 바와 같이 독일어의 경우 모든 동사는

'-en'으로 끝나고 프랑스어의 동사는 '-ir/-er'로 끝난다. 마치 한국어의 동사가 모두 '-다'로 끝나는 것과 같다. 영어만 이 부분에서 예외이다. 즉 영어의 경우 'be-동사'와 같은 특별한 경우를 제외하고는 동사의 기본형이 따로 없다.

(1) 동사의 기본형

영어	독일어	프랑스어
come	komm-en	ven-ir
go	geh-en	all-er
eat	ess-en	mang-er
sleep	schlaf-en	dorm-ir

2) 시제: 유럽 언어의 동사들은 시제를 갖는 것이 특징이다. 즉 이들은 현재형과 과거형이 구분되며 독일어 문법에서는 이에 따라 동사를 '시제어(Zeitwort)'라고[148] 부르기도 한다. 반면 영어나 유럽 언어에서 형용사는 시제구분이 없다. 형용사는 과거형이 없다는 뜻이다.

3) 어형변화: 영어 및 유럽 언어의 경우 동사가 기본형이 있고 문장 가운데 들어가면 이 기본형이 여러 가지 형태변화를 일으키는데 형용사는 이 부분에서도 동사와 완전히 다르다. 위에서 어형변화는 명사 부분과 동사 부분에서 일어나며 명사 부분의 변화는 격변화이고 동사 부분의 변화를 활용이라고 하였다. 영어 및 유럽 언어의 동사들은 활용을 하며 형용사는 활용하지 않는다. 즉 형용사는 주어의 인칭과 수 그리고 문장의 시제에 따른 형태변화가 없다.

한편 동사나 형용사는 모두 명사를 수식할 수 있는데 영어의 경우

---

148) *Zeitwort* = *Zeit*('time') + *Wort*('word')

이때 동사는 형태변화를 일으키고 형용사는 형태변화가 없다. (2)는 영어에서 이 두 가지 품사가 명사를 수식하는 예이다.

(2) 영어의 형용사와 동사가 명사를 수식하는 형태
    a. the tall man   (형용사)
    b. the sleeping man   (동사)
    c. the broken window   (동사)
    d. the man sleeping in the room   (동사구)
    e. the window broken by Peter yesterday   (동사구)

독일어에서는 형용사가 명사를 수식할 경우 명사의 격에 따라 어미 변화를 일으키는데 동사의 경우 먼저 영어에서처럼 분사형을 취하고 여기에 다시 형용사의 격변화 어미를 붙인다((3a,b) 참조).

(3) 독일어에서 형용사와 동사의 명사 수식 형태
    a. das   klein-e   Kind
       the   little-주격   child
       'the little child'
    b. das   schlafen-d-e   Kind
       the   sleep-분사-주격 child
       'the sleeping child'

4) 술어적 지위: 영어 및 유럽 언어의 경우 동사는 술어로 쓰일 수 있지만 형용사는 술어로 쓰일 수 없다. 형용사가 술어로 쓰이려면 *be*-동사와 같은 연결사를 동반해야 한다. 이 연결사를 언어학에서 계사 (copula)라고 하는데 이는 술어로 쓰일 수 없는 표현을 술어로 만드는 역할을 한다. 영어에서는 명사와 형용사가 술어로 쓰이려면 이 계사를 필요로 하는데 동사는 바로 술어로 쓰인다.

한국어의 동사와 형용사: 이상에서 본 바와 같이 유럽 언어의 경우 동사와 형용사가 형태나 기능면에서 완전히 다르기 때문에 이 두 품사를 구분하는 것은 당연하다. 그러면 한국어의 상황은 어떨까? 한국어의 동사와 형용사 사이에도 이와 같이 두 품사를 구분해야 할 형태적, 기능적 차이가 분명하게 있을까? 위의 유럽 언어에 대한 논의의 기준에 따라 한국어의 동사와 형용사에 대해 살펴보겠다.

1) 기본형: 한국어의 경우 동사는 물론 기본형이 있고 형용사도 동사와 동일한 기본형을 갖는다. (4)에서 보는 바와 같이 한국어는 동사와 형용사의 기본형이 모두 '-다'로 끝난다. 사실 이것 한 가지만 보아도 한국어가 영어나 유럽 언어와 크게 다르다는 것을 알 수 있으며 언어학자들은 이것만 보고도 한국어는 유럽 언어와 완전히 다른 유형의 언어라고 판단할 것이다.

> (4) 한국어 동사와 형용사의 기본형
> a. 동　사: 가-다, 사-다, 막-다, 끄-다
> b. 형용사: 차-다, 싸-다, 작-다, 크-다

2) 시제: (5)에서 보는 바와 같이 한국어에서는 형용사도 동사와 마찬가지로 과거형을 가질 수 있다.

> (5) 한국어 동사와 형용사의 과거형
> a. 동　사: 가다-갔다, 사다-샀다, 막다-막았다, 끄다-껐다
> b. 형용사: 차다-찼다, 싸다-쌌다, 작다-작았다, 크다-컸다

3) 어형변화: 위의 과거형도 일종의 어형변화인데 한국어에는 이밖에

도 수많은 어형변화가 있고 이들 어형변화의 측면에서 동사와 형용사는 거의 구분이 되지 않는다. (6)은 이에 대한 몇 가지 예이다.

(6) 한국어 동사와 형용사의 어형변화

'막다'	'작다'	'ㄲ다'	'크다'
막으시다	작으시다	ㄲ시다	크시다
막아서	작아서	꺼서	커서
막으니	작으니	ㄲ으니	크니
막으면	작으면	ㄲ면	크면
막고	작고	ㄲ고	크고
막지만	작지만	ㄲ지만	크지만
막아도	작아도	꺼도	커도

(7) 한국어 동사와 형용사의 명사 수식 형태

동사		형용사	
기본형	수식 형태	기본형	수식 형태
가다	간 사람	차다	찬 물
사다	산 물건	싸다	싼 물건
막다	막은 사람	작다	작은 사람
ㄲ다	끈 불	크다	큰 집

동사나 형용사가 명사를 수식할 때 영어에서는 형용사는 형태변화가 없고 동사는 현재분사나 과거분사 형태를 취한다. 한국어에서는 이 경우도 (7)과 같이 동사와 형용사가 거의 비슷하게 형태변화를 일으킨다.[149]

----

149) 한국어 문법에서는 이 명사수식 형태를 '관형형'이라고 하는데 엄밀히 말하면 형용사와 동사가 형태적으로 약간 다르다.

4) 술어적 지위: 유럽 언어의 경우 동사만 술어로 쓰일 수 있고 형용사가 술어로 쓰이려면 *be*-동사와 같은 연결사를 필요로 한다. 그러나 한국어에서는 동사와 마찬가지로 형용사도 연결사 없이 바로 술어로 쓰일 수 있다. 명사가 술어로 쓰이려면 한국어에서도 연결사가 필요하다. 한국어와 영어의 술어형식을 비교하면 (8)과 같다. 영어의 경우 형용사와 명사의 술어형식이 같은데 한국어는 동사와 형용사의 술어형식이 같다.

    (8) 영어와 한국어의 술어형식 비교
        a. John sleeps. / 철수는 잔다.   (동사 술어)
        b. John is tall. / 철수는 크다.   (형용사 술어)
        c. John is a student. / 철수는 학생이다.   (명사 술어)

5) 한국어 문법의 입장: 이상과 같이 영어 및 유럽 언어들은 동사와 형용사가 분명하게 구분되는 언어들인데 반해 한국어는 형태적으로나 기능적으로나 이 두 가지 품사가 거의 구분이 되지 않는 것을 알 수 있다. 그럼에도 불구하고 한국어 문법에서는 동사와 형용사를 별도의 품사로 구분하고 있는데 이는 현대 학문의 출발점이라고 할 수 있는 유럽의 품사분류 전통에 따른 것으로 보인다.[150] 그러나 조금 거리를 두고 객관적으로 생각해 보면 한국어는 동사와 형용사를 구분할 필요가 없는 언어라고 할 수 있다.

  이 점은 특히 외국인들에게 한국어를 가르칠 때 꼭 염두에 두어야 할 부분이다. 21세기 들어 국제화의 바람을 타고 외국어로서의 한국

---

150) 국어문법 연구에서도 학자에 따라서는 동사와 형용사를 구별하지 않는 경우가 있다. 정렬모(1946), 장하일(1947), 이인모(1949) 등이 이에 속한다(이광정, 1987: 166 참조)

어교육이 새로운 분야로 떠오르고 있는데 이때 국어문법을 어떻게 효과적으로 가르칠 것인가를 심각하게 고민하고 연구해야 한다. 물론 당연히 표준안을[151] 가지고 교육을 시켜야 할 것이다. 그러나 이때 교수자는 여러 가지 한국어의 특징들을 잘 파악하고 가르치는 것이 중요하며 동사와 형용사의 구분이 그 가운데 하나이다.

6) 미세한 차이: 동사와 형용사의 이와 같은 형태적, 기능적 유사성에도 불구하고 표준 한국어 문법에서는 이들을 별도의 품사로 구분하고 있는데 국어문법 학계에서는 기왕 그렇게 할 바에는 이 두 가지 품사를 구분할 수 있는 근거가 없을까 하고 이를 찾기 위해 많은 노력들을 기울여 왔다.

이 가운데 맨 먼저 거론된 것이 '-고 있다'를 붙여 보는 것이었다. 즉 '-고 있다'를 붙여서 말이 되면 동사이고 안 되면 형용사라는 것이다. 이는 일차적으로 진행형이 되느냐 안 되느냐에 따라 두 품사를 구분하자는 것인데 동사의 의미적 성격에 따라 진행형이 안 되는 경우가 많기 때문에 이것은 적절한 기준이 될 수 없다. 예를 들면 영어에서 (9)와 같은 동사들은 진행형을 만들지 못한다.

(9) 영어에서 진행형이 안 되는 동사의 예[152]

   a. *I am knowing that John is honest.

   b. *I am believing that John is honest.

   c. *I am loving you.

   d. *I am needing money.

---

151) 정부 차원에서 제정해서 현재 각급 학교에서 사용하는 표준안을 말한다. 이를 표준 국어문법이라고 부르고 학교문법이라고 부르기도 한다.

152) 예문 앞의 별표(*)는 잘못된 문장이라는 뜻이다.

한국어에도 물론 (10)과 같이 '-고 있다'를 붙여서 진행형을 만들수 없는 동사들이 많다. 이 (10)의 동사들은 의미적으로 '순간 종결동사'[153]라고 할 수 있으며 그 사건이 순간적으로 일어나기 때문에 진행형으로 쓸 수 없는 것이다. 이를 더 정확히 이해하려면 '-고 있다'보다는 '-고 있는 중이다'를 붙여보면 된다. '-고 있는 중이다'가 더 진행형을 정확히 표현하기 때문이다.

    (10) 한국어에서 진행형이 안 되는 동사의 예
        a. *화살이 지금 과녁에 맞고 있다.
        b. *영희는 지금 감기에 걸리고 있다.
        c. *철수가 지금 죽고 있다.
        d. *지금 길에서 사고가 나고 있다.

여기서 우리는 (11)과 같은 문장이 왜 가능한지 궁금할 수 있다. 이것은 '-고 있다'의 의미가 여러 가지이기 때문이다. (11a,b)는 반복적인 상황을 의미하는 것이며 이는 진행형과는 다르다. (11c)는 역시 '-어가고 있다'는 상태의 변화를 뜻하는 것이며 진행형은 아니다. (11d)는 '죽는 행위'를 의미하는 것이 아니라 '고생하고 있다'는 의미의 은유적표현이다. '죽다'의 진행형은 아니라는 뜻이다.

    (11) '-고 있다'의 다른 의미
        a. 오늘 공이 잘 맞고 있다. (골프장에서)
        b. 이 길은 사고가 자주 나고 있다.
        c. 환자가 죽어 가고 있다.
        d. 철수는 지금 그 일 때문에 죽고 있다.

---

153) 이를 어휘상이라고 한다(Sasse, 1991; Breu, 1994 참조).

인간의 언어는 이렇게 동작의 진행, 완료, 결과, 결과의 지속, 반복, 습관적 행위 등을 표현하는 방법을 가지고 있는데 이를 전문 용어로 상(相: aspect)이라고 부른다.[154] 한국어에서 '-고 있다'는 진행상만을 나타내는 것이 아니기 때문에 이것을 가지고 진행이 되느냐의 여부를 판가름하기는 어려운 것이다.

한국어에서 동사와 형용사를 구분하기 위한 또 다른 기준으로 제안된 것은 현재형과 관형형이다. (12)에서 보는 바와 같이 동사는 현재형에서 형태가 변하는데 형용사는 현재 시제에서 기본형을 그대로 쓴다.

(12) 동사와 형용사의 현재형
    a. *영희가 자다/가다/먹다.
    b. 영희가 잔다/간다/먹는다.

    c. 영희는 예쁘다/멋지다/고약하다.
    d. *영희는 예쁜다/멋진다/고약한다.

한편 동사와 형용사가 명사를 수식할 때 형태변화에서 약간 차이가 있다. 즉 두 품사의 관형형 어미가 약간 다르다. (13)에서 보는 바와 같이 동사는 3가지 관형형이 가능한데 형용사는 '적는, 차는, 멋지는' 같은 표현이 안 되어 2가지 관형형만 가능한 것이다.

(13) 동사와 형용사의 관형형
    a. 먹다('eat'): 먹은, 먹는, 먹을
    b. 적다('little'): 적은, *적는, 적을

    c. 차다('kick'): 찬, 차는, 찰
    d. 차다('cold'): 찬, *차는, 찰

---

154) 이에 대한 자세한 것은 제21장에서 논의할 것이다.

e. 이기다('win'): 이긴, 이기는, 이길
f. 멋지다('smart'): 멋진, *멋지는, 멋질

이와 같이 보면 현재형과 관형형은 한국어에서 동사와 형용사를 구별하는 데 아주 간단하면서도 분명한 기준이 될 것처럼 보인다. 표준한국어문법에서 어차피 이 두 가지 품사를 구분하고 있는 마당에 이 기준들을 어쩌면 유용하게 사용될 수도 있다. 그리고 사람에 따라서는 "한국어에서 이 기준을 가지고 동사와 형용사를 구분하면 되는 것이지 굳이 한국어는 이 두 가지 품사가 잘 구별되지 않는 언어니 어떠니 할 필요가 있느냐?"고 주장할 수도 있다.

그러나 이는 학문적으로 적절한 태도가 아니다. 이는 99.9%의 공통점을 무시하고 0.1%의 차이점만을 강조하는 꼴이기 때문이다. 품사란 한 언어의 낱말들을 형태적, 기능적, 의미적 특징에 따라 10여 가지의 부류로 구분한 것이며 품사분류는 언어에 따라 다를 수 있다. 이때 한국어에서 동사와 형용사를 같은 부류의 낱말로 볼 것이냐 다른 부류의 낱말로 볼 것이냐가 문제인데 이 경우 당연히 99.9%의 공통점이 중요한 것이다. 수많은 형태적, 기능적 공통점에도 불구하고 이러한 0.1%의 미세한 차이 때문에 두 가지 품사를 구분하는 것은 마치 영어에서 진행형이 되는 동사와 안 되는 동사를 나누어 별도의 품사로 보자는 것과 비슷한 주장이다.

한편 (12)-(13)의 형태적 기준이 한국어의 동사와 형용사를 구분하는 데 아무런 문제가 없는 것은 아니다. 필자는 언젠가 인터넷 사이트에서 우리말 '있다'의 품사에 대해 질문하고 답변한 것을 본 일이 있다. (12)의 기준으로 하자면 이는 형용사이다. (14)와 같이 현재 시제에서 기본형이 그대로 쓰이기 때문이다. 그러나 (13)의 기준으로 보면 그렇게 말하기 힘들다. 관형형에서 형용사와는 아주 다르기 때문이다 ((15) 참조). 이와 관련해서 민중국어사전에는 '있다'를 형용사라고 해놓고 어형변화는 동사와 같다고 설명한다.[155] '있다'와 연결된 '맛있다, 멋있다' 등의 형용사도 형태변화가 '있다'와 비슷하다.

(14) '있다'의 현재형
   a. 철수는 서울에 있다.
   b. *철수는 서울에 있는다.

(15) '있다'의 관형형
   a. 방 안에 있은 적이 없다　(참고: 작은 사람/막은 사람)
   b. 방 안에 있는 사람　　(참고: *작는 사람/막는 사람)
   c. 사무실에 있을 사람　　(참고: 작을 사람/막을 사람)

이상을 정리하면 한국어는 동사와 형용사가 형태적, 기능적으로 거의 차이가 없어서 이 두 가지 품사를 구분할 필요가 없는 언어이다. 현재형과 관형형 등에서 약간의 차이를 보이지만 이는 두 가지 품사를 구분해야 할 만큼 중요한 것은 아니다. 0.1%의 차이보다는 99.9%의 공통점이 중요하다는 뜻이다. 미세한 차이는 하나의 품사 안에서 하위부류라고 생각하면 된다.

한편 외국어로서 한국어 교육과 관련해서 교수자들이 이 부분을 어떻게 이해하고 정리할 것인가에 대해 잘 생각해야 할 것이다. 앞서 말한 대로 당연히 표준 국어문법을 따라야 할 것이다. 그러나 한국어에서 동사와 형용사가 거의 차이가 없다는 점도 잘 인식시켜야 할 필요

---

155) 예를 들면 '있다'는 명령형도 가능하다. 명령형이 안 되는 동사도 있지만 일단 명령형이 되는 것은 동사성이 강한 것으로 보아야 한다. ('혼글' 프로그램과 연동된 인터넷 민중국어사전 참조)

가 있다고 본다. 표준문법도 중요하지만 한국어를 효과적으로 가르치고 배우는 일도 그에 못지않게 중요하기 때문이다. 이 과정에서 위 (12)-(13)의 형태적 차이는 가르쳐야 할 것이다. 즉 한국어에서 두 가지 품사가 거의 차이가 없지만 현재형과 관형형에서 약간의 형태적 차이를 보인다는 점을 인식시키는 것이 좋을 것이다.

다른 언어들: 위에서 우리는 영어를 비롯한 유럽 언어들과 한국어에서 동사와 형용사의 구분에 대하여 살펴보았다. 단편적으로 이것만 보면 영어나 유럽 언어가 표준적이고 우리 한국어가 조금 특이한 언어라고 생각할 수도 있다. 정말 그럴까? 결론부터 말하자면 그렇지 않다. 지구상의 언어 가운데 표준적인 언어는 있을 수 없다. 우리의 시야가 좁아 잘 몰라서 그렇지 한국어와 같은 언어도 많이 있으며 유럽 언어는 지구상의 수많은 개별언어들 가운데 일부일 뿐이다. 주어(S), 목적어(O), 동사(V)의 순서만 해도 그렇다. 보통 SOV, SVO, VSO 등 3가지 유형으로 구분하는데 이 가운데 어느 것이 표준적이라고 말할 수는 없다. 품사구분과 관련해서는 동사와 형용사의 구분이 없는 언어는 물론 심지어 명사와 동사의 구별도 잘 되지 않는 언어들이 있다.

티벳-버마어 계통의 마니푸리어(Manipuri)도[156] 우리말과 같이 형용사가 시제나 완료형 등을 가지며 동사와 형태적으로 구별되지 않는다 (Bhat, 2000: 51). (16)은 의미적으로 형용사라고 할 수 있는 *san*('long')의 용례이고 (17)은 의미적으로 동사라고 할 수 있는 *ca*('eat')의 용례이다. 이 언어에서는 접두사 *ə*가 형용사나 동사가 명사를 꾸밀 때 수식어미 -*bə*와 함께 첨가되는데 (16)-(17)에서 동사와 형용사의 어형변

---

156) 마니푸르는 행정구역상으로는 인도의 동북부에 있는 주로서 미얀마와 접해 있고 언어적으로는 미얀마어에 가깝다.

화가 동일하다는 것을 알 수 있다.

(16) a. cəy   ə-saŋ-bə

       stick   접사-long-수식어미

       'a long stick'

   b. cəy   saŋ-ŋəm-bə

       stick   long-완료-수식어미

       'a stick which has been long'

(17) a. mi   ə-ca-bə

       man   접사-eat-수식어미

       'a man who eats'

   b. mi   ca-rəm-bə

       man   eat-완료-수식어미

       'a man who had been eating' (Bhat, 2000: 51)

미국 뉴욕 지방의 원주민어 모호크어(Mohawk)도 형용사라는 품사를 별도로 설정할 필요가 없는 언어이다. Baker(2003, 4)는 이 언어에서 의미적으로 형용사에 해당하는 어휘들을 상태동사(stative verb)라고 불렀다. 상태동사란 동사와 형태적으로 구별이 잘 되지 않는 형용사를 말하며 우리말의 형용사와 같은 개념이다.[157] 우리말의 "새, 헌" 등의 관형사는 서양 학자들의 눈에 동사와 구별되는 형용사로 보일 것이며 "예쁘다, 빠르다"와 같은 형용사는 상태동사(stative verb)로 보일 것이다. (18)-(19)는 모호크어의 예이다. 이 예에서 의미적으로 형용사라고 할 수 있는 *rák*('white')와 동사라고 할 수 있는 ʌ´('fall')가 모두 상태

---

[157] 한국어 문법연구에서 일찍이 정렬모(1946) 선생은 동사와 형용사를 구분하지 않고 모두 동사로 분류하였으며 그 안에서 동작동사와 형용동사를 구분하였다(이광정, 1987: 169). 여기서 형용동사가 곧 Baker(2003: 4)의 상태동사에 해당한다.

상(stative)과158) 과거시제 표지를 갖는 것을 볼 수 있다.

    (18) a. ka-rák-ʌ.
          it-white-상태
          'It is white.'
      b. t-yo-ya′t-ʌ′-ʌ.159)
          방향-it-body-fall-상태
          'It has fallen.'

    (19) a. ka-hutsí-(ø)-hne.
          it-black-(상태)-과거
          'It was black.'
      b. t-yo-ya′t-ʌ′-ʌ-hne.
          방향-it-body-fall-상태-과거
          'It had fallen.'

위에서 우리는 한국어의 동사와 형용사의 어형변화가 거의 같지만 부분적으로 차이가 있다고 했는데 모호크어(Mohawk)도 마찬가지이다. 예를 들면 (20)-(21)에서 보는 것처럼 '동사'와는 달리 '형용사'는 종료상이나 습관상을160) 취할 수 없다(Baker, 2003: 5). 즉 이 예에서 동사라고 할 수 있는 ʌ′('fall')에 대해서는 사건이 순간적으로 끝났다거나(종료상) 사건이 습관적(반복적)으로 일어난다는 표현을 할 수 있는데 형용사에 해당하는 *rák*('white')에 대해서는 이러한 식의 표현이 불가능하다.

---

158) 상태상이란 위 예문 (10)-(11)과 관련해서 언급한 상(相)의 일종이다. 사건의 진행상황을 나타내는 문법범주로 한국어에 '-고 있다'도 여기에 해당한다.
159) 이 예에서 '방향'이란 방향소를 말하는데 언어에 따라 동작의 방향이 화자에게로 향하는가 아니면 화자에게서 멀어지는가를 표시해 주는 경우가 있다. 독일어도 이러한 유형의 언어이다.
160) 종료상과 습관상 역시 상(相)의 일종이다. 종료상이란 사건이 순간적으로 끝나는 것을 말하고 습관상은 사건이 습관적으로 일어나는 것을 말한다.

(20) a. *wa´-ká-rak-e´.[161]
현실-it-white-종료
'It whited.'

b. t-a´-ka-yá´t-ʌ´-ne´.
방향-현실-it-body-fall-종료
'It fell.'

(21) a. *ká-rak-s.
it-white-습관
'It whites.'

b. t-ka-yá´t-ʌ´-s´.
방향-it-body-fall-습관
'It falls.'

이상에서 우리는 동사와 형용사가 잘 구분되지 않는 언어들의 예를 보았다. 이 두 가지 품사는 기본적으로 술어를 형성하는 품사라는 점에서 공통점이 있기 때문에 조금 깊이 생각하면 이들을 같은 품사로 볼 수도 있겠다는 생각이 든다. 그런데 지구상에는 이러한 상상력까지 뛰어 넘는 언어들이 있다. 예를 들면 케추아어(Quechua)에서는[162] 형용사와 명사가 차이가 없다(Schachter, 1985: 17). (22a,b)에서 보는 바와 같이 이 언어에서는 *alkalde*('mayor')라는 말과 *hatun*('big')이라는 말이 모두 복수형을 취할 수 있고 목적어가 될 수 있다.

(22) a. Rikaška: hatun-(kuna)-ta.
I saw   big-(복수)-목적어
'I saw the big one(s).'

---

161) '현실'이라는 용어는 '현실법(factual mood)'을 말한다. 언어에 따라 발화의 내용이 현실이냐 비현실이냐를 문법적으로 구분해서 표현하는 경우가 있는데 이를 전문용어로 '현실법'과 '비현실법'이라고 부른다.
162) 남아메리카의 원주민 언어

b. Rikaška: alkalde-(kuna)-ta.

I saw   mayor-(복수)-목적어

'I saw the mayor(s).'

케추아어에서는 또 명사와 형용사가 계사구문('be'-동사구문)에서 술어로 쓰이는데 여기에서도 이 두 가지 품사는 아무런 형태적 차이를 보이지 않는다. 이밖에 명사 수식어로 쓰일 때도 명사와 형용사가 형태적 차이를 나타내지 않는다(같은 책, 17).

우리는 문장은 크게 명사와 동사로 구성된다고 했다. 이러한 틀에서 보면 모든 인간 언어에서 적어도 명사와 동사는 구별되어야 할 것 같은데 이 역시 간단한 문제가 아니다. 명사와 동사의 경계도 애매한 언어가 있다는 뜻인데 필리핀의 토착어인[163] 타갈로그어(Tagalog)가 그 예이다. 이 언어는 동사에 인칭대명사의 소유격 표지를 붙일 수 있으며 명사와 동사가 모두 술어가 될 수 있고 이 때 이들의 활용패턴이 동일하다(Sasse, 1993: 653). 타갈로그어는 술어(동사)가 문장 맨 앞에 오는 언어인데 (23)에서 보는 바와 같이 계사구문('be'-동사구문)에서 명사가 주어가 될 수도 있고 동사가 주어가 될 수도 있다(Sasse, 1993: 655). (23a)에서는 *ang lalaki*('the man')가 주어이고 (23b)에서는 *ang nagtatrabaho* ('the working')가 주어이다.

(23) a. nagtatrabaho   ang   lalaki.

working   the   man

'The man is working.'

---

163) 토착어란 식민 지배를 받기 이전 원래의 그 지역 언어를 말한다. 아메리칸 인디언들의 언어가 대표적인 예이다. 호주에도 영어가 공용어이지만 수많은 토착어들이 있다.

b. lalaki   ang   nagtatrabaho.

man   the   working

'The one who is working is a man.'

   1990년대에 네델란드에서 암스테르담 품사유형론 프로젝트를 수행한 바 있는데 이 프로젝트에서 세계 6개 대륙의 50개 언어를 대상으로 명사(N), 동사(V), 형용사(A)의 분화상황을 조사한 바 있으며 그 결과는 (24)와 같다(Rijkhoff, 2000). 이 표에서 빗금(/)은 유동적 범주를 뜻하고 이음줄(-)은 분화범주를 뜻한다. 즉 유형3은 명사, 동사, 형용사의 경계가 모두 분명한 언어유형이다. 유형4는 동사와 명사의 경계만 분명하고 형용사와 동사의 구분은 잘 되지 않는 언어유형이며 우리 한국어가 바로 여기에 속한다. 유형3은 영어 및 유럽 언어 패턴이고 유형4는 한국어의 패턴이다. (24)의 자료상으로 보면 유형3과 유형4에 속하는 언어의 수가 비슷하며 두 가지 유형 모두 지구상의 거의 모든 대륙에서 관찰되고 있음을 알 수 있다. 한국어가 특별한 경우라거나 유형3이 일반적인 패턴이라고 말할 수 없다는 것이다.

   유형2는 동사와 명사의 구분은 분명한데 명사와 형용사의 경계가 애매한 경우이다. 위에서 본 케추아어가 여기에 속한다. 유형 4/5는 동사와 명사 사이에 아무런 구분이 없는 언어가 있는지는 단정하기 어렵다는 뜻이다. 이 유형에 속하는 카유가어(Cayuga)는 '명사'나 '동사'가 모두 상(相) 표지를 취할 수 있으며 명사도 술어적 성격이 강하다. 위에서 본 타갈로그어나 누트카어도 이와 비슷한 상황일 것이다.

(24) 명사(N), 동사(V), 형용사(A) 분화에 따른 언어유형의 예164)

유형 1	V/N/A	Samoan(오)
유형 2	V-N/A	Hurrian(아), Imbabura(남미)
유형 3	V-N-A	Abkhaz(아), Alamblak(오), Basque(유), Berbice(남미), Bukiyip(오), Burushaski(아), Dutch(유), Guarani(남미), Hittite(아), Hmong Njua(아), Hungarian(유), Ika(남미), Kayardild(오), Ket(유), Nama Hottentot(프), Nasi-oi(오), Ngalakan(오), Ngiti(프), Oromo(프), Sumerian (아), Wambon(아)
유형 4	V-N	Babungo(프), Bambara(프), Burmese(아), Chukchi (아), Galela(오), Gilyak(아), Gude(프), Hixkaryana(남미), Kisi(프), Koasati(북미), Korean(아), Krongo(프), Lango(프), Chinese(아), Nung(아), Nunggubuyu(오), Pipil(북미), Sarcee(북미), Tamil(아), Tsou(아), Viet-namese(아), West Greenlandic(북미)
유형 4/5	V(-N)	Cayuga(북미)
불명확	-	Etruscan(유), Meroitie(프), Nahali(아)

이상에서 우리는 동사와 형용사의 분화 및 명사, 동사, 형용사의 분화에 대하여 살펴보았다. 지금까지 우리는 유럽 문법연구의 전통에 따라 이 3가지 품사의 구분을 당연한 것으로 여겨 왔고, 특히 한국어와 관련해서는 동사와 형용사의 구분이 당연한 것으로 받아들여 왔다. 그러나 언어유형론의 연구는 이것이 과거 유럽 학자들의 편협한 시각이었다는 것을 말해 주고 있으며 지구상의 언어를 넓게 관찰하면 다른 유형의 언어들이 얼마든지 있다는 것을 잘 보여준다.

물론 언어현상이라는 것이 그렇게 간단한 것이 아니기 때문에 이에

---

164) 괄호 안은 대륙 이름을 말하며 이는 WALS(세계 언어구조 지도) 온라인판 (http://wals.info/, 2016)을 기초로 필자가 덧붙인 것이다. 대륙 이름의 약어는 다음과 같다: [남미] = 남아메리카, [북미] = 북아메리카, [아] = 아시아, [오] = 오세아니아, [유] = 유럽, [프] = 아프리카. 남미, 북미, 오세아니아의 언어들은 그 지역 토착어를 말한다.

대해서는 보는 시각에 따라 의견이 다를 수 있고, 특히 이 주요 품사들을 어떻게 정의하느냐에 따라 분화 문제는 다르게 분석될 수도 있다. 독일의 언어유형론자 Sasse(1993)나 네델란드의 언어유형론자 Hengeveld (1992) 등은 이에 대해 상대적인 입장을 취하지만 미국의 보편론자인 Baker(2003)은 어휘적 범주 명사, 동사, 형용사는 언어보편적이라는 입장을 견지하고 있다.

상대적인 입장이란 개별언어의 특징 및 차이를 중시하고 이를 유형화하려는 경향이고 보편론적 입장이란 인간 언어의 보편성에 더 관심을 갖는 경우이다. 보편론적인 입장에서 보면 인간 언어에서 사물의 이름을 나타내는 것이 명사이고 사물이 갖는 속성을 나타내는 것이 형용사이며 사건을 기술하는 것이 동사라고 할 수 있는데 이는 모든 언어에 보편적으로 나타나는 현상이라고 주장할 것이다. 반면에 상대적인 입장은 개별언어의 특징을 중시하여 개개 언어의 형태적, 기능적 특징에 따라 위 (24)와 같이 언어를 분류한다. 이에 대해 Schachter (1985, 6)은 일찌감치 이는 사실이나 본질의 문제라기보다 용어의 문제일 것이라고 언급한 바 있다.

제8장　대명사

대용사와 대명사: 인간의 언어는 한 번 사용한 표현을 그대로 다시 쓰지 않고 다른 간단한 표현으로 대체해서 쓰는 경향이 있다. 대명사가 그 대표적인 예이며 여기에는 인칭대명사, 소유대명사, 재귀대명사, 상호대명사, 지시대명사 등 다양한 하위부류가 있다. 대명사는 다른 명사를 대신해서 사용하는 것인데 인간 언어에서는 이밖에도 형용사, 부사, 수사, 동사, 문장 등을 대신해서 쓰는 표현들도 있다. 이들은 대형용사, 대부사, 대수사, 대동사 등으로 부를 수 있겠다. 이렇게 대신 쓰이는 말들을 묶어서 대용사(proform)라고 부르기도 한다.

대형용사(pro-adjective)란 *this man, that woman* 에서와 같이 명사 앞에 쓰이는 지시사 *this, that*이나, 역시 명사 앞에 쓰이는 의문사 *which* 등을 말한다(Sasse, 1993: 679). 프랑스어의 경우 (1)과 같이 대명사 *le*('it')가 형용사 대신 쓰이기도 한다(Schachter, 1985: 34).

    (1) 프랑스어 대형용사의 예
       A: Es-tu   content?
          are-you   happy
          'Are you happy?'

B: Oui, je le suis.

yes, I it am　(= 'I am it.')

'Yes, I am (happy).' (이숙현 · 심을식, 2008: 117, 119)

대부사란 where, when, how, here, there, thus, somewhere, somehow 등의 의문사나 부사 등을 말하고 대수사란 수량을 나타내는 의문사나 지시사, 부정수량사를 말한다. 라틴어의 quot('how many'), tot('so many'), quotus('the how many-th') 등이 그 예이다. 대동사는 'Do you go to school? – Yes, I do.' 같은 영어 문장에서 do가 대표적인 예이다(Sasse, 1993: 679).

이 단원은 대명사와 관련한 언어유형에 대해 논의할 것인바 그 가운데에서도 특히 대명사의 대표적인 범주라고 할 수 있는 인칭대명사에 대해 살펴보고자 한다.[165]

인칭대명사의 구분과 실현양상: 인칭대명사는 보통 화자를 중심으로 1인칭(화자), 2인칭(청자), 3인칭(그 밖의 대상)으로 구분하고 이들의 수에 따라 단수와 복수를 구분하기도 하며 존대의 정도에 따라 대명사 형태가 달라지기도 한다. 이러한 인칭대명사의 구분은 언어에 따라 다양한 방식으로 나타난다.

1) 인칭과 수: 브라질의 토착어 무라 피라하어(Mura Piraha)는 인칭의 구분만 있고 단수/복수의 구분은 없다. 아프리카 중북부 대서양 연안의 발란트어(Balante)는[166] (2)와 같이 인칭대명사가 3개 밖에 없

---

165) 다양한 언어의 인칭대명사 체계에 대한 대표적인 연구로 일찍이 1986년에 독일의 여성 학자 Ursula Wiesemann이 편집자로 출간한 470여 쪽 분량의 『대명사 체계들(Pronominal Systems)』이 있다.

다(Wiesemann, 1986: viii; Sasse, 1993: 670). 이 언어의 경우 1인칭 단수형이 있고 2,3인칭 단수는 구별이 없으며 복수형에서는 인칭의 구별이 아예 없다. 아주 단순한 대명사 체계라고 하겠다.

> (2) 발란트어의 인칭대명사[167]
>   a. N-: 1인칭 단수('I')
>   b. ha-: 2인칭, 3인칭 단수('you, he, she, it')
>   c. be-: 복수('we, you, they')

인칭의 구분과 관련해서 지구상에서 가장 복잡한 대명사 체계를 가진 언어는 반투어계인[168] 고말라어(Ghomala)라고[169] 알려져 있다(Wiesemann, 1986; Sasse, 1993: 671). [표3]에서 보는 바와 같이 이 언어의 인칭 대명사는 우선 1~3인칭 가운데 몇 개의 인칭이 관여되어 있느냐에 따라 형태가 달라진다. 즉 1~3인칭 가운데 한 개의 인칭이 관여되어 있는 경우(단칭), 2개의 인칭이 관여되어 있는 경우(쌍칭) 그리고 3개의 인칭이 모두 관여되어 있는 경우(3칭)로 나뉘어서 1차적으로 대명사의 형태가 구분된다.

수에서는 단칭, 쌍칭, 3칭에서 각각 최소인원과 그 밖의 경우로 나누어진다. (3)에서 최소인원이란 각 인칭이 1명씩인 경우이다. 복수형은 몇 가지 경우로 나누어진다. 우선 단칭의 경우 각각 복수형이 따로 있다. 쌍칭의 경우 4가지 결합방식이 있는데 상위 3가지 결합방식에서는

---

166) 아프리카 중북부 대서양 연안 기니비사우(Guinee Bissau) 공화국의 토착어
167) 이음줄(-)은 인칭대명사가 독립적인 단어 형태로 나타나지 않고 접두사 형태로 나타난다는 뜻이다.
168) 남부 아프리카에서 널리 쓰이는 토착 언어들로 '사람'을 의미하는 '반투'라는 단어가 공통적으로 쓰이고 있다.
169) 중서부 아프리카 카메룬의 토착어

선순위 인칭만[170] 복수인 경우와 둘 다 복수인 경우로 나누어진다.[171] 이 표에서 '복수의 1인칭'이란 1인칭이 두 사람 이상이라는 뜻이다.

(3) 고말라어의 인칭대명사 체계

인칭 ＼ 수		최소 인원	복수의 1인칭	복수의 2인칭	복수의 3인칭
단칭	1	gə́	pyə		
	2	o		po	
	3	e			wap
쌍칭	1+2	pu	pyawu	pə	
	1+3	pyəé	pyayʉ́		pyəapu
	2+3	poé		poayʉ́	poapu
	3+3	pué			wap
3칭	1+2+3	pəayʉ́	pəayʉ́	pəayʉ́	pəapu

'3+3' 결합방식의 쌍칭의 경우 복수형이 *wap*인데 이는 단칭의 복수 형과 동일하다. 쌍칭이라는 것은 2명이 관계되기 때문에 영어식으로 보면 복수라고 할 수 있다. 3인칭만을 보자면 결국 단수('e'), 쌍수 ('pue'), 복수('wap')의 형태가 있는 셈이다. 3칭의 경우 최소인원, 복수 의 1인칭, 복수의 2인칭이 형태가 같고 복수의 3인칭만 형태가 다르 다. 이때 복수의 3인칭은 각 인칭, 즉 1, 2, 3인칭이 모두 두 사람 이 상 관여하는 경우이다.

이에 따라 고말라어 인칭대명사 표현들의 지시대상을 몇 가지 예로 들면 (4)와 같다.

---

170) 선순위란 1 > 2 > 3의 순서를 말한다. 1인칭이 가장 선순위이다.
171) Wiesemann(1986: viii)은 선순위 인칭이 단수이고 후순위 인칭이 복수인 경우에 대해서 명시적으로 언급하지 않고 있는데 이 경우 인칭대명사가 '최소인원'의 형태를 취할 것으로 보인다.

(4) 고말라어 인칭대명사의 지시대상의 예

    a. pu: 'I and you'

    b. pyawu: 'we and you(단수)'

    c. pə: 'we and you(복수)'

    d. pué: '3인칭 두 사람'

  인칭대명사의 수는 보통 단수와 복수를 구별하는데 언어에 따라 3
수, 4수까지 구분하는 경우도 있다. 남서 태평양에 파푸아 뉴기니아섬
의 토착어 수르수룽가어(Sursurunga)는 인칭대명사에서 표 (5)와 같이
4가지 복수형을 구별하는 것으로 유명하다(Hutchisson, 1986: 2-5;
Sasse, 1993: 672).

  이 표에서 맨 왼쪽 칸의 '1+2, 1+1'은 단수와는 관계가 없고 복수
와 관련이 있다. '1+2'는 1인칭 복수 '우리(we)'에 화자가 포함되어 있
는 경우이고 '1+1'은 '우리(we)'에 화자가 포함되지 않은 경우를 말한
다.172) 단수에서 'A, B, C'는 기능에 따른 구분이다. 'A'의 형태들은
소유격이나 여격에 쓰이고 'B'의 형태들은 주격에 쓰이며 'C'의 형태
들은 목적격이나 강조 기능에 쓰인다. 'C' 칸에서 맨 아래 별표(*)는
기능이나 관련 동사에 따라 3가지의 다른 형태로 실현된다.

  복수에서 관련된 사람이 2명일 때는 쌍수, 3명일 때는 3수, 4명일
때는 4수의 형태를 쓰고 그 외에는 일반 '다수'의 형태를 쓴다. 복수형
에서 앞에 붙은 *gi-*, *ga-*, *di-*는 각각 1인칭, 2인칭, 3인칭을 가리킨다.

---

172) 언어학에서는 이를 내포적(inclusive) 'we'와 배타적(exclusive) 'we'로 구분한다.
한국어나 영어에서는 형태적으로 이러한 구별이 없다. 그러나 한국어에서는
'우리'를 흔히 배타적인 개념으로 사용하고 영어 등 유럽 언어에서는 'we'를 내
포적인 개념으로 사용하는 경향이 있다.

(5) 수르수룽가어 인칭대명사 체계(Hutchisson, 1986: 5)

단수(Singular)				복수(Nonsingular)			
	A	B	C	D			
				다수	쌍수	3수	4수
1+2	-ng	i	iau	gi-t	gi-t-ar	gi-t-tul	gi-t-at
1+1				gi-m	gi-ur	gi-m-tul	gi-m-at
2	-m	u	iʹau	ga-m	ga-ur	ga-m-tul	ga-m-at
3	-n	a	*	di	di-ar	di-tul	di-at

2) 실현형식: 대명사는 하나의 품사이고 품사는 단어의 종류를 말하기 때문에 대명사 혹은 인칭대명사는 기본적으로 독립된 단어로 나타나는 것을 말한다. 그러나 인칭대명사의 기능은 언어에 따라 접어(clitic)나 접사(affix)로[173] 나타나기도 하는데 이 경우 단어로 표현되는 독립적인 대명사 형태가 공존하는 것이 일반적이다(Sasse, 1993: 672).

접어로 나타나는 경우는 프랑스어가 대표적이다. 특히 이 언어에서는 목적어가 대명사로 쓰일 경우 자주 주어와 동사 사이에 접어로 나타나며 재귀대명사도 보통 접어 형태로 나타난다. (6a)에서 *t'aime*는 대명사 *toi*('you')가 동사에 접어로 붙는 경우이다. (6b)에서 *c'est*는 대명사 *ce*('it') + 계사 *est*('is')의 결합형이다. (6c)에서 *m'enfuis*는 재귀대명사 *moi*('me; myself')가 동사에 접어로 붙는 경우이다.

(6) 프랑스어 대명사가 접어로 나타나는 예

　　a. Je　　t'aime.

　　　I　　you-love.

　　　'I live you.' (Sasse, 1993: 672)

---

173) 접어는 두 개의 단어가 축약된 형태로서 예를 들면 영어의 *we'll, I'll*에서 *-'ll*은 조동사 *will*이 접어화한 것이다. 이에 비해 접사는 단어의 일부로 간주된다.

b. C'est   un   livre.

   it-is   a   book.

   'it is a book.'

c. Je   m'enfuis.

   I   me-escape

   'I escape.' (이숙현·심을식, 2008: 117, 121)

인칭대명사가 접사로 나타나는 예는 아프리카의 스와힐리어(Swahili)
나 남아메리카의 케추아어(Quechua)에서 볼 수 있다((7-8) 참조: Schachter,
1985/2007: 25). 이때 대명사를 강조하려면 (9)의 케추아어 예에서처
럼 별도의 대명사 형태가 쓰이기도 한다.

(7) 접사로 나타나는 스와힐리어 인칭대명사 표현

Ni-li-wa-ona.

I-과거-you-see

'I saw you.'

(8) 접사로 나타나는 케추아어 인칭대명사 표현

Maqa-ma-nki.

hit-me-you

'You hit me.'

(9) 케추아어 인칭대명사가 독립적으로 쓰이는 예

Qam   noqata   maqa-ma-nki.

you   me   hit-me-you

'*You* hit *me*.' (Schachter, 1985/2007: 25)

3인칭 대명사의 발달과 언어유형: 인칭대명사에서 우리는 보통 1, 2, 3인
칭을 구별하는데 지구상의 언어를 조사해 보면 3인칭 대명사가 형태적으
로나 어원적으로 지시대명사와 같은 경우가 있고 지시대명사와 별개의 형

태를 띠는 경우도 있다. 지시대명사를 3인칭의 인칭대명사로 그냥 쓰는 언어가 있고 3인칭 대명사가 별도로 발달해 있는 언어가 있다는 뜻이다. 이에 따라 우리는 인칭대명사 체계와 관련해서 세계의 언어를 2가지 인칭 체계 언어와 3가지 인칭 체계 언어로 구분할 수 있겠다(Sasse, 1993).

Bhat(2005)는 세계 225개 언어의 인칭대명사 체계를 조사하였는데 이 가운데 125개의 언어가 2가지 인칭 체계였고 100개의 언어가 3가지 인칭 체계였다.

인도 남서부의 드라비다어[174) 계열에 속하는 칸나다어(Kannada)는[175) 3인칭 대명사들이 지시사와 형태가 같으며 1,2인칭 대명사와는 형태적 공통점이 없다. 표 (10)은 칸나다어의 1,2인칭 대명사 체계이고 표 (11)은 3인칭 대명사와 지시사 'this'의 형태이다. 여기에서 우리는 3인칭 대명사라고 부르는 대용사가 지시사 'this'와 형태적으로 같은 계열에 속하고 1,2인칭 대명사는 이들과 형태적으로 완전히 다르다는 것을 알 수 있다.

(10) 칸나다어 1,2인칭 대명사(Krishnamurti, 2003: 244)

	단 수		복 수	
	주격	기타격	주격	기타격
1인칭	āN, nāN	en-, nan-	āM, nāM(nām, nāvu)	em-, nam(m)-
2인칭	nīN, nīn(u)	nin(n)-	nīM(nīm, nīvu), nī -gal	nim(m)-

---

174) 드라비다(Dravida) 족은 인도 남부의 종족이다. 인도에는 3천 개가 넘는 언어(종족)가 있으며 이 가운데 18개를 공용어로 인정한다. 칸나다어는 이 18개 언어에 속한다(한글 위키백과 참조). 인도의 종족은 크게 남방계와 북방계로 나누어지는데 북방계는 아리안족이고 남방계는 아시아 계통의 종족들이다. 아리안족은 유럽에서 넘어온 지배 계층이고 드라비다족은 순수 아시아계의 토착 종족이다. 이들은 생김새도 완전히 다르고 언어의 계통도 크게 다르다.
175) 카나라어(Kanarese/Canarese)라고도 부른다.

(11) 칸나다어 3인칭 대명사와 지시사 'this'(Bhat, 2004: 136)

	남 성	여 성	중 성
3인칭 대명사	avanu 'he/the man'	avalu 'she/the woman'	adu 'it/the thing'
지시사 'this'	ivanu 'this man'	ivalu 'this woman'	idu 'this thing'

인도 북동부 나갈랜드주의[176] 앙가미어(Angami)는 3인칭 대명사가 형태적으로 지시사와 완전히 다른 양상을 보인다. 3인칭 대명사가 별도로 발달해 있는 것이다. 표 (12)는 이 언어의 인칭대명사 체계이고 표 (13)은 지시대명사의 체계이다(Giridhar, 1980: 32; Bhat, 2004: 133 재인용). 이 언어에서 3인칭 대명사는 puô(단수), puônie(쌍수), ū(kô)(복수) 등 3가지 형태가 있고 지시대명사는 hâ('이'), tsə('그'), lū('저')를 이용해서 표현하는데 이때 대명사와 지시사 표현들이 형태적으로나 어원적으로 완전히 다르다는 것을 한 눈에 알 수 있다.

(12) 앙가미어 인칭대명사

	단 수	쌍 수	복 수
1인칭	a	hiê-nie(배타적)[177]	hie(kô)(배타적)
		âvū(내포적)	ū(kô)(내포적)
2인칭	no	ňniē	niē(kô)
3인칭	puô	puônie	ū(kô)

앙가미어의 지시대명사 표현 방식은 한국어와 아주 유사하다. 즉 지시사는 화자 및 청자와의 거리에 따라 3가지로 구분되며[178] 사람과

---

176) 중국 및 미얀마와 접경지역이며 언어적으로는 티베트-버마어 계통에 속한다.
177) 1인칭 복수의 배타적, 내포적 지칭에 대해서는 각주 172 참조.
178) 청자 근칭('이'), 화자 근칭('그'), 원칭('저')의 구분이다. 영어의 경우 화자 근칭

사물을 가리키는 지시대명사 표현 구성방식도 이 지시사에 해당 명사 표현을 덧붙이는 형식이다.

(13) 앙가미어 지시사 및 지시대명사

지시사	지시대명사		
	사람	사물	축소형179)
hâ('이')	hâ-pfə('이 사람')	hâ-û('이것')	hâ-yó
tsə('그')	tsə-pfə('그 사람')	tsə-û('그것')	tsə-yó
lū ('저')	lū-pfə('저 사람')	lū-û('저것')	lū-yó

이와 관련하여 한국어와 영어가 유형론적 차이를 보인다. 즉 한국 어는 3인칭 대명사가 별도로 발달해 있지 않은 언어이고 영어는 3인 칭 대명사가 지시사와 분명하게 구별되는 언어이다. 표 (14)는 영어의 인칭대명사 및 지시대명사 체계이다. 영어의 지시대명사로 *this*(근칭), *that*(원칭)이 있는데 이들은 형태적으로 인칭대명사와 아무런 연관이 없다.

(14) 영어 인칭대명사와 지시대명사

인칭대명사			지시대명사	
	단 수	복 수	단 수	복 수
1인칭	I/my/me	we	this (근칭)	these (근칭)
1인칭	you/your/you	you		
3인칭(남성)	he/his/him	they/ their/ them	that (원칭)	those (근칭)
3인칭(여성)	she/her/her			
3인칭(중성)	it/its/it			

('this')과 원칭('that')만 구분한다.
179) 축소형(diminutive)이란 대상을 작은 느낌으로 표현하는 것을 말한다.

표 (15)는 한국어의 인칭대명사 및 지시사 체계이다.180) 한국어의 지시사는 청자 및 화자와의 거리에 따라 '이'(청자근칭), '그'(화자근칭), '저'(원칭)로 구분되는데 3인칭 대명사는 형태적으로 이 지시사에서 온 것이다. 현대 한국어의 구어체에서는 잘 쓰이지 않지만 '이, 그, 저, 이들, 그들, 저들'을 독립적인 어휘로 인정한다면 이들은 지시대명사가 될 것이다.

(15) 한국어 인칭대명사와 지시사

	인칭대명사		지시사	
	단수	복수	단수	복수
1인칭	나	우리	이 (사람) (청자근칭)	이 (사람들) (청자근칭)
1인칭	너	너희		
3인칭 (남성)	그	그들	그 (사람) (화자근칭)	그 (사람들) (화자근칭)
3인칭 (여성)	그녀	그들		
3인칭 (중성)	그것 이것 저것	그것들 이것들 저것들	저 (사람) (원칭)	저 (사람들) (원칭)

한국어에서 '그, 그녀, 그것'을 대명사로 볼 것인가는 논란의 여지가 있다. '그, 그녀'는 어떻게 보면 영어식 표현이고 일상적인 구어체에서는 거의 쓰이지 않기 때문이다. 국어에서 이 표현들을 대명사로 쓰기 시작한 것은 불과 50여년 밖에 되지 않는다. 1965년 『현대문학』 3월호에서 최현배 선생은 영어의 'she'를 국어에서 '그미'로 하자고 제안하였고 허 웅 선생은 같은 책에서 '이이, 그이, 저이'를 여성에게만 쓰

---

180) 한국어의 대명사는 존대의 정도에 따라 다양한 형태가 있는데 여기서는 편의상 대표적인 대명사만을 가지고 논의하겠다.

자고 제안한 바 있다.[181]

'그것'은 '이것, 저것'과 함께 일상적으로 쓰이는 표현이며 이미 대명사, 즉 하나의 단어로 정착이 되었다고 볼 수 있다. 그러나 이 역시 엄밀히 따지고 보면 관형사 '그'와 의존명사 '것'의 결합형태이고 하나의 단어로 간주하더라도 인칭대명사가 아니라 '이것, 저것'과 함께 지시대명사로 볼 수 있다.

어떻든 한국어의 3인칭 대명사는 지시사에 온 것이 분명하고 1, 2인칭 대명사와 형태적으로 분명하게 구분된다. 즉 유형론적으로 볼 때 한국어는 3인칭 대명사가 별도의 형태로 발달해 있지 않은 언어이며 이점에서 위 칸나다어와 같고 영어 및 앙가미어와는 차이를 보인다.

열린 체계와 닫힌 체계: 품사들을 보면 그 수가 한정된 것이 있고 그렇지 않은 것이 있다. 예를 들면 명사는 무수히 많고 언제라도 새로운 명사가 생겨날 수 있다. 이러한 경우를 열린 체계(open system)라고 한다. 반면에 전치사나 접속사 같은 품사들은 그 수가 한정되어 있고 새로운 어휘가 생기는 것도 쉽지 않다. 이러한 경우를 닫힌 체계(closed system)라고 한다. 위에서 우리는 단어를 내용어와 기능어로 구분한 바 있는데 내용어는 대개 열린 체계이고 기능어는 보통 닫힌 체계에 속한다.

그러면 대명사는 어떨까? 영어 등 유럽 언어를 보면 대명사는 당연히 닫힌 체계로 보인다. 그 수가 한정되어 있기 때문이다. 그러나 다른 언어들을 조사해 보면 대명사가 반드시 닫힌 체계라고 판단하기가 어려운 경우도 있다. 한국어가 대표적인 경우이고 태국어나 버마어,

---

181) 최현배(1965), 영어의 SHE는 '그미'로. 현대문학 3월호. 허 웅(1965), '이이, 그이, 저이'는 여성전용으로. 현대문학 3월호. (김미형, 1995 참조).

일본어도 이 부류에 속한다. 즉 이들 언어에서는 대명사를 닫힌 체계로 보기 어려운 측면이 있다.

예를 들면 (16)의 영어 문장에 대명사 *you*가 있는데 (17)에서 보는 바와 같이 한국어에서는 이것이 다양한 방법으로 표현될 수 있다. (17a-c)에서는 2인칭 대명사가 사용되었고 (17d)에서는 재귀대명사 '자기'가 2인칭 대명사로 쓰였다. (17e-g)에서는 장소 표현이 2인칭 대명사 대신 쓰였고 (17h)는 이름(고유명사)이 2인칭 대명사 대신 쓰인 예이다. (17i-k)는 각각 직업, 직책, 가족관계어가 2인칭 대명사 대신 쓰인 예이다. 한국어 대명사 표현과 관련해서 또 한 가지 중요한 것은 (17l)과 같이 대명사를 아예 생략할 수 있다는 것인데 이에 대해서는 아래 별도의 단락에서 따로 논의하겠다.

(16) Where are you going?

(17) 한국어 2인칭 대명사 및 대체 표현의 예
    a. 너 어디 가니?
    b. 당신 어디 가요?
    c. 자네 어디 가?
    d. 자기 어디 가/?
    e. 댁은 어디 가세요?
    f. 그 쪽은 어디 가세요?
    g. 거긴 어디 가세요?
    h. 영수/순희는 어디로 가지?
    i. 학생 어디 가? / 기사님 어디 가세요?
    k. 계장님/과장님/부장님/사장님은 어디 가세요?
    j. 엄마/삼촌/할머니/고모/형은 어디 가세요?
    l. (주어 생략) 비 오는데 어디 가세요?

이와 같이 한국어에서는 영어 등 유럽 언어의 대명사를 다양한 방식으로 표현할 수 있는데 이를 범주별로 정리하면 (18)과 같다.

（18) 한국어 대명사 표현 실현방식
    a. 대명사: 나, 너, 당신, 자네
    b. 재귀대명사: 자기
    c. 장소표현: 댁, 거기, 여기, 이쪽, 그쪽, 집
    d. 인명: 철수, 영희, 순자
    e. 직업명: 학생, 기사님, 간호사님, 의사 선생님
    f. 직책명: 계장님, 과장님, 대리님
    g. 가족관계어: 엄마, 언니, 할아버지
    h. 대명사 생략

(18)의 표현 방식은 2인칭에만 국한되는 것이 아니고 3인칭에도 거의 그대로 적용될 수 있으며 1인칭에서는 (19)와 같이 제한적으로 쓰인다. 이렇게 보면 한국어에서 대명사 및 그 대체 표현은 무한할 것이며 한국어의 대명사 표현은 따라서 열린 체계라고 할 수 있을 것이다.

（19) 한국어의 다양한 1인칭 표현
    a. 그럼 간다. (대명사 생략)
    b. 나 그럼 간다. (인칭대명사)
    c. 소인/이 사람/이 몸/본인은 이만 물러갑니다. (명사)
    d. 여기/이쪽은 괜찮습니다. (장소 표현)
    d. 엄마/이모/고모/삼촌/언니/형은 그럼 간다. (가족관계어)

열린 대명사 체계는 이밖에 일본어, 타이어, 버마어 등 아시아 지역 언어에서 광범위하게 나타나는 현상이며 대체 표현의 방식은 한국어와 아주 유사하다(Okell, 1969: 99ff; Hinds, 1986: 258f; Diller, 1994: 149f

참조). 예를 들면 버마어의 경우 가족관계어, 직함, 인명 등이 대명사의 대체 표현으로 쓰이는데 몇 가지 예를 보면 (20)과 같다(Okell, 1969: 99ff).

(20) 버마어에 나타난 대명사 대체 표현

〔1, 2, 3인칭에 모두 쓰이는 경우〕

가족관계어: ăhpei('아버지'), hpeihpei('아빠'), thămì('딸'), ù ('삼촌'), tumá('조카'), ăkou('형'), ămá('누나'), dodo('고모')

직업 및 직책명: hsăya('선생님'), hlèhsăya('마부'), kouto('스님'), bouhmù('시장'), hsăyawuñ('의사'), wuñcì('장관'), poùñcì ('스님'), hnèhsăya('오보에 연주자')

인명: ănyou('안요'), wíñ('윈'), myíñmyíñ('민트민트'), auñ hlá ('아웅 흘라')

인명과 가족 관계어의 결합형: kou nyou('니오우 형'), dodo wíñ('윈 고모'), má myíñmyíñ('민트민트 누나'), hsăya ù auñ hlá('아웅 흘라 선생님 삼촌')

〔인칭별 특수 대체표현〕

1인칭 대용 표현: nga, kou('몸, 자신'), couˀ('무가치한 종'), cuñto('충성된 종'), cuñmá('여종'), tápyíto('소승'), tápyítomá ('소여승')

2인칭 대용 표현: niñ, mìn('왕'), nyì, to, hkiñbyà('주인'), hyiñ ('주인'), meihswei('친구'), ăhyiñhpăyà('스님/주인'), hsăyahkălèi ('작은 선생/여승')

태국어나 스리랑카어의 상황도 이와 비슷하다(Iwasaki & Ingka-phirom, 2005: 59). (21)은 스리랑카의 신할라어(Sinhala)에서 볼 수 있는 대명사 대체 표현의 예이다(Gair & Karunatillake, 2000: 719). 이

표현들은 '기술팀장님 지금 가세요?'나 '영희 집에 있니?'와 같은 한국어 표현들과 아주 비슷하다.

> (21) 스리랑카 신할라어의 대명사 대체 표현의 예
>
> a. mahattəya   baas   unnæhe   dæn   yanəwa   də?
>   gentleman mechanic respect   now   go   의문
>   'Is the chief mechanic going now?'
>   (= 'Are you going now, Mr. chief mechanic?')
>
> b. siri   gedərə   innəwa   də?
>   Siri   home   stay   의문
>   'Is Siri at home?' (= 'Are you at home, Siri?')

영어나 유럽 언어 문법에 익숙한 우리는 흔히 대명사의 수가 한정되어 있으며 대명사는 닫힌 체계라고 생각하기 쉽다. 그러나 아시아 지역으로 눈을 돌리면 이야기가 달라진다. 이 지역에서는 대명사를 열린 체계로 볼만한 현상들이 쉽게 관찰되기 때문이다. 한국어는 대표적인 열린 체계 대명사 언어이며 언어유형론적으로 볼 때 영어 같은 닫힌 체계 대명사 언어와 분명하게 구별되는 언어라고 하겠다.

대명사의 생략과 언어유형: 대명사와 관련해서 언어유형론적으로 또 한 가지 중요한 주제는 대명사의 생략 현상인데 이점에서도 한국어와 영어는 극단적인 대조를 보인다. (22)와 같은 대화상황은 두 언어의 차이를 잘 보여준다.

이 대화상황에서 영어는 대명사 'I, you'를 생략하면 틀린 문장이 된다. 그러나 한국어는 대명사를 생략해도 아무런 문제가 없으며 대명사를 억지로 넣으면 오히려 부자연스러운 문장이 될 가능성이 크다. 한국어의 경우 주어든 목적어든 문맥상 이해가 가능한 대명사를 생략

하는 것이 일반적이며 영어나 독일어는 대명사를 생략하지 않는 것이
원칙이다.

(22) 영어와 한국어의 대명사 생략

　　A: Where are you going?
　　　ø 어디 가십니까? (= 'Where go?')
　　B: I am going to downtown.
　　　ø 시내에 갑니다. (= 'To downtown go.')
　　A: Do you go shopping?
　　　ø 시장 보러 가세요? (= 'For shopping go?')
　　B: Yes, I go shopping.
　　　예, ø 시장 보러 갑니다.(= 'Yes, for shopping go.')
　　A: When are you coming back?
　　　ø 언제 돌아오세요? (= 'When come back?')
　　B: I'm coming back in two hours.
　　　ø 두 시간 후에 와요.(= 'In two hours come back.')

　이와 같은 차이는 개별 언어적인 차이가 아니고 유형론적인 차이이
다. 한국어와 같이 대명사를 일일이 쓰지 않고 가급적이면 떨어 버리
는 언어를 대명사 떨어버리기(pro-drop) 언어, 혹은 대명사 생략 언어라
고 부른다. 대명사 생략 현상은 스페인어, 러시아어 등 유럽 언어나
시노-티베트 계통의[182] 언어에서도 광범위하게 나타나는 현상이다
(Mcshane, 2005: 200f; 이충회·김원필, 2008; 허성태·임홍수, 2008
참조).
　대명사를 생략하는 정도는 언어에 따라 조금씩 차이가 있는데 한국

---

182) 시노-티베트(Sino-Tibetan) 계통의 언어란 중국과 티베트 인근 지역에 광범위하
　　게 퍼져 있는 언어들이다. 티베트-버마어 계통이라고도 한다. '시노(Sino)'는
　　'China'에서 온 말이다.

어와 영어는 이와 관련해서 양극단에 있는 언어라고 할 수 있다. 위 (22)에서 간단한 대화를 가지고 두 언어의 1인칭, 2인칭 대명사의 생략 가능성에 대해 보았는데 실제 텍스트를 가지고 두 언어를 비교해 보면 이점이 더 분명하게 들어난다. 이를 위해 제5장 관사편에서 보았던 미국의 영어회화 교재 『Focus on Grammar 1』[183] 제1과 본문과 우리말 번역본을 다시 보면 (23)-(24)와 같다.

(23) 『Focus on Grammar 1』 제1과 본문

    Mark: Is the restaurant close? I'm hungry.

    Steve: Yes, it is.

    Mark: Is it good?

    Steve: Don't worry! It's very good. It's Indian.

    Mark: Great.

    Steve: Now drive to the corner, and turn left at Jackson Street.

    Mark: At the gas station?

    Steve: Yes. Then go two blocks on Jackson.

    Mark: *Got it.*

    Steve: OK. Turn right at the next corner.

    Mark: At Third Avenue?

    Steve: Yes. The restaurant is on the corner on your right.

    Mark: Is that it?

    Steve: Yes, it is. Don't park here.

          It's a bus stop. Park behind the truck.

    Mark: OK. Uh, Steve? The restaurant is empty.

    Steve: Really? It's usually full.

    Mark: Is that a sign on the door?

    Steve: Uh-huh... Closed for vacation.

---

183) Schoenberg, I. E. & J. Maurer(2006), Focus on Grammar 1. New York: Pearson.

(24) 『Focus on Grammar 1』 제1과 본문 번역

　　Mark: 식당 가까워? 배고픈데.

　　Steve: 응. <u>가까워.</u>

　　Mark: <u>음식 잘 해?</u>

　　Steve: 걱정 마. <u>아주 좋아. 인도 음식점이야.</u>

　　Mark: 좋아.

　　Steve: 자, 저기 모퉁이로 가 가지고, 잭슨가에서 왼쪽으로.

　　Mark: 주유소에서 말이지?

　　Steve: 응. 그리고 나서 잭슨가에서 두 블록.

　　Mark: <u>알았음.</u>

　　Steve: 오케이. 다음 모퉁이에서 오른쪽.

　　Mark: 3가에서?

　　Steve: 응. 모퉁이 오른쪽에 식당이 있어.

　　Mark: <u>저기 말이야?</u>

　　Steve: 그래, <u>맞아.</u> 여기 차 세우면 안 돼.
　　　　　<u>버스 정류장이야.</u> 트럭 뒤에 세워.

　　Mark: 오케이. 으으, 스티브? 식당에 아무도 없잖아.

　　Steve: 정말? <u>항상 만원인데.</u>

　　Mark: <u>출입구에 뭐라고 붙어 있는 거 아냐?</u>

　　Steve: 으으. 휴가 때문에 문 닫았데.

　　(23)의 영어 텍스트에서는 대명사가 11번 나타난다. 명령문 같은 특수한 경유를 제외하고는 기본적으로 영어 문장에서 주어와 목적어를 생략해서는 안 되며, 이는 주어와 목적어 자리에 대명사가 올 때도 마찬가지이다. 대명사는 화자나 청자를 가리키든지 아니면 이미 언급된 명사를 가리키기 때문에 생략해도 전후 문맥을 통해 문장 전체의 의미를 파악할 수 있다. 그러나 영어는 이 경우에도 대명사를 생략하지 않고 엄격하게 표현하는 언어이다. 위 영어 텍스트에서 한 가지 예외가 'Got it.'이라는 문장이다. 즉 전체 텍스트에서 유일하게 이 문장

에 주어 'I'가 생략되어 있다. 특수한 구어체 표현이라고 하겠다.

한편 (24)의 한국어 텍스트에는 대명사가 한 번도 나타나지 않는다. 물론 한국어 텍스트에서도 한두 군데 대명사를 쓸 수는 있다. 그러나 중요한 것은 한국어의 경우 대명사가 의무사항이 아니라는 점이다. 영어는 'I love you!'해야 하는데 한국어에서는 주어도 목적어도 없이 '사랑해!'로 끝낸다.

대명사를 생략하는 현상은 유럽 언어에서도 관찰되는데 스페인어가 대표적인 예이다(이충회·김원필, 2008: 550ff). 이 언어에서는 주어가 1,2인칭일 때는 주어를 쓰지 않은 것이 일반적이며[184] 주어가 3인칭인 경우에도 혼동의 여지가 없으면 생략하는 경우가 많다. 스페인어에서는 또 주어가 불분명한 경우도 주어를 생략할 수 있다. (25)는 스페인어에서 주어를 생략하는 예이다.

> (25) 스페인어 주어생략의 예(이충회·김원필, 2008: 550)
>
> a. Hablo.   'I speak.'
> b. Hablas.   'You speak.'
> c. Hablamos.   'We speak.'
> d. Habláis.   'You(복수) speak.'

아랍어의 경우도 동사의 접사 형태로 주어의 인칭이 표시되기 때문에 대명사 주어는 거의 쓰지 않는다(정규영, 2008: 582). 태국어나 버마어의 경우 동사에 주어의 인칭표시가 되는 것은 아닌데 대명사를 흔히 생략한다. 한국어와 비슷한 경우이다.

이상을 정리하면 지구상에는 대명사를 보통 생략하는 언어가 있고 대명사를 꼬박꼬박 쓰는 언어가 있다. 한국어는 대표적인 대명사 생

---

184) 이 경우 동사 활용어미로 주어를 식별할 수 있다.

략 언어이고 영어는 대명사를 의무적으로 쓰는 언어이다. 이는 우리가 영어를 배울 때 그리고 외국인들에게 한국어를 가르칠 때 매우 중요한 사항이다. 한국 사람들은 영어를 말할 때 우리 모국어의 습관대로 대명사를 생략하려는 경향이 있다. 특히 어머니나 아버지, 심지어 할머니나 할아버지에 대해서도 'he, she'라고 꼬박꼬박 대명사를 써야하는 것이 영어의 습관인데 우리에게는 이러한 것이 익숙하지 않아 어색하다. 외국인에게 한국어를 가르칠 때도 이점을 유의해야 한다. 그렇지 않으면 자칫 외국인들이 한국어를 말할 때 불필요한 대명사를 사용해서 어색한 문장이 될 수 있기 때문이다.

존칭표현과 대명사의 변화: 대명사의 체계를 보면 동·서양을 막론하고 존칭표현이 있는 경우가 많은데 역사적으로 보면 이 존칭표현이 자주 변하는 것을 관찰하게 된다. 이는 한 때 존칭표현으로 쓰이던 것이 시간이 가면서 차츰 그 존칭 가치를 잃게 되고 언어 사용자들은 그 대신 다른 존칭 표현을 만들어 내는 일을 반복하면서 나타나는 현상이다. 이에 대해 몇 가지 언어의 예를 보기로 한다.

1) 한국어: 우리말에 '당신'이라는 대명사가 있다. 국어사전이나 문법책을 보면 2인칭 존칭이라고 되어 있는 경우도 있고[185] 상대방을 조금 낮추어 이르는 말 혹은 윗사람이 아랫사람에게 주로 쓰는 말이라고 되어 있는 경우도 있다.[186] 어느 말이 맞을까? 그리고 같은 '당신'에 대해 왜 국어 관련 전문서적에서조차 이렇게 의견이 다를까? 그

---

185) 이숭녕·김석주(1977), 동아 국어대사전. 서울: 동아출판사. 남기심·고영근(1985), 표준 국어문법론. 서울: 탑출판사. 79쪽.
186) 남영신(1997), 국어사전. 서울: 성안당. 국립국어원(2005), 외국인을 위한 한국어문법 1. 커뮤니케이션 북스. 374쪽.

이유는 시간이 가면서 언어가 변하고 대명사의 존칭 정도가 달라지기 때문이다. 즉 '당신'이라는 말은 원래 3인칭에 대한 극존칭으로 출발했다가 2인칭 존칭으로 넘어왔으며(김미형, 1995: 65, 83, 93 참조) 이후 시간이 가면서 점점 존칭의 정도가 낮아진 것이다. 오늘날도 이 말을 가끔 3인칭에 대한 존칭으로 사용하는 경우가 있다

대명사에서 원래의 존칭 혹은 겸양의 정도가 변하고 그 자리에 새로운 대명사가 생겨나는 일은 이밖에도 한국어에서 흔히 볼 수 있는 현상이다. 중세국어에는 1인칭 대명사로 '나'만 쓰였다. 그런데 시간이 가면서 조금 더 겸양을 나타내기 위해 '저'가 나타났고 '나'는 윗사람 앞에서는 쓸 수 없는 말이 된 것이다(김미형, 1995: 65, 83 참조).

2) 영어의 *you*: 영어의 2인칭 대명사 *you*는 현대 영어에서 존칭의 개념 없이 단수와 복수에 동시에 사용하고 있는데 이 현상도 위에서 말한 대명사의 기능 변화에 따른 결과로 나타난 것이다.

유럽 지역에서는 4세기부터 로마의 황제에게 2인칭 복수형 *Vos*('you')를 사용하기 시작하면서 존칭형이 되었다(Brown & Gilman, 1960: 255). 고대영어에서는 2인칭 단수 *thou*와 복수 *ye*의 구별이 분명했는데 노르만 정복이후 프랑스어의 영향을 받아 영어에서도 2인칭 복수형 *ye*를 단수에 대한 존칭형으로 사용하기 시작하였다(임혜순, 1995: 343). 이 존칭형 *ye*도 처음에는 왕에게만 사용했는데 시간이 가면서 사용범위가 점점 일반인에게까지 확대되었다. 존칭의 정도가 낮아진 것이다.

한편 원래의 단수형 *thou*는 시간이 가면서 대우의 정도가 점점 낮아졌고 나중에는 경멸의 뜻으로까지 사용되다가 결국 더 이상 사용할 수 없게 되었다. 이후 *ye*가 2인칭 단수와 복수에 동시에 사용되었는데

다시 시간이 가면서 이 복수형에 붙었던 존칭 가치가 사라지고 현대 영어에서 *you*는 더 이상 존칭으로 쓰이지 않는 것이다(Park, Min-Sun, 1984; Kim, Yoo-Kang, 1997 참조).

3) 이태리어: 유럽 언어에서 이러한 대명사의 변화를 가장 심하게 겪은 언어는 이태리어일 것이다. 김명배(1997)를 기초로 통속라틴어 시절 이후 이태리어의 2인칭 및 호칭 형태의 변화를 정리하면 (26)과 같다 (송경안, 2012 참조).

> (26) 이태리어 2인칭 존칭대명사의 시대적 변천
>
> (a) 13세기 이전
> - *tu1/Tu2*만 사용 (강세형, 비강세형)
>
> (b) 14세기
> - 프로방스에서 *Voi*(복수형) 유입 > 14세기말 *tu/Voi* 체제 정립
>
> (c) 15세기
> - 스페인에서 *Vostra Signoria* 유입[187] > *Voi*의 약화
> - *Vostra Signoria* 대신 3인칭 여성 대명사 *Ella, Quella, Questa, Lei*가 존칭화[188]
> - *Vostra Signoria* > *Vossignoria* > *Signoria*로 형태변화
>
> (d) 16세기 초반
> - 스페인어의 영향으로 *Signoria*('master')가 일반화하면서, 3인칭 단수 여성형 가운데 지시사 계열의 *Quella, Questa*는 소멸하고 대명사 *Ella, Lei*만 남음
>
> (e) 16세기 중반
> - *Lei*가 중간단계 존칭으로 위치함

---

187) *Vostra* = 'your'(여성, 복수형 소유대명사), *Signoria* = 'master'에서 유래
188) *Ella* = 주어형, *Lei* = *Ella*의 보어형; *Quella, Questa* = 'that, this' 의 여성형

• *Vostra Signoria > Lei > Voi* 순서의 존칭 체계 형성
(f) 17세기
• *Lei*가 *Vostra Signoria*와 분리되어 존칭대명사 기능
(g) 18세기
• 간접 존칭대명사가 확산. 보어로 쓰이던 *Lei*가 일반화,
*Ella*는 쇠퇴.
• *Lei*의 복수형 *Loro*가 존칭형으로 등장

위 이태리어의 자료를 보면 복수형뿐만 아니고 *Vostra Signoria* ('your master') 같은 명사나 *Ella*('she'), *Quella*('that') 같은 3인칭형이 존칭형으로 사용되고 있는데 이들은 모두 간접지칭이라는 공통점이 있다. 단수형으로 상대방을 직접 지칭하지 않고 복수형이나 그 밖의 방법을 사용해서 간접적으로 지칭함으로써 상대방에 대한 겸양이나 존경을 표시하는 것이다.189)

4) 일본어: 간접지칭, 대명사의 열린 체계 그리고 대명사의 변화의 관점에서 보면 일본어는 우리말과 유사하며 그 정도는 오히려 심하다고 할 수 있다. 즉 일본어의 대명사 표현은 존칭/겸양의 정도와 관련하여 많은 변화를 겪는다. 1인칭의 경우 겸양 표현이 비겸양 표현이 되고 2인칭의 경우 존칭 표현이 비칭표현으로 변한다. 박영순(1996), 이용덕(2004)을 바탕으로 몇 가지 예를 보면 다음과 같다(송경안, 2011 참조).

고대에 쓰였던 대표적인 1인칭 표현 *ware*는 현대에서 더 이상 쓰이지 않으며 그 복수표현 *warera*, *wareware*가 쓰이고 있다. 단수를 지칭하면서 복수형을 쓰는 것은 유럽 언어에서도 볼 수 있는 현상이며 지

---

189) 간접지칭에 대한 자세한 것은 Song(2002), Heine & Song(2011), 송경안(2011; 2012; 2013) 참조.

칭의 간접성을 높이기 위한 것으로 볼 수 있다. 중고시대에 들어오면 장소를 나타내는 말 *koko*(此處/此所: 여기, 이곳), *konata*(此方: 이쪽) 그리고 가까운 물건을 가리키는 *kore*('이것')가 1인칭으로 쓰이기 시작한다(박영순, 1996: 74). *koko*(여기, 이곳), *konata*(이쪽)와 같이 사람을 가리키는데 장소 명사를 쓰는 것은 지칭의 간접성으로 설명할 수 있고 *kore*('이것')는 화자를 낮추는 겸양의 표현이라고 하겠다.

중세에 들어오면 1인칭에 *watakushi*(私: わたくし: 사적, 개인적: private)가 쓰이기 시작하며 이는 근세 강호(江戸) 시대에[190] 와서 *watasi*(私: 개인)로 바뀌어 현대에까지 쓰이고 있다. 이 *watakushi*(사적, 개인적)는 *ooyake*(공적: public, official)에 반대되는 개념이며 *ooyake*(공적)는 원래 대가(大家: 'great house, great family')라는 뜻이다. *watakushi*(사적)는 따라서 화자 자신을 낮추기 위한 표현이라 하겠다. 그러나 현대 일본어에서 *watakushi*나 *watasi*를 더 이상 겸양표현으로 느끼지 않는다(이용덕, 2005: 154). 현대에 와서 등장한 1인칭 표현으로 *boku*(僕)가 있다. 이는 '종, 하인'이라는 뜻으로 당연히 화자를 낮추는 말로 출발했다. 그러나 현대 일본어에서 이 역시 더 이상 겸양표현이 아니다(Daum 인터넷 일본어 사전, 2010; 이용덕, 1994; 2004: 156).

1인칭의 경우 처음에 겸양표현으로 쓰이던 말이 시간이 감에 따라 내세우는 표현이 되는 반면 2인칭의 경우 한 때 존칭으로 쓰이던 표현들이 시간이 지나면서 더 이상 존칭으로 쓰이지 않은 일이 많다. *kimi*(君)는 원래 '왕'을 뜻하는 말로 고대에는 2인칭 존칭 표현이었으나 현대 일본어에서는 존칭이 아니다(박영순, 1996: 74). 고대에 2인칭 존칭으로 쓰이던 *mimashi*('그대, 당신'), *namuchi*('그대, 당신') 등은 현

---

190) 에도시대 혹은 도쿠가와 시대라고도 하며 1603년 도쿠가와 이에야스의 집권부터 1868년 메이지 유신 전까지의 시기를 가리킨다(전남대 이덕배 교수 개별면담).

대 일본어에서 더 이상 쓰이지 않는다.

중고 시대에 나타난 2인칭 표현 *omae*(お前: 어전)는 '왕의 앞이라는 뜻으로 처음에는 극존칭이었으나, 현대 일본어에서는 같은 또래나 손아랫사람을 가리키는 말로 쓰인다(박영순, 1996: 74). 중세에 들어 *wagoryo*(我御料: 나의 왕), *wanushi*(我主: 나의 주인), *wasou*(我僧: 나의 스님) 등이 2인칭 존칭으로 나타나는데 현대 일본어에서 이들은 더 이상 쓰이지 않거나 비칭으로 쓰인다. *kisama*(貴様: 존귀한 모습)의 경우 강호 시대에는 2인칭 존칭으로 썼으나, 지금은 절친한 사이나 손아랫사람을 얕잡아 부르거나 욕하는 말로 쓰인다(이용덕, 2004: 156; Daum 인터넷 일본어 사전, 2010). *anata*(貴方: あなた: 존귀한 그쪽)는 강호 시대에 2인칭 존칭 표현으로 등장한 말이다. 이는 원래 멀리 있는 것을 가리키는 장소 명사 '彼方'('저쪽, 저기')에서 온 것으로 오늘날까지 대표적인 2인칭 대명사로 쓰이고 있다.

제9장

재귀대명사와 재귀구문

재귀의 개념: 한 문장 안에서 목적어가 주어와 같은 대상일 때 목적어를 보통의 대명사 형태로 쓰지 않고 일반적으로 특별한 형태의 대명사를 쓰는데 이를 재귀대명사라고 한다. 다음 영어의 예문 (1a)는 명사가 목적어로 쓰인 경우이고, (1b)는 일반대명사가 목적어로 쓰였으며 (1c)의 목적어 *herself*가 재귀대명사이다.

(1) 명사목적어, 대명사 목적어, 재귀대명사
 a. Jane saw Judy in the mirror.
 b. Jane saw her in the mirror.
 c. Jane saw herself in the mirror.

우리말 '재귀(再歸)'라는 말은 '다시 돌아온다'는 뜻으로 주어에게서 나간 행위가 주어에게로 다시 돌아온다는 말이다. 영어로는 이를 'reflexive'라고 하는데 이는 '반사하다'라는 의미의 'reflect'에서 유래한 것이다. '반사'란 빛이 유리 같은데 부딪쳐서 '다시 돌아오는 것'으로 우리말 '재귀'와 비슷한 뜻이라고 하겠다. 재귀대명사란 따라서 기본적으로 하나의 문장 안에서 주어와 목적어가 같은 대상일 때 사용하는 것이며 문장의 경계를 벗어나면 안 된다(Greenbaum & Quirk, 1990: 116). 아래 영어의 예문 (2a)는 주어와 목적어가 하나의 문장 안에 있기 때문에 재귀대명사가 사용되었다. 그러나 (2b,c)에서 보는 바와 같이 동사 *blame*의 주어가 문장(종속절)의 경계를 벗어나 있을 때는 목적어가 (2b)와 같이 일반대명사가 되어야 하며 (2c)와 같이 재귀대명사가 되어서는 안 된다.

(2) 재귀대명사와 문장 경계

    a. Jane blames *herself* for the accident.

    b. Jane realizes that they blame *her* for the accident.

    c. *Jane realizes that they blame *herself* for the accident.

             (Huddlestone & Pullum, 2001: 1484)

영어와 재귀대명사: 영문법에서 보통 재귀대명사의 쓰임은 재귀적 용법과 강조적 용법으로 나눈다(Quirk et al., 1985/2007: 355ff). 재귀적 용법이란 주어의 행위가 다시 주어에게로 돌아온다는 재귀대명사 본래적 용법을 말한다. 강조적 용법이란 특별히 주어나 목적어를 강조하기 위해서 재귀대명사를 곁들이는 용법을 말하며 이 경우 재귀대명사를 생략해도 문법성에는 지장이 없다. 위 (1-2)의 재귀대명사는 재귀적 용법으로 쓰인 것이다. 두 가지 용법의 예를 더 보면 (3)과 같다(Huddlestone & Pullum, 2001: 1483 참조).

(3) 영어 재귀대명사의 두 가지 용법

    [재귀적 용법]

    a. Jane feeds herself.

    b. Jane talks to herself.

[강조적 용법]
c. Jane wrote the report herself.
d. Jane herself presented the prize.

재귀적 용법의 재귀대명사는 (4)와 같이 직접목적어, 간접목적어, be-동사 구문의 보어, 전치사 목적어 등으로 쓰일 수 있다(Quirk et al., 1985/2007: 358 참조). 위 (1-3)의 재귀적 재귀대명사들도 물론 이들 범주에 속한다.

(4) 영어 재귀적 재귀대명사 4가지 용법
   a. They helped *themselves*.   (직접목적어)
   b. She allowed *herself* a rest.   (간접목적어)
   c. He is not *himself* today.   (보어)
   d. He thinks too much of *himself*.   (전치사 목적어)

이상이 영어 재귀대명사의 기본용법이라고 할 수 있는데 이 기본 용법이외에도 몇 가지 더 생각할 수 있다.
첫째, 동사성 명사절에서도 재귀대명사가 나타난다(예문 (5) 참조; Huddlestone & Pullum, 2001: 1491 참조).

(5) 명사절에 나타난 재귀대명사
   a. Jane's nomination of herself for the headship
   b. Tim's confidence in himself

둘째, 대명사를 써야 할 자리에 이를 강조하기 위해서 재귀대명사 를 쓰는 경우가 있다(예문 (6) 참조; Quirk et al., 1985/2007: 360; Huddlestone & Pullum, 2001: 1494 참조).

(6) 대명사 강조성 재귀사

    a. My sister and *myself* went sailing yesterday.

    b. Sandra's sister is even taller than *herself*.

    c. For someone like *myself*, this is a big surprise.

    d. The only one they didn't invite was myself.

셋째, 영어에서는 아주 드문 예이지만 필수적으로 재귀대명사를 목적어로 취해야 하는 동사들이 있다((7) 참조). 이를 재귀동사라고 부를 수 있겠다.

(7) 영어 재귀동사의 예 (Jespersen, 1933: 111)[191]

    a. She prides *herself* on her good looks.

    b. He absented *himself* from all committee meetings.

원래 이러한 재귀동사로 쓰이다가 시간이 가면서 재귀대명사 없이 자동사처럼 쓰이는 동사들이 있는데 *wash, shave, dress, hide prepare* 등이 여기에 속한다. 예문 (8)에서 보는 바와 같이 *shave, dress*는 재귀대명사를 쓸 수도 있고 쓰지 않을 수도 있다(Quirk et al., 1985/ 2007: 358).

(8) 영어의 자동사화 되어 가는 재귀동사

    a. He has to shave *himself* twice a day.

    b. He has to shave twice a day.

    c. She dressed *herself* with care.

    d. She dressed with care.

---

191) Jespersen, Otto(1933/1969), Essentials of English Grammar, London: George Allen & Unwin.

넷째, Huddlestone & Pullum(2001, 261-262, 1487)은 다음 (9)와 같이 영어에서 자동사가 재귀대명사를 취하는 특수한 용법을 소개한다. 자동사는 일반적으로 목적어나 재귀대명사를 취할 수 없는 동사인데 (9)와 같이 재귀대명사를 붙여서 행위의 결과를 나타내는 경우가 있다.

(9) 영어에서 자동사가 재귀대명사를 취하는 예
　　a. He cried *himself* to sleep that night.
　　　(그는 그날 밤 울다가 지쳐 잠들었다.)
　　b. He talked *himself* hoarse.
　　　(그는 이야기를 많이 해서 목이 쉬었다)
　　c. He drank *himself* into a stupor.
　　　(그는 많이 마셔서 인사불성이 되었다.)

이러한 재귀대명사의 결과적 용법은 게르만어인 독일어에 자주 나타나는 현상이며 이들은 항상 자동사와 결합한다. 영어의 이러한 결과적 용법도 이 언어에 남아 있는 게르만어적 요소로 보인다. 한편 Huddlestone & Pullum(2001, 261)은 예문 (9b)에서 *talk*를 타동사로 보고 있으나 필자의 생각에는 자동사로 보는 것이 타당할 것 같다. 재귀대명사의 결과적 용법은 독일어에서 자동사와 결합하며 영어에서 (9b)의 *talk*를 자동사로 보아도 무리가 없기 때문이다.

한국어와 재귀대명사: 한국어에는 '자기, 자신, 자기 자신, 저, 당신' 등의 표현이 재귀사로[192] 쓰이는데 그 용법이 영어와는 많이 다르다.

---

192) 한국어의 경우 재귀대명사보다 재귀사라는 용어가 더 적절할 것 같다. 이들이 다른 용도로도 많이 쓰이기 때문이다.

우선 한국어 재귀사의 예를 몇 가지 보면 (10)과 같다.

> (10) 한국어 재귀사의 예(남기심 · 고영근, 1985: 81 참조)
>   a. 철수는 <u>자기/자신/자기 자신</u>을 잘 안다.
>   b. 누구나 <u>제/자기</u> 잘난 맛에 사는 거 아냐?
>   c. 아버님은 <u>당신/자신</u>의 분재를 소중히 여기신다.
>   d. 걔들 <u>자기들/저희들</u>끼리만 가기로 했나봐.

한국어와 영어의 재귀사의 차이를 몇 가지 보면 다음과 같다(Song, 2002 참조).[193] 우선 영어의 경우 인칭과 수에 따라 재귀사의 형태가 분명하게 정해져 있는데 한국어는 그렇지 않으며 화계(존대의 정도)에 따라 약간씩 다른 형태가 쓰인다. '자기, 자신'은 화계 중립적인 것으로 보이는데 '자기'보다는 '자신'이 더 높임 표현으로 보인다. 예를 들면 (10c)에서 '자기'는 약간 어색하다. '저, 제, 저희들'은 물론 낮춤 표현이고 '당신'은 높임 표현이다.

둘째, 1인칭과 2인칭의 경우 보통 재귀사를 쓰지 않고 (11)과 같이 인칭대명사가 바로 재귀적으로 쓰일 수 있다.

> (11) 한국어 1인칭, 2인칭 대명사의 재귀적 용법
>   a. 내가 나를 제일 잘 알지!
>   b. 내가 나를 모르는데 네가 나를 알겠느냐?
>   c. 네가 너를 사랑하는 것이 무엇보다 중요하다.

셋째, 한국어 재귀사들은 일반대명사로도 쓰일 수 있다. (12)에서 재귀사 형태들은 주어 자리에 쓰였고, 이는 재귀대명사라고 하기 보

---

193) 일본어 재귀사의 용법도 한국어와 유사하다(박선옥 · 양경모, 2008 참조).

다는 일반대명사라고 보아야 할 것이다. 영어의 경우 재귀대명사가 주어 자리에 오는 일은 없다. 특히 한국어에서 '저/저희들'은 1인칭 대명사로도 쓰이고 '당신, 자기'는 2인칭 대명사로도 쓰인다. (12d)의 '자기'는 2인칭으로 볼 수도 있지만 특정한 사람을 가리키지 않을 수도 있다. 이 경우 '자기'는 부정대명사가 될 것이다.

(12) 한국어 재귀사의 일반대명사적 용법
    a. 제/자기가 먼저 가자고 해 놓고선...
    b. 저희들이 하게 그냥 두지 그래.
    c. 당신이 생전에 항상 하시던 말씀이지.
    d. 자기 일은 자기가 알아서 해야지.

넷째, 대표적인 한국어의 재귀사인 '자기, 자신'은 (13)과 같이 명사적으로 쓰이기도 한다(김미형, 1995: 126 참조).

(13) 한국어 재귀사의 명사적 용법
    a. 자기 자본이 하나도 없으면 어떻게 해?
    b. 모든 문제는 자신/자기에게서 나온다.

다섯째, 영어의 경우 강조용법의 재귀적 용법의 재귀사 형태가 동일하지만 한국어의 경우 재귀사의 강조용법으로는 '자신'이 가장 자연스럽게 사용되며 '스스로'가 쓰이기도 한다((14) 참조).

(14) 한국어 강조용법의 재귀사
    a. 그 문제는 철수 자신이/?자기가 잘 알 것 아냐?
    b. 그 문제는 내 자신이/*자기가 가장 잘 안다.
    c. 그 문제는 네 자신이/*자기가 가장 잘 알 것이다.
    d. 그 문제는 철수 스스로 잘 알 것 아냐?

e. 그 문제는 내 스스로 가장 잘 안다.

f. 그 문제는 네 스스로 가장 잘 알 것이다.

국어문법에서 '스스로'는 재귀사로 잘 언급하고 있지 않지만 사실이 표현은 (15)와 같이 재귀사로 흔히 쓰인다.

(15) '스스로'의 재귀적 용법

    a. 그 사람은 <u>자기 자신을/스스로를</u> 잘 알지.

    b. 무엇보다 우리는 <u>자신에게/스스로에게</u> 관대해야 한다.

    c. 영희는 <u>자신을/스스로를</u> 학대한다.

여섯째, 영어의 경우 재귀대명사는 일반적으로 주어가 있는 문장 경계를 벗어나지 않는다. 즉 주어의 문장 경계를 벗어나면 재귀대명사를 쓰지 않고 일반대명사를 쓴다((2a-c) 참조). 그러나 한국어에는 그러한 제약이 엄격하게 적용되지 않는다. 그 이유는 위에서 보는 바와 같이 한국어의 재귀사는 일반대명사로도 쓰일 수 있기 때문일 것이다. 특히 앞서 제8장에서 보았던 것처럼 한국어에는 3인칭 대명사가 잘 발달해 있지 않기 때문에 그 대신 재귀사가 쓰이는 경향이 있다.

예를 들면 (16b)의 영어 문장에서는 주절의 주어 *Monica*가 종속절의 문장 경계를 넘어서 있기 때문에 종속절의 주어는 재귀대명사가 될 수 없다. 그러나 한국어 문장 (16a)에서는 종속절의 주어로 재귀사를 쓰고 있다. 이 문장에서 '자기' 대신 '그녀' 등 다른 일반대명사를 쓰려고 하면 오히려 문장이 어색해진다. '본인' 같은 단어는 오히려 '자기' 대신 자연스럽게 쓰일 수 있고 '그녀'보다 낫다.

(16) 한국어 재귀사의 문장 경계

    a. 모니카는$_i$ <u>자기가$_i$</u> 돈을 훔쳤다고 말했다.[194]

    b. Monica$_i$ said that *she$_i$/*herself$_i$* stole the money.

    c. 쥬디는$_i$ 제인이 <u>자기를$_i$</u> 미워한 줄 모른다.

    d. Judy$_i$ doesn't know that Jane hates *her$_i$/*herself$_i$*.

(16c-d)도 비슷한 상황이다. 영어 문장의 경우 주절의 주어 *Judy*가 종속절의 문장 경계를 넘어서 있기 때문에 종속절의 목적어는 재귀대명사가 될 수 없고 일반대명사를 *her*를 써야 한다. 이때 만일 *herself*를 쓰면 이는 종속절의 주어 *Jane*과 같은 인물이 된다. 한국어 문장에서는 종속절의 목적어를 재귀사로 쓰고 있다. 이때 '자기'는 '쥬디'를 가리킬 수도 있고 '제인'을 가리킬 수도 있다. 이 한국어 문장에서도 역시 '그녀'와 같은 일반대명사보다 '자기'가 더 자연스럽다.

이상과 같이 볼 때 영어와 한국어의 재귀사는 많은 차이를 보이고 있다. 영어의 경우 형태와 용법에서 일반대명사와 재귀대명사의 경계가 분명한 반면 한국어에서는 그 경계가 분명하지 않다. 한국어에서는 재귀사들이 흔히 일반대명사로 쓰이고 경우에 따라서는 일반대명사 자리에 재귀사를 쓰는 것이 더 자연스럽다. 위 (7-9)와 같은 영어 재귀구문의 특수용법은 한국어에서 찾아 볼 수 없다.

재귀적 언어와 비재귀적 언어: 위에서 우리는 영어와 한국어의 재귀대명사 현상에 대해 살펴보았다. 영어를 배우면서 재귀대명사는 우리에게 많이 익숙해 있는 용어이고 우리말에도 비슷한 현상이 있다는 것을 보았다. 그러나 일반언어학이나 언어유형론의 입장에서 보면 영어

---

194) 명사나 대명사 뒤의 아래 첨자 'i'는 같은 대상을 표시하는 것이다.

와 한국어 현상만을 가지고는 재귀대명사를 제대로 파악했다고 할 수 없다. 이 두 언어는 재귀대명사가 극히 제한적으로 쓰이는 언어이며 특히 한국어의 경우 재귀대명사와 일반대명사의 경계가 뚜렷하지 않기 때문이다.

지구상의 언어를 조금 넓게 관찰해 보면 양적으로나 질적으로 영어나 한국어와는 비교도 안 될 만큼 재귀대명사를 많이 쓰는 언어들이 있다. 양적으로라 함은 전체적인 사용빈도를 말하고 질적으로라 함은 사용목적, 즉 재귀대명사의 용법을 말한다. 대부분의 유럽 언어들이 이러한 유형에 속하는데 유럽에서 게르만어를 대표하는 독일어, 로만스어를 대표하는 프랑스어, 슬라브어를 대표하는 러시아어가 모두 비슷한 상황이다. 어떻게 보면 유럽에서 영어가 예외적인 경우라고 할 수 있다.

그러면 영어나 한국어에 비해 독일어, 프랑스어, 러시아어가 재귀대명사를 많이 사용한다는 뜻인데 어떻게 이러한 일이 가능할까? 그 해답의 실마리는 위 예문 (7)에서 찾을 수 있다. 설명의 편의상 아래 (17)에 이 예문을 반복한다.

> (17) 영어 재귀동사의 예 (Jespersen, 1933: 111)
> a. She prides *herself* on her good looks.
> b. He absented *himself* from all committee meetings.

위의 구문들은 한국어에서는 전혀 재귀대명사를 쓸 수 없는 상황인데 영어에서는 재귀대명사를 쓰고 있다. 재귀사 구문이 많이 나타나는 독일어와 그렇지 않은 영어를 비교해 보면 바로 이런 식이다. 즉 영어의 경우 (17)과 같은 재귀동사가 극히 제한적으로 나타나는 반면 독일어에는 이런 재귀동사가 아주 많이 나타난다. 그러니까 한국어나 영어에서는 재귀대명사를 쓰지 않는 상황에서 독일어는 재귀대명사를 사용해서 표현하는 것이다. 독일어, 영어, 한국어의 몇 가지 예를 비교해 보면 (18)과 같다.

(18) 독일어 재귀동사와 한국어, 영어의 대응표현

	독일어	영어	한국어
1	sich freuen	be pleased/glad	기뻐하다
2	sich ärgern	be annoyed/angry	화내다
3	sich erstaunen	be surprised	놀라다
4	sich fürchten	be frightened/afraid	두렵다
5	sich schämen	be ashamed	부끄럽다
6	sich sorgen	be worried/worry	염려하다
7	sich beeilen	hurry up	서두르다
8	sich ändern	change	변하다
9	sich erkälten	catch cold	감기 들다
10	sich setzen	sit down	앉다

(18)에서 독일어 표현에 *sich*가 재귀대명사이다. 이 표에서 보면 똑같은 의미를 표현하는데 독일어의 동사들은 재귀대명사를 동반하는데 영어나 한국어는 그렇지 않다. (18)의 예는 일부에 불과하며 독일어에는 이러한 동사가 무수히 많다는 점이 중요하며 프랑스어나 러시아어도 마찬가지이다. (18-5)의 동사를 가지고 세 언어를 비교해 보면 (19)와 같다.

(19) 독일어, 영어, 한국어의 '부끄럽다' 표현의 차이
　　　독: Ich　schäme　mich.　(mich: 재귀대명사)
　　　　　I　shame　myself.
　　　영: I am ashamed.[195]
　　　한: 나는 부끄럽다.

---

195) 영어에도 *shame*이라는 동사가 있지만 독일어와 같이 재귀구문으로 쓰이지는 않는다.

여기서 우리는 재귀대명사의 쓰임과 관련해서 2가지 언어 유형, 즉 **재귀적(reflexive) 언어**와 **비재귀적(non-reflexive) 언어**를 구분할 수 있겠다. 독일어, 프랑스어, 러시아어는 재귀적 언어이고 영어와 한국어는 비재귀적 언어이다. 위에서 우리는 영어와 한국어의 재귀대명사 현상만을 가지고는 재귀구문을 제대로 파악했다고 할 수 없다고 했는데 이는 바로 이러한 맥락에서 나온 말이다. 재귀적 언어를 모르고는 재귀대명사 현상을 제대로 파악했다고 할 수 없다는 뜻이다.

재귀적 언어는 사역적(causative)196) 언어라고도 할 수 있다. 동사들의 의미가 흔히 '~하게 하다' 식의 패턴이기 때문이다. 예를 들면 (18-1)의 독일어 동사 *freuen*의 정확한 의미는 '기쁘게 하다'이다. 이 동사를 가지고 일반 타동사 구문을 만들면 (20)과 같다.

> (20) 독일어 재귀동사의 일반 타동사 구문
> Die   Nachricht   freute   mich   sehr.
> the   news   pleased   me   much
> '그 소식은 나를 매우 기쁘게 했다.'

그러니까 독일어에는 '기뻐하다'라는 동사는 따로 없고 '기쁘게 하다'라는 동사 *freuen*만 있다. '기뻐하다'는 표현을 하려면 여기에 재귀대명사를 붙여서 표현하는 것이다. 재귀사를 붙인 *sich freuen*을 직역하자면 '스스로를 기쁘게 하다'가 된다. (18-10)의 표현도 흥미롭다. 독일어에는 '앉다'라는 동사가 없고 '앉히다/앉게 하다'라는 동사 *setzen*만 있다. '앉다'라는 표현을 하고 싶을 때는 (18-10)과 같이 이 동사에 재귀대명사를 붙여야 한다. 재귀사를 붙인 *sich setzen*을 직역

---

196) '사역'이란 '시키다, ~하게 하다'는 뜻이며 이러한 의미를 가진 *make, let* 등을 사역동사라고 부른다.

하자면 '스스로를 앉히다'가 된다. 독일어에 영어의 *sit*와 같은 *sitzen*이라는 동사가 있다. 그러나 이 말은 '앉다'라는 동작을 나타내는 말이 아니고 '앉아 있다'라는 상태를 나타내는 말이다.

한편 (18-1)-(18-6)을 보면 우리는 영어와 독일어 사이에 흥미로운 차이를 한 가지 발견할 수 있다. 즉 독일어는 재귀구문을 사용해서 나타내는 표현들을 영어는 수동구문으로 나타낸다는 점이다. 특히 감정을 표현하는 말들이 보통 이런 식인데 재귀구문이 발달한 독일어는 이를 재귀대명사를 써서 표현하고 재귀구문을 잘 쓰지 않는 영어에서는 이를 수동구문으로 표현하고 있는 것이다. 한국어의 경우는 이들을 일반적인 술어형식으로 표현하고 있다.

재귀구문의 다양한 용법: 위에서 재귀적 언어의 경우 동사들이 기본적으로 사역적인 의미를 담고 있기 때문에 재귀대명사가 많이 쓰인다고 했는데 재귀적 언어에서 재귀대명사가 자주 나타나는 데는 또 다른 이유가 있다. 즉 이들 언어에서는 재귀대명사가 비재귀적 언어에서 볼 수 없는 다양한 용법들을 가지고 있는 것이다.

재귀구문의 다양한 용법에 관해서는 Faltz(1977), Geniušienė(1987), Kazenin(2001), König(2001) 등에서 자세히 정리하고 있다. 예를 들면 Geniušienė(1987)은 슬라브어를 바탕으로 재귀구문의 용법을 13가지로 구분하였다. 이 책에서는 이 자료들을 참고로 해서 대표적인 용법 몇 가지만을 소개하고 재귀적 언어와 비재귀적 언어가 어떻게 다른가, 또 왜 재귀적 언어에 재귀구문이 많이 쓰일 수밖에 없는가를 이해시키고자 한다.

1) 여격 재귀대명사: 영어 문장에서 간접목적어의 격을 여격(與格)이라

고 하는데 이는 *give*와 같은 수여동사 구문에 오는 첫 번째 목적어를 말한다.197) 영어의 경우 이 간접목적어가 극히 제한적으로 쓰이는데 재귀적 언어에서는 여격이 아주 폭넓게 쓰이는 일이 많다. 이를 보통 자유 여격이라고198) 부르는데 이 다양한 자유 여격이 주어와 동일한 대상일 때는 재귀구문을 형성하면서 아주 풍부한 재귀구문을 만들어 내는 것이다.

(21)은 독일어에서 볼 수 있는 여격 재귀대명사의 예인데 이들은 한국어에서는 물론 영어에서도 여격 재귀대명사를 사용해서 표현할 수 없는 구문들이다.

(21) 독일어 여격 재귀대명사의 예

a. Ich kaufe mir ein neues Radio.
   I buy myself a new Radio
   '나는 새 라디오를 한 대 산다.'

b. Ich suche mir eine Wohnung.
   I seek myself a house
   '나는 집을 구하고 있다.'

c. Wünschst du dir noch ein Kind?
   wish you yourself still a child
   '또 아이를 가지려고?'

(21)의 재귀사 용법은 우리말이나 영어에서는 찾아 볼 수 없는 것인데 독일어나 프랑스어와 같은 재귀적 언어에서는 아주 흔하게 나타나는 구문들이다. (21a)는 라디오를 사는데 '내가 쓰려고 사다'는 뜻이고, (21b)는 '내가 쓰려고 집을 구하다'는 뜻이다. 이때 여격 재귀사

---

197) 수여(授與) 동사에서 쓰인다고 해서 여격(與格)이라고 부른다.
198) '자유'란 필수요소가 아니라는 뜻이다.

자리에 다른 여격 명사가 올 수 있으며 이 경우 (22)와 같이 뜻이 달라진다. 독일어 동사 *wünschen*('wish')은 영어의 동사 *wish*와 마찬가지로 일반 여격 명사를 취할 수 있기 때문에 (21c)와 같은 여격 재귀대명사 문장이 가능한 것이다.

(22) 여격 재귀사 대신 여격명사가 쓰이는 예

    a. Ich   kaufe   meiner   Mutter   ein neues   Radio.
       I   buy   my-여격   mother   a   new   Radio
      '나는 내 어머님께 새 라디오를 한 대 사드린다.'

    b. Ich   suche   meinem   Freund   eine   Wohnung.
       I   seek   my-여격   friend   a   house
      '나는 내 친구를 위해 집을 구하고 있다.'

2) 수동적 용법: 재귀적 언어에서 또 한 가지 광범위하게 쓰이는 재귀구문의 용법은 '타동사 + 재귀대명사'의 형식을 빌려 수동의 의미를 나타내는 것이다. (23)은 독일어의 예문이고 (24)는 러시아어의 예문이다. (24c)의 러시아어 예문에서는 행동주가 나타나 있는데 독일어에서는 행동주 표시가 불가능하다. 어떻든 재귀적 언어에서는 이러한 수동적 재귀구문이 일반적인 현상이기 때문에 전체적으로 재귀구문이 아주 자주 나타나게 되는 것이다.

(23) 독일어 재귀구문의 수동적 용법

    a. Die   Tür   öffnet   sich.
       the   door   opens   itself
      '문이 열린다.'

    b. Das   Buch   verkauft   sich   gut.
       the   book   sells   itself   well
      '그 책은 잘 팔린다.'

c. Deutsch   lernt   sich   leicht.

German   learns   itself   easy

'독일어는 쉽게 배워진다.'

(24) 러시아어 재귀구문의 수동적 용법(허성태·임홍수, 2008: 463f)

a. Steklo   razbilo-s'.[199]

glass   broke-재귀

'유리가 깨졌다.'

b. Knig-a   chorošo   prodajot-sja.

book-주격   well   sell-재귀

'책이 잘 팔린다.'

c. Dom   straoit-sja   sosed-om.

house   builds-재귀   neighbour-by

'집이 한 이웃사람에 의해 지어진다.'

3) 재귀대명사와 자동사의 결합: 타동사 구문에서 주어와 목적어의 지시대상이 같을 때 목적어를 재귀대명사로 쓰는 것이 재귀구문의 일반적인 용법이다. 따라서 재귀대명사를 자동사 구문에 쓴다는 것은 얼른 납득하기가 어렵지만 재귀적 언어에서는 대부분 자동사에 재귀대명사를 결합하여 특수한 의미를 표현한다.

앞서 영어의 재귀대명사를 논의하면서 우리는 '자동사 + 재귀사' 구문을 본 바 있다. 편의상 아래 (25)에 이 예문들을 반복한다. 위에서 말한 것처럼 이 구문들은 자동사로 표현된 행위의 결과를 나타내는데 영어에서 이러한 구문이 자주 쓰이는 것 같지는 않다. Jespersen(1933), Zandvoort(1965), Greenbaum & Quirk(1990), Quirk et al.(1985/2007)에서는 영어 재귀구문의 이러한 용법에 대해 아예 언급조차 하지 않

---

199) (24)는 러시아어 재귀사가 접어로 나타나는 예문들인데 자음 뒤에서는 -*sja*를 쓰고 모음 뒤에서는 -*s*를 쓴다(허성태·임홍수, 2008: 457).

고 있다. 비재귀적 언어인 영어에서는 이러한 구문이 아주 특수한 구
문이기 때문일 것이다

(25) 영어에서 자동사가 재귀대명사를 취하는 예
    a. He cried *himself* to sleep that night.
       (그는 그날 밤 울다가 지쳐 잠들었다.)
    b. He talked *himself* hoarse.
       (그는 이야기를 많이 해서 목이 쉬었다)
    c. He drank *himself* into a stupor.
       (그는 많이 마셔서 인사불성이 되었다.)

그러나 재귀적 언어에서는 자동사와 재귀대명사를 결합하여 특별한
의미를 표현하는 일이 많다. 독일어의 경우 이러한 구문이 흔히 나타
나는데 몇 가지 예를 보면 (26)과 같다.

(26) 독일어의 자동사와 재귀대명사 결합구조
    a. Er arbeitete sich müde.
      he worked himself tired.
      '그는 일을 해서 피곤하다.'
    b. Essen Sie sich satt![200]
      eat you yourself enough
      '배부르도록 드십시오!(많이 드십시오!)'
    c. Peter muss sich gesund schlafen.
      Peter must himself healthy sleep
      '피터는 충분히 잠을 자서 건강해져야 한다.'
           (Schluz & Griesbach, 1982: 162 참조)

재귀사의 다양한 형식: 지구상의 언어를 조사해 보면 재귀사는 다양

---

200) 독일어 존칭 명령형으로 주어 *Sie*가 들어가야 한다.

한 형식으로 실현된다. Heine(2004)에 따르면 재귀사의 형식은 (27)과 같이 일반명사에서부터 접사(affix)에 이르기까지 매우 다양하다. 즉 'body, head' 같은 명사가 재귀사로 쓰일 수 있고, 인칭대명사가 그대로 재귀대명사로 쓰이는 경우도 있다. (27)에서 첨사(particle)란 부사에 가까운 특별한 용도의 표현을 말한다. 접어(clitic)란 2개의 단어가 축약된 형식을 말하며 위 예문 (24)의 러시아어 재귀사가 대표적이다. (27)에서 접사란 접어처럼 축약형으로 인식되는 것이 아니라 어미처럼 단어의 일부로 인식되는 경우를 말한다.

(27) 재귀사의 다양한 실현형식201)
    명사 > 대명사 > 재귀대명사 > 첨사 > 접어 > 접사

재귀사가 명사로 실현되는 언어의 예로는 바스크어(Basque)나202) 에스투도스어(Estudos)가203) 있는데 이들 언어에서는 '머리(head)'라는 명사를 재귀사로 쓰고 있다(Schladt, 2000: 105). (28)은 말라가시어(Malagasy)에서204) '몸(body)'이라는 명사를 재귀사로 쓰는 예이다. 이 언어는 '동사-목적어-주어(VOS)'의 특이한 어순을 갖는 언어이다.

(28) Malagasy(Faltz, 1977: 33)
    namono   tena   Rabe.
    killed   body   Rabe
    'Rabe killed himself.'

---

201) 여기에서 순서는 기능성의 정도에 따른 것이다. 즉 언어표현을 내용어와 기능어로 나눌 때 이 표에서 오른쪽으로 갈수록 기능어적 성격이 강하다.
202) 바스크족은 프랑스와 스페인 사이에 있는 피레네 산맥 산지에 살던 민족으로 로마제국의 영향을 받지 않았으며 언어적으로도 로마어(라틴어)의 영향을 받지 않아 로마의 유럽정복 이전의 언어상태를 보존하고 있다. 바스크어는 주변의 유럽 언어와는 완전히 다른 언어이다.
203) 남동부 브라질의 원주민어
204) 아프리카 남동부 원주민 언어

인칭대명사를 그대로 재귀대명사로 쓰는 예는 프리지아어(Frisian)에서205) 볼 수 있다((29) 참조). 프리지아어와 같은 게르만어인 독일어의 경우 3인칭에서는 sich를 라는 특별한 형태의 재귀대명사를 쓰는데 1,2인칭에서는 인칭대명사를 그대로 재귀사로 쓴다(예문 (21), (23) 참조). 프랑스어의 경우도 1,2인칭에서는 인칭대명사를 그대로 재귀사로 쓰고 3인칭에서만 따로 재귀대명사 se를 사용한다(이숙현·심을식, 2008: 434).

(29) 프리지아어 재귀사(Geniušienė, 1987: 240)
　　Hja　skammet har.
　　she　shames　her(재귀사/인칭대명사)
　　'She is ashamed.'

러시아어의 경우 인칭과 관계없이 동일한 형태의 재귀대명사 sebja를 사용하는데 이는 단수/복수의 구별은 없지만 격에 따라 형태가 달라진다. 러시아어는 유럽 언어 중에서도 재귀구문을 특별히 많이 사용하는 언어이며 위 예문 (24)에서 보는 것처럼 흔히 - sja, -s의 형태로 동사에 접어화 된다(허성태·임홍수, 2008: 457f).

영어는 재귀사의 형태에서 특별한 경우에 속한다. (27)의 틀에서 보면 영어는 재귀대명사가 따로 발달해 있는 언어이며 인칭과 수에 따라 형태가 모두 다른 경우이다. 1,2인칭에서는 '소유격 + self'의 형식을 취하고 3인칭에서는 '목적격 + self' 형식을 취하는데 다른 언어에서 이러한 형식의 재귀사는 관찰되지 않는다.

고대 영어의 경우 재귀대명사가 따로 없었고 인칭대명사를 그냥 재

---

205) 네덜란드 북서부 해안지역에서 사용되는 게르만어 방언의 일종이다.

귀사로 사용하였으며 여기에 *self*를 덧붙여 동일한 지시대상임을 분명하게 표시하기도 하였다(김선·조경숙, 2008: 415). 표 (30)에서 *self*의 복수형이 있는 것을 보면 이는 원래 명사였다는 것을 알 수 있다. 이 명사 앞에 소유격을 붙이는 것은 자연스러운 일이며 1,2인칭 재귀대명사는 이렇게 해서 발달한 것이라고 짐작할 수 있다. 3인칭의 경우 '목적격 + self'의 형식인데 이는 고대 영어의 '인칭대명사 + 강조사 *self*'의 구조가 재귀사로 발달한 것으로 볼 수 있다.

(30) 영어의 재귀대명사 형태

	단수	복수
1인칭	myself	ourselves
2인칭	yourself	yourselves
3인칭	himself herself itself	themselves

재귀사와 강조사: 영어와 한국어의 구조에 익숙한 우리는 재귀대명사에 당연히 강조의 기능이 있는 것으로 생각할 수 있다. 그러나 모든 언어가 다 그런 것은 아니다. 강조기능의 재귀대명사를 강조사(intensifier)라고 하는데 이 강조사가 재귀사와 형태가 같은 언어도 있고 다른 언어도 있다. 영어와 한국어는 강조사가 재귀사의 형태가 같은 언어 유형이다.

재귀사와 강조사의 형태가 다른 언어로는 독일어와 라틴어 등이 있다. (31)-(32)는 이 두 언어의 재귀사와 강조사의 예문이다. König & Siemund(2005, 194)가 조사한 168개 언어 가운데 재귀사와 강조사의 형태가 같은 언어는 94개이고 이 둘의 형태가 다른 언어는 74개로 나타났다.

(31) 독일어의 재귀사와 강조사(König & Siemund, 2005: 194)

　　a. Paul　sah　　sich　　　im Spiegel.

　　　 Paul　saw　　himself　in the mirror.

　　　 'Paul saw himself in the mirror.'

　　b. Paul　selbst　　kritisierte　den Direktor.

　　　 Paul　강조사　　criticized　the director

　　　 'Paul himself criticized the director.'

(32) 라틴어의 재귀사와 강조사

　　a. Is　abominatur　　　se.

　　　 he　hates　　　　　himself

　　　 'He hates himself.'

　　b. Ipse　　　dixit.

　　　 강조사　　said(3인칭 단수형)

　　　 'He himself said it.' (König, 2001: 752)

재귀사와 강조사의 형태가 다른 대표적인 유럽 언어 4개의 예를 보면 (33)과 같다(송경안, 2008: 367).

(33) 강조사와 재귀사의 형태가 다른 대표적인 유럽 언어

	독일어	프랑스어	이태리어	러시아어
강조사	selbst	-meme	stesso	sam
재귀사	sich	se	sè	sebja

제10장 접속사와 접속표현

접속표현과 접속사의 개념: 접속표현이란 둘 이상의 언어요소를 접속시키는 표현을 말하며 영어로는 'connective expressions' 혹은 그냥 'connectives'라도 부른다. 영어에 'conjunction'이라는 표현이 있는데 이는 '접속사'라는 뜻이며 접속표현보다 좁은 개념이다. 접속사란 접속의 기능을 하는 낱말들을 가리키며 접속의 기능은 낱말이외에 다른 방법, 즉 다른 언어단위로도[206] 실현될 수 있다.

제1장에서 언어단위에는 형태소, 단어, 구, 문장 등 다양한 층위가 있다고 했는데 접속표현은 형태소나 단어 혹은 구로 실현될 수 있다. (1)의 영어 예문에서 진한 글씨 부분이 접속의 기능을 담당하는 표현들인데 *and, because*는 독립적인 어휘로 나타나 있고 *as well as, in spite of the news that*은 어구적 표현이다. (1e)는 '네가 그 가정의 친구이기 때문에 너는 그것을 알 것으로 생각했다.'는 의미인데 여기서 *being*이하를 풀어쓰면 'because you are a friend of the family'가 될 것이다. 이때 'because'의 의미가 현재분사형 어미 *-ing*에서 나온다고 보면 이 어미를 하나의 접속표지로 간주할 수 있다(Quirk et al., 1985:

---

206) 한국어의 접속어미가 대표적인 예이다.

1006 참조). 영어에서 접속기능이 형태소 차원에서 표현되는 예라고 하겠다.

(1) a. John is sleeping and Mary is watching TV.
   b. John is absent today, because he was ill.
   c. Da Vinci was a scientist as well as an artist.
   d. In spite of the news that they were sick, I went to visit them. (Quirk et al., 1985: 1002)
   e. I thought you would know, being a friend of the family. (Jespersen, 1933: 94)

위 영어 예문에서 진한 글씨 부분이 모두 **접속표현** 혹은 **접속표지**에 해당하는데 이들을 모두 '접속사'라고 부르지는 않는다. 접속사란 하나의 품사이며 품사란 낱말의 종류를 말하기 때문에 접속사가 되려면 낱말의 지위를 갖는 표현이라야 하기 때문이다. 이에 따르면 위의 예에서 *and, because*만 접속사이며 *as well as, in spite of the news that, -ing*는 접속표현이기는 하지만 접속사는 아니다.

한국어에서도 접속의 기능은 (2)와 같이 다양한 언어층위에서 실현된다. '와'는 조사로서 하나의 독립된 낱말이다. '-고'는 동사의 어미이며 독립된 낱말이 아니다. 형태소 차원에서 접속의 기능이 실현되는 예이다. '그러나'는 물론 독립된 낱말이다. '-에도 불구하고, -는 동안에'도 역시 접속의 기능을 갖는 표현들인데 구조가 상당히 복잡한 어구적 표현이다. 예를 들면 '-에도 불구하고'는 '조사 + 조사 + 동사(어간) + 어미'의 구조이다.

(2) a. 철수와 영희가 TV를 본다.
   b. 철수는 자고 동생은 TV를 본다.

c. 철수는 괜찮지. 그러나 영희는 아니야.

d. 철수가 왔음에도 불구하고 영희는 문을 열어 주지 않았다.

e. 영희가 식사 준비하는 동안에 철수는 TV를 보았다.

접속의 유형: 언어유형론은 접속된 요소들 사이의 위상에 따라 접속구문을 크게 등위접속(coordination)과 종속접속(subordination)으로 나눈다. 등위접속이란 두 개 이상 동일한 유형의 언어단위가 결합하여 더 큰 언어단위를 이루면서 주변의 다른 문장요소들과의 의미관계는 변하지 않는 경우를 말한다(Haspelmath, 2004: 34). 이때 접속된 성분들의 문법적 지위가 동등한 것이 특징이다.207)

예를 들면 예문 (3b)에서 '철수와 영희'가 접속구문인데 이는 두 개의 명사가 접속표현 '와'에 의해 결합되면서 보다 큰 언어단위를 이루고 있지만 문법적 기능은 (3a)의 '철수'와 같다. '철수'나 '철수와 영희' 두 가지 표현이 모두 주어로서 다른 문장요소들과의 의미관계가 같다는 뜻이다. 얼핏 보기에 예문 (4)의 '여학생'과 '예쁜 여학생'도 비슷한 상황 같다. 두 개의 언어단위가 결합하여 보다 큰 단위를 이루고 '여학생'과 '예쁜 여학생'이 모두 주어로 쓰이고 있기 때문이다. 그러나 이는 동일한 언어단위의 결합이 아니라는 점에서 (3)과 구별된다. 즉 이는 형용사와 명사라는 두 개의 다른 언어단위의 결합으로 접속관계가 아니고 수식관계이다.

(3) a. **철수가** TV를 본다.

b. **철수와 영희가** TV를 본다.

---

207) "A construction [A B] is considered coordinate, if the two parts A and B have the same status." (Haspelmath, 2004: 3).

(4) a. 여학생이 TV를 본다.

    b. 예쁜 여학생이 TV를 본다.

위에서 또 등위접속은 접속된 성분들의 문법적 지위가 동등한 것이 특징이라고 했는데 (3b)와 (4b)의 해당 표현들을 보면 이 점이 분명해 진다. (4b)의 해당 표현은 수식어와 피수식어의 관계로서 두 가지 표현이 동등한 문법적 지위에 있다고 볼 수 없다.

언어유형론에서 등위접속은 보통 접속요소들의 의미관계에 따라 연접(連接; conjunction), 이접(離接; disjunction), 역접(逆接; adversative)의 3가지 하위범주로 구분하는데[208] 이는 영어의 'and', 'or', 'but'에 해당한 다(예문 (5) 참조).

(5) a. John plays the guitar, and his sister plays the piano.

    b. The battery may be disconnected, or the connection may be loose.

    c. John is poor, but he is happy.

(Quirk et al., 1995: 921-924)

의미적으로 보면 위 3가지 등위접속의 구분은 모든 언어에 보편적 으로 나타나겠지만 3가지 범주가 항상 형태적으로 구분되는 것은 아 니다. 예를 들면 아프리카의 쿵어(!Xun)는[209] (6)과 같이 연접표지를 역접표지로도 쓴다(Heine, 2004 참조).

---

208) 개별언어 문법에 따라서는 등위접속을 더 세분하기도 하고 이와 달리 구분하기 도 한다. 예를 들면 중국어 문법에서는 등위접속을 의미관계에 따라 4-5가지로 구분한다(장려용, 2016 참조).

209) 서남 아프리카 앙골라, 나미비아, 보츠와나 지역의 쿵족이 사용하는 언어이며 '!Xun' 을 '!Kung'이라고도 쓰는데 앞의 느낌표는 이 언어의 고유한 발음을 나타낸다.

(6) mi   ma   to'm   an   n!!aho ta   mi   ma   oa.
   I   주격   near   with   fall   and   I   주격   not
   'I nearly fell, but I didn't.'

등위접속은 (7)과 같이 단어, 구, 문장 등 다양한 언어층위에서 나타날 수 있다. (7a)는 단어접속이고, (7b)는 동사구 접속이며, (7c)는 문장접속이다.

(7) a. John and Mary play the piano.
    b. John played the piano and talked with Mary.
    c. John played the piano and Mary watched TV.

등위접속 이외에 접속구문의 또 다른 범주는 종속접속인데 이는 문장 단위에만 해당한다. 즉 종속접속은 하나의 문장이 다른 문장의 한 요소가 되는 경우를 말한다. 한 문장이 다른 문장 안에 들어갈 때 이를 절(clause)이라고 한다. 이때 큰 문장의 한 요소가 되는 문장을 종속절이라고 부르며 종속절은 명사적 기능, 형용사적 기능, 부사적 기능을 할 수 있다. 이들을 각각 명사절, 형용사절, 부사절이라고 할 수 있으며 명사절을 보문절(complement)이라고도 하고 형용사절을 유럽 문법의 전통에 따라 보통 관계절(relative clause)이라고 부르기도 한다. 관계절은 형용사절의 유럽식 이름인데 일반언어학이나 언어유형론에서는 형용사절에 대해 흔히 '관계절'이라는 용어를 사용한다. 앞서 말했듯이 등위접속이 다양한 언어층위에서 일어나는 반면에 종속접속은 문장 층위에서만 일어나는 현상이다.

(8)은 영어의 3가지 종속접속 및 종속절의 예이다. 종속절을 만드는 방법은 언어에 따라 다를 수 있다. 영어의 경우 명사절과 부사절은 독

립된 접속사로 표현하며 형용사절은 관계대명사라는 별도의 표지를
사용한다.

(8) 영어 3가지 종속접속(종속절)의 예
    a. 명사절: I think that John is honest.
    b. 형용사절: I met a man who is living in Boston.
    c. 부사절: I am tired, because I worked hard.

이상과 같이 접속은 기능적으로 크게 등위접속과 종속접속으로 나
눌 수 있으며 등위접속은 다시 연접, 이접, 역접으로 나누고 종속접속
은 명사절, 형용사절, 부사절로 나눈다. 이를 정리하면 (9)와 같다
(Schachter, 1985/2008: 45ff).

(9) 접속구문의 하위범주

    a. 등위접속(coordination)
      - 연접(conjunction): 'and'
      - 이접(disjunction): 'or'
      - 역접(adversative): 'but'

    b. 종속접속(subordination)
      - 명사절(complement, 보문절)
      - 형용사절(relative clause, 관계절)
      - 부사절(adverbial clause, 부사절)

접속표현의 다양한 형식: 영어의 경우 접속표현들이 대개 낱말로 실현
되며 이들은 접속사라는 하나의 품사(어류)로 분류된다. 그러나 다른
언어들을 관찰해 보면 접속표현이 아주 다양한 형식으로 나타나는 것
을 알 수 있다.

1) 언어층위: 위 예문 (1)-(2)에서 본 바와 같이 접속표현은 다양한 언어층위에서 실현된다. 즉 접속표현은 형태소, 단어, 어구 혹은 이들의 결합구조 등으로 다양하게 나타나며 그 실현양상이 언어에 따라 다르다. 어구적 표현은 예외적인 경우이기 때문에 논외로 한다면 영어의 경우 접속표현은 주로 접속사라는 단어 차원에서 실현된다. 위 (1e)의 분사형 어미가 영어에서 접속을 표현하는 방법이라고 했는데 이 역시 예외적인 경우라고 하겠다.

한국어의 경우 영어와 양상이 조금 다르다. 즉 한국어에서 명사 접속은 주로 조사로 실현되고 동사와 형용사 그리고 문장 접속은 주로 어미로 실현된다. 이 가운데 어느 것이 더 일반적인 경우라고 할 수는 없고 이 두 가지를 한국어 접속표현의 일반적인 형식이라고 보아야 한다. 사용빈도 및 전체적인 비중으로 보면 물론 어미에 의한 접속표현이 지배적이다.

접속표지가 한국어와 같이 동사나 술어의 어미에 붙어서 나타나는 유형을 부동사형(副動詞型: converb type)이라고[210] 말하고 영어와 같이 하나의 품사('접속사')로 표현되는 유형을 접속사형이라고 부르기도 한다(이익섭, 2005: 310 참조). 부동사형과 접속사형은 동사의 형태에서 큰 차이가 난다. 즉 두 개의 문장이 연결될 때 영어에서는 두 문장의 동사형태가 시제, 인칭 등의 표현에서 차이가 없다. 그러나 한국어에서는 이것이 한쪽 문장에만 나타나고 다른 한쪽 문장의 동사는 연결어미를 취한다. (10)의 영어와 한국어 문장을 보면 이를 잘 알 수 있다.

---

210) 한국어에서 동사나 형용사의 접속이 이에 해당하며 명사접속은 부동사와 관계 없다.

(10) 부동사형(한국어)과 접속사형(영어) 접속표현
    a. 철수는 자고 동생은 TV를 본다.
    b. John played the piano and Mary watched TV.

    고립어인 중국어의 경우 기본적으로 접속사형과 비슷하지만 (10)과 같은 동사변화의 측면에서 보면 제3의 유형이라고 할 수 있다. 즉 중국어는 아예 어형변화가 없기 때문에 한국어의 유형도 아니고 영어와 같은 유형도 아니다. 이를 고립어형이라고 부르기도 한다(이익섭, 1995 참조). (11)의 중국어 접속구문의 예이다(장려용, 2016: 55; 안기섭·송진희, 2008: 602 참조). 이들은 종속 접속구문의 예인데 중국어의 고립어적 특징상 주절에서나 종속절에서나 동사는 어형변화를 하지 않는다.

(11) 중국어의 고립어형 접속표현
    a. 他　沒　來上　　課，　<u>因爲</u>　他　病　了。
      he　not　come　class, because he ill ASP[211]
      'He didn't come to school, because he was ill.'
    b. <u>如果</u>　今天　下雨，我們　不　能　去　　郊外。
      if　today　rain,　we　not can　go　outdoors
      'If it rains today, we cannot go outdoors.'

2) 접속표지의 수: 하나의 접속기능을 나타내기 위해 사용되는 접속표지의 수는 다양하다. 영어의 경우 보통 하나의 접속기능에 대해 하나의 접속사가 쓰이는데 언어유형론에서는 접속표지의 수에 따라 보통 무표지형, 단일표지형, 이중표지형으로 구분한다. 일반적인 경우는 아

---

211) ASP = aspect. 언어학에서 상(相)이라고 부르며 영어의 '완료, 진행' 등의 문법 범주를 가리킨다. 중국어의 '了'는 시제표지가 아니라 상표지로 보는데 어떻든 이것은 동사변화와는 상관없다. 상에 대한 자세한 것은 제21장 참조.

니지만 표지가 셋 이상 쓰이는 다중표지형이 관찰되기도 한다. (12)는 각각 아프리카의 하우사어(Hausa), 무푼어(Mupun), 아니어(Ani)에서 볼 수 있는 3가지 접속표지 유형의 예이다(Heine, 2004: 1-2).

(12) 접속표지의 수에 따른 3가지 유형[212]

a. 하우사어의 무표지형

mun	ci	mun	sha.
we	eat	we	drink

'We ate and drunk.'

b. 무푼어의 단일표지형

Nacaap	siwa	kofi	mek	milik.
Nacaap	drink	coffee	and	milk

'Nacaap drank coffee and milk.'

c. 아니어의 이중표지형

tsa	seu	ti	seu
you(단수)	with	I	with

'you and I'

한국어의 경우 위 3가지 유형이 모두 나타나며 보는 시각에 따라서는 다중표지형을 인정할 수도 있는 상황이다. 몇 가지 예를 보면 (13)과 같다. 물론 한국어에서 단일표지형이 일반적이지만 무표지형과 이중표지형도 어색하지 않게 자주 쓰인다. (13j-l)의 예문들은 일반적인 유형은 아니지만 특별히 강조할 때 사용할 수 있는 다중표지형이라고 할 수 있다.

212) 하우사어: 아프리카 중서부 나이지리아 및 인근 지역에서 광범위하게 사용. 무푼어: 나이지리아 지역에서 사용. 아니어: 서남 아프리카 보츠와나 지역에서 사용.

(13) 접속표지의 수에 따른 한국어의 예

[무표지형]
a. 나는 철수, 영희, 순희를 만났다.
b. 철수, 영희, 순희가 왔다.
c. 우리는 광주, 부산, 서울에서 왔다.

[단일표지형]
d. 나는 철수와 영희를 만났다.
e. 오늘 철수와 영희가 왔다.
f. 나는 자고 동생을 TV를 보았다.

[이중표지형]
g. 철수랑/하고 순희랑/하고 왔다.
h. 자든지/거나 TV 보든지/거나 하겠지, 뭐.
i. 그냥 소파에 앉아서 자다가 TV 보다가 했어.

[다중표지형] (장려용, 2016: 95)
j. 만일 네가 간다면, 그러면 나도 가마.
k. 혹시 철수가 못 오면, 그러면 네가 거기에 가야 한다.
l. 비록 우리가 가진 것은 없지만, 그래도 우리는 서로 사랑
   하니까 행복하다.

영어의 경우 (13a-c)의 한국어 예와 같은 완전한 무표지형은 사용
되지 않으며 피접속어가 셋 이상일 때 무표지가 나타나지만, 맨 마지
막 명사 앞에는 접속표지가 있어야 한다((14) 참조). 영어에는 (1g-i)
의 한국어 예와 같이 동일한 표현을 2번 사용하는 순수 이중표지형도
나타나지 않는다. 영어의 경우 *both-and, either-or, neither‐nor* 등을
이중표지형으로 분류할 수 있겠다((15) 참조).

(14) 영어의 부분 무표지형

    a. We will invite [Kim, Pat and Alex].

    b. We'll invite [Kim, Pat or Alex].

                      (Huddleston & Pullum, 2002: 1282)

(15) 영어의 이중표지형[213]

    a. Both John and his wife were found guilty.

    b. He is either drunk or mad.

    c. Neither you nor I can go. (Zandvoort, 1965: 172-173)

접속표지의 수와 관련하여 한국어와 영어에서 모두 단일표지형이 일반적이긴 하지만 무표지형과 이중표지형에서 두 언어가 조금 차이를 보인다. 한국어의 경우 이 두 가지 표지가 어색하지 않게 사용되지만 영어의 경우 완전한 무표지는 거의 나타나지 않으며 이중표지형도 상관접속사 형식으로 나타날 뿐 순수한 이중표지형은 나타나지 않는다.

이러한 상황은 언어에 따라 상당한 차이가 있는데 예를 들면 고립어인 중국어에서는 한국어나 영어에 비해 무표지형이 훨씬 더 많이 쓰이는 편이다. 종속접속의 경우도 특별한 표지 없이 앞뒤 문맥에 따라 의미관계를 파악해야 하는 경우가 많다. 한편 중국어의 종속접속에서 접속표지가 쓰인다면 단일표지형보다 이중표지형이 더 일반적이다(장려용, 2016: 104-106).

(16)은 중국어 등위접속이 무표지로 나타나는 예와 한국어, 영어의 대응표현이다. 이 구문에서 중국어는 무표지가 자연스러운데 한국어와 영어는 무표지로 나타날 수 없다.

---

213) 영어문법에서 이들을 보통 상관접속사라고 부른다(Quirk et al., 1995: 280 참조). Zandvoort(1965: 172-173)은 이 예문의 'both, either, neither'를 부사로 보고 있고 Jespersen(1933, 89)는 이들을 접속사로 본다.

(16) 중국어 무표지 등위접속과 한국어, 영어 대응표현214)

    a. 我 是 學生, 他 是 老師。

      I am student, he is teacher

    b. 나는 학생이고, 그는 선생이다.

    c. I am a student, and he is a teacher.

(17)은 중국어 종속접속이 무표지로 나타나는 예와 한국어, 영어의 대응표현이다. 이 구문에서도 역시 중국어는 무표지가 자연스러운데 한국어와 영어에서는 무표지가 나타날 수 없다.

(17) 중국어 무표지 종속접속과 한국어, 영어 대응표현

    a. 你 去, 他 去, 我 都 不 管。

      you go, he go, I both not matter

    b. 네가 가든 그가 가든 나는 상관하지 않는다.

    c. It doesn't matter to me, if you go or he goes.

(18)은 중국어 종속접속이 유표지로 나타나는 예와 한국어, 영어의 대응표현이다. 이 구문에서 중국어는 이중표지 '因爲 ~ 所以'가 자연스러운 데 비해 한국어와 영어는 단일표지가 일반적이다.

(18) 중국어 유표지 종속접속과 한국어, 영어 대응표현

    a. 因爲 下雨, 所以 沒有 去 打 籃球。

      because rain, so not go play basketball

    b. 비가 와서 우리는 농구하러 가지 않았다.

    c. Because it rains, we do not go to play basketball.

3) 접속표지의 위치: 제6장에서 우리는 영어의 전치사와 한국어의 조사를 대조하면서 이 둘은 기본적으로 같은 것인데 그 위치가 반대라고

---

214) (16)-(18)의 예문은 장려용(2016)을 참고한 것이다.

하였다. 즉 전치사는 관련 명사 앞에 오고 조사(후치사)는 관련 명사 뒤에 온다. 이때 한 언어가 전치사형 언어인지 후치사형 언어인지는 그 언어의 기본어순 혹은 동사의 위치와 연관이 있다. 영어와 중국어는 SVO 어순의 언어로 전치사가 발달해 있으며 한국어는 SOV 어순으로 후치사가 발달해 있다.

이와 같은 어순의 원리는 접속사의 위치에서도 동일하게 적용된다. 예를 들면 (18)에서 이유를 나타내는 중국어와 영어의 접속표현 '因爲, because'는 관련 문장의 앞에 놓였고 한국어의 접속표현 '-서'는 관련 문장의 뒤에 놓였다. 위 (11)에서 보았던 중국어 조건절을 영어, 한국어의 대응표현과 비교해 보면 접속표현의 위치에서 역시 영어와 중국어가 일치하고 한국어는 반대라는 것을 알 수 있다((19) 참조). 말하자면 영어와 중국어는 접속어 전치형 언어이고 한국어는 접속어 후치형 언어라고 할 수 있다.

    (19) 한 · 중 · 영 조건절 접속표지의 위치
        a. <u>如果</u> 今天 下雨, 我們 不 能 去   郊外。
          if   today rain, we not can go outdoors
        b. If it rains today, we cannot go outdoors.
        c. 오늘 비가 오면, 우리는 야외에 못 간다.

아랍어는 VSO의 기본어순을 갖는 언어로서 동사의 위치가 문장 맨 앞에 오며 이 역시 SVO 언어와 같이 전치사형 언어이다. 위와 같은 어순의 원리에 따르면 아랍어도 접속어가 관련 문장 앞에 올 것으로 예상된다. (20a)는 아랍어 부사절의 예이고 (20b)는 아랍어 명사절의 예인데 두 문장에서 모두 종속 접속표현이 관련 문장 앞에 와 있다(정규영, 2008: 671-672). SVO 언어인 영어, 중국어와 같은 것이다.

(20) 아랍어 종속접속 표현의 위치(정규영, 2008: 671-672)

a. zur-ha ʔindama ʔanta fi ʔamrika.
   visit-her when you in America
   'Visit her when you are in Ameica.'

b. ʔurid ʔan ʔadhhaba ʔila al-jamiʕati.
   I hope that I go to the-university
   'I hope that I go to the university.'

등위접속의 경우 얼핏 접속표현의 위치가 이와는 관계없을 것처럼 보인다. 즉 (21)의 예에서 접속표지 'and, -와'는 두 명사 사이에 끼어 있어서 접속어 전치형이나 접속어 후치형과 관계가 없을 것처럼 보인다.

(21) 등위접속 표현의 위치

a. John and Mary
b. 철수와 영희

그러나 조금 더 자세히 보면 이 역시 일반 어순의 원리와 무관하지 않다. 즉 이 구문에서 휴지를 한 번 두라고 하면 영어의 경우 (22a)와 같이 [and Mary]를 하나의 단위로 묶어서 읽고 한국어에서는 (22b)와 같이 [철수와]를 하나의 단위로 묶어서 읽는다. 이때 괄호 안을 보면 접속어 전치형과 후치형이 구분되는 것을 알 수 있다.

(22) 등위접속 구문의 휴지와 접속어의 위치215)

a. John [and Mary]
b. [철수와] 영희

---

215) 한국어에서 다음 문장의 '그리고'는 이와 맞지 않으므로 별도의 설명이 필요하다.
   (a) 나는 철수, 영희, 그리고 순희를 보았다.
   (b) 철수, 영희, 그리고 순희가 왔다.

이상에서 우리는 접속표현의 위치에 따라 전치형과 후치형을 구분하였는데 이밖에 자주 쓰이는 것은 아니지만 환치형(circumposition)이라는 제3의 유형도 있다. 접속표현이 두 부분으로 나뉘어서 피접속어 앞뒤에 나타나는 경우를 말한다. 한국어의 경우 (23a,b)가 환치형 접속표현의 예라고 할 수 있겠다. 여기서 물론 '만일, 비록'은 필수적인 요소도 아니고, 꼭 문장 앞에 위치해야 하는 것도 아니기 때문에 이들은 수의적 환치형이라고 하겠다. 영어에는 환치형 접속표현의 예가 없는 것으로 보이며 중국어의 경우 (23c)와 같은 예가 관찰된다. (23)의 예에서 한국어의 경우 문장 끝의 '-면, -지만'이 주요소이고 '만일, 비록'은 보조요소라고 할 수 있는데, 중국어는 반대로 문장 앞의 '如果'가 주요소이고 문장 끝의 '的話'는[216] 수의적인 보조요소이다. 접속어 전치형과 후치형 언어의 차이이다.

> (23) 환치형 접속표현
> a. 만일 그가 간다면, 나는 그냥 집에서 좀 쉬겠다.
> b. 비록 그가 몹쓸 짓을 했지만, 근본은 착한 사람이다.
>
> c. 如果　下雨　的話,　　我　　就　　不　　來了.[217]
> 　　if　　rain　of talk,　I　also　not　come
> 'If it rains, I will not come.' (장려용, 2016: 117)

한국어에 접속사가 있는가?: 국어를 전공하지 않은 한국 사람에게 "한국어에 접속사가 있습니까?"라고 물으면 보통은 별로 머뭇거리지도 않고 "그거야 당연한 것 아니어요?"라고 대답한다. 이에 대해 "예를 들

---

216) '-的話'는 우리말로 '-는 말/-는 이야기' 정도의 뜻이다. 이 의미를 살려서 (23c)의 조건절을 번역하면 '비가 온다는 이야기이면' 정도가 될 것이다.
217) '就'는 '如果'와 짝으로 나타나며 이들은 일종의 상관접속사이다.

면 어떤 것이 있을까요?"라고 되물으면 "그리고, 그러나, 그래서, 그런 것이지요, 뭐!"라고 대답한다. 그런데 한국어 표준문법에는[218] 접속사라는 품사가 없다. 학창시절 국어시간에 접속사라는 용어에 대해 들어보지도 않았으면서 왜 한국 사람들은 한국어에 접속사가 있다고 생각할까? 그것은 영어 문법의 영향이다. 영어 문법에서 접속사에 대해 많이 들었기 때문에 한국어에도 당연히 접속사가 있는 것으로 생각한 것이다.

국어학자들이 모두 한국어에 접속사를 인정하지 않는 것은 아니다. 학자에 따라 품사분류의 방식이 다르고 접속사를 인정하는 경우도 많다. 논의의 편의상 위 제4장 표 (6)에서 보았던 한국어 품사분류의 몇 가지 예를 아래 (24)에 반복한다.

(24) 한국어의 품사분류의 예(이광정, 1987: 232 참조)

이병기 (1929)	명사, 동사, 형용사, 부사, 접속사, 감동사, 조사 (7품사)
박승빈 (1937)	명사, 대명사, 존재사, 지정사, 형용사, 동사, 조용사, 조사, 관형사, 부사, 접속사, 감탄사 (12품사)
최현배 (1937)	명사, 대명사, 수사, 동사, 형용사, 지정사, 관형사, 부사, 감탄사, 조사 (10품사)
이희승 (1956)	명사, 대명사, 동사, 형용사, 존재사, 관형사, 부사, 접속사, 감탄사, 조사 (10품사)
표준문법 (1963)	명사, 대명사, 수사, 동사, 형용사, 관형사, 부사, 감탄사, 조사 (9품사)

이 표에서만 해도 이병기, 박승빈, 이희승 선생 세 분이 접속사를 설정하고 있으며 이광정(1987: 232f)에 따르면 김규식(1908) 선생에

---

218) 공교육을 위해 정부가 마련한 그 나라의 표준 문법안을 말한다.

서 김민수(1960) 선생에 이르는 대표적인 초기 국문법 학자 34명 가운데 접속사를 국어의 독립적인 품사로 설정하는 학자는 24명이나 된다. 1960년도까지 70%가 넘는 국어문법 학자들이 접속사를 인정한 것이다. 그런데 1963년에 정부(당시 문교부)가 제정한 표준국어문법 안에는 접속사가 빠져있다.219)

여기서 우리는 과연 어느 쪽이 옳은 것인가? 아니면 적어도 일반언어학이나 언어유형론의 입장에서 볼 때 접속사를 인정하지 않는 우리 표준국어문법의 안이 수용해도 될 만한 것인가? 하는 의문을 제기하지 않을 수 없다. 결론부터 말하자면 한국어의 유형론적 특징을 고려할 때 70%의 다수가 지지하는 '접속사의 독립 품사 설정'보다 이를 인정하지 않는 표준국어문법이 더 타당하다. 이에 대한 근거는 다음과 같다.

논의의 편의를 위해 앞서 소개한 기능에 따른 접속구문의 유형 6가지를 정리하면 (25)와 같다. 영어의 경우 이 6가지 접속구문에서 접속표현은 모두 독립된 낱말로 나타나기 때문에 이들을 묶어 '접속사'라는 하나의 품사를 설정하는데 아무런 문제가 없다. 이제 이 6가지 접속구문을 가지고 한국어의 상황은 어떤지 하나씩 검토하기로 한다. 피접속어의 단위에 따라 접속표현이 달라지기도 하는데 여기에서는 명사 접속과 문장 접속을 가지고 살펴보겠다.220)

(25) 접속구문의 종류
    a. 등위접속: 연접('and'), 이접('or'), 역접('but')
    b. 종속접속: 명사절, 형용사절, 부사절

---

219) 제4장에서 언급한 바와 같이 표준국어문법 안은 최현배 선생의 분류에서 지정사만 뺀 것이다.
220) 보통 접속단위에 따라 명사 접속과 문장 접속으로 나눌 수 있으며 문장 접속은 동사 접속과 같다.

(26)-(28)은 영어와 한국어의 등위접속 구문의 예이다. 먼저 (26)의 연접구문에서 영어는 모두 *and*라는 접속사가 쓰이는데 한국어의 경우 명사 접속에서는 조사 '-와'가 쓰였고 문장 접속에서는 어미 '-고'가 쓰였다. 한국어 문법에서 '-와'는 조사라는 별도의 품사로 분류하고 있기 때문에 이를 위해 '접속사'라는 품사를 따로 설정할 필요는 없다.

그럼 '-고'를 '접속사'로 분류하면 안 될까? 품사란 단어의 종류를 말하는 것이기 때문에 언어표현이 품사로 분류되려면 일단 단어의 지위를 가져야 한다. 그러나 '-고'는 독립된 단어가 아니며 단어의 일부인 어미이므로 품사분류의 대상이 될 수 없다.

(26) 영어와 한국어의 등위접속 구문(연접구문)
   a. John and Mary
   b. 철수와 영희
   c. John sleeps and Mary sings.
   d. 철수는 자고 영희는 노래한다.

(27) 영어와 한국어의 등위접속 구문(이접구문)
   a. John or Mary
   b. 철수나 영희
   c. John sleeps or Mary sings.
   d. 철수가 자거나 영희가 노래하고 있을 것이다.

(28) 영어와 한국어의 등위접속 구문(역접구문)
   a. John sleeps, but Mary sings.
   b. 철수는 자지만 영희는 노래한다.

(27)의 이접구문의 상황도 이와 비슷하다. 영어는 모두 'or'라는 접속사가 쓰이는데 한국어의 경우 명사 접속에서는 조사 '-나'가 쓰였고

문장 접속에서는 어미 '-거나'가 쓰였다. '-나'는 '-와'와 마찬가지로 한국어 문법에서 조사로 분류하고 있기 때문에 이를 위해 '접속사'라는 품사를 따로 설정할 필요는 없다. 문장접속의 '-거나'는 (26)의 '-고'와 마찬가지로 어미이며 이 역시 품사분류의 대상이 될 수 없다.

역접구문은 명사접속에 잘 쓰이지 않으므로 (28)에서 문장접속만 예로 들었다. 여기에서도 영어는 *but*라는 접속사를 사용하고 있는데 한국어에서는 '-지만'이라는 어미를 사용하고 있다. '-지만'은 역시 어미이므로 품사분류의 대상이 되지 않는다.

이로써 우리는 한국어와 영어의 3가지 등위접속 구문에 나타난 접속표현을 살펴보았다. 영어의 경우 이들이 모두 독립된 단어로 나타나고 있으며 이들을 묶어 접속사라는 품사로 설정하는 데에 문제가 없다. 한국어의 경우 명사 접속은 조사로 실현되고 문장 접속은 어미로 실현되는데 조사는 한국어에서 별도의 품사로 설정하고 있어서 '-와'나 '-나'를 위해 '접속사'라는 또 다른 품사를 설정할 필요가 없다. '-고'나 '거나' 등은 어미로서 품사분류의 대상이 되지 않는다. 이렇게 볼 때 한국어는 일단 등위접속 구문에서 접속사라는 품사를 따로 설정할 필요가 없다.

이제 종속접속 구문을 검토하겠다. (29)-(31)은 영어와 한국어의 3가지 종속접속 구문의 예이다. (29)에서 영어의 명사절은 접속사 *that* 으로 연결되고 있는데 한국어의 경우 어미 '-고'로 연결된다. 등위접속에서와 같은 이유로 어미 '-고'는 품사분류의 대상이 아니다. 한국어에서 명사절은 이밖에도 '-ㄴ/는 줄, -ㄴ/는 것' 등으로 표현될 수 있으나, 이들은 의존명사들로서 명사의 일종이기 때문에 따로 접속사라고 부를 이유가 없다.

(29) 영어와 한국어의 종속접속 구문(명사절)

    a. John thinks that Mary is honest.

    b. 철수는 영희가 정직하다고 생각한다.

(30) 영어와 한국어의 종속접속 구문(형용사절)

    a. the man whom I met yesterday

    b. 내가 어제 만난 남자

(31) 영어와 한국어의 종속접속 구문(부사절)

    a. because John is ill

    b. 철수가 아파서

(30)의 형용사절은 영어에서 관계절이라고 부르며 관계대명사라는 독립된 단어가 사용된다. 그러나 한국어는 술어에 '-ㄴ'이라는 간단한 어미만 붙이면 되며 한국어 문법에서는 이를 관형절이라고 부른다. 어떻든 형용사절에서도 한국어는 접속사라는 품사를 설정해야 할 이유가 없다.

마지막으로 (31)은 이유를 나타내는 부사절의 예이다. 영어의 경우 *because*라는 접속사가 쓰였는데 한국어는 '-서'라는 어미를 쓰고 있다. 여기에서도 한국어는 접속사를 따로 설정해야 할 근거를 찾기 어렵다. 물론 이때 '-서' 대신에 '-기 때문에'와 같은 표현을 쓸 수도 있지만 이 역시 한국어에 접속사를 설정할 근거는 되지 못한다.

이상에서 우리는 언어유형론이 구분하는 6가지 접속구문을 가지고 영어와 한국어를 비교하면서 한국어 '접속사'의 품사적 위상에 대해 논의하였다. 영어에서는 이 6가지 경우에 모두 접속표현이 독립된 단어로 실현되기 때문에 이들을 묶어서 접속사라는 품사를 설정하는데 별 문제가 없다. 그러나 한국어에서는 이 접속표현들이 조사나 어미로 실현되고 있어서 '접속사'를 별도의 품사로 설정할 만한 근거를 찾기가 어려운 것이다.

이와 관련해서 한국어에서 (32)와 같이 2가지 반대 자료를 제시할 수도 있다. (32a)는 명사 접속에서 조사가 아니고 독립된 어휘들이 사용되는 예이고, (32b)는 문장 접속에서 쓰이는 독립된 어휘들이다. 이 낱말들을 하나로 묶어서 한국어에 '접속사'를 설정하자는 의견을 제시할 수도 있을 것이다. 위에서 우리는 70%가 넘는 초기 국어문법 학자들이 접속사를 인정했다고 했는데 이들은 바로 (32)와 같은 낱말들을 염두에 두었을 것이다.

> (32) 한국어에서 '접속사'를 설정을 주장할 만한 자료
>   a. 그대 그리고 나, 철수 혹은 순희, 철수 아니면 순희
>   철수 **및** 순희
>   b. 그리고, 그러나, 그러면, 그래서, 그래도, ...

한국어에서 '접속사'를 인정하는 것도 물론 문법기술의 한 가지 방법이다. 접속조사나 접속어미를 제외하고 (32)와 같은 낱말들을 접속사로 인정한 것이다. 그러나 표준 한국어문법에서는 이를 인정하지 않고 있는데 한국어의 유형론적 특징을 감안할 때 어느 쪽이 더 적절한가는 잘 검토를 해야 할 부분이다. 위에서 본 바와 같이 한국어 접속표현의 주된 흐름은 조사와 어미에 의한 것이며 이를 감안하면 표준 한국어문법 안이 적절한 것이다. (32)를 근거로 한국어에 '접속사'를 설정한다면 자칫 한국어의 중요한 특징을 놓치게 될 수도 있을 것이다.

그러면 표준 한국어문법에서 (32)의 표현들을 어떻게 기술할 것인가가 문제이다. 표준문법은 이들을 모두 부사의 일종으로 본다. (32b)

의 낱말들을 부사로 보는 데는 큰 문제가 없다. 영어나 독일어에서도 이에 해당하는 낱말들을 접속부사로 분류하고 있다. 영어의 *therefore, thereafter, thereby* 등이 그 예이다. 이들은 (26)-(31)에서 보았던 영어의 접속사와는 차이가 있다. 즉 접속사들이 문장의 범위 안에서 나타나는 현상인데 비해 접속부사들은 문장의 경계를 벗어난다. 선행문장을 일단 종결하고 후행문장에 나타나는 것이다. 문장 (32b)의 한국어 표현들도 마찬가지이며 접속부사로 보는 데 무리가 없다.

문제는 (32a)의 접속표현들이다. 이들은 접속의 기능을 가지면서 문장의 경계를 벗어나지 않는다. 표준 한국어문법의 입장에서는 이에 대해 시원하게 답변할 방법이 없다. 접속사를 인정하지 않는 한 이들을 다른 품사로 분류할 수밖에 없는데 표준문법은 이들을 부사로 분류하고 있다. (32)는 한국어 접속구문에서 주변적인 현상이라고 할 수 있고, 전체적인 구조의 측면에서 볼 때 한국어의 접속표현은 조사나 어미로 실현된다는 인식이 중요하며 이 점에서 표준문법의 기술방식은 적절하다고 하겠다.

그밖에 한국어 접속표현의 특징: 이상에서 우리는 접속표현과 관련한 중요한 언어유형론적 주제들을 한국어와 영어를 비교하면서 논의하였다. 이 절에서는 한국어의 접속표지의 남은 몇 가지 특징들을 살펴보고자 한다.

1) 등위접속과 종속접속의 구별: 위에서 본 바와 같이 언어유형론은 접속구문을 크게 등위접속과 종속접속으로 구분하고 이들을 다시 각각 3가지 하위범주로 세분한다. 이러한 언어유형론의 구분을 굳이 언급하지 않더라도 우리는 흔히 등위접속과 종속접속의 구분은 당연한 것

으로 생각한다. 정말 그럴까? 모든 언어에서 등위접속과 종속접속의
구분이 분명할까?

영어 및 유럽 언어의 경우 이 구분이 비교적 분명하다. 영어의 경우
보통 위치제약을 가지고 이 두 가지를 구분한다. 종속절(부사절)은221)
문장 앞으로 나갈 수 있는데 등위절은 이것이 불가능하다.222) 예문
(33)에서 (33d)는 틀린 문장이다.

> (33) 영어 등위접속과 종속접속의 위치제약
>> a. John was not there, because he is ill.
>> b. Because John is ill, he was not there.
>
>> c. John sleeps and Mary sings.
>> d. *And Mary sings, John sleeps.

그럼 한국어는 어떨까? 예문 (34)에서 (34a,b)는 영어식으로 하면
등위접속 구문이고 (34c,d)는 종속접속 구문이다. 그런데 이들은 모두
술어의 어미로 실현되고 있으며 영어에 나타나는 두 가지 접속구문
간의 차이를 한국어에서는 특별히 찾을 수 없다.

> (34) 한국어의 등위접속과 종속접속 구문
>> a. 철수는 자고, 영희는 TV 본다.
>> b. 철수는 공부하지만, 영희는 TV 본다.

---

221) 명사절과 형용사절은 기능이나 구조에서 종속절이 분명하기 때문에 특별히 논
의할 필요가 없다.
222) 이러한 기준에 따라 영어에서 이유를 나타내는 접속사 'for'를 등위접속사로 분
류한다. 독일어에도 비슷하게 'denn'이라는 접속사가 있는데 이 역시 영어의
'for'처럼 등위접속사로 분류된다. 이유를 나타내기 때문에 의미적으로 보면 종
속접속이 되어야 하겠지만 위치제약에서 등위접속과 같기 때문인데 이는 영어
와 독일어의 독특한 현상이다.

c. 철수가 아파서, 영희가 우울하다.
d. 철수가 아프면, 영희가 우울하다.

한국어에서는 등위접속과 종속접속의 경계가 애매하여 이들을 구분하기가 어렵다는 뜻이며 이는 한국어의 중요한 특징이다. 두 가지 접속구문의 구별이 애매한 언어는 한국어 말고도 많이 있으며 이 역시 언어유형론적 특징이라고 할 수 있다(Johannessen, 1998). 국어문법 학계도 이러한 한국어의 특징을 인식하고 있는 것으로 보인다. 국립국어원(2005, 111)은 학교문법에서 이 두 가지 접속을 구분하고 있지만 외국인을 위한 한국어교육에서는 이러한 구분이 의미가 없다고 본다. 윤평현(2005)도 한국어 접속어미를 기술하면서 등위접속과 종속접속을 별도로 구분하지 않고 있다.

2) 접속단위에 따른 접속표현의 형태: 위 예문 (26)-(27)에서 우리는 한국어와 영어 사이에 또 한 가지 중요한 차이를 볼 수 있다. 즉 대등접속에서 영어는 명사 접속이든 문장 접속이든 같은 형태의 접속표현 *and, or*를 사용하는데 한국어는 그렇지 않다는 점이다. 한국어는 명사, 대명사 등 체언류 접속에서는 접속조사를 사용하고 용언류(동사, 형용사) 및 문장 접속에서는 어미를 사용한다((35a,b) 참조). 부사류의 경우 활용이 가능하면 어미를 쓰고 그렇지 않으면 '그리고'와 같은 특수 접속어를 쓴다.[223]

(35) 한국어 형용사, 동사, 부사의 접속
    a. 작고 귀여운 아이
    b. 젖 먹고 자는 아이

---

223) '오늘, 내일, 여기, 저기' 등 체언성 부사류는 조사를 사용한다.

c. 빠르고 정확히

d. 빨리 그리고 정확히 / 빠르게 그리고 정확히

이와 같이 접속단위에 따라 접속표현이 달라지는 것이 한국어의 또한 가지 중요한 특징인데 이 역시 한국어에만 있는 독특한 현상은 아니다. 유럽 언어는 대개 영어식이지만 유럽 대륙을 벗어나면 한국어와 같은 언어도 쉽게 발견된다(Haspelmath, 2004: 11).224)

3) '그-' 계열 접속표현의 발달: 한국어 접속표현에서 또 한 가지 눈에 띄는 것이 있다면 '그리고, 그러나, 그러면, 그래서, 그래도' 등 '그-' 계열의 접속어가 많이 쓰인다는 점이다. 영어의 *therefore, thereby, therein* 등 'there-' 계열 접속부사에 해당하는 표현들인데 한국어는 그 수가 매우 많고 자주 쓰이는 것이 특징이다. 장려용(2016, 88)에 따르면 영어의 'there-' 계열 접속부사는 24개로 조사되었다. 이 가운데 11개는 고어(古語)이고 2개는 법률용어로서 실제 일상 언어에서 사용되고 있는 것은 11개 정도 밖에 안 된다. 반면 한국어 '그-' 계열 접속부사는 박주영(2009)에서 57개까지 조사되었는데(장려용, 2016: 87 재인용), 더 자세히 조사하면 그 숫자는 늘어날 것으로 보인다. 예를 들면 이 57개의 목록에는 '그럼에도, 그런데도, 그러고도' 등이 없으며, 여기에 '그럼에도 불구하고, 그렇지 않으면, 그에 따라, 그리고 나서' 등 어구적 표현까지 포함시킬 수 있기 때문이다.

영어와 한국어만 놓고 보면 이는 개별언어적인 현상이고 한국어의 특수한 현상이라고 볼 수도 있다. 그러나 한국어와 같은 현상이 다른

---

224) Haspelmath(2004)는 접속단위를 명사 접속, 동사 접속, 문장 접속 등 3가지로 나누어서 논의하고 있다.

언어에서도 관찰되고 있다는 점이 흥미로우며 따라서 이는 언어유형론의 관심을 끌 만한 부분이다. 즉 우리는 세계의 언어를 이러한 부류의 접속부사가 발달한 유형과 그렇지 않는 유형으로 나누어 볼 수도 있을 것이다.

유럽 언어 가운데 한국어와 유사한 언어가 독일어이다. 독일어는 (36)과 같이 모든 전치사에 규칙적으로 우리말 '그-'에 해당하는 지시어 'da-'를 붙여서 부사를 만들 수 있다.

> (36) 독일어 '지시어 + 전치사' 결합 접속부사 생성의 예
>   a. mit('with'):   da + mit = damit ('그것으로')
>   b. vor('before'): da + vor = davor ('그 전에')
>   c. nach('after'): da + nach = danach ('그 후에')

독일어는 이밖에도 다른 지시어류를 이용해서 수많은 접속부사를 만들 수 있기 때문에 그 수에 있어서 한국어를 능가할 것으로 보인다. 예를 들면 Helbig & Buscha(1986, 347)이 제시한 '이유·원인'을 나타내는 독일어 접속부사 목록만 해도 21개에 달한다.

'한국어에 조동사 있습니까?'라고 물으면 국어를 전공하지 않는 사람은 흔히 '없다'고 대답한다. '왜 없다고 생각하느냐?'고 다시 물으면 'can, will, must, may 같은 것이 조동사인데 한국어에는 그런 거 없지 않아요?'라고 대답한다. 그러나 이것은 잘못된 생각이다. 아마 지구상에 조동사가 전혀 없는 언어는 없을 것이며 한국어에도 조동사가 많이 있다. 그럼에도 불구하고 우리가 흔히 한국어에 조동사가 없다고 생각하는 것은 영어 문법의 영향이다.

영어 문법에서 can, will, must, may 같은 단어들을 조동사라고 배웠는데 한국어에는 이러한 단어들이 없기 때문에 한국어에 조동사가 없다고 생각한 것이다. 즉 한국어에서는 이러한 개념들을 하나의 동사로 표현하지 않고 '~수 있다, ~할 것이다, ~해야 한다, ~일지도 모른다' 등과 같이 여러 개의 단어를 결합하여 길게 표현하고 있는데 이러한 표현들을 동사라고 할 수 없기 때문에 그냥 조동사가 없다고 보는 것이다. 그러나 '~수 있다, ~할 것이다, ~해야 한다, ~일지도 모른다' 등의 개념을 하나의 동사로 표현하지 않는다고 해서 한국어에 조동사가 없는 것은 아니다. 이 개념들은 조동사로 나타나지 않지만 여러 가지 다른 개념들이 조동사로 표현된다. 예문 (1)의 '주다'가 한국어 조동사의 예이다.

(1) 철수가 영희에게 문을 열어 <u>주었다</u>.

용어의 문제: 영어로 조동사를 'auxiliary' 혹은 'auxiliary verb'라고 하는데 현대 언어학에서 'auxiliary'라는 말은 이와는 다른 추상적인 개념으로 쓰이기도 한다. '조동사'라고 할 때는 기본적으로 독립된 단어이며 일종의 동사라는 것이 전제되는데 현대 언어학에서 말하는 추상적인 의미의 'auxiliary'는 이 두 가지 조건과 관계가 없다. 독립된 단어가 아닐 수도 있고 동사가 아닐 수도 있다는 뜻이다. 현대 언어학의 이 추상적인 개념을 보통 'AUX'라고 3개의 대문자로 나타내기도 하는데 이는 시제(tense), 양상(modality), 상(相: aspect) 등의 범주를 포함하는 복합적인 문법범주라고 할 수 있다(Steele et al., 1981 참조). 시제란 현재시제, 과거시제 등을 말하고 양상이란 영어의 *must, may, can*와 같은 개념을 말하며 상(aspect)이란 영어의 진행, 완료 등의 범주를 말한다. 이 책에서 논의하려는 조동사는 이러한 추상적인 개념이 아니고 본동사에 보조적인 기능을 하는 동사(술어)들을 말한다. 이 경우 '조동사'란 기본적으로 독립된 단어이며 일종의 동사(술어)이다.

한국어 문법에서는 '조동사'라는 용어를 사용하지 않기 때문에 자칫 오해를 불러일으킬 소지가 있다. 즉 한국어 문법에서는 '조동사'라는 용어를 사용하지 않으며 대신 '보조용언'이라는 용어가 있다. 그러나 보조용언도 영어로 하면 'auxiliary'이다. 한국어문법에서 '보조동사'나 '조동사'라는 용어를 쓰지 못하는 이유는 보조형용사가 있기 때문이다. 한국어에서는 동사뿐만 아니라 형용사도 'auxiliary'의 기능을 할 수 있기 때문에 '보조용언'이라고[225] 한 것이다.

한편 영어의 *must, may, can* 등을 단순하게 조동사라고도 하지만 양상조동사(modal auxiliary)라고 부르기도 한다. 조동사는 시제, 양상, 상 등 다양한 의미영역을 표현할 수 있는데 영어의 이 조동사들은 양상을 표현하는 동사들이기 때문이다. 양상(modality)이란 의무나 확신의 정도를 말하며 이는 어떤 명제(사건의 내용)에 대한 화자의 태도를 표현하는 것이다. 예를 들면 (43a)는 '존이 집에 가는 것'에 대해 '꼭 가야한다'는 화자의 입장을 표현하는 것이며 (43b)는 '존이 바쁜 것'에 대해 그것이 '확실하다'는 화자의 입장을 표현하는 것이다.

(2) 영어 양상표현의 예
    a. John must go home.
    b. John must be busy today.

(3)의 객관적 사실 기술과 비교하면 (2)와 같은 표현은 '말하는 방법'이 다르다고 볼 수 있다. 이때 '방법'을 영어로 'mode'라고 하며 'modal'은 'mode'의 형용사형이다. 동사 *must, may, can* 등을 'modal auxiliary'라고 부르는 이유가 여기에 있다. 이 'modal'을 우리말에서 '양상'이라고 번역하며 'modal auxiliary'는 '양상조동사'라고 부른다.

(3) 객관적 사실 기술
    a. John goes home.
    b. John is busy today.

요즘 우리나라 젊은이들 사이에서 유행하는 '무슨 무슨 모드'라는

---

225) 한국어 문법에서는 동사와 형용사를 합해서 '용언'이라고 부른다.

말도 여기에서 나온 말이며 '무드(mood: 분위기)'라는 말도 여기에서 유래한 것이다. 영어문법에서 직설법, 가정법, 기원법, 명령법 등을 서법(mood)이라고 하는데 이 역시 '말하는 방법'과 관련이 있다.

조동사의 정의와 특징: 조동사는 시제, 양상, 상 등의 문법범주가 동사의 형태로[226] 실현되는 것을 말한다. 이들 문법범주는 언어에 따라 동사로 실현되기도 하고 어미나 접사, 부사 등 다른 형식으로 표현되기도 한다. 후자의 경우 물론 조동사라고 부르지 않는다. 조동사는 본동사가 갖는 내용에 추가적인 의미를 부여하는 제2동사를 말하는데 그 특징을 정리하면 다음과 같다(Steele, 1978: 13-14, 22-23; Heine, 1993: 22-24 참조).

첫째, 조동사는 보통 본동사로도 쓰이며 이 둘은 의미가 약간 다르다. 즉 역사적으로 보면 조동사는 대개 본동사에서 유래한 것이며 본동사로 쓰이던 것이 다른 동사와 결합하면서 원래의 의미가 조금씩 변하고 결국 본동사에 보조적인 의미를 덧붙이는 기능을 하게 된 것이다. (4a)는 한국어에서 '있다'가 본동사로 쓰인 예이고 (4b)는 조동사로 쓰인 예이다. 조동사는 의미가 추상화 되었으며 본동사가 가지고 있는 의미의 일부분만 남아 있다. 즉 '있다'는 원래 장소적인 의미였는데 조동사에서는 상황적 의미로 바뀌었으며 '(어떤 상황에) 머물러 있다'는 정도의 의미가 남아 있는 것이다.

> (4) 본동사와 조동사의 예
>   a. 철수가 오늘 집에 있다.
>   b. 철수가 지금 사과를 먹고 있다.

---

226) 한국어의 경우 이때 물론 형용사까지를 포함한다.

둘째, 한 문장에 동사가 두 개 쓰이는 일은 조동사 구문 이외에도 많이 나타나는데 조동사 구문의 경우 본동사가 조동사에 종속되지 않는다. 예를 들면 (5)의 문장에서 동사가 각각 두 개씩 나타났지만 우리는 *promise, persuade*를 조동사라고 하지 않는다. 동사구 *to go home*이 이들에게 종속되어 목적어의 역할을 하고 있기 때문이다.

    (5) 본동사 종속의 예
        a. John promised Mary to go home.
        b. John persuaded Mary to go home.

셋째, 시제나 주어의 인칭 및 수에 따른 형태변화는 조동사에 나타나며 본동사는 기본형이나 아니면 언어에 따라 특별한 형태로 나타난다. (6)의 영어 문장과 한국어 문장에서 모두 시제는 조동사에 나타나 있으며 영어의 본동사는 기본형을 취했고 한국어 본동사는 조동사와의 연결을 위한 특별한 형태를 취했다.

    (6) 조동사와 본동사 형태
        a. John <u>did</u> not go home.
        b. 철수가 지금 사과를 먹고 <u>있다</u>.

이밖에 조동사의 특징으로는 언어마다 그 수가 한정되어 있다는 점, 조동사의 위치는 그 언어의 다른 어순과 밀접한 관계가 있다는 점, 어휘적 의미보다 문법적 의미가 강하다는 점 등을 들 수 있다. 개별언어에 양적으로 가장 많은 것이 명사이고 그 다음이 동사일 것이다. 그러나 조동사의 수는 극히 한정되어 있다. 조동사와 본동사의 위치와 관련해서는 (6)에서 보는 것처럼 영어와 한국어가 반대이다. 언어 요소는 크게 어휘소와 문법소로 나누어지는데 조동사는 문법소에 해당하고 따라서 어휘적 의미가 약하다.

조동사의 의미영역: 현대 언어학에서 AUX에 대한 논의의 출발점이라고 할 수 있는 Chomsky(1957)은 AUX의 의미영역을 시제, 양상, 상으로 보았다. Chomsky(1957)은 기본적으로 영어의 문장구조를 기술하기 위해 이러한 추상적인 복합범주를 도입하였는데 이후 Steele(1978)은 다양한 언어를 조사한 결과 이 AUX의 범주가 언어보편적인 것이라고 보았다.

AUX는 조동사로 나타날 수도 있고 접사나 어미 등 다른 형태로 나타날 수도 있는데 이렇게 보면 시제, 양상, 상을 조동사의 기본 의미영역이라고 할 수 있다. 그러나 이후 이에 대한 논의들이 분분했다. 먼저 기본 의미영역으로 이 세 가지 모두를 인정하지 않는 경우가 있는데 몇 가지 예를 표로 정리하면 (7)과 같다. 이 표에서 Steele(1978)은 시제, 양상, 상을 기본 의미영역으로 설정했다가 Steele et al.(1981)에 와서는 시제와 양상만 인정하고 있는 점이 눈에 띈다.

(7) 조동사의 기본 의미영역에 대한 의견들(Heine, 1993: 16)

시제	상	양상	해당 학자 및 저술의 예
o	o	o	Steele(1978), Ramat(1987)
o	o	x	Conrad(1988), Bußmann(1990)
o	x	o	Akmajian et al.(1979), Langacker(1991) Steele et al.(1981)
x	o	o	Pullum & Wilson(1977), Crystal(1980)

(7)에서 보는 바와 같이 조동사의 의미에 관해서는 기본 의미영역에서부터 의견이 분분하다. 어떻든 위 세 가지를 기본 의미영역으로

인정한다고 하더라도 지구상의 언어에는 여기에 포함시킬 수 없는 조동사 및 AUX 현상들이 많이 있다는 사실을 간과해서는 안 된다. 원래 영어의 문장 구조를 기술하기 위해 도입된 AUX의 개념을 다른 언어에까지 지나치게 고집해서는 안 된다는 뜻이다.

Heine(1993: 22)에 따르면 조동사는 시제, 양상, 상 이외에 여러 가지 의미를 나타낼 수 있는데 그 가운데 수동태와 부정문 표시가 대표적이다. 특히 수동태 조동사는 유럽 언어에서 흔히 나타나는 현상이다. 예를 들면 독일어의 경우 수동태를 만들 때 (8)과 같이 *werden*('become') 이라는 조동사를 사용한다.

(8) 독일어 수동태 조동사
 Die Tür wird von Peter geschlossen.
 the door becomes by Peter closed
 'The door is closed by Peter.'

영어의 *be*-동사도 수동태 조동사로 볼 수 있으며 예문 (9)의 *get*도 마찬가지이다.

(9) 영어의 수동태 조동사 'get'
 It is produced when we get stressed, and it damages our brain
 cells. (Daum 영영사전 참조)

부정문을 만드는 데는 영어의 *not*이나 한국어의 '안'과 같은 부정소를 사용하는 것이 일반적인데 몽골 북부와 시베리아 동부 지역의 에벤키어(Evenki)는[227] (10)과 같이 특별한 조동사를 사용하는 것으로

---

227) 중국 북부와 시베리아에 걸쳐 사는 종족으로 어윙키족(Ewenki)이라고도 부르는

알려져 있다. (10a)의 긍정문에서는 시제와 주어의 인칭 및 수 표지가
동사 baka-에 붙어 있는데 (10b)의 부정문에서는 ə-라는 조동사에 붙
어 있다.

(10) 에벤키어(Evenki)의 부정문 조동사

    a. Nuɲan   baka- ɟki-   n.

       he   find-   과거- 3인칭단수

       'He found.'

    b. Nuɲan   ə-   ɟki-   n   baka-ra.

       he   부정- 과거- 3인칭단수   find-어미

       'He didn't find.'   (Payne, 1985: 213)

    한국어의 '않다'도 부정문 보조용언이며 이밖에 수동태 등 다른 의
미 영역에서도 다양한 조동사가 관찰되는데 이에 대해서는 나중에 별
도의 단락에서 다루기로 한다.

조동사화와 근원 동사의 패턴: 조동사란 원래 본동사로 쓰이던 것이 다
른 동사와 결합하면서 본래의 의미가 약화되고 본동사에 보조적인 의
미를 부여하는 경우를 말한다. (11)은 영어의 have 동사가 두 가지로
쓰인 예인데 (11b)의 조동사에서는228) 원래의 '가지고 있다'는 의미를
거의 찾아 볼 수 없다.

(11) 영어 'have' 동사의 두 가지 용법

    a. I have a sister. (본동사)

    b. I have bought a book. (조동사)

데 에벤키(Evenki)가 공식 명식이다.

228) 영어에서 can, must, may, will 등이 대표적인 조동사이지만 이밖에도 영어에는
    조동사들이 많이 있다. (11b)의 have는 완료형에 쓰이는 조동사이다.

본동사가 조동사로 변하는 것은 조동사화라고 하며 이 조동사화에는 정도의 차이가 있다. 즉 (11b)와 같이 본동사의 의미를 거의 찾아볼 수 없이 근원 동사와 별개의 동사인 것처럼 느껴지는 경우도 있고 근원 동사의 의미를 어느 정도 느낄 수 있는 경우도 있다. (12b)의 한국어 문장에서 '간다'는 조동사인데 (11)의 영어의 예와 비교하면 근원 동사의 의미를 어느 정도 느낄 수 있는 상황이다.

    (12) 본동사의 의미가 남아 있는 조동사의 예
        a. 철수가 도서관에 간다.
        b. 아이가 사과를 거의 다 먹어 간다.

한편 각 개별언어에서 조동사화는 늘 진행 중인 것으로 볼 수 있다. 이에 대해 Bolinger(1980, 297)은 하나의 동사가 다른 동사와 결합하게 되면 곧 바로 조동사화가 시작된다고 말한 바 있다. 영어의 *be going to* 구문은 조동사화가 진행 중인 대표적인 예이다.229) (13a)는 진행형 문장이다. 그러나 (13b)에서 *be going to*는 성격이 다르다. 영어 문법에서 보통 이를 가까운 미래를 나타내는 구문이라고 설명하는데 아직 '조동사'라고 부르지는 않는다. 하지만 언어학적으로 보면 이는 이미 조동사이며 전체적인 영어 문법체계의 시각에서 보면 조동사화가 진행 중인 경우로 볼 수 있다.

    (13) 영어 'be going to'의 두 가지 용법
        a. John is going to the library.
        b. John is going to come to the party.

---

229) *be going to*가 하나의 동사는 아니지만 이 표현 전체가 조동사의 기능을 한 것이다.

언어의 변화는 서서히 진행되는 것이다. 즉 어느 날 갑자기 (13a)에서 (13b)의 단계로 넘어가는 것이 아니고 그 사이에 오랜 시간 동안 중간단계를 거치면서 진행된다. Heine et al.(1991)은 이러한 언어의 변화에 (14)와 같이 4가지 단계가 있다고 본다.230)

(14) 영어 'be going to'의 조동사화 과정
    a. John is going to Paris.   (초기단계)
    b. John is going to visit his parents.   (경과문맥 단계)
    c. John is going to do his best.   (전환문맥 단계)
    d. The rain is going to come.   (관용화 단계)

초기단계는 문법화가 일어나기 전의 단계이다. 제2단계는 언어요소가 특정한 문맥에서 새로운 의미를 갖기 시작하는 단계로서 이 단계는 원래의 의미로도 해석될 수 있고 새로운 의미로도 해석될 수 있다. 제3단계는 새로운 의미가 강하게 나타나면서 본래의 의미로 해석되기 어려운 상황을 말한다. 마지막 관용화 단계는 조동사화가 완성된 단계로서 새로운 의미로의 사용이 일반화된 시기이며 초기단계와 모순되는 상황에서도 쓰일 수 있다. 모순되는 상황이란 초기단계에서는 근원 동사와 결합이 불가능한 표현들이 함께 나타나는 경우를 말한다. 예를 들면 (14d)에서 *rain*은 원래 동사 *go*의 주어로 쓰일 수 없는 명사이며, 특히 뒤따르는 동사 *come*은 *go*와 의미적으로 모순된다.

이상에서 우리는 영어와 한국어에서 'have(가지다)', 'go(가다)', 'be(있다)' 등의 동사가 조동사로 변하는 것을 보았는데 독일 쾰른대학의 Heine 교수는 지구상의 언어를 조사해 보면 이 근원 동사에 일정한

---

230) 이렇게 언어표현이 문법소로 변하는 과정을 '문법화(grammaticalization)'라고 한다. 이에 대해서는 이성하 교수의 『문법화의 이해』(1988)에 잘 소개되어 있다.

패턴이 있다고 한다(Heine, 1993). 이를 정리하면 (15)와 같다.[231]

(15)에서 'X is at Y' 패턴은 '(어디에) 있다'는 표현이 진행형 등으로 발전한 것을 말한다. 위에서 본 한국어의 조동사 '있다'도 이에 해당하며 영어의 진행형도 여기에서 발전한 것이다. 즉 영어의 진행형 문장 (16a)는 (16b)와 같은 중세 영어 문장에서 발달한 것이다. 이렇게 보면 진행형의 현재분사는 원래 동명사에서 출발했다는 것을 알 수 있다.

(15) 조동사의 근원 동사 패턴(Heine, 1993: 31, 47)[232]

근원 패턴	근원 의미	조동사의 의미
X is at Y	있다	진행, 진입[233], 지속
X moves to/from Y	이동	진입, 미래, 완료, 과거
X does Y	행위	진행, 진입, 지속, 완결, 완료
X wants Y	원함	진입, 미래
X becomes Y	되다	진입, 미래
X is (like) a Y	동일	결과, 진행, 완료, 미래
X is with Y	동반	진행
X has Y	소유	결과, 완료, 미래
X stays in a Y manner	방법	진행

(16) 영어 진행형의 기원 (Kuteva, 2001: 24)

    a. John is hunting.

    b. John is on hunting.

일본어도 우리말과 비슷하게 진행형을 만들며 중국어도 '在(있다)' 동사를 이용해서 진행형을 만든다((17) 참조).

---

231) 이와 관련하여 Kuteva(2001, 25)는 11가지의 근원 동사 패턴을 제시하였는데 대개 Heine 교수의 패턴과 중복되고 일부 다른 것도 있다.
232) Heine 교수의 이 근원 패턴은 주로 상 및 시제와 관련되어 있다.
233) 진입(ingressive)이란 일이 막 진입(시작)하는 것을 말한다.

(17) 일본어와 중국어의 '있다'를 이용한 진행형

    a. John-ga   hon-o   yon-de   iru.

    John-주어 book-목적   read-어미   exist

    'John is reading a book.'

                   (Kuno, 1973: 148; Steele, 1978: 22 재인용)

    b. 他   在   寫   信。

    he   exist write letter

    'He is writing a letter.' (안기섭·송진희, 2008: 369)

(15)에서 'X moves to/from Y' 패턴은 우리말의 조동사 '가다', 영어의 *be going to*가 그 예이다((18) 참조).

(18) 'X moves to/from Y' 패턴 조동사의 예

    a. 아이가 사과를 거의 다 먹어 간다.

    b. John is going to come to the party.

(15)의 'X does Y' 패턴은 '하다(do)' 동사가 조동사화 하는 것을 말하는데 이에 대한 예는 우리말에서도 쉽게 찾아 볼 수 있다.[234] (19)는 아프리카 수단의 봉고어(Bongo)에서 '하다(do)' 동사가 진행형 조동사로 쓰이는 예이다.

(19) 봉고어(Bongo)의 '하다(do)' 동사를 이용한 진행형

    má-dɔ-ndɛrɛ.

    1-do-walking

    'I am walking.'

---

234) 예: '많이 먹기도 한다/집에 가고자 한다'(Daum 국어사전 참조).

이밖에 'X wants Y' 패턴의 조동사는 우리말의 '~려고 하다'에서 볼 수 있다. 이는 원래 희망이나 의지를 나타내는 말이지만 '비가 오려고 한다.'와 같은 문장에서는 의미가 추상화 되어 조동사의 기능을 하고 있다. 'X becomes Y' 패턴의 조동사는 위 예문 (8)의 독일어 수동태 문장에서 볼 수 있으며 'X has Y' 패턴의 조동사는 위 예문 (11)의 영어 완료형 조동사에서 볼 수 있다.

영어의 조동사: 영어의 조동사 하면 보통 *will/would, can/could, must, may/might, shall/should* 등을 말한다. 앞서 말한 대로 이들은 '의무과 확신의 정도', 즉 양상(modality)을 나타내기 때문에 이들을 특별히 양상조동사라고 부르기도 한다. 양상의 의미가 조동사로 표현되는 것은 영어 및 게르만어의 특징이다. 즉 지구상의 언어들은 여러 가지 의미 영역을 조동사로 표현하는데 영어나 독일어는 주로 양상을 조동사로 표현한다. 이는 영어 및 게르만의 특징일 뿐이며 결코 인간언어의 일반적인 현상이 아니고, 특히 표준적이거나 대표적인 현상은 더욱 아니다. 영어는 지구상에서 쓰이고 있는 수 천 가지의 언어 가운데 하나일 뿐이며 제1장에서 말한 대로 영어는 유럽 언어 가운데서도 특이한 언어이다.

영어의 특이한 성격은 조동사의 형태적 측면에서도 잘 드러난다. 즉 이러한 특별한 종류의 조동사들은 영어에만 있으며 다른 언어에서는 거의 관찰되지 않는다.[235] 영어 조동사의 특별한 성격은 형태면에서 잘 나타난다. 다른 언어에서 조동사들은 형태변화에서 일반동사들과 큰 차이를 안 보이는데 영어의 조동사들은 형태변화 면에서 다른

---

235) Steele(1978, 26)은 영어의 조동사의 이러한 특이성 때문에 이들이 동사가 아니라고까지 주장한 바 있다.

동사들과 현저히 다르다. 영어 조동사들의 중요한 형태적 특징을 정리하면 (20)과 같다.

(20) 영어 조동사의 형태적 특징
  a. 현재시제에서 어형변화가 없다. 즉 3인칭 단수 현재형에서 어미 '-s'를 붙이지 않는다.
  b. 과거형이 없거나 애매하다. *must*는 과거형이 없으며 *may, shall*도 형태적으로는 *might, should*가 과거형이지만 이들은 거의 과거시제로 쓰이지 않으며 주로 현재시제로 쓰인다. *will, can*의 과거형도 *would, could*라고는 하지만 이들 역시 보통 현재시제로 쓰인다.
  c. 본동사로 쓰이는 일이 없다. 다른 언어의 경우 조동사들은 흔히 본동사로도 함께 쓰이는데 영어에서는 그렇지 않다.236) 이에 따라 수동태나 완료형이 불가능하며 따라서 과거분사형도 없다.
  d. *to*나 ~*ing*를 붙일 수 없다. 의미적으로 보면 *to can swim, canning swim*과 같은 구문을 못 만들 이유가 없는데 영어에서는 이것이 불가능하다. 이는 위 (20c)와 연관이 있다.
  e. 부정문이나 의문문 만드는 방법이 일반동사와 다르다.

이 가운데서도 특별히 (20a-c)가 영어 조동사의 중요한 특징인데 이에 대해서는 조금 더 설명이 필요하다. 서론에서 말한 대로 영어는 독일어와 프랑스어의 특징이 혼합되어 있는 언어인데 조동사들은 독일어에서 온 것이다. (21)의 독일어 문장을 보면 이를 한 눈에 알 수 있다.

---

236) 현대 영어에서는 근원 동사를 찾기가 어렵다는 뜻인데 역사적으로 보면 이들도 본동사에서 출발했다. 독일어에서는 해당 조동사들이 아직도 본동사로 쓰인다.

(21) 독일어의 조동사 구문

    a. Ich will   zur   Schule   gehen.

       I   will   to_the   school   go

      'I will go to school.'

    b. Du   musst   zur   Schule   gehen.

      you   must   to_the   school   go

      'You must go to school.'

    c. Ich   kann   Koreanisch   sprechen.

      I   can   Korean   speak

      'I can speak Korean.'

(20)에서 본 영어 조동사의 형태적 특징도 역사적으로 독일어 조동사에서 유래한 것이다. 즉 독일어 조동사들도 형태변화 면에서 일반동사와 아주 다르며 이것이 영어 조동사에 남아 있는 것이다. (22)는 독일어 일반동사 *kommen*('come')과 조동사 *wollen*('will')의 현재 인칭변화이다. (22)에서 독일어 조동사는 형태적으로 2가지 면에서 일반동사와 다르다. 첫째, 1인칭과 3인칭 단수에서 어미를 취하지 않는다. 둘째, 단수에서 어간의 모음이 특이하게 [o > i]로 변화했다.237)

(22) 독일어 'kommen'과 'wollen'의 현재인칭변화238)

	kommen ('come')	wollen ('will')
ich ('I')	komm-e	will
du ('you')	komm-st	will-st
er ('he')	komm-t	will
wir ('we')	komm-en	woll-en
ihr ('you')	komm-t	woll-t
sie ('they')	komm-en	woll-en

---

237) 독일어 동사의 현재형에서 모음이 변하는 경우가 있는데 [o > i] 패턴은 없다.
238) 독일어 동사의 기본형은 '-en'으로 끝난다. 우리말 동사의 기본형이 '-다'로 끝나는 것과 비슷하다.

이러한 형태적 특징은 (21)과 같이 독일어 모든 양상조동사에서 나타난다. 영어의 조동사 *will*은 독일어 조동사 *wollen*의 단수형에서 유래한 것이며((22) 참조) 독일어 3인칭 단수형에서 어미가 없기 때문에 현대 영어의 3인칭 단수형에도 어미가 붙지 않는 것이다. 이후 영어에서 게르만어의 어형변화가 사라지면서 *will*이 단수, 복수의 모든 인칭에 쓰이게 된 것이다. 영어의 다른 조동사의 형태도 이와 같이 설명할 수 있다.

이와 관련해서 아직 풀리지 않는 수수께끼는 '왜 독일어 조동사가 (22)와 같이 단수에서 특이한 형태변화를 하는가?'이다. 이를 설명하려면 독일어 및 게르만어의 역사를 거슬러 올라가야 한다. 역사적으로 (22)의 *will*은 *wollen*의 과거형이었고 이 동사의 단수형 인칭변화는 과거시제의 인칭변화를 따르고 있는 것이다.[239]

이와 같이 볼 때 현대 영어와 독일어의 조동사는 원래 과거형이었던 것을 현재형으로 쓰고 있는 것인데 게르만어의 이러한 동사를 과거-현재형 동사(Präterito-Präsentia)라고[240] 부른다(Birkmann, 1987: 2). 그러면 '왜 과거형을 현재형으로 썼을까?'하는 의문이 제기되는데 이에 대해서는 현대 영어가 잘 설명해 주고 있다. 즉 *should, would, might, could* 등은 현대 영어에서 형태적으로는 과거형이지만 겸양표현을 위해 현재형으로도 사용하고 있다. 독일어 과거-현재형 동사도 원래 이와 같은 동기에서 출발하였다.

이 문제를 조금 세밀하게 추적해 온 독자라면 이제 또 다음과 같은 의문이 생길 것이다: 현대 영어의 *will*이 원래 과거형이었다면 *would*라는 과거형은 또 무엇이고 이것이 현재시제로 쓰인다는 것은 또 무슨

---

239) 현대 독일어에서도 과거인칭변화는 1,3인칭 단수에서 어미가 없다.
240) 영어로는 'preterite-present'라고 한다(Steele et al., 1981: 278).

말인가? 이에 대해서는 (23)과 같이 역사적인 경로를 정리할 수 있다.

(23) 영어 'will'과 'would'의 변화
1단계: 게르만어 'wollen'의 과거형으로 'will'이 쓰임
2단계: 과거형 'will'이 현재형으로 쓰이기 시작
3단계: 현재형 'will'의 새로운 과거형 필요
4단계: 'would'가 'will'의 새로운 과거형으로 등장[241]
5단계: 과거형 'would'을 다시 현재형으로 사용(현대 영어)

이상에서 우리는 영어 조동사의 특징에 대해 살펴보았다. 앞서 말한 대로 영어 조동사의 이러한 특징들은 다른 언어에서는 거의 찾아볼 수 없는 특수한 현상이다. 독일어의 조동사도 물론 일반동사와 다른 형태적 특징이 있기는 하지만 영어만큼은 아니다. 독일어 조동사는 본동사로도 쓰이며[242] 과거분사형도 있고 'to'-부정사 구문도 만들 수 있다. 독일어는 또 의미적으로 필요하면 한 문장에 조동사를 2개 쓰기도 한다.

위에서 논의한 조동사들이 영어의 대표적인 조동사이긴 하지만 영어에는 이외에도 조동사들이 많이 있다. 앞서 보았던 수동태의 *be, get*이나 완료형의 *have* 그리고 *be going to* 등이 있고 의문문, 부정문, 부정명령문에 쓰는 'do'도 영어의 특징적인 조동사이다. 이밖에 (24)의 *need, ought to, used to, had better, would like to* 등도 조동사로 보아야 한다. 편의상 이들을 영어의 2차 조동사라고 부르겠다.

---

241) 독일어의 새로운 과거형은 *wollte*인데 영어의 *would*와 형태가 유사하며 *wollte*를 보면 영어 *would*에 왜 'l'이 있는지 이해할 수 있다. *should*의 독일어 대응표현은 *sollte*이다.
242) 이는 영어의 조동사들이 원래 본동사에서 출발했다는 증거이다.

(24) 영어의 2차 조동사

    a. There need not be more light in this room.

    b. That is why I ought to work hard at school.

    c. I used to walk, but I take the public bus now.

    d. You had better read aloud when reading books.

    e. How many of you would like to live in the jungle?

                               (Heine, 1993: 17; Daum 영어사전)

(24)에서 *need*는 의미적으로 '양상(의무성)'을 표현하고, 3인칭 단수에서 어미변화가 없으며, 부정소 *not*과 결합하였고, 본동사 *be* 앞에 *to*를 쓰지 않는 점에서 조동사적 특징을 가지고 있다. *ought*는 원래 *owe*(빚지다)의 과거형에서 온 것인데 현대 영어에서 '양상(의무성)'을 표현하는 조동사로 발전하였으며 3인칭 단수에서 형태변화를 일으키지 않는다. 이 동사에 *to*가 따라 다니기는 하지만 이것은 조동사 여부와는 크게 관계가 없다.[243] *used to*는 *use*에서 온 것인데 이 역시 근원 동사 *use*와는 멀어져서 별도의 조동사로 발전한 것이다. *had better*는 *have*에서 온 것인데 현재는 이 근원 동사와 관계없이 독자적인 길을 가고 있다. *would like to*는 *will*의 과거형에 *like (to)*가 결합한 것인데 현재는 *will*과 관계없는 관용적인 표현이 되어 '정중하게 희망을 나타내는' 조동사로 쓰인다.

(24)에서 *need*를 제외하면 이들의 공통점은 1) 근원 동사가 있고, 2) 의미적으로 근원 동사와 멀어져 독자적인 길을 가고 있으며, 3) 다른 동사(본동사)와 결합하여 거기에 추가적인 의미를 부여하고 있다는 점이다. 이 세 가지 점은 조동사들이 갖는 보편적인 특징이다. 한편 *had better, would like to, be going to*와 같이 2~3개의 단어로 이루어

---

243) *be going to, would like to*도 마찬가지이다.

진 표현을 조동사로 볼 수 있느냐는 의문이 제기될 수 있는데 언어학에서 그것은 중요한 문제가 아니다. 겉보기에는 여러 개의 단어가 결합된 것으로 보이지만 기능적으로 보면 이들은 분리할 수 없는 하나의 표현으로 보아야 한다.

위의 조동사 표현들에서 또 한 가지 눈에 띄는 것은 과거형이다. *used to*는 '과거의 습관'을 나타내기 때문에 과거형으로 쓰는 것이 이해가 간다. 그러나 *ought to, had better, would like to*의 경우 시제는 현재를 표현하면서 형태는 과거형을 쓰고 있다. 이 역시 게르만어에서 볼 수 있는 과거-현재형 동사이다.[244]

한국어의 조동사: 한국어에 조동사가 있을까? 당연히 있다. 그것도 많이 있다. 단지 우리가 '조동사'라고 알고 있는 영어의 조동사와는 많이 다르고, 특히 국어문법에서 사용하는 용어가 다르기 때문에 보통 이에 대해 정확한 인식을 하지 못하고 있을 뿐이다. 한국어 문법에서는 조동사라는 용어 대신에 '보조용언'이라는 용어를 사용하는데 영어로 표현하면 이것도 'auxiliary'이다. 이 책에서는 용어의 일관성과 설명의 편의를 위해 가능하면 '조동사'라는 용어를 사용하겠다.

1) 한국어와 양상조동사: 한국어와 영어의 조동사의 가장 큰 차이는 표현영역의 차이이다. 영어 조동사의 주요 표현영역은 '의무과 확신의 정도', 즉 양상(modality)이다. 그런데 이 양상이 한국어에서는 독립적인 어휘나 조동사로 표현되지 않고 보통 (25)와 같이 관용구로 길게

---

244) 조동사가 게르만어적이라고 해서 영어를 꼭 게르만어라고 주장할 필요는 없다. 영어는 독일어와 프랑스어의 특징이 혼합된 언어이며 조동사 현상에서는 독일어의 특징을 유지하고 있다고 보면 된다. 이에 해당하는 프랑스어 표현은 완전히 다르다(송경안·김순임, 1998 참조).

표현된다. 한국어에는 양상을 표현하는 조동사, 즉 양상조동사가 체계
적으로 발달해 있지 않다는 뜻이다.

> (25) 한국어의 양상표현245)
>> a. must: ~임에 틀림없다, ~해야 하다/되다
>> b. can: ~일 수 있다, ~할 수 있다
>> c. may: ~일지도 모른다, ~해도 좋다/되다
>> d. will: ~하려고 하다, ~할 것이다

앞서 말한 대로 양상조동사가 발달해 있는 것은 영어 및 게르만어
의 특징이며 인간언어의 일반적인 현상은 아니다. 즉 양상조동사가
발달해 있지 않는 것은 한국어의 특수한 현상이 아니며 지구상의 여
러 언어를 조사해 보면 오히려 이것이 일반적인 현상이다. 한국어가
특이한 것이 아니라 영어가 특이한 언어라는 것이다.

2) 한국어 조동사의 의미영역: 앞서 언급한 대로 조동사의 주요 의미영
역은 시제, 양상, 상이다. 영어의 조동사는 이 가운데 양상이 주된 의
미영역이며 진행형과 완료형과 같은 상도 조동사로 표현된다. 영어에
서 시제는 조동사로 표현되지 않는다.246) 한국어의 경우도 이 세 가
지 의미영역 가운데 시제는 조동사로 표현되지 않으며 양상과 상은
조동사로 실현된다.

한국어에서 양상표현 조동사로 볼 수 있는 것들로는 (26)과 같이
'싶다, 모르다, 보다' 등이 있다.247) 양상은 '의무와 확신의 정도'를 말

---

245) 이 가운데 '하다, 되다, 모르다' 등은 조동사로 볼 수 있겠다.
246) 가끔 영어 문법에서 진행형과 완료형를 시제에 포함시켜 기술하는 경우가 있는
    데 언어학적으로 보면 진행과 완료는 시제가 아니고 상에 해당한다. 이에 대한
    자세한 논의는 제21장 참조.

하는데 (26)의 조동사들은 확신의 정도를 나타내는 것들이다.

(26) 한국어 양상표현 조동사의 예
    a. 수진이가 지금쯤 집에 있지 않을까 싶다.
    b. 수진이가 지금쯤 집에 있을지 모르겠다.
    c. 수진이가 지금 집에 있는가 보다.

한국어에서는 (27)과 같이 상이 다양하게 조동사로 표현된다. 상(aspect)이란 사건의 진행 상황을 말하며 진행과 완료가 대표적인 상 표현이다. (27a)의 '있다'는 두 가지 상을 나타낸다. 한 가지는 수민이가 외출하려고 코트를 입고 있는 상황이고, 다른 한 가지는 코트를 입고 밖에 나와 있는 상황이다. 둘 다 '코트를 입는 동작'과 관련이 있는데 조동사 '있다'는 이 동작이 어떤 단계에 있는가를 나타낸다. 이렇게 '동작이 어떤 단계에 있는가를 나타내는 것'을 상(相; aspect)이라고 한다. 진행상, 완료상은 상의 일종이다. (27)의 '간다, 댄다/싼다, 두었다/놓았다'도 모두 상과 관련된 조동사이다. 한국어 상에 대한 것은 제20장에서 자세히 논의하겠다.

(27) 한국어의 상 조동사의 예
    a. 수민이가 초록색 코트를 입고 있다.
    b. 방이 식어 간다.
    c. 개가 짖어 **댄다/싼다**.
    d. 수민이하고 놀려고 숙제를 미리 해 두었다/놓았다.

이상에서 말한 조동사의 세 가지 주요 의미영역 이외에 한국어에서

---

247) 한국어 문법에서는 보조동사와 보조형용사를 구분하지만 이 책에서는 그냥 '조동사'라고 부르겠다.

는 다른 의미영역들도 조동사로 표현된다. 언어유형론적으로 볼 때 여기서부터는 아주 일반적인 현상이 아니라고 할 수 있다. 우선 한국어에는 (28)과 같이 부정문과 수동문에 쓰는 조동사가 있다.

(28) 한국어의 부정문 조동사
    a. 지금 집에 가지 말아라.
    b. 비가 와서 가지 못했다.
    c. 수희가 오지 않았다.
    d. 창문이 잘 안 닫아 진다.

한국어에는 또 (29)와 같은 조동사들도 관찰되는데 이들 역시 언어유형론에서 말하는 조동사의 3가지 주요 의미영역(시제, 양상, 상)에서 벗어난 것들이다. 이밖에도 한국어에는 조동사로 볼 수 있는 것들이 많다. '훈글' 프로그램과 연동된 민중 국어사전에 따르면 '하다'의 조동사적 용법이 9가지나 된다.

(29) 한국어 조동사의 그 밖의 의미표현
    a. 철수가 수진이에게 문을 열어 주었다.
    b. 꼭 가려고 했는데 배탈이 나 버렸어.
    c. 얼른 수진이한테 좀 가 보아라.
    d. 그냥 갈까 보다.
    e. 누가 들을까 싶다.

3) 한국어의 조동사와 형태: 문장에서 동사는 주어의 인칭과 수 그리고 시제 등에 따라 형태변화를 일으키는데 조동사가 있으면 조동사에 이 형태변화가 나타나고 본동사는 기본형이나 언어에 따라 특별한 형태로 나타나는 것이 일반적이다(Heine, 1993: 22-24). 영어의 경우 조동

사가 형태변화를 일으키기 않는 특징이 있으며 본동사는 보통 기본형으로 나타난다.

한국어의 경우 언어유형론이 말하는 일반적인 경향과 일치한다. 즉 일반적인 술어의 형태변화가 조동사에 나타나고 본동사는 조동사의 성격에 따라 특수한 형태를 취한다. 예를 들면 (30)에서 본 바와 같이 시제, 서술형 어미, 명령형 어미, 존칭이나 비칭 어미 등이 조동사에 붙고 본동사는 조동사의 성격에 따라 어미가 결정된다((29) 참조). '-면, -고, -서, -니까, -니' 등의 연결어미도 조동사에 붙을 수 있다((30e) 참조).

(30) 한국어 조동사와 형태변화
    a. 철수가 수진이에게 문을 열어 <u>준다</u>.
    b. 철수가 수진이에게 문을 열어 <u>주었다</u>.
    b. 철수가 수진이에게 문을 열어 <u>주어라</u>.
    c. 철수가 수진이에게 문을 열어 <u>주었어요</u>.
    e. 철수가 수진이에게 문을 열어 <u>주고</u>/-면/-니/-어서

제12장 'be'-동사와 '-이다'

계사의 기능과 언어유형: 언어의 기본단위는 문장이고 문장은 크게 보면 명사와 술어로 이루어진다. 술어로 쓰이는 품사는 언어에 따라 차이가 있다. 영어 등 유럽 언어는 동사만 술어로 쓰일 수 있으며 한국어는 동사와 형용사가 술어로 쓰일 수 있다. 인간의 언어에는 술어로 쓰이지 않는 말을 술어로 바꾸어 주는 표현이 있는데 이를 계사(연결사; copula)라고[248] 한다(Schachter, 1985: 55; Pustet, 2003 참조). 영어의 'be'-동사, 한국어의 '-이다', 중국어의 '是'가 그 예이다((1) 참조).

(1) 한국어, 영어, 중국어의 계사 문장
  a. 나는 한국인이다.
  b. I am Korean.
  c. 我 是 韓國人.
     I   am   Korean

한국어와 중국어는 형용사가 계사의 도움 없이 술어로 쓰일 수 있으나 영어는 계사를 동반해야 한다((2) 참조).

---

248) 'copula'란 라틴어에서 유래한 말로서 'join together, bind, link'의 뜻이며 영어의 *couple*(커플)이라는 말도 같은 어원이다.

(2) 한국어, 영어, 중국어 형용사와 계사

    a. 영희는 아주 예쁘다.

    b. Jane is very beautiful.

    c. 馬利亞　　很　　　　漂亮.

      Mary　　very　　beautiful

계사는 보통 동사적인 성격을 띠며 동사와 같은 형태변화를 한다. 이에 따라 Dixon(2010, 159)는 계사를 연결동사(copula verb)라고 불렀다. 그러나 계사가 동사적인 특성을 갖지 않는 경우도 있는데 아프리카 하우사어(Hausa)가 그 예이다. 즉 이 언어에서 동사는 목적어 앞에 오며 시제와 상에 따라 형태변화를 한다. 그러나 (3)과 같이 계사는 술어명사 뒤에 위치하며 명사의 성에 따라 형태가 다를 뿐 동사처럼 활용하지는 않는다. 여기서 *ce*는 여성 계사이며 그 밖의 경우는 *ne*를 쓴다(Schachter, 1985: 55).

(3) 하우사어 계사

    a. Ita　　yarinya　ce.

      she　　girl　　계사

      'She is a girl.'

    b. Shi　yaro　　ne.

      he　　boy　　계사

      'He is a boy.'

계사를 쓰지 않고 명사를 바로 술어적으로 쓰는 언어도 관찰되는데 필리핀의 타갈로그어(Tagalog)와 일카노어(Ilcano) 등이 그 예이다(Schachter, 1985: 7; 57). (4)는 타갈로그어와 일카노어의 무계사 문장이다. Dixon (2010, 제14장)은 이러한 문장을 무동사 문장(verbless clause)라도 불렀는데 이러한 언어를 무계사 언어라고도 부를 수 있겠다.

(4) 타갈로그어와 일카노어 무계사 문장의 예

   a. Mga   guro   sila.   (타갈로그어)

      복수   teacher they

      'They are teachers'

   b. Ina   daydyay   babae.   (일카노어)

      mother   that   woman

      'That woman is a mother.' (Schachter, 1985: 7; 57)

무동사 문장 혹은 무계사 언어의 전형적인 예는 호주 원주민 언어인 이딘어(Yidin)에서 볼 수 있다. (5)는 이 언어에 나타난 4가지 무계사 문장 구조이다(Dixon, 2010: 160). (5a)는 주어가 명사 술어와 결합한 구조이고, (5b)는 형용사 술어와 결합한 구조이며, (5c)는 명사의 소유격과 결합한 구조이다. (5d)는 (5c)와 비슷한 구조로 보이는데 의미적인 측면에서 약간 다르다고 해서 Dixon(2010)은 별도의 구조로 보았다.

(5) 이딘어 4가지 무계사 문장

   a. jugi   yiɲu   jundu.

      tree   this   stump

      'This tree is a stump.'

   b. mayi   mamba.

      fruit   sour

      'The fruit is sour.'

   c. yiɲu   gudaːga   wagaːl-ni.

      this   dog   wife-소유격

      'This dog is my wife's.'

   d. mayi   miwur   ɲanjin.

      fruit gathered   my

      'The gathered fruit is for me.' (Dixon, 2010: 160).

아랍어의 경우 현재 시제에서는 계사를 쓰지 않고 과거와 미래 시제에서는 계사가 나타난다(정규영, 2008: 149). (6a)는 이집트 아랍어 현재 시제 문장이고 (6b,c)는 과거와 미래 시제 문장이다. 아랍어는 형용사도 명사와 같이 시제에 따라 계사가 쓰이기도 하고 쓰이지 않기도 한다(Steele et al., 1981: 78). 아프리카 스와힐리어에서도 현재 시제에서는 계사를 쓰지 않고 그 밖의 시제에서는 시제가 표시된 계사가 나타난다(Schachter, 1985: 56).

(6) 아랍어 시제와 계사 문장(Steele et al., 1981: 74-78)[249]

   a. huwwa   ṭabiib.   (현재시제)

      he   doctor_남성.단수

      'He is a doctor.'

   b. huwwa   kaan   ṭabiib.   (과거시제)

      he   was   doctor_남성.단수

      'He was a doctor.'

   c. huwwa   haykuun   ṭabiib.

      he   will be   doctor_남성.단수 (미래시제)

      'He will be a doctor.'

계사구문의 다른 결합 유형: 위에서 우리는 계사가 언어에 따라 명사나 형용사와 결합한 것을 보았다. 영어의 'be'-동사는 주로 명사, 형용사와 결합하지만 한국어의 '-이다'는 기본적으로 명사와 결합하며 형용사와는 결합하지 않는다. 중국어의 계사 '是'는 한국어식이다.[250] 그

---

249) 아랍어 *kaan, haykuun*은 명사나 형용사 술어 구문에만 나타나는 것이 아니고 타동사 구문에도 시제 표지로 나타나기 때문에 엄밀하게 말하면 계사라기보다는 시제표지로 보아야 하다(Steele et al., 1981: 74-78).
250) 중국어에도 명사가 계사 없이 술어로 쓰이는 경우가 있다. 예를 들면 '오늘은 수요일이다.'는 말을 계사 '是'없이 '今天 星期三.'이라고 한다(조희무·안기섭, 2008 참조).

러나 조금 자세히 보면 계사는 다른 품사와도 결합이 가능하다. (7)의 영어 계사의 다양한 결합 방식이다.

(7) 영어 계사의 결합구조
    a. John is tall.   (형용사)
    b. John is my brother.   (명사)
    c. This book is John's.   (소유격)
    d. John is away.   (부사)
    e. John is from Canada.   (전치사구/부사구)
    f. John is in Canada.   (전치사구/부사구)
    g. The present is for Mary. (전치사구/부사구)

(7a,b)는 기본 계사구문이고 (7c)는 소유격과 계사가 결합한 구조이다. (7d-g)는 영어의 계사가 부사 및 전치사구(부사구)와 결합한 예이다. 우리는 흔히 (7f)의 *be*-동사를 존재를 나타내는 *be*-동사라고 하며 다른 구문의 *be*-동사와 구별한다. 그러나 '존재'의 의미는 계사가 *in Canada*와 같은 장소부사와 결합하면서 나타난 것이지 *be*-동사 자체의 의미는 아니라고 할 수 있다.[251] (7e)에서 '이동'을 나타내는 의미가 *be*-동사에서 나오는 것이 아니라 전치사 *from*에서 나오는 것과 마찬가지이다.

한국어의 계사 '-이다'도 기본적으로는 명사와 결합하지만 자세히 보면 (8)과 같이 다른 결합구조도 관찰된다. (8a)는 명사와 결합한 경우로서 일반적인 한국어 계사구문이다. (8b)는 한국어에서 특별한 구문이다. 여기서 '낭만적'의 품사를 무엇이라고 해야 할지가 문제인데 국어사전에는 관형사와 명사로 나와 있다. 그러나 한국어에서 이를

---

251) 존재를 나타내는 'there is/are ~' 구문은 이러한 구문에서 발달했을 것으로 보인다(Dixon, 2010: 160 참조).

단순히 명사라고 보기는 어려울 것 같다.[252] 어떻든 이는 일반적인
'명사 + 계사' 구조는 아니다. (8c)의 '홀로, 별로'는 부사이다. (8d-h)는
계사가 장소, 시간 이유 등 다양한 부사적 표현들과 결합하는 예이다.

> (8) 한국어 계사의 다양한 결합구조(송경안 외, 2015: 149)
>   a. 영희는 내 친구이다.
>   b. 철수는 낭만적이다.
>   c. 나는 홀로이다. / 그 사람 별로이다.
>   d. 그게 아마 부산에서였지?
>   e. 내가 할 일은 여기까지이다. / 여기에서부터이다.
>   f. 이게 다 너를 위해서이다.
>   g. 감기약을 먹어서인지 졸린다.
>   h. 승미가 언제부터 저러지?
>   - 현수를 만나면서부터입니다.
>   - 현수를 만나고 나서입니다.
>   - 현수를 만나고 나서부터입니다.

(7)과 (8)을 비교해 보면 한국어와 영어의 계사구조에 많은 차이가
있음을 알 수 있다. 즉 두 언어의 계사구조는 형용사 및 명사 결합이
라는 기본구조에서 뿐만 아니라 그 밖의 각종 부사적 표현과의 결합
에서도 아주 다른 양상을 보이고 있다. 예를 들면 (7d-f)와 같은 표현
은 한국어에서 불가능하며 반대로 (8)의 한국어 부사 결합 구문들을
영어로 표현하는 것도 쉽지 않아 보인다.

계사구조의 의미관계: 앞의 단락은 계사와 결합 가능한 품사 및 구문적

---

252) 사람에 따라서는 '이다'와 결합했으니까 명사라고 보아야 한다고 주장할지 모르
   지만 이는 타당한 주장이 아니다. 그렇다면 (8c-h)의 계사에 붙은 표현도 모두
   명사로 볼 것인가 하는 문제가 제기된다.

유형에 대한 논의였다. 이 단락은 계사구문의 의미유형 및 의미관계 유형에 대해 살펴보겠다. 이는 주어와 계사구 사이의 의미관계를 말하며 위 (7)-(8)의 결합구조들과 밀접한 연관이 있다. Dixon(2010, 159)는 계사구조의 주요 의미관계를 (9)와 같이 5가지로 구분하였다.

Dixon에 따르면 이 가운데 일치와 속성이 계사구문의 가장 기본적인 의미관계이다. 소유와 수혜도 여러 언어에서 나타나는 의미관계이며 이 둘은 언어에 따라 같은 형태로 표현되기도 한다. 위치관계는 계사구조로 표현되는 언어도 있고 그렇지 않은 언어도 있다. 후자의 경우 계사 대신 위치 관련 동사가 사용된다. 예를 들면 위 (5)에서 본 이딘어(Yidin)는 소유와 수혜의 관계가 같은 형태로 나타나며 위치관계는 계사구조로 나타나지 않는다.

(9)의 5가지 계사구조 의미관계는 유형론적으로 자주 나타나는 의미관계로 보아야 하며 인간 언어의 계사구조에 나타난 모든 의미관계를 열거한 것은 아니다. 영어 계사구문만 하더라도 (7e)의 출발점은 이 5가지 의미관계에 포함되지 않는다.

이와 관련해서 한국어는 특별한 상황이고 언어유형론적으로 흥미로운 언어라고 할 수 있다. 우선 (8)의 예문으로만 보더라도 (9)의 5가지 범주에 해당되지 않는 것들이 많다. (8a-c)는 일치와 속성 관계로 볼 수 있다. (8d)는 위치관계인 것 같지만 (7f)의 영어 예문과는 다르다. 한국어에서는 (7f)와 같은 구문이 불가능하다. (8f)도 수혜관계인 것처럼 보이지만 (7g)의 영어 예문과는 다르다. 한국어에서는 (7g)와 같은 구문도 불가능하다. (8e,g,h)의 한국어 구문은 (9)의 5가지 의미관계로 설명할 수 없는 예들이다.

(9) 계사구조의 5가지 주요 의미관계[253]

의미관계	계사 결합 표현의 범주	영어의 예문
일치	명사	The man is a doctor. The basic idea was that + 문장
속성	형용사	This man is clever.
소유	소유격 구문	This book is John's.
수혜	수혜격 구문	The present is for John's birthday.
위치	장소 부사(구)	The apple tree is in the garden.

한국어에서 계사구문의 의미관계와 관련해서 특히 관심을 끌만한 것은 (10)과 같은 구문들이다. 여기서 계사와 결합된 표현들은 모두 명사이다. 표 (9)에 따르면 이들은 의미적으로 일치관계가 되어야 하는데 실제로는 일치관계와 거리가 멀다. 그래서 (10)의 한국어 계사구문을 영어로 직역해 놓으면 (11)과 같이 웃지 못 할 문장이 되어 버린다. 영어의 명사 계사문은 일치관계를 나타내는데 한국어의 명사 계사문은 그밖에도 다양한 의미관계를 나타낼 수 있는데서 오는 차이이다.

(10) 한국어 계사구문의 특수 의미관계(홍재성, 1999; 221f)
   a. 어디 있어? 응, 나 지금 부산이야.
   b. 뭐 마실래? 응, 난 이 집에 오면 항상 커피야.
   c. 내일은 어디로 가십니까? 내일은 부산입니다.
   d. 우리는 내일 출발이다.

(11) 한국어 계사구문 (10a-d)의 영어 직역문
   a. *I am Busan.
   b. *I am coffee.
   c. *Tomorrow is Busan.
   d. *We are tomorrow start.

---

253) 일치: identity, 속성: attribution, 소유: possession, 수혜: benefaction, 위치: location

가끔 (10)과 같은 한국어 계사문장에 대해 '잘못된 것 아니냐? 그렇게 말하면 안 되는 것 아니냐?'고 말하는 사람이 있다. 그러나 영어 문법에 매이지 않고 한국인이 보통으로 쓰는 문장이면 모두 좋은 문장이다. 영어에서 그런 식으로 말하지 않는다고 해서 한국어가 잘못되었다고 생각하면 안 된다. 한국어는 한국어대로 특징이 있는 것이고 이를 어떻게 분석하고 설명할 것인가는 한국어 연구자들의 몫이다. (10)의 계사구문은 한국어의 중요한 특징을 반영한 것이며 언어유형론적으로도 주목할 만한 예라고 할 수 있다. Dixon 같은 국제적인 언어유형론자가 설정한 표 (9)의 의미관계로 설명이 안 되는 현상이기 때문이다. 한국어의 명사 계사구문은 Dixon이 말한 일치관계이외에도 매우 다양한 의미관계를 나타낼 수 있는 것이다.

'이다'의 품사: 계사와 관련해서 한국어 문법에서 큰 논란거리가 되고 있는 것이 '이다'의 품사 문제이다. 현재 표준 한국어 문법에서는 '이다'를 조사로 분류하고 있으며 그 근거는 다음과 같다. 조사는 명사 뒤에 붙어서 그 명사의 기능, 즉 격을254) 표시하는 말이다. 예를 들면 '-가'는 해당 명사가 주어라는 것을 표시하고 '-를'은 해당 명사가 목적어라는 것을 표시한다. 한편 '이다'는 명사 뒤에 붙어서 해당 명사가 술어라는 것을 표시하는 것으로 '-가, -를'과 함께 조사로 보아야 한다. 이 논리는 얼핏 그럴듯하게 보이지만 자세히 보면 언어학적으로나 언어유형론적으로 다음과 같은 몇 가지 문제가 있다.

첫째, (8)에서 보는 것처럼 '이다'가 명사하고만 결합하는 것이 아니다. 이는 '이다'를 조사로 보기 어렵다는 증거이다. 조사는 명사와

---

254) 주격, 소유격, 목적격 등을 말한다.

결합하기 때문이다. 영어의 계사도 명사, 형용사이외에 다양한 부사구와 결합하고 있다((7) 참조).

둘째, 명사의 격이란 기본적으로 술어(동사)와 그에 딸린 명사와의 관계이다.255) 예를 들면 (12)와 같은 문장구조에서 술어는 '데려오다'이고 이 술어에 딸린 명사가 5개인데 이 명사들은 각각 술어와의 관계에 따라 격이 결정되는 것이다. 술어 자체가 격을 가질 수는 없으며 국어문법에서 '이다'를 서술격 조사라고 하는데 이러한 격을 설정하는 것은 언어학적으로 적절한 것이 아니다.

(12) 술어와 격의 관계

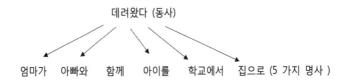

데려왔다 (동사)

엄마가   아빠와   함께   아이를   학교에서   집으로 (5 가지 명사)

셋째, 언어학적 분류에서 가장 중요한 기준은 형태적 기준인데 형태적인 면에서 볼 때 국어의 '이다'는 동사/형용사와 똑같은 변화를 하기 때문에 동사나 형용사로 분류해야 한다((13) 참조). 언어학적으로 볼 때 이러한 형태적인 공통점이 있는데도 '이다'를 다른 품사로 분류하는 것은 오히려 이상한 일이다.

(13) 한국어 계사 '이다'의 형태변화
        a. 피다: 피었다, 피고, 피니, 피면, 피므로, 피어서, …
        b. 이다: 이었다, 이고, 이니, 이면, 이므로, 이어서, …

---

255) 이밖에 *John's sister*와 같은 소유격과 *for me*와 같은 전치사격이 있다. 이 두 가지 격은 술어와 관계가 없다.

넷째, 형태변화의 관점에서 '이다'를 조사로 보아서는 안 되는 또한 가지 이유가 있다. 조사는 언어학적으로 후치사(postposition)에 해당하며 전치사(prepostion)와 함께 대표적인 불변화사256) 범주에 속한다. 한국어에서 어형변화를 일으키는 품사는 동사와 형용사뿐이며 조사는 불변화사이다. 따라서 다양한 형태변화를 일으키는 '이다'를 조사로 분류하는 것은 적절하지 않은 것이다.

다섯째, 국어 계사구문의 부정문 구조도 '이다' 자체가 술어에 가까우며 조사가 될 수 없다는 근거를 제공한다. (14)에서 '아니다'는 '안 + 이다'에서 온 것이다. '안 가다, 안 보다' 등 다른 부정문 구조와 마찬가지로 술어 앞에 부정소 '안'이 놓인 구조이다. '아니다'를 언어학적으로 어떻게 분석할 것인가는 별도의 논의가 필요한 부분이지만 어떻든 '아니다'는 (13)의 어형변화를 그대로 할 수 있다. 그리고 (14b)의 '학생이'에는 별도로 주격 조사가 붙어 있어서 '아니다'를 조사로 볼 수 없는 상황이다. 그렇다면 (14a)의 '이다'도 조사로 보기가 어렵다는 결론이 나온다.

(14) 한국어 계사구조의 부정문
　　　a. 영희는 학생이다.
　　　b. 영희는 학생이 아니다.

여섯째, 현대 언어유형론의 관점에서 볼 때 '이다'는 조사로 분류해서는 안 된다. '이다'는 계사(copula)에 해당하며 언어학적으로 영어의 *be*-동사와 같은 것이다. 앞서 말한 대로 계사란 술어로 직접 쓰일 수 없는 어류들을 도와 술어 기능을 하도록 하는 요소로서 보통 동사적

---

256) 어형변화가 없는 품사들을 말한다.

인 성격을 띠며 동사와 같은 형태변화를 한다(Schachter, 1985: 55). 이에 따라 Dixon(2010, 159)는 계사를 연결동사(copula verb)라고 불렀다. 물론 위 (3)의 하우사어(Hausa)처럼 형태변화에서 동사와 성격이 다른 경우도 있고 (5)의 이딘어(Yidin)와 같은 무계사 언어도 있기는 하다. 그러나 한국어는 계사가 동사적인 성격을 띠는 일반적인 유형에 속하며 '이다'는 따라서 Dixon(2010)과 같이 연결동사나 형용사로 보는 것이 더 타당하다고 하겠다. 한편 언어유형론에서 위 (3)의 하우사어와 같은 경우라도 계사를 후치사나 전치사로 분류하는 일은 없다. 이는 마치 영어의 be-동사를 전치사로 분류하는 것과 같기 때문이다.

분류사의 개념과 명사의 분류: 분류사는 아래 (1)의 한국어 예문에서 볼 수 있는 '자루, 그루, 마리' 등의 어휘들을 말한다. 이 단어들을 보면 관련 명사가 어떤 부류의 명사인지를 알 수 있기 때문에 분류사 (classifier)라고 부른다.

(1) 한국어 분류사의 예
　　a. 연필 세 자루
　　b. 감나무 다섯 그루
　　c. 비둘기 네 마리

이와 같은 어류가 모든 언어에 발달해 있는 것은 아니다. 영어만 하더라도 *three pencils, five trees, four birds*라고 하며 '자루, 그루, 마리'에 해당하는 말은 따로 쓰지 않는다. 지구상의 언어를 조사해 보면 이러한 부류의 단어를 사용하는 언어가 있고 사용하지 않는 언어가 있다. 두 가지 언어 유형이 있는 것이다. 한국어, 중국어, 일본어, 태국어 등 아시아 계통의 언어가 대표적인 분류사 언어이고 영어, 독일어, 프랑스어 등 유럽 언어들은 분류사가 발달하지 않은 언어들이다. 유럽 사람들이 한국어를 배울 때 분류사는 따라서 매우 배우기 어려운 부분이 된다. 이러한 분류사가 한 두 개가 아니고 200-300개 정도가 되며 한국어를 배우려면 이들을 일일이 외워야 하기 때문이다.

분류사는 유럽 언어에 없는 현상이기 때문에 의성·의태어와 마찬 가지로 유럽 학자들에게 큰 관심거리가 되지 않을 수도 있었겠지만 사실은 현대 언어유형론의 시작이라고 할 수 있는 미국의 언어학자이 자 인류학자 Joseph Greenberg가 일찍이 분류사에 대해 관심을 가지 고 연구한 바 있다(Greenberg, 1972 참조).257)

분류사는 명사의 분류와 관련된 문법 범주인데 명사를 문법적으로 분류하는 방법은 한국어와 같이 분류사를 사용하는 방법이외에도 언 어에 따라 다양하게 나타날 수 있다. 1980년대에 들어 분류사는 이와 같이 명사의 분류라는 큰 틀 안에서 논의되기도 한다. 예를 들면 1984 년 미국 오레곤 대학에서 '범주화와 명사의 분류'라는258) 제목으로 국 제학술대회가 개최되었는데 그 결과로 나온 것이 'Craig, C. G.(ed.) (1986): Noun Classes and Categorization(명사의 분류와 범주화)'라는 책 이다.

이에 따르면 언어에 따라 명사를 몇 가지로 구분하는 언어적 장치 를 가지고 있는데 분류사가 그 가운데 한 가지 방법이며 유럽 언어에 서 명사를 성(gender)에 따라 구분하는 것도 한 가지 예이다. 전자를 분 류사(classifier) 언어라고 부르고 후자를 명사분류 체계(noun class system) 언어라고 부를 수 있겠다. 분류사는 주로 어휘로 표현되는데 비해 명 사의 성과 같은 분류 체계는 문법체계로259) 나타난다. 이 책에서 Dixon

257) 현대 언어유형론의 고전서라고 할 수 있는 Greenberg 등의 'Universals of Human Languges, 1-4권'이 1978년에 출판된 것을 감안하면 1972년의 분류사에 관한 Greenberg의 이 연구는 현대 언어유형론의 초창기 연구라고 하겠다.
258) 'Categorization and Noun Classification'

(1986, 109)는 이 2가지를 인간 언어에서 명사를 분류하는 대표적인 언어적 장치라고 했다. 지역적으로 보면 명사의 성을 구분하는 언어, 즉 명사분류 체계 언어는 유럽과 아프리카, 아랍, 인도, 아메리카 대륙의 일부 지역 등에 주로 분포되어 있고 분류사 언어는 동아시아와 동남아시아 지역 등에 분포되어 있다.

명사분류 체계 언어: 명사분류 체계 언어란 문법체계 안에서 명사를 일정한 하위범주로 분류하는 언어를 말한다. 예를 들면 유럽 언어는 주로 성(gender)과 수(number)를 가지고 명사를 분류한다. (2)-(3)은 독일어와 포르투갈어에서 볼 수 있는 명사분류 체계의 예이다. 독일어는 관사와 형용사에 명사의 성과 수가 표시된다. 포르투갈어는 관사, 명사, 형용사에 똑 같은 형태로 명사의 성이 표시되어 있다. 독일어는 남성, 여성, 중성을 구분하는데 포르투갈어는 남성과 여성만 구분한다.260)

(2) 독일어 명사분류 체계의 예
   a. d-er   klein-e   Mann
      the-남성   little-남성   man
   b. d-ie   klein-e   Frau
      the-여성   little-여성   woman
   c. d-as   klein-e   Kind
      the-중성   little-중성   child

---

259) 분류사 체계도 넓은 의미에서 문법체계의 일부로 볼 수 있지만 여기에서 말하는 문법체계는 어미 등 형태소에 의한 문법표현 체계를 말하며 이는 좁은 의미의 '문법'이라고 할 수 있다.
260) 언어적으로 표현되는 명사의 성은 자연의 성과는 다르다. 예를 들면 독일어에서 'Tisch(책상)'는 남성이고 'Tür(문)'는 여성이며 'Buch(책)'는 중성인데 이들의 자연성은 모두 중성이다.

(3) 포르투갈어 명사분류 체계의 예

 a. o   menin-o bonit-o

  the(남성) child-남성 beautiful-남성

  'the beautiful boy'

 b. a   menin-a bonit-a

  the(여성) child-여성 beautiful-여성

  'the beautiful girl' (Aikhenvald, 2000: 2)

언어에 따라 다른 기준을 가지고 명사를 분류하는 경우도 있다.[261] 예를 들면 남아메리카 페루 지역 원주민 언어인 야구아어(Yagua)는 명사를 1차적으로 '살아 움직이는 것(animate; 유정적)'과 '움직이지 않는 것(inanimate; 비유정적)' 그리고 '추상적인 것'으로 구분하고 유정 명사는 단수, 쌍수, 복수의 구분이 있다(Payne, 1986). 명사의 유정성(animateness)과 수(number)가 형태적으로 표시된다는 뜻이다. (4)는 야구아어 명사분류 체계의 예이다. '유정성'과 '단수'가 '-nu'라는 형태로 표현되고 있다.

(4) 야구아어(Yagua) 명사분류 체계의 예

 dapuuy-nu   Alchino.

 hunt-유정.단수 Alchino

 'Alchino is a hunter.'

---

261) 원래 'gender'라는 말은 '종류'라는 뜻인데 유럽 언어에서 명사를 '성'에 따라 구분하면서 명사의 성을 가리키게 되었다. 이후 언어기술의 시각이 넓어지면서 '성'이외에 다른 기준에 의한 명사의 문법적 구분에 대해서도 'gender'라는 용어를 사용하게 되었다. 오늘날 언어학에서 'gender system'은 따라서 언어에 나타난 명사구분 체계를 일반적으로 일컫는 용어로 이해할 수 있다. 이는 'noun class system'과 같은 뜻으로 볼 수 있으며 (2)-(3)의 명사분류 체계도 이점에서 'gender system'이라고 할 수 있다.

(5)는 남아메리카 아마존 지역의 타리아나어(Tariana)에서 '큰 뱀'과 '큰 밧줄'이라는 표현인데 이 언어 역시 명사를 유정성의 유무에 따라 구분하고 비유정적인 사물은 다시 모양에 따라 '긴 것(long)', '둥근 것 (round)', '구부러진 것(curve)' 등을 구분한다(Aikhenvald, 2007: 494). (5a)의 *api*(뱀)는 유정물이라는 표지가 되어 있고 (5b)의 *hinirusi*(밧줄)는 비유정적인 사물인데 이 경우 모양이 '곡선'이라는 표지가 붙어 있다.

(5) 타리아나어(Tariana) 명사분류 체계의 예

   a. pa-ita   api   hanu-ite
      one-유정   snake   big-유정
      'a big snake'
   b. pa-kha   hinirusi   hanu-kha
      one-곡선   rope   big-곡선
      'a big rope'   (Aikhenvald, 2007: 494)

명사분류 체계 언어는 이상과 같이 문법체계로 명사를 구분하는 경우를 말하며 이때 명사를 구분하는 표지는 단어에 붙는 어미 등 형태소로서 이들은 언어학에서 '분류사'라고 부르지는 않는다. 이러한 유형의 언어에서는 명사의 문법적 분류가 필수적이다. 예를 들면 독일어에서 관사 어미로 명사의 성을 표시하는 것은 필수적이다.

분류사 언어: Greenberg(1972) 이후 언어유형론에서 분류사라고 하면 보통 위 (1)의 한국어의 예에서 보는 '자루, 그루, 마리' 등의 단위명사를 말한다. 이는 수량을 나타내는 표현과 함께 나타난다고 해서 수량 분류사(numeral classifier)라고도 한다. Greenberg(1972)도 수량 분류사라는 용어를 썼으며 WALS(세계 언어구조 지도)는 분류사편에서 수량 분류사만을 다루고 있다. 수량 분류사는 동남아시아와 동아시아 지

역 그리고 남북아메리카 일부 지역의 언어에 나타나는 현상이며 유럽과 아프리카 및 호주 지역의 언어에서는 거의 관찰되지 않는다 (Aikhenvald, 2000: 122). 동남아시아 지역의 언어들은 보통 수십 개 정도의 수량 분류사를 가지고 있으며 다른 언어의 경우 적게는 10여 개에서 많게는 수백 개에 이른다(Aikhenvald, 2000: 101-106).[262]

(6) 말어(Mal) 수량 분류사 (Wajanarat, 1979: 295-296)

    a. ʔən   ʔui   ʔɔɔi   phɛʔ   lɛʔ.
       I   have   pot   three   CL:round[263]
      'I have three pots.'

    b. ʔən   ʔui   khwan thiat   phoon   ləɓ.
       I   have   child   four   CL:person
      'I have four children.'

수량 분류사는 언어에 따라 독립된 어휘로 나타나기도 하고 수량사에 붙어 쓰이기도 하고 가끔은 명사에 붙기도 한다. (6)은 라오스와 태국 지역에서 쓰이고 있는 말어(Mal)의 독립 어휘 분류사의 예이다. 이 언어는 수십 개의 분류사를 가지고 있으며 명사의 유정성 여부과 모양에 따라 분류사가 달라진다(Wajanarat, 1979: 295-296; Aikhenvald, 2000: 101-102 재인용). 이 언어에서 수량사 관련 구조는 한국어와 같이 '명사 + 수량사 + 분류사'의 순서인데 (6a)의 *lɛʔ*는 둥근(round) 사물에 쓰는 분류사이고 (6b)의 *ləɓ*은 사람에게 쓰는 분류사이다. *ləɓ*은 한국어의 '(다섯) 명' 정도에 해당할 것으로 보인다.

---

262) 말어(Mal)는 수십 개, 우즈베크어는 14개, 헝가리어는 6개, 인도 지역의 아삼어 (Assamese)는 10개 정도로 알려져 있으며 한국어나 일본어, 태국어 등은 수백 개에 이른 것으로 알려져 있다.

263) CL: classifier(분류사)

인도 지역의 아삼어(Assamese)는 10개의 분류사가 있는데 사람과 관련해서 성별, 존칭 여부에 따라 4가지를 구분한다. (7)은 아삼어에 나타난 사람 관련 분류사의 예이다(Barz & Diller, 1985: 169; Aikhenvald, 2000: 103 재인용). 이들 분류사는 존칭과 관련해서 나누어지는 한국어의 '분, 명, 놈/녀석/년'과 같은 분류사를 연상케 한다. 이 언어에서 수량사 관련 구조는 (6)의 말어(Mal)와는 달리 '수량사 + 분류사 + 명사'의 순서이다.

(7) 아삼어(Assamese) 수량 분류사(Barz & Diller, 1985: 169)
   a. tini   zɔn   xɔkhi
      three   CL:사람.남성.존칭   friend
      'three friends(존칭)'
   b. tini   zɔni   sowali
      three   CL:여성.평칭   girl
      'three girls(평칭)'
   c. tini   gɔraki   mɔhila
      three   CL:사람.존칭   woman
      'three women(존칭)'

분류사의 위치: 위 (6)-(7)에서 본 바와 같이 두 언어에서 분류사의 위치가 다른데 이와 관련해서 우리는 (8)과 같이 크게 두 가지 유형을 구분할 수 있다. 중국어는 유형 1에 속한다((9) 참조).

(8) 분류사의 위치 유형
   a. 유형 1: 수량사 + 분류사 + 명사
   b. 유형 2: 명사 + 수량사 + 분류사

(9) 중국어 분류사의 위치(조희무·안기섭, 2008)

   a. 三　　　本　　　書
     three　분류사　book
     'three books'

   b. 三　　　个　　　人
     three　분류사　person
     'three persons'

   c. 三　　　隻　　　狗
     three　분류사　dog
     'three dogs'

한국어의 분류사 위치는 보통 유형 2에 해당하지만 소유격 형식을 빌려 유형 1처럼 표현하기도 한다((10) 참조). 일본어도 한국어와 같이 2가지 형식이 가능하다((11) 참조; Bisang, 1999).

(10) 한국어 분류사의 위치
   a. 유형 1: 개 세 마리
   b. 유형 2: 세 마리의 개

(11) 일본어 분류사의 위치(박선옥·양경모, 2008 참조)
   a. ip-pon-no　　　　　empitsu　(유형 1)
     one-분류사-소유격　　pencil
     'one pencil'
   b. empitsu　　ip-pon　　(유형 2)
     penci　　　one-분류사
     'one pencil'

언어에 따라 수량 분류사가 수량사에 접사로 붙는 경우도 있고 명사에 접사로 붙는 경우도 있다. (12)는 벵갈어(Bengali)에서 분류사가 수량사에 접사로 붙는 예이다(Akhenvald, 2000: 105-106).

(12) 벵갈어 접사 분류사의 예
    a. ek-tâ   bai
       one-CL:사물   book
       'one book'
    b. ek-ti   bai
       one-CL:사물.축소[264]   book
       'a beautiful small book'

이상에서 수량사와 함께 쓰이는 분류사에 대해 살펴보았다. 명사분류 체계(noun class system)와 비교할 때 수량 분류사는 몇 가지 차이가 있다(Aikhenvald, 2000: 98-99 참조). 첫째, 명사분류 체계 언어에서는 명사의 문법적 분류가 필수적인데 비해 분류사 언어에서 분류사의 사용이 필수적인 것은 아니다((13a) 참조). 둘째, 한 가지 명사에 하나의 분류사만 고정되어 있는 것이 아니다((13b 참조). 셋째, 모든 명사에 분류사가 따로 있는 것이 아니고 여러 가지 명사에 두루 쓸 수 있는 분류사가 있다. (13c)에 한국어 '개'가 그 예이다.

(13) 분류사 언어의 특징
    a. 맥주 둘만 주세요.
    b. 말 두 필을 사다/ 말 두 마리를 사다
    c. 사과/연필/공/사탕/풍선/마우스/컵 다섯 개

그 밖의 명사분류 체계: 지구상의 언어에는 명사분류 체계와 수량 분류

---

264) 축소명사(diminutive)란 일반명사가 가리키는 것보다 작고 깜찍한 것을 말하며 흔히 언어에 따라 특별한 어미를 사용해서 표현한다.

사 이외에도 명사를 분류하는 방법이 더 있다. 먼저 명사 분류사이다. 이는 수량 분류사와 비슷한데 수량사와 함께 쓰이는 것이 아니라 그냥 수량과 관계없이 명사에 붙어 그 명사의 종류를 나타내는 경우이다. (14)는 남미 과테말라 서부 지역 자칼텍어(Jacaltec)에 나타난 명사 분류사의 예이다.

(14) 자칼텍어(Jacaltec)의 명사 분류사
    a. xul   naj   Pel   b'oj   ya?   Malin.
       came   CL:비친척.남 Peter   with   CL:사람.존대   Mary
       'Peter came with Mary.'
    b. xil   ix   ix   hunte? hin   no?   txitam tu?.
       saw CL:비친척.여 woman   one   my   CL:동물   pig   that
       'The woman saw that one pig of mine.'
    c. caj   te?   tahnaj   ixpix.
       red   CL:식물   ripe   tomato
       'The ripe tomato is red.' (Craig, 1986: 264)

자칼텍어는 동사가 문장 맨 앞에 오는 VSO 어순의 언어이다. 이 예에서 보는 것처럼 이 언어에서는 분류사들이 수량사 없이 명사 앞에 쓰이고 있다. (14a)에서 명사 분류사 *naj*는 *Pel*이 친척이 아닌 남성이라는 것을 가리키고 *ya?*는 존대해야 할 사람에게 사용하는 분류사이다. 한국어의 '그 여자 **분**이' 할 때 '분'이 이와 비슷할 것이다. (14b)에서 *ix*는 친척이 아닌 여성에게 쓰는 분류사이고 *no?*는 동물에게 쓰는 분류사이다. (14c)의 *te?*는 식물에 쓰는 분류사이다.

자칼텍어의 경우 명사 분류사가 독립된 별도의 명사로 실현되는데 언어에 따라 이 분류표지가 동사에 접사 형태로 나타나는 경우도 있다. 이를 동사 분류사라고 부르기도 한다(Aikhenwald, 2000: 제5장).

인도네시아 파푸아 지방의 이몬다어(Imonda)는 100여 개의 동사 분류사를 사용한다. (15)는 이몬다어 동사 분류사의 예이다. 이 문장에서 분류사 *põt-*가 동사 앞에 붙어 있는데 이는 목적어 *sa*('coconut')가 과일이라는 표시이다.

(15) 이몬다어(Imonda)의 동사 분류사

    sa   ka-m   põt-aihu.

    coconut   I-to   CL:과일-give

    'Give me the coconut.' (Aikhenwald, 2000: 152)

명사분류 체계, 분류사 그리고 영어: 이상에서 우리는 명사분류 체계 언어와 분류사 언어에 대해 살펴보았다. 유럽과 아프리카, 인도 지역의 언어들은 대개 명사분류 체계 언어에 속하고 분류사 언어는 주로 아시아와 아메리카 대륙에 분포되어 있다. 그러면 영어는 어떤 상황일까? 영어는 유럽 언어이기 때문에 일단 분류사 언어는 아니며 분류사와 비슷한 것이 있다면 (16)의 예에서 보는 정도이다. 따라서 한국어의 '마리, 그루, 벌, 켤레, 자루' 등의 분류사는 유럽인들에게 매우 낯설고 배우기 어려운 현상이다. 반대로 중국이나 일본 그리고 동남아 사람들은 대부분 이러한 분류사 현상에 익숙하기 때문에 한국어 분류사를 배우기가 쉬울 것이다.

(16) 영어의 단위명사

    a. a piece of chalk

    b. a cup of coffee

    c. a pair of shoes

    d. a glass of water

그러면 영어는 다른 유럽 언어와 마찬가지로 명사분류 체계 언어일까? 엄밀히 말하면 그것도 아니다. 유럽 언어를 크게 게르만어, 로만스어, 슬라브어로 나눌 수 있는데 게르만어와 슬라브어는 명사를 남성, 여성, 중성으로 구별하고[265] 로만스어는 남성과 여성으로 구분한다. 모든 명사를 성으로 구분하는 점에서 이들은 명사분류 체계 언어라고 할 수 있다. 그러나 현대 영어는 명사의 성을 구분하지 않는다.

표 (17)은 '소년, 부인, 동물'에 대한 독일어, 프랑스어, 영어의 명사이다. 독일어에서는 이들을 각각 관사의 형태를 통해 남성, 여성, 중성으로 구분하고 프랑스어에서는 남성과 여성으로 구분하고 있다. 그런데 영어는 이 세 명사에 대해 모두 같은 형태의 관사를 사용하고 있으며 성을 구분하지 않는다. 대부분의 유럽 언어에서 볼 수 있는 명사분류 체계가 현대 영어에는 사라지고 없는 것이다. 영어는 명사분류 체계 언어라고 볼 수 없다는 뜻이다.

(17) 독일어, 프랑스어, 영어 명사의 성 구분

독일어	프랑스어	영어
der Junge	le garçon	the boy
die Frau	la femme	the woman
das Tier	le animal	the animal

앞서 제1장 서론 부분에서 우리는 현대 영어가 게르만어와 로만스어 혹은 독일어와 프랑스어의 혼합으로 형성되었으며 이 과정에서 영어는 두 언어에 있는 굴절어적인 특징이 거의 사라진 상황이라고 소개한 바 있다. 이 굴절어적 성격의 일부가 바로 명사의 성과 격의 구

---

265) 러시아어 명사의 성에 대해서는 허성태·임홍수(2008) 참조.

별인데 영어는 이 특징이 없어진 것이다. 현대 영어는 더 이상 명사의 성을 구별하지 않으며 따라서 명사분류 체계 언어로 분류할 수 없다. 언어유형론적으로 볼 때 영어는 분류사 언어에도 속하지 않으며 명사분류 체계 언어에도 속하지 않는 상황이다. 특히 유럽 언어 전체가 명사분류 체계 언어에 속하는데 영어만 유독 예외적인 현상을 보이고 있는 것이다.

제14장

의성 · 의태어

개념 및 용어: 의성 · 의태어(ideophone)란 소리나 모양, 동작, 냄새, 맛, 색깔, 상태, 감정 등을 음향적으로 표현해 내는 낱말들을 말한다. 한국어 '쿵쿵(소리), 방울방울(모양), 엉금엉금(동작), 까뭇까뭇(색깔), 시큼시큼(맛), 알록달록(색깔), 까칠까칠(상태)' 등이 그 예이다. 이들을 보통 한국어 문법에서 의성 · 의태어라고 하는데 이 용어는 '소리와 모양을 모방하는 말'이라는 뜻으로 엄밀히 말하면 이 부류의 낱말들을 모두 포괄하는 개념이 못된다. 소리와 모양 이외에서 동작, 색깔, 맛 등 다른 감각영역의 표현들도 여기에 포함되기 때문이다.

유럽 언어연구의 전통에서는 이러한 부류의 표현들을 'onomatopoeia'라고 한다. 이는 원래 그리스어 'onoma(이름)'과 'poeia(짓다/만들다)'의 결합으로 이루어진 말로서 원뜻은 '이름을 짓다/만들다'라는 뜻인데 '자연의 소리나 소음을 모방하는 말', 즉 '의성어'를 가리키는 용어로 사용한다(Havlik, 1991: 7). '사과, 책상' 같은 일반적인 어휘들은 언어 사용자들이 쉽게 만들어 낼 수 없는 데 비해 의성어는 쉽게 만들어 낼 수 있다는 점에서 붙여진 이름으로 보인다. 한편 유럽의 언어학 전통에서 이 'onomatopoeia'가 주로 의성어를 의미하는 이유는 유럽 언어에 의성·의태어류가 잘 발달해 있지 않으며, 일부 사용하고 있다면 이들은 주로 의성어에 국한되기 때문일 것이다.[266)]

현대 언어학에 들어와서는 이러한 부류의 어휘가 소리나 모양, 동작, 냄새, 맛, 색깔, 상태 등을 음성을 통해 상징적으로 표현한다고 해서 음성 상징(sound symbolism) 또는 음성 상징어라는 용어를 사용하기도 한다(Hinton et al.(eds.), 1994; Rhodes, 1994; 김홍범, 1994; 김홍범·박동근, 2001 참조). 그러나 여기서 '상징'이라는 말의 의미가 분명하지 않아 이 역시 일반인들에게 쉽게 다가가는 용어는 아닌 듯하다.

현대 언어학에서 이러한 부류의 어류들을 가리키기 위해 가장 널리 쓰이는 용어는 'ideophone'이라는 말이다(Dingemanse, 2012: 656 참조). 이 용어는 Doke(1935, 118)이 처음 사용한 것인데 그는 이를 '어떤 개념(idea)을 음성을 통해 생생하게 표현하는 것'이라고[267)] 정의한다. 'ideophone'은 그러니까 'idea(개념)'와 'phone(소리)'이 결합한 말인데 이 또한 이러한 부류의 어휘들을 나타내는 데에 아주 적합한 용어라고 판단되지는 않는다. '생생하게'라는 수식어가 붙기는 했지만 '개념을 소리로 표현하는 것'은 모든 언어표현에 해당하는 말이기 때문이다. 즉 인간 언어의 모든 단어가 개념을 소리로 표현하는 것이다.

이밖에 '표현적(expressive) 어류'와 '모방적(mimetic) 어류'라는 용어도

---

266) 언어유형론적으로 보면 의성·의태어류의 어휘들 가운데 청각 영역의 표현, 즉 의성어가 가장 일반적으로 나타난다. 이러한 부류의 어휘가 잘 발달하지 않은 유럽 언어 사용자들은 이를 의성어 정도로 인식했던 것으로 보인다. Havlik (1991)은 독일어 만화에 나오는 의성·의태어류를 모아 놓은 사전인데 그 부제를 '소리 모방어(lautimitierende Wörter)'라고 하고 있다. 의성어 사전이라는 뜻이다.

267) "A vivid representation of an idea in sound. A word, often onomatopoeic, which describes a predicate, qualificative or adverb in respect to manner, colour, sound, smell, action, state or intensity"(Doke, 1935: 118; Voeltz & Kilian-Hatz, 2001: 2 재인용).

쓰이는데 'expressive'라는 말은 한국어로 '표현력이 강한' 정도의 의미이다. '모방적'이라는 말은 동남아시아와 한국, 일본 등 이러한 부류의 어휘가 잘 발달한 아시아 지역에서 주로 사용하고 있는 용어로서 한국어 문법의 '의성·의태어'라는 용어가268) 여기에 해당한다(Dingemanse, 2012: 656).

'쿵쿵, 방울방울, 엉금엉금, 까뭇까뭇, 시큼시큼, 알록달록, 까칠까칠' 등의 어류를 어떻게 부를 것인가의 문제인데 현대 언어학에서는 'ideophone'이라는 용어가 널리 쓰이며 이를 한국말로 표현할 때는 '음성 모방어'라는 용어가 적절할 것 같다. '소리, 모양, 동작, 냄새, 맛, 색깔, 상태, 감정 등을 음성으로 흉내 내는 말'이라는 뜻이다.269) 그러나 '음성 모방어'라는 말은 일반인들에게 친숙한 용어가 아니고, 또 한국어에서는 이것이 '의성어'라는 뜻으로 해석될 가능성도 있기 때문에 적절하지 않은 것 같다. 이 책에서는 따라서 일반인에게 잘 알려진 '의성·의태어'라는 용어를 사용하기로 하겠다.

의성·의태어의 특징은 모방성이라고 할 수 있는데 이는 인간 언어의 '자의성'과 대치되는 개념으로 볼 수도 있다. 자의성이란 인간 언어의 소리와 의미 사이에 필연적인 관계가 없다는 뜻이다. 이에 반해 모방성은 소리와 의미 사이의 관련성을 인정하는 것이다.

유럽 언어연구의 전통과 의성·의태어: 의성·의태어는 유럽 언어에 잘 발달해 있지 않기 때문에 유럽인들에게 다소 생소한 현상이다. 이 때문에 의성·의태어 연구는 거의 모든 학문 분야에서 주류를 형성하고

---

268) 앞서 말한 대로 이는 '소리와 모양을 모방하는 말'이라는 뜻이다.
269) Dingemanse(2011, 25)는 이를 감각적 이미지(sensory imagery)를 묘사하는 어휘라고 정의하였다(Dingemanse, 2012: 655 재인용).

있는 영·미계 및 유럽계 학자들에게 오랜 동안 관심을 끌지 못하고 있다가 1999년에야 비로소 독일의 St. Augustin(상트 아우구스틴)에서 아프리카어 전문가들을 중심으로 국제학회가 열렸는데 그 결과로 나온 책이 Voeltz & Kilian-Hatz(2001)이다.

이 책의 서문에는 다음과 같이 당시 유럽 언어학자들의 의성·의태어에 대한 분위기가 잘 나타나 있다: 19세기 유럽 학자들 사이에서 아직 문자가 없는 언어들에 대해 연구가 진행되면서 유럽 언어와는 다른 언어구조들이 발견되었고 유럽의 언어학자들은 자기들의 언어에서 생소한, 그러나 이를 위해 특별한 노력을 기우릴 필요를 느끼지 않았던 문법범주들과 직면하게 되었다. 그 가운데 한 가지가 바로 의성·의태어이다(Voeltz & Kilian-Hatz, 2001: 1).

이 책의 서론에서 편집자 Voeltz & Kilian-Hatz는 이 국제학회의 결과를 다음과 같이 4가지로 정리한다:

1) 의성·의태어는 지금까지 (유럽 학자들이) 생각했던 것보다 많은 언어에서 나타나며 정도의 차이는 있지만 모든 인간 언어에 나타나는 보편적인 현상이다.

2) 의성·의태어는 특별한 극적인 기능(효과)을[270] 가진다는 점에서 다른 어휘들과는 구별된다. 즉 의성·의태어는 사건이나 감정 혹은 인지한 것을 언어를 가지고 흉내 내는 것이다.[271]

3) 의성·의태어는 형식면에서도 언어들 간에 상당한 유사성을 보

---

270) 'a special dramaturgic function'. 일종의 언어적 제스처로 볼 수 있다(Kunene, 1978; Voeltz & Kilian-Hatz, 2001: 8 재인용).

271) 'Ideophones simulate an event, an emotion, a perception through language.'

인다. 그 가운데 가장 중요한 것은 물론 음성적 상징성이다. 즉 의성·의태어는 동작이나 모양, 감정 등을 음성을 통해 상징적으로 표현하며 따라서 이를 상징어라고도 부른다. 이들은 또 극적인 효과 때문에 문어보다는 구어에 많이 나타나는 특징을 보인다. 의성·의태어는 이밖에 형태면에서도 유사성을 보이는데 예를 들면 필리핀의 일카노어(Ilkano)와 아프리카의 반투어들은 의성·의태어 관련 파생어 형성과정이 아주 유사하다.

4) 이상과 같은 기능적, 형식적 특징을 바탕으로 의성·의태어는 인간 언어에서 별도의 독립적인 어류(품사)로 간주하는 것이 타당할 것이며 이 어류를 지칭하는 용어는 Doke(1935)가 제안한 'ideophone'이 적절하다.

의성·의태어가 잘 발달하지 않은 유럽 및 영·미계에서는 이를 주변적인 언어현상이라고 인식하였으며 20세기 말에야 관심을 갖기 시작한 것이다. 이에 대한 대표적인 유럽 지역의 연구로는 위에 언급한 Voeltz & Kilian-Hatz(2001) 이외에 Kilian-Hatz의 독일 쾰른대학 교수 자격논문(Habilitation, 1999), Dingemanse의 네델란드 네이메겐(Nijmegen) 대학 박사학위논문(2011) 등이 있다. 이들은 모두 언어유형론적 연구이며 인터넷 사이트에 PDF 파일로 제공되고 있는 Dingemanse(2012)도272) 방대한 유형론적 연구이다.

의성·의태어 언어, 비의성·의태어 언어, 경계의 문제: 위에서 우리는 유럽 언어는 의성·의태어가 잘 발달하지 않은 언어라고 했는데 이는

---

272) Dingemanse은 2016년 현재 독일 막스플랑크 연구소 연구원이다.

의성·의태어가 잘 발달한 한국어와 영어를 비교해 보면 쉽게 느낄 수 있는 점이다. 한국어의 '아장아장, 방울방울, 너울너울' 같은 수많은 표현들을 영어에서는 찾기 어렵고 영어로 적절히 번역하기가 쉽지 않다. 이에 따라 우리는 언어유형론적으로 의성·의태어 언어와 비의성·의태어 언어를 구분할 수 있겠다. 유럽 지역의 언어는 보통 비의성·의태어 언어로 분류되며 한국어, 일본어, 중국어 및 동남아시아 지역 언어와 아프리카 지역의 언어들이 주로 의성·의태어 언어에 속한다.

의성·의태어 언어에서 이들 어휘의 수는 적게는 수백 개에서 많게는 수천 개까지 보고되고 있다. Kilian-Hatz(1999, 1)이 조사한 몇 가지 통계를 보면 (1)과 같다.

<blockquote>
(1) 언어별 의성·의태어 수의 예(Kilian-Hatz, 1999: 1)
- 3,000여 개 언어: 그베야어(Gbeya), 줄루어(Zulu)(아프리카)
- 2,000여 개 언어: 이위어(Ewe, 아프리카), 바나르어(Bahnar, 아시아)
- 1,000여 개 언어: 바카어(Baka, 아프리카), 한국어
- 500여 개 언어: 코사어(Xhosa, 아프리카)
</blockquote>

독일 쾰른대학 아프리카학과 Bernd Heine 교수에 따르면 아프리카 언어 가운데 5,000여 개의 의성·의태어를 가진 언어도 있다. 이와 같은 통계는 사실 확정하기가 매우 어렵다. 어디까지를 의성·의태어로 볼 것인지 그리고 형태가 비슷하거나 같은 형태의 반복은 어떻게 처리할 것인지에 따라 수가 크게 달라질 수 있기 때문이다.

예를 들면 (1)에서 한국어의 통계는 저자 Kilian-Hatz가 Martin (1962, 177)과 Sohn(1994, 124)를 인용한 것이다. 그런데 김홍범(1994)

는 4,808개의 한국어 의성·의태어 목록은 제시하고 있고 김홍범·박동근(2001, 203)은 한국어 의성·의태어를 5,000여 개로 보고 있다. 김홍근(1994)의 목록은 '깜박, 깜박깜박, 깜빡, 깜빡깜빡'을 모두 별개의 어휘로 보고 있다. 그러나 이 목록에 '깜빡거리다, 어른거리다, 몽실이, 방실이' 등은 포함되어 있지 않다. 이 목록에서 반복형을 같은 어휘로 본다면 그 수는 크게 줄어들 것이고 '깜빡거리다, 어른거리다' 등을 추가한다면 그 수는 크게 늘어날 것이다.

이와 관련해서 유럽 언어에 대한 통계도 흥미롭다. 일찍이 Thun (1963)은 영어의 반복형(reduplicative) 어휘에 대해 조사하였다. 'tick-tick, hurly-burly, shilly-shally' 등이 여기에 속하는데 오늘날의 의성·의태어와 유사하다.[273] 이 책은 스웨덴 웁살라(Uppsala) 대학의 박사학위 논문인데 그 서문에 영어의 의성·의태어 상황에 대해 다음과 같이 기술하고 있다: 중간 크기의 표준 영어사전에는 몇 십 개의 정도의 반복형 어휘가 있다. 그러나 방언이나 비속어 그리고 역사적 자료까지를 포함시키면 그 수는 2,000개 정도까지 늘어난다. 즉 Thun (1963)의 영어 반복어 목록은 역사적으로 다양한 시대의 문헌에 나타난 자료들, 각 지역 방언과 비속어에 나타난 자료들, 그리고 여러 영어권 지역에서 사용되는 자료들까지를 모은 것으로(같은 책, 28) 그 수는 2,000여 개에 달한다.

Thun(1963)의 반복형 어휘가 모두 의성·의태어에 해당한 것은 아니지만 어떻든 2,000개라는 숫자와 위 (1)의 통계를 비교하면 설명하기 어려운 부분이 있다. (1)의 통계에 따르면 의성·의태어 언어 가운

---

273) Thun(1963)은 '반복형 어휘(reduplicative words)'라는 용어를 사용하고 있으며 이와 의성·의태어와의 관계에 대해 특별히 언급하고 있지는 않다. 어떻든 이 반복형 어휘가 모두 의성·의태어라고 볼 수는 없다. 예를 들면 Thun(1963, 169)의 목록에는 bye-bye도 포함되어 있다.

데서도 2,000개의 의성·의태어는 양적으로 상위 그룹에 속한다. 그런데 비의성·의태어 언어인 영어에서 이 부류의 어휘가 2,000개라는 통계는 앞뒤가 안 맞는 것이다. 그러면 영어를 의성·의태어 언어에 포함시켜야 할 것인가? 언어유형론자들은 이에 대해 '그렇지 않다!'고 대답한다.[274]

그러면 이러한 차이를 어떻게 설명해야 할 것인가가 문제인데 원인은 역시 의성·의태어 인정 기준에 있는 것으로 보인다. 앞서 말한 대로 Martin(1962, 177)과 Sohn(1994, 124)는 한국어 의성·의태어를 1,000여 개로 보는 반면 김홍범(1994) 등은 5,000여 개로 보았고 여기에 '깜빡거리다, 어른거리다' 등을 추가하면 훨씬 늘어날 수 있다. 영어의 의성·의태어를 2,000여 개로 보는 기준에 따른다면 정작 의성·의태어로 분류되는 (1)의 언어에서 그 수는 훨씬 늘어나야 할 것이다.

독일어의 의성어 사전 Havlik(1991)의 통계도 비슷한 상황이다. 이 사전은 독일어 만화에 나타난 의성어를 모아서 목록을 작성하고 그 의미 및 쓰임을 간단히 기술하고 있는데 편자 Havlik은 777일 걸려서 222개의 주제 영역에 총 2,222개의 표제어를 수록했다고 한다. 독일어 역시 대표적인 유럽 언어로서 비의성·의태어 언어로 분류되는데 2,222개라는 숫자는 (1)의 통계와 비교하면 설명하기 어려운 부분이다. 이 역시 의성·의태어 인정 기준의 문제라고 할 수 있다. 즉 Havlik의 독일어 의성·의태어 목록은 만화에 나오는 단순한 소리 모방까지를 포함한 것이며, 특히 다른 언어에서 번역된 독일어 만화의 경우 보통 원본의 의성어를 그대로 사용하였는데 Havlik의 통계는 이러한 표

---

274) 영어 및 유럽 언어는 비의성·의태어 언어로 분류된다.

현까지를 포함한 것이다.

만화에 나오는 소리나 동작 모방어들을 물론 모두 의성·의태어라고 볼 수는 있다. 그러나 이들은 많은 경우 해당 언어에서 표준적인 어휘로 인정하지 않을 것이다. 예를 들면 '쓰~윽, 지지직, 두두두, 다다닥, 퓽퓽' 등은 한국어 만화에 나타날 법한 표현들이다. 그러나 이들은 위에서 언급한 김홍범(1994)의 4,808개 목록에 포함되어 있지 않다. Havlik의 기준으로라면 한국어 의성·의태어의 수가 김홍범(1994)의 집계보다 훨씬 늘어나야 한다는 뜻이다.

결국 어디까지를 의성·의태어에 포함시킬 것인지 그리고 어느 단계에서부터 의성·의태어 언어와 비의성·의태어 언어를 구분할 것인지가 문제인데 이에 대한 명확한 기준을 마련하기는 쉽지 않아 보인다. Kilian-Hatz(1999, 6)은 지구상의 다양한 어족 가운데서 선택한 135개 언어 샘플을 조사하였는데 이 가운데 4개의 언어에서[275] 의성·의태어가 없는 것으로 보고되었다. Kilian-Hatz(1999)의 경우 의성·의태어의 기준을 높게 잡은 것이다. 만화에 나오는 단순한 모방어까지 포함시킨다면 지구상에 의성·의태어가 전혀 없는 언어는 없을 것이다.

크게 보아 모방적 어휘들은 (2)와 같이 3가지 단계로 나눌 수 있을 것으로 보인다. 제1단계는 단순한 음성적 모방단계로서 아직 표준화된 어휘 단계가 아니며 개인차가 있을 수 있다. 예를 들면 이 단계에서는 '쓱, 쓰~윽, 쓰으윽'과 같이 여러 가지로 나타낼 수 있을 것이다. 제2단계는 모방어가 어느 정도 상징화되면서 형태면에서 체계성 및 규칙성을 띠는 단계이며 이것이 언어유형론에서 말하는 의성·의태어

275) 카이로 이집트-아랍어, 피라항어(Pirahã, 브라질), 압카즈어(Abkhaz, 코카사스), 망가라이어(Mangarayi, 호주)

이다. 제3단계는 추상적 어휘 단계로서 모방성을 느끼기 어려운 단계이다. '집안이 짱짱하다'에서 '짱짱하다'는 '(밧줄이) 짱짱하다'와 같은 의태어에서 온 것 같은데 추상화되어 모방성을 느끼기 어렵다. '구르다'도 '때굴때굴'과 연관이 있어 보이는데 모방성을 느끼기 어려운 단계이다.

> (2) 모방적 어휘의 3가지 단계
>> a. 단순한 음성적 모방단계: 쓰~윽, 지지직, 두두두, 다다닥, 퓽퓽 (만화의 의성・의태어)
>> b. 음성 상징적 어휘 단계: 방울방울, 엉금엉금(일반적인 의성・의태어 단계)
>> c. 음성 상징성이 약해진 단계: (집안이) 짱짱하다, 구르다(소리와 이미지 사이의 상관관계를 느끼기 어려운 단계)

모방어들이 제1단계에 머물러 있느냐 아니면 상당 부분 제2단계에 와 있느냐에 따라 의성・의태어 언어와 비의성・의태어 언어가 구분될 것이다. 독일어와 같은 유럽 언어들에서 2,000여개의 의성어류 목록을 제시하고는 있지만 이들은 대부분 제1단계에 머물러 있는 것으로 개인적인 성격이 강하며 형태면에서 체계성이나 규칙성이 없다.276) 언어유형론이 말하는 의성・의태어는 아니라는 뜻이다. 위 각주 29)에서 4개의 언어에 의성・의태어 없는 것으로 보고되었다고 했는데 이는 제2단계 모방어가 거의 없다는 뜻으로 해석해야 할 것이다.

의성・의태어와 품사: 의성・의태어는 전통적으로 부사의 일종으로 간주되어 왔으며 반복형 부사(iterative adverbs), 모방 부사(imitative adverbs),

---

276) 한국어의 '방울방울, 송알송알, 엉금엉금'과 같은 의성・의태어는 독일어에 없다.

음성-미학적(phonesthetic) 부사, 음성 모방(onomatopoeic) 부사 등으로 불리기도 했다(Kilian-Hatz, 1999: 12). 물론 한국어에서도 '엉금엉금, 아장아장' 등 의성·의태어들이 대부분 동사와 결합하면서 부사적 기능을 하는 것은 사실이다. 그러나 조금 자세히 들여다 보면 이는 잘못된 인식이라는 것을 알 수 있다. 의성·의태어는 부사이외에도 명사, 형용사, 동사 등에서도 나타나기 때문이다. 몇 가지 한국어의 예를 보면 (3)과 같다.

(3) 의성·의태어의 다양한 품사
- 명사: 뻐꾸기, 멍멍이, 야옹이, 똘똘이, 몽실이, 찍찍이
- 부사: 엉금엉금(기어가다), 깡충깡충(뛰어가다), 훨훨(날다)
- 형용사: 뚱뚱하다, 야들야들하다, 까칠까칠하다
- 동사: 딸랑거리다, 까불거리다, 하늘거리다, 나불대다

아프리카 문당어(Mundang)에서도 의성·의태어가 주로 부사로 쓰이지만 이밖에도 동사, 명사, 형용사, 수사로도 쓰인다(Elders, 2001). 아프리카의 실루바어(Cilubà)에서도 의성·의태어는 동사, 명사, 부사로 쓰인다(Kabuta, 2001). 아프리카의 이위어(Ewe)는[277] 전체 어휘의 상당 부분이 의성·의태어로 되어 있는 언어인데 명사, 동사, 형용사, 부사, 강조사(intensifier), 감탄사 등이 의성·의태어로 나타난다(Ameka, 2001: 32). 이와 같은 아프리카어들의 의성·의태어 기능을 일찌감치 관찰한 Samarin(1965)는 이들을 별도의 어류(품사)로 볼 것을 제안하였는데 1999년 독일 St. Augustin의 국제학술대회에서도 같은 결론에 도달하였다. 이에 반해 Newman(1968)은 이들을 특별한 음운적인 특징을 가진 어휘군으로 보고 별도의 품사로 분류하지는 않는다. 그에

277) 가나, 토고 지역의 원주민 언어. 에베어(Ève)라고도 부른다.

따르면 의성·의태적 부사, 동사, 명사, 형용사 등이 있을 뿐이다.

의성·의태어의 표현영역: 의성·의태어가 많이 발달하지 않은 유럽 지역에서는 전통적으로 이를 의성어(소리 모방어) 정도로 이해하였다. 소리 모방이 가장 기본적인 범주이기는 하다. 그러나 서두에서 말한 것처럼 의성·의태어는 소리뿐만 아니라 모양, 동작, 냄새, 맛, 색깔, 상태, 감정 등 여러 가지 영역에서 나타난다. Kilian-Hatz(1999)에 따르면 135개의 조사대상 언어 가운데 의성·의태어가 전혀 없거나 아주 제한적으로 나타나는 28개의 언어를 제외한 107개 언어에서 의성·의태어 표현영역의 통계는 (4)와 같이 나타난다.

(4) 의성·의태어 표현영역의 통계(Kilian-Hatz, 1999: 33f)

표현영역	언어의 수	하위 표현영역
청각영역	92	동물의 소리
	92	자연의 소리
	90	동작의 소리(생물체)
	89	사건의 소리(무생물체)
	86	생물체의 몸에서 나는 비언어적 소리 예: 기침소리, 코고는 소리
	81	생물체의 움직임으로 나는 소리
시각영역	38	생물체나 무생물체의 상태
	33	생물체의 움직임. 예: 걷는 모습
	30	색깔
	21	생물체의 동작. 예: 물건 훔치는 동작
촉각영역	31	생물체나 무생물체의 상태. 예: 부드러움
미각영역	24	음식의 맛
후각영역	22	냄새
감정영역	19	생물체의 감정상태

위 표에서 보는 바와 같이 의성·의태어의 표현영역에서 청각영역이 단연 우세한데 그렇다고 모든 언어에 청각영역의 의성·의태어가 우세한 것은 아니다. 예를 들면 아프리카의 그베야어(Gbeya)는 비청각영역의 의성·의태어가 우세한 언어이다(같은 책, 54).

형태상의 특징: 의성·의태어는 지구상의 많은 언어에서 나타나는데 이들은 형태적으로 몇 가지 공통된 특징을 보인다. 예를 들면 같은 형태를 반복하는 경우가 많고 비슷한 모음들끼리 어울리는 모음조화 현상을 보이며 모음에 따라 다른 어감을 표현하는 일도 많다.

1) 반복(reduplication): 같은 소리(음절)나 비슷한 소리를 반복하는 것을 말하는데 '줄줄, 실실, 방울방울, 찰랑찰랑, 올망졸망' 등의 한국어 의성·의태어에서도 흔히 볼 수 있는 현상이다. Kilian-Hatz(1999)의 조사대상 언어에서 의성·의태어가 분명하게 나타나는 107개 언어 가운데 50%에 가까운 47개 언어에서 이러한 반복현상이 나타난다. (5)는 아프리카 넴베어(Nembe)와 익보어(Igbo)에서 '단단함'과 '느슨함'을 표현하는 의성·의태어인데 음절반복 현상이 잘 나타난다(Maduka-Durunze, 2001: 200). 이러한 반복현상은 *shilly-shally*(우물쭈물), *wriggle-wraggle*(꿈틀꿈틀), *tick-tack*(똑딱) 같은 영어의 예에서도 볼 수 있다(Thun, 1963 참조).

(5) 넴베어와 익보어 의성·의태어의 반복현상

	'단단함'	'느슨함'
Nembe	gidigidi	kusukusu
	kirikiri	wusuwusu
	kitikiti	wasawasa

	'단단함'	'느슨함'
	fam-fam	wokowoko
Igbo	gam-gam	wogowogo
	gem-gem	yogiyogi

2) 모음조화(vowel harmony): 모음조화란 성질이 같은 모음끼리 결합하는 현상을 말하며 한국어에서 양성모음과 음성모음이 각각 어울리는 현상이 대표적이다. '도란도란-두런두런, 퐁당-풍덩, 꼴깍-꿀꺽' 등이 그 예이다. Kilian-Hatz(1999)의 조사대상 언어에서 의성·의태어가 분명하게 나타나는 107개 가운데 약 10%에 해당하는 12개 언어에서 모음조화 현상이 관찰된다. 아프리카 반투어계의 줄루어(Zulu)에서 의성·의태어는 2음절의 경우 55%, 다음절의 경우 68%가 모음조화 현상을 보인다(같은 책, 191). 한국어의 의성·의태어에서도 항상 모음조화가 일어나는 것은 아니다. '방울방울, 깡충깡충, 나풀나풀, 나불나불' 등이 그 예이다. 어떻든 아시아 끝자락의 한국어와 아프리카의 줄루어에서 같은 현상이 관찰되는 것은 흥미로운 일이 아닐 수 없다.

3) 모음에 따른 어감의 차이: 한국어의 의성·의태어는 모음에 따라 어감이 다르다. 즉 같은 자음을 쓰면서도 양성모음과 결합하면 작고 단단한 느낌을 표현하고 음성모음과 결합하면 크고 무거운 느낌을 표현한다. '찰싹찰싹-철썩철썩, 달랑달랑-덜렁덜렁, 아장아장-어정어정, 앙큼하다-엉큼하다' 등의 쌍이 그 예이다. 그런데 이러한 모음에 따른 어감의 차이는 한국어에서만 나타나는 것이 아니라 의성·의태어가 나타나는 언어에서 흔히 볼 수 있는 현상이다(Kilian-Hatz, 1999: 203).

고모음과 저모음에 따른 어감의 차이가 가장 일반적으로 나타나는 현상인데 예를 들면 고모음 [i]는 작고 가벼운 느낌이고 저모음 [a]는 크고 무거운 느낌이다. 전설모음('i, e')과 후설모음('o, u')도 비슷한 대조를 보인다. 한국어의 양성모음과 음성모음의 구별도 비슷한 맥락에서 이해할 수 있다. [아]-[오]의 쌍은 는 [어]-[우]의 쌍보다 앞쪽에서[278] 나는 소리이고 따라서 더 가벼운 소리이다.

---

278) 발음할 때 혀가 앞쪽으로 나온다는 뜻이다. [이]-[우]를 이어서 발음하면서 혀의 움직임을 관찰하면 알 수 있다.

지구상의 모든 언어는 문장을 만들면서 언어단위들을 정해진 순서에 따라 배열하는데 이 다양한 언어들의 어순을 자세히 살펴보면 거기에 일정한 패턴 혹은 유형이 있음을 알 수 있다. 이 장은 이러한 어순의 유형에 대해 소개하고자 한다.[279] 이를 위해 먼저 어순과 관련된 3가지 기본원리에 대해 알아보고 이어서 명사관련 어순과 동사관련 어순으로 나누어서 살펴보겠다.

어순의 유형을 크게 명사관련 어순과 동사관련 어순으로 나누는 이유는 이 책 전체를 통해 흐르고 있는 인간 언어의 기본구조에 대한 인식과 연결되어 있다. 즉 언어는 의사소통의 수단이고 의사소통의 기본단위는 문장이며 문장을 구성하는 2가지 기본요소는 명사와 동사이다.[280] 문장은 결국 명사와 동사를 중심으로 관련 요소들을 그 언어의 규칙에 맞게 다듬어 놓은 것이며 어순이 이 다듬는 작업의 일부이다.

---

279) 어순의 유형론에 대한 자세한 것은 Hawkins(1983), Song(2001, chap. 2), Dryer (1995; 2005; 2007), 이기갑(2008) 등 참조.
280) 여기서 동사는 술어로 쓰이는 품사를 말하며 한국어의 경우 형용사까지 포함시켜야 한다.

3가지 기본 패턴: 어순의 3가지 기본 패턴이란 인간 언어에 나타난 어순의 3가지 기본적인 패턴, 혹은 유형을 말한다. 기본어순, 자유어순과 고정어순 그리고 핵어 전치형 언어와 핵어 후치형 언어가 그것이다.

1) 기본어순: 기본어순이란 문장을 구성하는 3가지 기본성분, 즉 주어(S), 동사(V), 목적어(O)의[281] 순서를 말한다. 이 3가지 성분을 나열하는 방법은 SVO, SOV, VSO, VOS, OSV, OVS 등 6가지가 있을 수 있다. 그러나 인간 언어에 주로 나타난 기본어순은 (1)과 같이 3가지이다. 이 가운데서 한국어와 같은 SOV-형 언어가 가장 많이 나타나며 그 다음으로 영어와 같은 SVO-형 언어가 많이 나타나고 VSO-형 언어는 상대적으로 적은 편이다.

> (1) 3가지 주요 기본어순의 유형 (Dryer, 2005 참조)
>   a. SOV: 한국어, 일본어, 핀란드어
>   b. SVO: 영어, 프랑스어, 중국어, 베트남어
>   c. VSO: 웨일즈어, 아랍어, 타갈로그어, 통가어[282]

어떻든 이 3가지 유형은 지구상의 6개 대륙에서 모두 나타나는데 SVO 어순은 유럽과 아프리카, 동남아 지역 그리고 아메리카 원주민 언어에서 많이 나타나며 SOV 어순은 아시아와 중부 아프리카, 호주 및 호주 위쪽 파푸아 뉴기니야 지역 원주민 언어 그리고 아메리카 대륙 원주민 언어 등에 널리 분포되어 있다. VSO 어순은 아랍 지역, 중동부 아프리카의 우간다와 케냐 지역, 아시아의 필리핀 인근 지역 그리고

---

281) S = subject, V = verb, O = object
282) 타갈로그어(Tagalog)는 필리핀에서 가장 널리 쓰이는 토착 언어이고, 통가(Tonga)는 뉴질랜드 위쪽 남태평양에 있는 섬나라이다.

북아메리카의 원주민 언어에서 주로 나타난다(WALS, 제81장 참조)[283].
(1)의 3가지 기본어순의 예를 보면 (2)와 같다.

(2) 3가지 주요 기본어순의 예
   SOV: 철수는 영희를 사랑한다.[284]   (한국어)
   SVO: John loves Mary.   (영어)
   VSO: daxala   ʔl-waladu   ʔl-ghurfata.   (아랍어)
        enter   the boy   the room
        'The boy enter the room.' (사희만, 2008: 422)

위 3가지 기본어순을 보면 목적어가 주어보다 앞서는 경우는 없다.
어떻게 보면 이는 당연한 것으로 보인다. 그러나 언어유형론의 연구
에 따르면 소수이기는 하지만 기본적으로 목적어가 주어보다 앞서는
언어도 관찰된다. 독일 라이프치히의 막스플랑크 연구소 세계 언어구
조 지도(WALS) 연구팀은 지구상의 1,377개 언어를 조사하였는데 SVO,
SOV, VSO-형 어순 이외에 소수이기는 하지만 VOS, OSV, OVS-형 언
어도 관찰되었다. 이에 대한 자세한 통계는 (3)과 같다.

(3) 6가지 기본어순과 빈도(WALS, 2016: 제81장 참조)

기본어순	기타 포함		기타 제외	
	언어 수(1)	백분율(1)	언어 수(2)	백분율(2)
SOV	565	41.03	565	47.56
SVO	488	35.43	488	41.08
VSO	95	06.89	95	7.99
VOS	25	1.81	25	2.10

---

283) http://wals.info (온라인 세계 언어구조 지도, 2016년 9월)
284) 물론 이 문장에서 한국어는 다른 어순도 가능하다. 그러나 기본어순을 논의할
   때는 특정한 요소를 강조하지 않는 중립적인 어순을 말한다.

기본어순	기타 포함		기타 제외	
	언어 수(1)	백분율(1)	언어 수(2)	백분율(2)
OVS	11	0.79	11	0.93
OSV	4	0.29	4	0.33
기타	189	13.72	-	-
계	1,377	100(%)	1,188	100(%)

(3)에서 '기타'는 S, V, O의 배열이 자유롭게 나타나 기본어순을 확정하기 어려운 언어들을 말한다. 이 기타 언어들을 제외한 (3)의 오른쪽 통계를 보면 SVO-형과 SOV-형이 전체의 90% 가까이를 차지하고 그 가운데서도 한국어와 같은 SVO-형 언어가 전체의 50% 가까이 된다. 목적어가 주어보다 앞서는 언어는 아프리카 동쪽의 큰 섬 마다카스카(Madagascar)에서 관찰되며 그 밖에 인도네시아 지역, 호주와 인근 섬 지역, 아메리카 대륙의 원주민 언어에도 나타난다. 목적어가 주어보다 앞서는 VOS, OSV, OVS-형 언어의 예를 보면 (4)와 같다.

(4) VOS, OSV, OVS-형 언어의 예 (WALS, 제81장 재인용)

    VOS: 니아스어(Nias; 인도네시아 지역; Brown, 2001: 538)
         irino   vakhe   inagu.
         cooked   rice   mother
         'My mother cooked rice.'

    OVS: 힉스카랴나어(Hixkaryana; 브라질; Derbyshire, 1979: 87)
         toto   yahosiye   kamara.
         man   grabbed   jaguar
         'The jaguar grabbed the man.'

OSV: 나데브어(Nadëb; 브라질 지역; Weir, 1994: 309)

    awad   kalapéé   hapɨ́h.

    jaguar   child   see

    'The child sees the jaguar.'

2) 자유어순과 고정어순: (5)에서 보는 것처럼 우리는 우리말의 어순이 매우 자유롭다는 것을 쉽게 느낄 수 있다. 그러나 영어에서는 이러한 어순이 불가능하다.

(5) 한국어의 자유어순
   a. 철수가 학교에서 영희를 만났다.
   b. 철수가 영희를 학교에서 만났다.
   c. 영희를 철수가 학교에서 만났다.
   d. 영희를 학교에서 철수가 만났다.
   e. 학교에서 철수가 영희를 만났다.
   f. 학교에서 영희를 철수가 만났다.

우리는 또 한국어에서 어순이 이처럼 자유로운 이유가 조사 때문이라는 것도 쉽게 짐작할 수 있다. 우리말은 조사가 명사에 꼭 붙어 다니면서 그 명사의 기능을 표시해 주고 있기 때문에 명사가 어느 위치에 있든지 의미를 전달하는 데에 지장이 없는 것이다. 즉 이 문장에서 동사(술어)는 하나뿐이기 때문에 특별히 식별 표지가 없어도 의미를 전달하는데 문제를 일으키지 않는다. 그러나 명사는 3개나 있기 때문에 어느 것이 주어이고 어느 것이 목적어인지 등을 표시해 주는 표지가 없으면 의미전달이 제대로 될 수 없다. 한국어의 경우 이 명사의 기능표시를 명사에 붙어 다니는 조사가 담당하기 때문에 명사의 위치를 바꾸어도 의미전달에 지장이 없고 따라서 어순이 자유로운 것이다.

즉 한국어는 **자유어순** 언어이다.

한편 영어는 명사의 기능을 조사와 같은 특별한 표지를 통해 나타내는 것이 아니고 어순에 의존하는 경향이 강하다. 예를 들면 (6a)와 같은 일반 타동사 문장이 가장 자주 쓰이는 구문이라고 할 수 있는데 여기에서 명사의 기능, 즉 주어와 목적어는 위치를 통해 식별된다. (6b)에서도 상황은 마찬가지이다. 위치를 조금 바꾸고 싶으면 (6c)와 같이 전치사 'to'를 추가로 넣어야 하는데, (6d)는 틀린 문장이다. 이와 같이 영어는 중요한 명사의 기능표시를 어순에 의존하기 때문에 어순을 함부로 바꾸어서는 안 되며 이러한 유형의 언어를 **고정어순** 언어라고 한다.

(6) 영어의 고정어순
    a. The man met the woman.
    b. The man gave the woman a book.
    c. The man gave a book to the woman.
    d. *The man gave to the woman a book.

앞서 수차례 언급한 대로 의사소통의 기본단위는 문장이며 문장을 구성하는 2가지 기본요소는 명사와 동사이다. 하나의 문장은 크게 보면 하나의 동사(술어)와 하나 이상의 명사로 이루어져 있다. 이때 동사의 위치는 대개 고정되어 있다. 한국어는 동사가 문장 끝에 오고 영어는 주어 다음에 온다. 어순이 자유롭다는 말은 따라서 문장의 2가지 기본요소 가운데 명사들의 위치가 자유롭다는 뜻인데 이는 명사의 기능표시 방법과 연관이 있다. 예를 들면, 한국어는 조사가 명사에 붙어서 그 명사가 주어인지 목적어인지 등을 쉽게 알 수 있기 때문에 명사의 위치를 바꾸어도 별로 문제될 것이 없다. 반면 영어는 어순을 보고 주어와 목적어를 인식하기 때문에 어순을 함부로 바꾸면 안 된다.

같은 유럽 언어라도 독일어는 자유어순 언어에 속한다. 이 언어에서는 명사의 중요한 기능을 관사의 어미로 표시하기 때문이다. 예를 들면 '페터는 성탄절에 형에게 책 한 권을 선물한다.'는 말을 독일어로는 (7)과 같이 여러 가지 어순으로 표현할 수 있다. 즉 독일어는 동사의 위치가 문장의 두 번째 자리로 고정되어 있으며 이 동사를 축으로 해서 어떤 요소가 문장 앞으로 나오면 주어는 동사 뒤로 물러나고, 그 밖의 명사들 사이의 순서도 자유로운 편이다.

(7) 독일어의 자유어순(송경안, 2011: 248 참조)[285]
  a. Peter schenkt <u>dem Bruder</u> <u>zu Weihnachten</u> <u>ein Buch</u>.
  b. Peter schenkt <u>zu Weihnachten</u> <u>dem Bruder</u> <u>ein Buch</u>.
  c. <u>Dem Bruder</u> schenkt Peter <u>zu Weihnachten</u> <u>ein Buch</u>.
  d. <u>Dem Bruder</u> schenkt Peter <u>ein Buch</u> <u>zu Weihnachten</u>.
  e. <u>Ein Buch</u> schenkt Peter <u>zu Weihnachten</u> <u>dem Bruder</u>.
  f. <u>Ein Buch</u> schenkt Peter <u>dem Bruder</u> <u>zu Weihnachten</u>.
  g. <u>Zu Weihnachten</u> schenkt Peter <u>dem Bruder</u> <u>ein Buch</u>.

같은 자유어순 언어라도 자유로운 정도는 언어에 따라 차이가 있을 수 있다. 예를 들면 우리말에서는 (5)와 같이 3개의 명사의 위치를 마음대로 바꾸어도 되는데 독일어에서는 (8a,b)처럼 주어를 맨 뒤로 보낼 수는 없으며,[286] (8c)처럼 여격을 목적격 뒤로 보내는 것도 허용되지 않는다.

---

285) *schenkt* = '선물하다', *dem Bruder* = '형에게', *zu Weihnachten* = '성탄절에', *ein Buch* = '책 한 권을'
286) 문맥에 따라서는 주어가 문장 끝으로 갈 수도 있다(송경안, 2011: 255).

(8) 독일어의 자유어순 제약성의 예

    a. *Dem Bruder schenkt zu Weihnachten ein Buch <u>Peter</u>.

    b. *Dem Bruder schenkt ein Buch zu Weihnachten <u>Peter</u>.

    c. *Zu Weihnachten schenkt Peter <u>ein Buch</u> <u>dem Bruder</u>.

  자유어순의 언어라고 하더라도 동사(술어)의 위치는 보통 고정되어 있다. 독일어의 경우 동사는 두 번째 자리로 고정되어 있으며 한국어의 경우도 술어의 위치는 문장 끝으로 고정되어 있다.287) 그러나 언어유형론의 연구에 따르면 동사의 위치까지 자유로운 언어도 관찰된다. (9)는 호주 원주민 언어인 왈피리어(Warlpiri) 자유어순의 예이다. 이 언어에서는 동사가 문장 끝에 오기도 하고 문장 맨 앞에 오기도 하며 중간에 오기도 하는 것을 볼 수 있다.

(9) 왈피리어의 자유로운 동사위치의 예

    a. Ngarrka-ngku   karnta   nyangu.
       man-주격   woman   saw
       'The man saw the woman.'

    b. Nyangu   ngarrka-ngku   karnta.
       saw   man-주격   woman
       'The man saw the woman.'

    c. Ngarrka   nyangu   karnta-ngku.
       man   saw   woman-주격
       'The woman saw the man.'

    d. Ngarrka   karnta-ngku   nyangu.
       man   woman-주격   saw
       'The woman saw the man.'

(Schachter & Shopen, 2007: 36)

---

287) 물론 슬로건 등 특별한 경우는 동사의 위치가 달라질 수 있다.

3) 핵어 전치형 언어와 핵어 후치형 언어: 현대 언어유형론이 발견한 또한 가지 어순의 중요한 유형은 핵어 전치형 언어과 핵어 후치형 언어의 구분이다. 언어의 구조를 보면 하나의 언어 단위에서 문법적으로나 구조적으로 중요한 말이 있고, 그에 딸린 말이 있다. 이때 중요한 말을 핵어(head)라고 하고 딸린 말을 보충어(complement)라고 부른다. 우리는 문장이 크게 명사와 동사로 구성되며 동사가 문장의 핵어이고 동사를 도와 문장을 완성해 가는 명사들은 보충어라고 한 바 있다. 즉 문장의 틀을 결정하는 것은 동사로써 그 문장에 몇 개의 명사가 와야 하며 어떤 종류의 명사가 와야 하는지를 동사가 결정한다.

핵어와 보충어의 개념은 문장에서 뿐만 아니라 다른 언어 단위에서도 적용된다. 예를 들면 (10a)의 *in the room*에서 이 언어단위의 문법적인 역할을 결정하는 것은 전치사 *in*이다. 즉 문장 가운데서 이 표현의 역할은 '사건이 일어나는 장소'를 나타내는 것인데 이때 문법적으로 혹은 구조적으로 가장 중요한 것은 전치사 'in'이라고 할 수 있다. 명사 *the room*은 다른 명사로 대치시켜도 '장소표현'이라는 문법적인 기능에는 변함이 없다. 그러나 전치사 *in*을 다른 전치사로 대치시키면 문법적 기능이 달라지고 틀린 문장이 될 수도 있다. 따라서 *in the room*에서는 전치사 *in*이 핵어이고 명사 *the room*은 보충어이다.

> (10) 핵어와 보충어의 예
>   a. John is sleeping *in the room*.
>   b. John didn't come, *because he is ill*.
>   c. John knows *that Mary is honest*.

(10b)에서 'because he is ill'의 기능은 주절에 표현된 사건의 '이유를 나타내는 것'인데 이 종속절에서 문법적으로, 구조적으로 중요한

것은 접속사 *because*이다. 이 접속사는 종속절 전체의 핵어가 되며, 문장 *he is ill*은 이에 대한 보충어이다. 여기에서도 *he is ill*은 다른 문장으로 대치시켜도 별 문제가 없지만 접속사 *because*를 다른 접속사로 대치시키면 종속절의 기능이 달라지게 되고 비문법적인 문장이 될 수도 있다. 이와 같이 보면 (10c)의 종속절 *that Mary is honest*에서는 접속사 *that*이 핵어이고 문장 *Mary is honest*는 이에 대한 보충어이다.

어순과 관련해서 볼 때 핵어와 보충어의 순서가 개별언어에서 상당히 일관성 있게 나타난다는 것이 언어유형론의 관찰이다. 즉 어떤 언어에서는 핵어가 일반적으로 보충어 앞에 오고 어떤 언어에서는 핵어가 보충어 뒤에 온다. 이 두 가지 유형의 언어를 우리는 핵어 전치형(head initial) 언어와 핵어 후치형(head final) 언어로 구분한다(Song, 2001: 86).

핵어 전치형 언어와 핵어 후치형 언어는 문장의 핵인 동사의 위치와 밀접한 연관이 있다. 위에서 우리는 3가지 주요 기본어순, 즉 SOV, SVO, VSO-형 언어에 대해 언급하였는데 이 가운데 SOV-형 언어는 핵어 후치형에 해당하고 SVO, VSO-형 언어는 핵어 전치형 언어이다. 즉 위 3가지 기본어순에서 'S'를 제외하면 'VO'와 'OV'만 남는데 이를 VO-형 언어와 OV-형 언어를 구분하기도 한다. 이때 VO-언어가 핵어 전치형 언어이고 OV-언어는 핵어 후치형 언어이다.

영어는 대표적인 핵어 전치형 언어이고 한국어는 대표적인 핵어 후치형 언어이다. 즉 영어는 동사가 목적어 앞에 오는 VO-언어이고 한국어는 동사가 목적어 뒤에 오는 OV-언어이다. 영어는 또 전치사구에서 핵어인 전치사가 명사 앞에 오는데 한국어에서는 영어의 전치사에 해당하는 조사(후치사)가 명사의 뒤에 온다. 영어의 종속절에서 핵어인 종속접속사는 해당 문장 앞에 온다. 영어의 종속접속사가 한국어에서는 '-면, -서'와 같은 술어 어미로 표현되는데 이 어미들은 해당 문장의 뒤에 온다. 한국어와 영어에서 이에 대한 예들을 보면 (11)-(13)과 같으며 이는 (14)와 같이 정리할 수 있다.

(11) 핵어 전치형 언어와 핵어 후치형 언어: 동사와 목적어
    a. John met Mary.　　　(동사 + 목적어)
          ①　②
    b. 철수가 영희를 만났다.　(목적어 + 동사)
          ②　　①

(12) 핵어 전치형 언어와 핵어 후치형 언어: 전치사, 후치사, 명사
    a. in　the school　　　(전치사 + 명사)
         ①　·②
    b. 학교　에서　　　　　(명사 + 후치사)
        ②　　①

(13) 핵어 전치형 언어와 핵어 후치형 언어: 종속문과 접속표현
    a. because he was ill　　(접속표현 + 종속문)
         ①　　　②
    b. 철수가 아파 서　　　(종속문 + 접속표현)
         ②　　　①

(14) 핵어 전치형 언어와 핵어 후치형 언어 주요 어순 차이

관련 요소	핵어 전치형	핵어 전치형
동사, 목적어	동사 + 목적어	목적어 + 동사
명사, 전치사, 후치사	전치사 + 명사	명사 + 후치사
종속문, 종속접속어	접속어 + 종속문	종속문 + 접속어

이와 같이 볼 때 우리는 한 언어의 동사의 위치를 보면 그 언어의 다른 어순도 예측할 수가 있을 것이다. 즉 동사 위치가 영어와 같으면

다른 어순도 영어와 같을 것이고 동사의 위치가 한국어와 같으면 다른 어순도 한국어와 같을 것이다. 예를 들면 중국어는 SVO 언어로서 동사의 위치가 영어와 같다. 즉 중국어는 핵어 전치형 언어로서 영어에서와 같이 전치사가 발달해 있을 것이며, 종속절에서 접속사가 문장 앞에 올 것이라고 예측할 수 있는데 (15)에서 보는 바와 같이 우리의 이러한 예측은 맞아들어 간다.

(15) 중국어의 핵어 전치형 어순

　　 a. 他　　 見了　　 馬利亞。　　 (동사 + 목적어)
　　　　 he　　 met　　 Mary
　　　　 'He met Mary.'

　　 b. 到　 圖書館　　　　　 (전치사 + 명사)
　　　　 to　 library
　　　　 'to the library.'

　　 c. 如果　　 明天　　 下雨　 (접속사 + 종속문)
　　　　 if　　 tomorrow　 rain
　　　　 'if rains tomorrow'

　 핵어 전치형과 핵어 후치형 언어를 우리는 보다 쉬운 개념으로 전치사형 언어와 후치사형 언어라고 부를 수도 있겠다. 이 지구상에는 영어와 같이 전치사가 발달한 언어도 있고 한국어와 같이 후치사(조사)가 발달한 언어도 있다는 것이다. 그리고 이는 그 언어의 동사의 위치와 밀접한 연관이 있다.[288]

명사관련 어순: 명사관련 어순이란 명사를 보조하는 요소들과 해당 명

---

[288] 이에 대한 예외도 관찰된다. 예를 들면 아프리카의 가나에서 사용하는 아칸어 (Akan)는 SVO 언어인데 후치사가 발달해 있다(Schachter & Shopen, 2007: 35).

사의 상대적 위치를 말한다. 명사관련 요소에는 한정사류(관사류), 형용사, 관계절과 같은 수식어류와 전치사나 후치사, 분류사 등이 있다.

1) 한국어와 영어의 명사 수식어: 명사를 수식하는 요소는 언어에 따라 다르기는 하지만 한국어를 중심으로 보면 (16)과 같이 지시사류, 형용사, 동사, 형용사구, 동사구 그리고 문장 등이 있다. (16f)의 밑줄 부분은 주어와 동사가 있는 문장으로 뒤따르는 명사를 꾸미고 있으며 영어로 표현하면 이는 관계대명사절이 된다.

이 한국어의 명사 수식어들을 보면 형태와 위치에서 아주 체계적인 일관성을 보이고 있는 것을 알 수 있다. 첫째는 수식어가 모두 명사 앞에 놓인다는 점이고, 둘째는 지시사류를 제외하면 모두 동일한 형태변화를 한다는 점이다.[289] 두 번째 특징은 물론 술어(용언)가 맨 뒤에 오면서 형태변화를 일으키는 한국어의 구조적인 특징과 연관이 있는 것이다.

    (16) 한국어 명사 수식 표현들
       a. 지시사류: 이/그/저 사람
       b. 형용사: **예쁜/작은/멋진** 사람
       c. 동사: **자는/걷는/뛰는** 사람
       d. 형용사구: **철수와 친한/철수보다 뛰어난** 사람
       e. 동사구: **방에서 자는/날마다 걷는** 사람
       f. 문장: **어제 철수가 도서관에서 만난** 여학생

이에 비해 영어는 한국어와 많이 다르다. 즉 영어는 명사 수식어의 형태와 위치에서 한국어보다 훨씬 복잡한 양상을 보인다. 우선 위치

---

289) 정확히 말하면 형용사와 동사의 형태변화가 약간 다르다. '막다/작다, 먹다/적다' 같은 예로 보면 동사의 경우 '막는, 막은, 막을'의 형태가 가능한 반면 형용사의 경우 '작는/적는'은 안 된다.

면에서 영어는 수식어가 명사 앞에 나타나기도 하고 뒤에 나타나기도 한다. (17)을 보면 명사 앞보다는 명사 뒤에 나타나는 수식어가 훨씬 다양하고 양적으로도 많다는 것을 알 수 있다. Quirk et al.(1985, 제17장)은 이를 명사 전치수식(premodification)과 후치수식(postmodification)으로 구분하였는데 전치수식에 대해서는 26면을 할애한 반면 후치수식에 대해서는 56면을 할애하고 있다.

(17) 영어의 명사 수식 표현들
    a. 지시사류: <u>the/this/that</u> man
    b. 형용사: the <u>tall/handsome</u> man
    c. 동사: the <u>sleeping/walking</u> man
             a <u>broken</u> window
             the next train <u>to arrive</u>
    d. 형용사구: an actor <u>suitable for the part</u>[290]
    e. 동사구: the man <u>sleeping in the room</u>
             the window <u>broken by Peter yesterday</u>
             the best man <u>to make the choice</u>[291]
    f. 전치사구: the man <u>in the room/behind the tree</u>
    g. 문장: the man <u>whom you met yesterday</u>
             More girls <u>than he knew</u> were there.
             Such girls <u>as he knew</u> were there.
                    (Quirk et al., 1985: 제17장 참조)

---

290) 이에 대한 예를 더 보면 다음과 같다(Quirk et al., 1985: 420).
    They have a house <u>larger than yours.</u>
    The boys <u>easiest to teach</u> were in my class.
    Students <u>brave enough to attempt the course</u> (…)
291) 이에 대한 예를 더 보면 다음과 같다(Quirk et al., 1985: 1263 이하).
    I've got letters <u>to write tonight.</u>
    the case <u>to be investigated tomorrow</u>
    the animals <u>to be found in Kenya</u>

(17)을 자세히 보면 구절(phrase) 차원 이상의 수식어는 후치하고 어휘 차원의 수식어는 전치한 것처럼 보이는데 동사가 수식하는 경우 이 원칙도 맞지 않다. 'to-부정사'는 언제나 명사 뒤에 오기 때문이다.292)

명사 수식어의 형태면에서도 영어는 복잡한 양상을 띤다. 한국어의 경우 지시사류를293) 제외하면 수식어의 형태가 모두 술어의 어미로 표현되는데 영어는 수식어의 형태가 매우 다양하게 나타난다. 우선 형용사와 동사가 형태면에서 다르고 동사 안에서도 형태가 3가지로 구분된다. (17f)의 전치사구는 한국어에 없는 수식어 형식이고 영어 안에서도 다른 명사 수식어들과 형태적으로 관련이 없다.

문장 수식어의 경우 관계대명사절의 형태가 주로 쓰이기는 하지만 (17g)에서 보는 바와 같이 다른 형태들도 나타난다. 관계대명사절의 경우도 자세히 보면 다양한 종류 및 형태의 관계대명사가294) 쓰이기 때문에 형태면에서 한국어와 비교도 안 될 만큼 복잡한 양상을 띤다고 하겠다. 한국어에서는 이 모든 명사 수식어가 아주 간단한 관형형 어미로 실현된다.295)

이상과 같이 한국어의 명사 수식어들을 보면 형태와 위치에서 아주 분명한 체계성과 일관성을 가지고 있는 데 비해 영어의 경우 형태와 위치에서 모두 복잡한 양상을 보이고 있다. 문법체계를 전체적으로 보면 한국어가 영어보다 훨씬 복잡하다. 그러나 명사 수식어의 현상은 한국어가 영어보다 훨씬 단순하고 체계적이라고 할 수 있다.

---

292) 'to-부정사' 구조는 언제나 단어가 둘 이상이기 때문에 구절 차원으로 볼 수도 있겠다.
293) 정확히 말하면 지시사류가 아니라 관형사류이다. 한국어에서 관형사란 형태변화가 없는 명사 수식어로서 지시사 이외에도 '새, 헌, 옛, 모든, 온갖, 여러' 등이 포함된다.
294) that, which, of which, who, whose, whom 등이 예이다.
295) '이, 그, 저, 새, 헌' 등 관형사는 어미가 없다.

2) 명사 수식어의 위치와 언어유형: 명사 수식어의 위치와 관련해서 우리는 (18)과 같이 3가지 유형의 언어를 구분할 수 있다(송경안·이기갑 외, 2008, 제3장 참조). 즉 1) 수식어가 일반적으로 명사 앞에 오는 전치형 언어가 있고, 2) 명사 뒤에 오는 후치형 언어가 있으며, 3) 명사 앞에 오기도 하고 명사 뒤에 오기도 하는 혼합형 언어가 있다. 한국어는 제1유형에 속하고 영어는 제3유형에 속한다. 수식어 후치형 언어에는 말레이어, 베트남어 등이 있다.

> (18) 명사 수식어의 위치와 언어유형
> a. 수식어 전치형 언어: 한국어, 중국어, 일본어
> b. 수식어 후치형 언어: 말레이어, 베트남어, 아칸어
> c. 혼합형 언어: 영어, 독일어, 프랑스어

(19)는 아프리카 가나 지역의 아칸어(Akan)에 나타난 지시사, 형용사, 명사의 어순의 예이다. 이 언어는 SVO형 언어인데 '명사-형용사-지시사'의 명사수식어 후치형 어순을 보인다.

> (19) 아칸어 명사수식어 후치의 예
> a. ɔbea　　　no
> 　　woman　　that
> 　　'that woman'
> b. ɔbea　　ketewa　　no
> 　　woman　　small　　that
> 　　'that small woman'
> c. ɔbea　　ketewa　bi
> 　　woman　small　　a
> 　　'a small woman'

d. ɔbea ketewa yi

woman small this

'this small woman'

(Schachter & Shopen, 2007: 39-40)

동남아시아의 태국어, 베트남어, 말리이어 등도 명사수식어 후치형 언어이다. (20)은 말레이어에 나타난 다양한 명사수식어 후치의 예이 다. (20)의 구문들은 영어의 형용사, 현재분사, 과거분사, 전치사, 관 계절이 명사를 수식하는 경우에 해당한다. 이 말레이어의 예에서 명 사는 항상 맨 앞에 위치하고 지시사 *itu*('the')는 명사구의 맨 뒤에 위 치하는 것을 알 수 있다.

(20) 말레이어 명사수식어 후치의 예[296]

　a. lelaki tinggi itu

　　man tall the

　　'the tall man'

　b. lelaki yang sedang tidur itu[297]

　　man 접속소 수식소 sleep the

　　'the sleeping man'

　c. tingkap pecah itu

　　window broken the

　　'the broken window'

　d. lelaki yang berada dalam bilik itu

　　man 접속소 exist in room the

　　'the man in the room'

---

296) 이 말레이어의 예는 2015년 전남대학교에 교환학생으로 온 Universiti Sains Malaysia의 Seow Jia Man이 제공한 것이다.

297) (20b)에서 *yang*은 수식어와 피수식어를 연결시키는 일종의 접속어이고 *sedang* 은 동사를 명사 수식어로 만드는 형태소이다.

e. lelaki   yang   sedang   tidur   dalam   bilik   itu
   man   접속소   수식소   sleep   in   room   the
   'the man sleeping in the room'

f. tingkap   yang   dipecahkan   oleh   Peter   semalam   itu
   window   접속소   broken   by   Peter   yesterday   the
   'the window broken by Peter yesterday'

g. lelaki   yang   saya   temui   semalam   itu
   man   접속소   I   met   yesterday   the
   'the man I met yesterday'

명사수식어 전치형인 한국어와 후치형인 말레이어를 비교해 보면 매우 흥미로운 현상을 관찰하게 된다. (21)에서 보는 바와 같이 두 언어에서 명사구의 어순이 완전히 반대로 되어 있는 것이다. 이러한 예에서 우리는 한국 사람과 말레이시아 사람이 상대방 언어의 명사구 어순을 배우기가 매우 어려우리라는 것을 예상할 수 있다.

(21) 한국어-말레이어 명사구 어순 비교
   a. lelaki   yang   berada   dalam   bilik   itu
      사람   접속소   있는   에   방   그
      'the man in the room'

   b. lelaki   yang   sedang   tidur   dalam   bilik   itu
      사람   접속소   수식소   자다   에서   방   그
      'the man sleeping in the room'

위에서 우리는 핵어의 위치와 관련하여 핵어 전치형 언어와 핵어 후치형 언어를 구분한 바 있는데 명사구의 어순에서도 이 개념을 적용할 수 있다. 명사구에서는 명사가 핵어이므로 한국어의 경우 전형적인 핵어 후치형 구조이며 말레이어는 전형적인 핵어 전치형 구조를 보인다. 그렇다면 수식어가 명사 앞에 놓이기도 하고 뒤에 놓이기도

하는 영어는 어떻게 볼 것인가 하는 의문이 제기된다. (18)에서 말한 대로 영어는 명사 수식어의 위치로 볼 때 혼합형 언어이다. 즉 명사구의 구조에서 영어는 핵어 전치적 성격과 핵어 후치적 성격을 동시에 띠고 있는 것이다. 명사구 어순의 이러한 양면적 성격은 영어뿐만 아니라 유럽의 3대 어족, 즉 게르만어, 로만스어, 슬라브어에 모두 나타나는 현상이다(조경화·송경안, 2008; 이숙현·심을식, 2008; 허성태·임홍수, 2008 참조).

같은 유럽 언어라도 물론 명사구의 구조에서 언어에 따라 차이가 있다. 즉 모든 유럽 언어에서 지시사류는 명사 앞에 오고 전치사구와 관계절은 명사 뒤에 오는데 형용사(구)와 동사(구)의 위치는 조금씩 차이가 난다. 독일어의 경우 형용사(구)와 동사(구)가 명사 뒤에 위치하는 일이 없다. 프랑스어는 형용사(구)와 동사(구)가 원칙적으로 명사 뒤에서 수식한다. 역사적으로 독일어와 프랑스어의 융합으로 생겨난 영어는 이 두 언어의 특징을 모두 보이고 있다. 즉 형용사와 동사가 단독으로 명사를 수식할 때는 독일어와 같이 명사 앞에 위치하며 형용사구와 동사구로 수식할 때는 프랑스어와 같이 명사 뒤에 위치한다.

3) 전치사, 후치사, 분류사의 위치: 그밖에 명사 관련 중요한 어순으로는 전치사, 후치사, 분류사의 위치가 있다. 전치사, 후치사에 대해서는 이미 제6장에서 자세히 논의한 바 있다. 전치사는 영어 등 유럽 언어에서 흔히 볼 수 있는 어류이고 후치사는 한국어의 조사와 같은 어류를 말한다. 전치사와 후치사는 기본적으로 언어학적인 성격이 같은 것이다. 즉 이들은 명사와 결합하여 그 명사의 기능을 표시해 준다.[298] 차이가 있다면 위치이다. 명사 앞에 오면 전치사가 되고 명사 뒤에 오면 후치사가 된다.

위에서 논의한 바와 같이 우리는 이들을 전치사형 언어와 후치사형 언어로 구분할 수 있고, 이는 핵어 전치형 언어 및 핵어 전치형 언어의 구분과도 유사한 개념이다. 유럽 언어들은 대부분 전치사형 언어이고[299] 한국어, 일본어, 몽골어, 터키어 등은 후치사형 언어이다. 중국어 및 동남아시아 언어들은 전치사형 언어에 속한다. 위 [표3]에서 핵어 전치형 언어와 핵어 후치형 언어의[300] 수가 비슷한 것을 보면 지구상에 전치사형 언어와 후치사형 언어의 수도 비슷할 것으로 보인다.

명사구의 구조에서 한국어와 관련해서 중요한 어순은 분류사의 위치이다. 분류사란 '마리, 그루, 벌, 켤레' 등의 어류를 말하며 한국어, 중국어, 일본어, 태국어, 베트남어 등 아시아 지역의 언어에 잘 발달해 있다. 위 제13장에서 본 바와 같이 분류사 관련 어순은 (22)와 같이 두 가지 유형으로 나누어진다. 한국어와 일본어는 (22a)의 유형에 속하는데 소유격 형식을 빌려 (22b)처럼 나타나기도 한다((23) 참조). 중국어는 (22b)의 유형에 속한다((24) 참조).

    (22) 분류사의 위치
        a. 명사 + 수량사 + 분류사
        b. 수량사 + 분류사 + 명사

    (23) 한국어 분류사의 위치
        a. 유형 1: 개 세 마리
        b. 유형 2: 세 마리의 개

---

298) 한국어의 조사 가운데 보조사/특수조사는 조금 성격이 다르다.
299) 헝가리어, 핀란드어는 후치사형 언어이다.
300) 핵어 전치형 언어 = VO형 언어, 핵어 후치형 언어 = OV형 언어

(24) 중국어 분류사의 위치(조희무·안기섭, 2008: 89)

 a. 三 本 書
  three 분류사 book
  'three books'

 b. 三 隻 狗
  three 분류사 dog
  'three dogs'

동사관련 어순: 우리는 문장을 주어 부분과 술어 부분으로 나눌 수 있는데 이들을 주부와 술부라고 부르기도 한다. 동사관련 어순이란 바로 술부의 어순을 말하며 1) 동사와 목적어의 어순, 2) 목적어와 부사의 어순, 3) 직접목적어와 간접목적어의 어순, 4) 부사들 사이의 어순, 5) 조동사와 본동사의 어순 등이 이에 속한다. 영어와 한국어 술부의 이 5가지 어순을 비교해 보면 우리는 매우 흥미로운 현상을 관찰할 수 있다. 두 언어에서 이 어순들이 모두 정반대인 것이다.[301]

1) 목적어와 부사: 먼저 두 언어의 기본어순이 각각 SVO, SOV이기 때문에 동사와 목적어의 위치가 반대라는 것은 잘 알려진 사실이다 ((25) 참조).

 (25) 영어와 한국어의 동사-목적어 어순
  a. I met <u>Mary</u>.
  b. 나는 <u>영희를</u> 만났다.

 목적어-부사의 어순의 경우 영어는 기본적으로 부사가 목적어 뒤에 오고 한국어는 부사가 목적어 앞에 온다((26) 참조).[302]

---

301) 이에 대한 보다 자세한 것은 송경안(1982: 1993) 참조.

(26) 영어와 한국어의 목적어-부사 어순

 a. I met Mary *today*.

 b. 나는 <u>오늘</u> 영희를 만났다.

 c. I met Mary <u>in the school</u> *today*.

 d. 나는 <u>오늘</u> <u>학교에서</u> 영희를 만났다.

2) 직접목적어와 간접목적어: 직접목적어와 간접목적어의 어순은 약간 다르다. 한국어는 '간접목적어+직접목적어'의 어순인데 영어에서는 (27a, b)와 같이 두 가지 어순이 모두 가능하기 때문이다. 영어의 수여동사 구문에서 두 목적어의 순서가 이렇게 두 가지로 나타나는 역사적 배경에 대해서는 제1장에서 논의한 바 있다. 즉 역사적으로 독일어와 프랑스어의 영향을 함께 받은 영어는 어순에서 기본적으로 프랑스어에 가까운데 수여동사 구문에서는 두 언어의 어순을 모두 가지고 있다. (27a)는 프랑스어의 어순이고 (27b)는 독일어의 어순이다. 직접목적어-간접목적어 어순에서 독일어는 한국어와 같다.

 (27) 영어와 한국어의 직접목적어-간접목적어 어순

  a. I gave a book *to Mary*. (직목 + 간목; 프랑스어식)

  b. I gave *Mary* a book. (간목 + 직목; 독일어식)

  c. 나는 <u>영희에게</u> 책을 주었다. (간목 + 직목)

3) 부사들 사이의 어순: 한 문장 안에는 여러 가지의 부사들이 올 수 있다. 이때 부사들을 마음대로 배열하는 것이 아니고 언어에 따라 일정한 순서가 있다. 위에서 우리는 술부의 어순에서 한국어와 영어가 정반대라고 말했는데 부사들 사이의 어순도 마찬가지이다. 예를 들면

---

302) 이때 어순은 중립적인 어순을 말한다. 강조구문에서는 어순이 바뀔 수도 있다.

위 (26c,d)에서 이미 본 바와 같이 시간부사와 장소부사가 있을 때 영어는 장소부사가 먼저 오고 한국어는 시간부사가 먼저 온다((28) 참조).

> (28) 영어와 한국어의 시간부사와 장소부사 어순 (= (26c,d))
>> a. I met Mary <u>in the school</u> today.
>> b. 나는 오늘 <u>학교에서</u> 영희를 만났다.

부사에 따라 약간 차이는 있지만[303] 다른 부사들 사이의 순서에서도 한국어와 영어가 정반대의 양상을 보인다. 한 가지 예를 더 보면 (29)와 같다. 동사와 함께 해당 부사 표현에 번호를 붙여보면 한국어와 영어가 정반대의 어순으로 나타나는 것을 더 분명하게 알 수 있다.

> (29) 영어와 한국어의 방향, 도구, 시간 부사 어순
>
>> a. 나는 <u>오늘</u> <u>기차로</u> <u>서울에</u> <u>간다</u>.
>>   ①   ②   ③   ④
>> b. I <u>go</u> <u>to Seoul</u> <u>by train</u> <u>today</u>.
>>   ④   ③   ②   ①

4) 본동사와 조동사: 본동사와 조동사의 어순도 마찬가지이다. 영어는 조동사가 먼저 오고 한국어는 본동사가 먼저 온다((30) 참조). (30a)의 한국어 문장에서는 '보았다'가 조동사이다.[304]

> (30) 영어와 한국어의 조동사와 본동사의 어순
>
>> a. 나는 그 음식을 <u>먹어</u> <u>보았다</u>.   (본동사 + 조동사)
>> b. You <u>may</u> eat the apple.   (조동사 + 본동사)

---

303) 예를 들면 영어의 빈도부사는 본동사 앞에 나타난다.
304) 한국어 문법에서는 조동사를 보조용언이라고 부른다.

이상에서 우리는 한국어와 영어의 동사관련 어순을 5가지로 나누어 살펴보았는데 이들은 두 언어에서 모두 반대로 나타났다. 위 5가지 요소를 결합시켜서 문장을 만들어도 (31)에서 보는 바와 같이 결과는 마찬가지이다.

(31) 동사관련 요소 결합과 어순의 예305)

a. 너는 <u>오늘</u> <u>학교에서</u> <u>영희에게</u> <u>책을</u> <u>주어야</u> <u>한다</u>.
　　　①　　②　　　③　　　④　⑤　　⑥

b. You <u>should</u> <u>give</u> <u>the book</u> <u>to Mary</u> <u>in the school</u> <u>today</u>.
　　　⑥　　⑤　　④　　③　　②　　　①

5) 동사구 어순의 원리: 이상과 같이 우리는 한국어와 영어의 동사관련 어순에서 아주 체계적이고 규칙적인 차이를 관찰할 수 있는데 이는 단순한 우연이라기보다는 인간 언어의 저변에 <u>흐르고</u> 있는 한 가지 중요한 원리라고 할 수 있다.

이와 같은 체계적인 어순의 차이에 대해 일찍이 독일어 문법학자 Fourquet(1959), Admoni(1962) 등이 영어와 독일어의 어순을 비교하면서 언급하였고 뒤이어 Flämig(1964), Kirkwood(1969) 등도 비슷한 관찰을 했는데, 이들은 이러한 어순 현상을 '동사와의 밀착도'라는 개념으로 설명하였다. 이에 따르면 동사와의 의미적 밀착도에 따라 술부 요소들의 동사와의 거리가 달라진다는 것이다(송경안, 1982; Rhie, 1987 참조).

예를 들면 (32a)의 술부에서 동사 *met*에 의미적으로 가장 밀착되어 있는 요소는 목적어 *Mary*라고 할 수 있으며 그 다음으로 만나는

---

305) 영어의 어순은 기본적으로 독일어보다는 프랑스어의 어순을 따르고 있기 때문에 '직접목적어 + 간접목적어'의 순서가 더 기본적인 어순이라고 볼 수 있다.

장소를 나타내는 *in the school*이다. 시간부사 *today*는 아무 동사나 함께 쓰일 수 것이기 때문에 의미적 밀착도는 떨어진다고 할 수 있다. 이렇게 볼 때 동사와의 밀착도가 강한 요소일수록 문장 안에서 동사에 가까이 위치한다고 할 수 있고 이는 (32b)의 한국어 문장에서도 마찬가지이다. (32c,d)에서 부사들의 위치도 같은 방식으로 설명할 수 있다.

(32) 동사와의 밀착도와 어순

    a. I met Mary <u>in the school</u> <u>today</u>.
    b. 나는 <u>오늘</u> <u>학교에서</u> 영희를 만났다.

    c. 나는 오늘 <u>기차로</u> <u>서울에</u> 간다.
    d. I go <u>to Seoul</u> <u>by train</u> today.

한국어와 영어에서 술부의 어순이 정반대로 나타나는 것은 이 밀착도의 개념으로 설명할 수 있다. 술부구조에서 영어는 동사가 맨 앞에 나타나고 한국어는 맨 뒤에 나타난다. 이때 동사와 밀착도가 강한 요소를 동사 가까이에 배치하다 보면 (33)과 같이 순서가 전체적으로 반대로 될 수밖에 없는 것이다.

(33) 한국어와 영어의 동사 밀착도에 따른 관련요소들의 위치

    a. 한국어: 밀착도$_n$ + (...) + 밀착도$_2$ + 밀착도$_1$ + 동사
    b. 영 어: 동사 + 밀착도$_1$ + 밀착도$_2$ + (...) + 밀착도$_n$

앞에서 우리는 핵어 전치형 언어와 핵어 후치형 언어를 구분한 바 있는데 (33)의 현상을 이와 관련지어 설명할 수 있다. (33a)는 전형적

인 핵어 후치형 술부구조이고 (33b)는 전형적인 핵어 전치형 술부구조이다. 다시 말하면 SOV형 언어는 일반적으로 (33a)와 같은 술부구조를 가지며 SVO형, VSO형 언어는 (33b)와 같은 술부구조를 갖는다고 할 수 있다. SOV 언어인 일본어는 (33a) 유형에 속하고 VSO 언어인 아랍어는 (33b) 유형에 속한다(박선옥·양경모, 2008; 사희만, 2008 참조).

유럽 언어 가운데 로만스어와 슬라브어는 영어와 같이 SVO 언어로써 (33b)의 술부구조를 갖는다(이숙현·심을식, 2008; 허성태·임홍수, 2008 참조). 그런데 게르만어인 독일어는 독특한 양상을 보인다. 즉 독일어는 동사의 위치는 영어와 같으면서도 동사관련 요소들의 배열은 한국어와 같다(송경안, 1982 참조). (32c,d)와 해당 독일어 문장을 비교해 보면 이러한 점이 분명하게 드러난다((34) 참조).

(34) 한·영·독 술부구조 비교

한: 나는 <u>오늘</u> <u>기차로</u> <u>서울에</u> <u>간다</u>.
       ④   ③   ②   ①

영: I <u>go</u> <u>to Seoul</u> <u>by train</u> <u>today</u>.
    ①   ②   ③   ④

독: Ich <u>gehe</u> <u>heute</u> <u>mit dem Zug</u> <u>nach Seoul</u>.
       ①   ④   ③   ②

이와 같이 독일어는 동사의 위치를 보면 핵어 전치형 언어라고 할 수 있는데 다른 술부 요소들의 배열은 한국어와 같이 핵어 후치적 성격을 강하게 나타내고 있는 것이다. (33)의 형식에 따라 이를 도식화하면 (35)와 같다.

(35) 독일어의 술부구조: 동사 + 밀착도$_n$ + (...) + 밀착도$_2$ + 밀착도$_1$

독일어를 조금 더 자세히 관찰하면 우리는 이러한 현상을 이해할 수 있다. 즉 독일어는 일반 문장에서는 SVO의 어순을 갖지만 종속절에서는 SOV의 어순을 가지며 부정사 구문도[306] 핵어 후치적 어순으로 나타난다. 말하자면 독일어는 동사의 위치에서 SVO와 SOV 어순을 모두 가지고 있다고 할 수 있으며, (35)와 같은 술부구조는 이러한 독일어의 특징과 관련이 있는 것으로 보인다.

중국어는 술부구조와 관련해서 독특한 특징을 보이는 언어이다. 위 (33)과 (35)에서 우리는 3가지 유형의 술부구조, 즉 한국어식, 영어식, 독일어식 구조를 보았는데 중국어는 이 가운데 어느 유형에도 속하지 않는다. 예를 들면 (34)의 문장을 중국어로 옮기면 (36a)와 같다(조희무·안기섭, 2008: 367 참조).

(36) 중국어의 술부구조

    a. 我　<u>今天</u>　<u>坐火車</u>　<u>去</u>　<u>漢城</u>。
          ④　　③　　①　　②
    b. 나는 <u>오늘</u>　<u>기차로</u>　<u>서울에</u>　<u>간다</u>.
          ④　　③　　②　　①

한국어, 영어, 독일어의 경우 술부에서 핵어인 동사가 맨 앞에 오든지 아니면 맨 끝에 온다. 그러나 (36a)의 중국어 문장에서는 동사가 가운데 오면서 관련 요소들이 동사의 앞과 뒤에 위치하고 있으며 이러한 구조는 중국어에서 쉽게 찾아볼 수 있다(조희무·안기섭, 2008 참조). (36a)에서 동사를 제외하면 중국어 부사의 어순은 한국어와 같다(이기갑, 2008: 332 참조). 그러나 동사(핵어)의 위치 및 밀착도와

---

306) 영어의 *to-infinitive* 구문에 해당한다.

관련해서 중국어의 현상을 어떻게 해석할 것인가는 여전히 과제로 남는다.

여기서 우리는 중국어를 핵어 전치적 성격과 핵어 후치적 성격을 동시에 갖는 혼합형 언어로 보면 이 수수께끼를 풀 수 있을 것 같다. (36a)의 술부에서 '今天 坐火車 去'는 핵어 후치구조이고 '去 漢城'은 핵어 전치구조이다. 그리고 이들의 배열순서는 위에서 본 '동사와의 밀착도' 개념과도 모순되지 않는다. 동사관련 요소들 가운데 어느 것이 동사 앞으로 가고 어느 것이 동사 뒤로 가는지는 별도로 논의해야 할 부분이다(조희무·안기섭, 2008; 소창, 작성 중307) 참조).

---

307) 소창은 2018년 현재 전남대학교 대학원에서 필자의 지도 아래 이 주제로 박사 학위논문을 준비하고 있다.

개념 정의의 문제: 이 책에서 처음부터 끝까지 기저에 흐르고 있는 인간 언어의 구조에 대한 기본인식 혹은 기본원리가 있는데[308] 이를 다시 한 번 정리하면 (1)과 같다.

  (1) 언어의 기본원리
    a. 언어는 의사소통의 수단이다.
    b. 의사소통의 기본단위는 문장이다.
    c. 문장을 구성하는 2가지 기본성분은 명사와 동사이다.
    d. 문장의 틀, 즉 구조를 결정하는 것은 동사이다.

  한 문장 안에 동사(술어)는 기본적으로 1개이며 명사는 여러 개 나타날 수 있다. 이때 명사가 몇 개 나타나야 하는지 또 어떤 종류의 명사가 나타나야 하는지는 동사가 결정한다. 예를 들면 한국어 "데려오다"라는 동사는 (2)와 같이 5개의 명사를 취할 수 있고 이 명사들은 '데려오는 사건' 가운데서 각각 고유한 역할을 하고 있다.

---

308) 음악에서는 이러한 것을 주동기라고 하며 독일어로 'Leitmotiv(라이트모티브)'라고 한다. 영어로 표현하면 'leading melody' 정도이다.

(2) 동사 '데려오다'와 명사 결합의 예

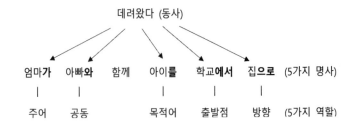

데려왔다 (동사)

엄마**가** 아빠**와** 함께   아이**를**   학교**에서** 집**으로** (5가지 명사)

주어   공동   목적어   출발점   방향   (5가지 역할)

이 문장에서 만일 '엄마, 아빠, 아이'를 '돌, 나무, 사과' 같은 명사로 바꾸어 버리면 이상한 문장이 된다. '데려오다'라는 동사는 무생물체를 주어나 목적어로 사용할 수 없기 때문이다. 이 문장에서 또 명사 뒤에 붙어있는 조사를 함부로 바꾸어도 틀린 문장이 나올 수 있다. 동사는 문장에 나타날 명사의 수와 종류를 엄격하게 관리한다는 뜻이다. 물론 위 문장에서 5개의 명사가 모두 필요한 것은 아니다. 명사에는 필수적인 것도 있고 수의적인 것도 있다.

어떻든 우리는 문장들의 구조를 (2)와 같이 나타낼 수 있는데 여기서 명사들이 담당하는 역할을 언어학에서 격(格: case)이라고 부른다. 우리말에서 원래 '격'이란 사회적 역할이나 위치를 나타내는 말로 '격에 맞지 않는다. 격이 다르다. 격이 떨어지다.' 등의 표현에서 쓰인다. 언어학에서도 '격'이라는 말은 이렇게 문장 안에서 명사가 갖는 '역할'이라고 이해하면 된다. 한 문장에 명사는 여러 개 올 수 있고 각각의 명사들은 그 사건 가운데서 일정한 역할을 하며 이들은 따라서 각각 일정한 격을 갖게 된다. 문장 (2)에는 5개의 명사가 나타나는데 이는 곧 '데려오는 사건'에서 5가지 역할이 표현되었다는 뜻이고, 5가지 격이 표현된 것이라고도 할 수 있다.

한편 위 (2)와 같은 구문은 영어로 (3)과 같이 표현할 수 있다. (3)

의 영어 문장에서도 5개의 명사가 사용되고 있는데, 그러면 이 문장에도 5개의 격이 있는 것인가? 우리가 배운 영문법의 상식으로는 그렇지 않다. 즉 영문법에서는 보통 *Mom*과 *the child*에 대해서만 주격, 목적격이라고 하고 전치사와 결합한 다른 명사들에 대해서는 격이라고 하지 않는다.

(3) Mom brought the child with dad from kindergarten to home.

그러면 (2)에서 말한 격의 개념과 영문법에서 말한 격의 개념이 다른 것 같은데 이것을 어떻게 설명할 것인가 하는 문제가 생긴다. 이러한 차이 및 혼란은 격을 정의하는 방법이 다르기 때문에 일어나는 현상이다. 전통적으로 유럽의 언어연구에서는 어형변화에 의해 표시되는 명사의 기능만을 격이라고 불렀고 전치사로 표현되는 명사의 기능은 격이라고 부르지 않았다. 이러한 전통에서 격에 대한 대표적인 저서로 Blake(1994)를 들 수 있는데 그는 격을 (4)와 같이 정의하고 있다.

(4) Blake(1994: 1)의 '격' 정의[309]
    격이란 명사들이 핵어(head)에 대해 갖는 관계를 표시하는 체계이다. 전통적으로 이 용어는 격어미에 의한 명사기능 표시를 말하며 보통 단문 안에서, 1) 명사가 동사에 대해 갖는 관계나, 2) 구절차원에서 명사가 전치사에 대해 갖는 관계와, 3) 다른 명사에 대해 갖는 관계를 말한다.

---

[309] "Case is a system of marking dependent nouns for the of relationship they bear to their heads. Traditionally, the term refers to inflectional marking, and, typically, case marks the relationship of a noun to a verb at the clause level or of a noun to a preposition or another noun at the phrasal level." (Blake, 1994: 1). (4)의 번역문에서 번호는 설명의 편의를 위해 필자가 붙인 것이다.

이에 따르면 격이란 기본적으로 명사나 대명사의 기능이 어형변화로 표시되는 경우를 말하며 3가지의 경우가 있다. 첫째는 주어, 목적어 등 명사가 동사에 대해 갖는 관계가 어형변화로 표현되는 경우이다. (5)는 주어, 목적어가 명사의 어형변화로 표시되는 라틴어의 예이다.

> (5) 명사의 어형변화에 의한 라틴어 주격, 목적격 표시
>   a. Puell-a   ven-it.
>   girl-주격   came
>   'The girl came.'
>   b. Puell-a   vid-it   puer-um.
>   girl-주격   saw   boy-목적격
>   'The girl saw the boy.' (송경안, 2008: 16 참조)

(4)의 정의에서 두 번째 종류의 격은 전치사 다음에 나타나는 명사/대명사의 어형변화를 말한다. 예를 들면 영어에서 전치사 다음에 대명사가 올 경우 *for me, to him* 등과 같이 목적격을 사용하는 것을 말한다. (6)은 전치사 다음에 명사의 격에 따라 관사의 어형변화가 일어나는 독일어의 예이다.

> (6) 독일어의 전치사와 격
>   a. Peter geht   zu   d-em   Freund.
>   Peter goes   to   the-여격   friend
>   'Peter goes to the friend.'
>   b. Peter wartet   auf   d-en   Freund.
>   Peter waits   on   the-목적격   friend
>   'Peter waits for the friend.'

(4)의 정의에서 세 번째 종류의 격은 소유격을 말한다. 예를 들면 영어 표현 *Mary's father*에서 *Mary*라는 명사가 father라는 명사에 대해 갖는 관계를 표시하기 위해 '-s'를 붙여 형태변화를 일으켰다. (7)은 독일어 보통명사 소유격의 예이다.

(7) 독일어의 보통명사 소유격
    a. der Hut   d-es   Freund-es
       the hat   the-소유격   friend-소유격
       'the hat of the friend'
    b. die Bluse   d-er   Schwester
       the blouse the-소유격   sister
       'the blouse of the sister'

이와 같이 전통적인 유럽식 격은 명사 및 대명사의 어형변화에 의한 기능표시를 말하며 이러한 어형변화가 (5)-(7)과 같이 3가지 차원에서 나타나기 때문에 (4)와 같이 정의하고 있는 것이다. 영어의 경우 이러한 어형변화는 거의 없어진 상황이고 *he-his-him* 과 같은 대명사 형태와 *Mary's*와 같은 소유격에 그 흔적이 남아 있는 정도이다. 위 (3)의 영어 문장에서 보통 *Mom*과 *the child*에 대해 주격, 목적격이라고 부르고는 있지만 이는 *he-his-him*과 같은 대명사 변화체계에 유추해서 부른 것일 뿐이며 엄밀히 말하면 (4)에서 말한 '격'의 정의에는 맞지 않은 것이다.

어떻든 (4)와 같은 유럽식 격의 정의에 따르면 (2)에 나타난 한국어 명사의 기능은 '격'이 될 수 없다. 한국어에서 명사의 기능은 조사로 표현되며 조사는 어형변화라고 할 수 없기 때문이다. 이러한 정의에 따르면 한국어는 격이 없는 언어이고, 이밖에도 어형변화가

전혀 없는 고립어, 예를 들면 중국어 역시 격이 없는 언어가 된다. 그러나 한국어나 중국어에 격이 없다고 말하는 것은 언어학적으로나 언어유형론적으로 타당하지 않으며 결국 (4)는 적절한 격의 정의라고 할 수 없다.310) 오랜 유럽 언어연구의 전통을 존중해서 우리는 이를 '좁은 의미의 격' 혹은 '어형변화에 의한 격'이라고 부를 수는 있겠다.

유럽 언어뿐만 아니라 다른 언어에까지 보편적으로 적용할 수 있는 언어유형론적 격의 개념은 형태적으로 접근해서는 안 된다. 하나의 문법기능은 언어에 따라 다양한 형식으로 실현되며 이를 포괄할 수 있는 형태적 정의는 찾기 어렵기 때문이다. 언어유형론의 입장에서 격의 개념은 기능적으로 접근해야 하며 이후 언어에 따른 실현 형식을 논의해야 한다.311) 이러한 관점에서 보면 격이란 위 (2)에서 말한 대로 '문장(사건) 안에서 각 명사가 담당하는 역할/기능'이라고 정의할 수 있다. 각 명사의 기능, 즉 격이 어떤 형식으로 실현되는가는 언어에 따라 몇 가지 패턴이 있다.

격의 실현형식: 언어에 따라 격은 (8)과 같이 크게 4가지 방법으로 실현된다.312) 먼저 어순에 의한 격 실현형식이란 명사의 기능을 나타내는 특별한 형태적 표지가 없고 위치를 가지고 명사의 기능을 표시하

---

310) König(2008, 5)는 Blake(1994)의 격 정의를 보완하여 어형변화가 아니더라도 S(subject), A(agent), O(object)를 표시하는 형식이 있다면 이를 그 언어의 격표시 방법으로 인정해야 한다는 입장이다. 그러나 이 경우도 중국어는 역시 무격 언어로 남는다.

311) '격'뿐만 아니라 다른 문법 범주들도 마찬가지이다.

312) 이밖에 교차지시에 의한 방법이 있는데 이는 주요 격표시 방법이 아니라고 보아 이 책에서는 소개하지 않는다(송경안, 2008: 15; Dixon, 1994: 42; Andrew, 1985: 76 참조).

거나 식별하는 경우이다. 예를 들면 (9)의 영어와 중국어 문장에서 주어와 목적어는 위치를 가지고 식별한다.

(8) 격의 실현방법
    a. 어순
    b. 어형변화
    c. 후치사
    d. 전치사

(9) 영어, 중국어의 어순에 의한 격표시
    a. The man loves the woman.
    b. 他   念   書。
       he   read   book
      'He reads a book.' (조희무·안기섭, 2008: 359)

하나의 문장에 오는 명사의 수는 상당히 많을 수 있다. 위 (2)의 한국어 문장만 하더라도 5개의 명사가 사용되고 있고, 그 종류도 문장에 따라 아주 다양할 것이다. 따라서 이러한 모든 명사의 기능을 위치만 가지고 표시하는 것은 불가능하다. 위치에 의한 격표시는 보통 주어와 목적어 등에 한정되고 나머지 명사의 기능은 다른 방법으로[313] 표시하는 것이 일반적이다. Creissels(2000, 233)에 따르면 대부분의 아프리카어에서도 주어와 목적어는 특별한 표지가 없이 위치를 통해 식별해야 한다.

(8b)의 어형변화에 의한 격표시 방식이란 어미에 의한 격표시 방법을 말하며 위 (5)-(7)의 라틴어와 독일어의 방식이 대표적인 예이다. 차이가 있다면 라틴어는 명사가 직접 어미변화를 일으키고 독일어의

---

313) 예를 들면 (8c,d)의 후치사나 전치사에 의한 방식이다.

격표시는 주로 관사류와 형용사의 어미변화에 의존하고 있는 점이다. (10)은 산스크리트어 명사어미가 8가지 격으로 변화하는 예이고 (11)은 단수, 복수 및 4개의 격에 따라 독일어 명사구의 관사와 형용사 어미가 변화하는 예이다.

(10) 산스크리트어 *deva*('god')의 격변화(Blake, 1994: 66)[314]

1	*devas*	nominative	(주격)
2	*devam*	accusative	(목적격)
3	*devena*	instrumental	(도구격)
4	*devaya*	dative	(여격)
5	*devat*	ablative	(탈격)
6	*devasya*	genitive	(소유격)
7	*deve*	locative	(처소격)
8	*deva*	vocative	(호격)

(11) 독일어 명사구 *der große Mann*('the tall man')의 변화[315]

단 수	주격	der	große	Mann
	소유격	des	großen	Mannes
	여격	dem	großen	Mann
	목적격	den	großen	Mann
복 수	주격	die	großen	Männer
	소유격	der	großen	Männer
	여격	der	großen	Männern
	목적격	die	großen	Männer

---

314) 몇 가지 한국어 대응표현: 도구격 = 칼-로, 여격 = 철수-에게, 탈격: 철수-에게 서, 처소격 = 학교-에서, 호격: 철수-야
315) 독일어의 경우 명사 자체도 조금씩 어미변화가 일어난다.

(8c,d)는 전치사와 후치사에 의한 격표시 방식을 말하며 어형변화와 함께 인간 언어에서 가장 널리 쓰이는 명사 기능표시 방식이다. 후치사에 의한 격표시 방식은 한국어나 일본어가 대표적인 예이다. 이 밖에도 후치사를 사용하는 언어는 많으며 (12)는 서부 그린랜드의 에스키모어에 나타난 후치사 사용의 예이다. 이 언어도 한국어와 마찬가지로 동사 후치(SOV) 언어로써 후치사가 발달한 언어이다.

(12) 에스키모어 후치사 사용의 예316)
  ilinniartitsisu-p   Aggu-ø   kana-ni   takuaa.
  teacher-주격   Aggu-목적격   down.there-처소격   saw
  'The teacher saw Aggu down there.'
                    (Fortescue, 1984: 95; Primus, 1999: 220 재인용)

전치사에 의한 명사 기능표시 방식은 영어 및 유럽 언어에서 흔히 볼 수 있는 것으로 우리에게 익숙한 현상이다. 다만 유럽 언어에서는 주격, 소유격, 목적격 등 일부 주요격들은 전치사로 표시되지 않고 어형변화나 어순으로 표현된다.

한국어나 일본어의 경우 모든 격이 일관되게 후치사(조사)로 표현되는데 이와 정반대로 모든 격이 일관되게 전치사로 표현되는 언어도 있다. (13)은 주격과 목적격이 전치사로 표시되는 남태평양 통가어(Tonga)의 예이고 (14)는 필리핀의 타갈로그어(Tagalog)의 예이다. 이 두 언어 모두 동사 전치형, 즉 VSO 언어이다.

한국어나 일본어 그리고 (13)-(14)에서 본 통가어나 타갈로그어는 명사의 격표시 방법이 한 가지로 되어 있다. 그러나 언어에 따라서는

---

316) 엄격히 말하면 이 언어에서 '주격'은 언어학적으로 '능격'이라고 하고 '목적격'은 '절대격'이라고 부른다.

(8)의 방법 가운데 2~3가지를 사용하는 경우도 있다. 영어의 경우 (15)에서 보는 바와 같이 3가지 방식을 쓰고 있으며 격어미를 거의 상실한 프랑스어 등 로만스어 계통의 언어도 이와 같은 방식이다.

(13) 통가어의 전치사에 의한 주격, 목적격 표시
Na'e   tāmate'i   'e   Tēvita   'a   Kōlaiate.
과거   kill   주격   David   목적격 Goliath
'David killed Goliath.' (Churchward, 1953: 68)

(14) 타갈로그어 전치사에 의한 주격, 목적격 표시
ipinasulat ni John   ng   liham   kay   Mary.
wrote   주격 John 목적격 letter 여격   Mary
'John wrote Mary a letter.'

(Schachter & Shopen, 2007: 35 참조)

(15) 영어의 3가지 격표시 방법
  a. The man loves the woman.   (어순)
  b. I love him. / He loves me.   (어형변화: 대명사)
  c. The man wrote the letter with a pen. (전치사: 도구격)

고립어인 중국어의 경우 어형변화에 의한 격표시는 없고 (16)과 같이 어순과 전치사에 의한 방식이 사용된다.

(16) 중국어의 2가지 격표시 방법(조희무·안기섭, 2008 참조)
  a. 他   喜歡   啤酒。   (어순)
     he   like   beer
     'He likes beer.'
  b. 他   昨天   在   學校   玩兒。 (전치사: 처소격)
     he   yesterday in   school   play
     'He played in the school yesterday.'

격의 종류와 한국어의 격: 위 (15)에서 말한 기능표시 방식이 모두 격이라면 인간 언어에서 사용하는 격은 몇 가지나 될까? 또 영어는 보통 3격 체계('I-my- me'), 독일어는 4격 체계(ich-meiner-mir-mich)라고 하는데 이것은 무슨 말일까? 그리고 한국어는 격을 모두 조사로 표시하는데 그렇다면 한국어에서는 격을 몇 개라고 해야 할까? 이 단락은 이러한 질문들에 대해 답해 보기로 한다.

먼저 영어는 3격 체계, 독일어는 4격 체계, 라틴어는 6격 체계, 산스크리트어는 8격 체계라는 말은 위에서 논의한 것처럼 유럽 전통의 격 개념에 따른 격의 수이다. 즉 어형변화에 의한 격표지의 수가 그렇다는 것이다.

그러면 넓은 개념으로 볼 때 인간 언어에서 사용하는 격은 몇 개나 될까? 엄밀히 말하면 사실 이에 대한 답은 불가능하고, 이러한 질문 자체가 의미 없는 것이다. 영어의 전치사들이 모두 격표지라면 영어의 격은 그 수만큼 될 것이다. 또 전치사의 종류와 수가 언어마다 같은 것이 아니다. 독일어의 경우 전치사를 100개 이상으로 보는 학자들도 있다(송경안, 2015 참조). 이러한 점들을 감안하면 인간 언어에서 사용되는 격의 수를 헤아리는 것은 불가능한 일이고, 또 언어학적으로 크게 의미 있는 일도 아니다. 언어유형론에서는 (17)과 같이 13가지 주요격을 구분하기도 한다.

(17) 13가지 주요격(Blake, 1994: 160 참조)
    주격(nominative):   아이가 잔다.
    목적격(accusative):   아이가 만화를 본다.
    소유격(genitive):   아이의 옷이 예쁘다.
    여격(dative):   아이가 엄마에게 책을 주었다.
    처격(locative):   언니는 서울에서 산다.

탈격(ablative):	태풍이 나에게서 아들을 앗아갔다.
도구격(instrumental):	철수는 칼로 빵을 잘랐다.
공동격(comitative):	철수는 영희와 극장에 갔다.
목표격(purposive):	He went for fish.
향격(allative):	철수는 학교에 갔다.
통과격(perlative):	through the tunnel
비교격(comparative):	철수는 영희보다 크다.
호격(vocative):	철수야, 뭐 하니?

그러면 한국어의 격은 몇 개로 보아야 할까 하는 문제가 남아 있다. 한국어의 격은 모두 조사로 표시하는데 그러면 격의 수도 조사의 수만큼 되는 것일까? 이에 대한 대답은 간단하지 않다. 하나의 조사가 2~3가지 의미기능을 갖는 경우도 있고 조사 형태는 다르지만 기능은 비슷한 경우도 있기 때문이다((18)-(19) 참조).

(18) 같은 조사가 여러 가지 기능을 갖는 경우
　　a. 칼-로 사과를 자르다.
　　b. 감기-로 고생하다.
　　c. 광주-로 내려가다.

(19) 다른 조사가 비슷한 기능을 하는 경우
　　a. 철수는 광주-에서 살다.
　　b. 철수는 광주-에 산다.

국어문법 학자들이 설정하는 한국어 격의 수들을 보면 매우 흥미롭다. (20)과 같이 2격에서부터 24격까지 있는 것이다(이광정, 1999: 22; 김상돈·이경희, 1999 참조). (21)은 이 가운데 이희승(1949) 선생의 안을 중심으로 본 한국어 18개 격조사의 예이다.

(20) 학자에 따른 한국어 격의 수(김상돈·이경희, 1999: 621)

　　2격: 유길준(1904), 김희상(1911)

　　5격: 김규식(1908)

　　6격: 최현배(1937), 박승빈(1935), 배윤덕(1973)

　　7격: 박상준(1932), 최태호(1957), 홍기문(1947), 고영근(1987)

　　8격: 김민수(1970), 이필수(1923)

　　9격: 남궁억(1913), 정렬모(1946), 이기백(1972), 신원우(1973)

　　10격: 성광수(1977)

　　14격: 이숭녕(1956)

　　15격: 박승빈(1935)

　　18격: 이희승(1949)

　　24격: 정인승(1956)

(21) 한국어 18개 주요 격조사의 예(이건환, 2004)

주격: 이/가, 께서	목적격: 을, 를
관형격: 의	호격: 아, 야
여격: 에게, 께, 한테	처소격: 에, 에서
탈격: 에서, 에게서, 한테서	도구격: 으로, 로
비교격: 보다, 만큼	향격: 에, 로, 를
유래격: 에서, 로부터	변성격: 로, 으로
원인격: 에, 로	열거격: 와, 과, 에, 하고
자격격: 로, 로서	동류격: 처럼, 와, 과
상대격: 에게, 한테	서술격: 이다

(20)에서 격을 2개로만 나누는 것은 얼른 보기에 상식적으로 말이 안 되는 것 같지만 유럽 문법기술의 시원이라고 할 수 있는 그리스에서 격을 주격과 그 밖의 격으로 구분한 일이 있다. 또 (20)의 내용을 자세히 들여다 보면 '부사격'을 설정하여 그 속에 여러 가지 개별 격들을 묶어 놓은 경우가 있다. 이 경우 형식적으로는 격의 수가 6~7개이지만

실질적인 격의 수는 훨씬 늘어난다. 부사격으로 묶어 놓은 것들이 모두 별도의 격이기 때문이다. 초기 한국어 문법연구의 양대 산맥이라고 할 수 있는 최현배(1937), 이희승(1949) 선생의 경우도 그렇다. 이 두 분의 격 구분을 자세히 보면 (22)와 같다(이광정, 1999: 22 참조).

(22) 최현배(1937), 이희승(1949) 선생의 한국어 격 구분
    a. 최현배(1937):
        주격, 목적격, 관형격, 호격, 보격, 부사격(6개 개별격)
    b. 이희승(1949):
        주격, 목적격, 관형격, 호격, 서술격, 부사격(13개 개별격)

표준 한국어문법, 즉 학교문법에서는 격을 (23)과 같이 7가지로 구분하는데 이를 자세히 보면 위 두 학자의 분류를 절충해 놓은 것이라는 것을 알 수 있다. 두 분이 공통으로 인정하는 5개의 격에 의견을 달리하는 2개를 모두 포함시켜서 7가지 격이 된 것이다. 그러나 부사격 안에 여러 가지 격들이 포함되어 있기 때문에 엄격히 말하면 이는 7격 체계라고 볼 수 없다. 언어학적으로 볼 때 부사격은 하나의 격이라고 보기 어렵고 여러 개의 격을 편의상 한데 묶어 놓은 것일 뿐이다.

(23) 표준 한국어문법의 7가지 격
    주격, 목적격, 관형격, 호격, 보격, 서술격, 부사격

부사격에 포함된 개별 격을 계산해 넣으면 최현배(1937) 선생은 11격, 이희승(1949) 선생은 18격을 구분한 셈인데 어느 쪽이 더 타당할까? 그리고 한국어의 격을 몇 개로 보는 것이 적절할 것인가 하는 의문이 생긴다. 앞서 논의한 대로 한국어의 격은 모두 조사로 실현된다. 따라서 보조사를 제외한 조사는 모두 별도의 격을 나타낸다고

보아야 한다. 또 위 예문 (18)에서 본 것처럼 하나의 조사가 여러 가지 격을 나타낼 수도 있다. 이렇게 볼 때 한국어에서 격이 몇 개인가 하는 질문은 의미가 없는 것이다. 굳이 위 두 학자의 입장 가운데 어느 쪽이 더 타당한가를 묻는다면 과감하게 격을 많이 구분한 이희승 (1949) 선생 쪽이 한국어의 유형론적 특징을 더 잘 반영한 것이라고 말할 수 있겠다.

표준 한국어 문법의 격 구분과 관련해서 한 가지 짚고 넘어갈 것은 서술격이다. 여기서 서술격 조사란 '-이다'를 말하는데 이는 언어유형론적으로 계사(copula)에 해당하며 영어의 'be'-동사, 중국어의 '是'와 성격이 같은 것이다. 이에 대해 이미 제12장 계사 편에서 자세히 논의한 바와 같이 언어학적으로 볼 때 '-이다'는 조사가 될 수 없다. 이는 영어의 *be*-동사, 중국어의 '是'가 전치사가 될 수 없는 것과 같은 이치이다.

언어에 따른 격배당의 차이: 명사의 격은 동사가 결정한다.317) 즉 동사의 의미에 따라 그 문장에 몇 개의 명사가 필요하며 거기에 어떠한 격을 배당할 것인가가 결정된다. 이에 따르면 같은 의미의 동사는 언어마다 동일한 격을 배당할 것처럼 보인다. 예를 들면 영어의 *give*와 한국어의 '주다' 동사는 3개의 명사를 필요로 하며 주격, 여격, 목적격을 배당할 것이다.

그러나 조금 자세히 관찰해 보면 이러한 예상은 빗나가며 언어에 따라 상당한 차이가 있는 것을 알 수 있다. 예를 들면 한국어 '기다리다'는 영어로 *wait*, 독일어로는 *warten* 인데 (24)와 같이 이 동사들이 문장을 만들 때 목적어를 쓰는 방법은 세 언어에서 모두 다르다. 한국어에서는 목적격 조사를 사용하는데 영어와 독일어는 전치사를 덧붙

---

317) 소유격은 이에 해당하지 않는다.

여야 하며 이 전치사도 영어와 독일어가 다르다.318) 이와 같이 동사가 목적어를 취할 때 특정한 전치사를 동반하는 것을 '전치사격'이라고 부른다.

> (24) 한국어, 영어, 독일어 '기다리다' 동사의 목적어 격배당
> 한: 철수는 영희-를 기다린다. (목적격)
> 영: Peter waits for Mary.   (전치사격)
> 독: Peter wartet auf Marie.   (전치사격)

한국어 '돕다'라는 동사는 독일어로 *helfen*인데 (25)에서 보는 바와 같이 이들이 목적어에 배당하는 격이 다르다. 한국어는 목적격을 쓰는데 독일어는 여격을 쓴다. 한국어 '묻다'와 이에 해당하는 독일어 *fragen*도 (26)과 같이 격배당 방법이 아주 다르다. 한국어는 뒤의 2개 명사에 여격-목적격을 배당하는데 독일어는 목적격-전치사격을 배당한다.

> (25) 한국어, 독일어 '돕다' 동사의 목적어 격배당
> a. 나는 그 남자-를 돕는다.
> b. Ich helfe   d-em   Mann.
>   I   help   the-여격   man
>   'I help the man.'

> (26) 한국어, 독일어 '묻다' 동사의 격배당
> a. 나는 그 남자-에게 길-을 물었다.
> b. Ich fragte   d-en   Mann nach   dem Weg.
>   I   asked   the-목적격   man   after   the   way.
>   'I asked the man the way.'

---

318) 독일어 전치사 *auf*는 영어의 전치사 *on*에 해당한다.

중국어 문법에서는 '是'와 '去'를 한국어 문법이나 영어 문법과는 다르게 분석한다. 즉 이들은 영어의 be'와 go'에 해당하는데 중국어 문법에서는 (27)의 문장을 모두 같은 구조로 분석한다(안기섭·송진희, 2008: 80). 즉 이들은 모두 '주어 + 동사 + 명사(목적어)' 구조라는 것이다. 중국어에서는 (27b)의 '上海' 앞에 영어의 *to*와 같은 전치사를 붙이지 않는다.

> (27) 중국어의 '是'와 '去' 구문
>   a. 我們　喜歡　老師。
>   we　　like　　teacher
>   'We like the teacher.'
>   b. 我　去　　上海。
>   I　　go　Shanghai
>   'I go to Shanghai.'
>   c. 他　　是　　學生。
>   I　　am　　student
>   'I am a student.'

격배당과 관련하려 한국어에 특별한 술어가 두 가지 있다. 그 한 가지는 '만나다, 사랑하다' 등과 같은 대칭동사들이고 다른 한 가지는 '좋다, 무섭다'와 같은 이중주어 술어이다. 대칭동사란 '만나다'와 같이 'A가 B를 만나면 B도 A를 만나게 되어 관계가 대칭을 이룬다.'는 뜻에서 이르는 말이다.[319] 예를 들면 영어의 경우 동사 *love*는 (28a)와 같이 한 가지 방식으로 격배당을 한다. 그러나 한국어의 '사랑하다'는 (28b-d)와 같이 3가지의 격배당이 가능하다.

---

319) A가 B를 사랑한다고 해서 꼭 B가 A를 사랑하는 것은 아니다. 그러나 (28b-d)와 같은 구문이 가능하려면 대칭적 관계가 전제되어야 한다.

(28) 영어와 한국어 '사랑하다' 동사의 격배당

    a. John loves Mary.

    b. 철수가 영희를 사랑한다.

    c. 철수가 영희와 사랑한다.

    d. 철수와 영희가 사랑한다.

한국어와 일본어 등에서 언어학적으로 특이한 술어군이 관찰되는데 '무섭다/좋다/밉다/필요하다'와 같은 이중주어 술어들이 그것이다. 이들은 문장에 명사를 2개 요구하면서 (29)와 같이 두 명사에 모두 주격을 배당한다. 언어학에서는 (29)의 구문을 이중주어 구문이라고 부르는데 유럽인들의 눈으로 보면 이들은 아주 독특한 구문인 것이다.

(29) 한국어 이중주어 술어의 격배당

    a. 나는 영희-가 좋다/무섭다.[320]

    b. 나는 영희-가 밉다/싫다.

    c. 나는 돈-이 필요하다.

    d. 나는 누나가 있다.

비정통적 격표시: 인간 언어에서 일반적으로 주어에는 주격이 쓰이고 목적어에는 목적격이 쓰인다. 그리고 한 문장에 같은 격은 두 번 나타나지 않는다.[321] 그런데 가끔 언어에 따라 이러한 원칙에서 벗어나는 현상들이 관찰되는데 이를 비정통적(non-canonical) 격표시라고 한다.

예를 들면 독일어, 루마니아어, 남아메리카 원주민 언어 케추아어(Quechua) 등에서는 '춥다/덥다' 구문의 주어에 해당하는 명사에 주격

---

320) 표준 한국어문법에서는 '-는'을 주격조사로 보지 않고 있지만 여기서는 편의상 주격표지로 보겠다.

321) 이를 1문1격 원리라고 한다.

을 안 쓰고 목적격이나 여격을 쓰는 경우가 있다. (30)은 독일어와 루마니아어의 예이다(Primus, 1999: 24). (30a)에서 독일어의 *friert*는 '얼게 하다'라는 타동사로서 원래 '날씨가 나를 얼게/춥게 하다'라는 뜻이다. 이렇게 생각하면 이 문장에서 *mich*가 목적격으로 쓰이는 것이 특이할 것이 없다. 다만 독일 사람들이 흔히 (30a)와 같이 말을 하기 때문에 얼핏 *mich*가 주어처럼 보이는 것이다. 이 문장에 비인칭대명사를 사용해서 자연스러운 타동사 구문을 만들 수도 있다.

(30) 독일어, 루마니아어 '춥다' 술어의 비정통적 격표시
　　a. 독일어
　　　Mich　　　　　friert.
　　　me(목적격)　　freezes
　　　'I am/feel cold.'
　　b. 루마니아어
　　　Mie　　　îmi　　este　　frig.
　　　me(여격)　여격　　is　　cold
　　　'I am/feel cold.' (Primus, 1999: 24)

아이스란드어(Icelandic)에서도 (31)과 같이 독특한 격실현의 예를 볼 수 있다(Andrew, 1985: 102). (31a)는 한국어에 '나에게 돈이 부족하다/필요하다.'와 같은 문장을 연상시키는 구문이다.

(31) 아이스란드어 비정통적 격표시의 예
　　a. Þá　　　　　vantar　　peninga.
　　　them(목적격)　lack　　money(목적격)
　　　'They lack money.'
　　b. mér　　　líkar　　vel　　við　　henni.
　　　me(여격)　likes　　well　　with　　her(여격)
　　　'I like her.'

현대 영어의 경우 어형변화가 거의 사라지고 없는 상태이기 때문에 특별히 비정통적 격표시라고 할 만한 것이 쉽게 발견되지는 않는다. 그러나 자세히 보면 몇 가지가 관찰된다. 우선 가장 잘 알려진 예로 'It's me!'가 있다. 주격을 써야 할 자리에 목적격을 쓴 것이다. 이와 비슷한 예는 현대 영어에서 (32)와 같이 쉽게 관찰된다.

(32) a. It wasn't *them*.
   b. No, it's *us*.
   c. I say it is *him* or nobody for you.
   d. Someone said, "That's *him*!" (김선 · 조경숙, 2008: 99)

(33)과 같이 감정표현 구문에서 영어는 수동형식을 사용하는 경우가 많다. 영어문법에서 이러한 문장을 수동문으로 분류하지는 않으며 어떻든 격배당의 관점에서 보면 특수한 구문이라고 하겠다.

(33) 영어 감정표현 구문의 비정통적 격표시
   a. I am amazed at the news.
   b. He was surprised at the news.

(김선 · 조경숙, 2008: 98)

한국어의 경우 3가지 정도의 중요한 비정통적 격표시가 발견된다. 첫째는 (34)와 같이 주어에 가끔 붙는 '-에서'이다. 즉 기관이나 조직, 단체 등이 주어로 올 때는 '-에서'가 주어에 붙을 수 있다. 한국어 문법에서 이 경우의 '-에서'를 주격조사로 취급하고는 있다. 그러나 형태적으로 이것은 처소격 조사이므로 한국어에 나타난 독특한 비정통적 격표시라고 할 수 있다.

(34) 한국어 비정통적 주격 표시

    a. 정부에서 성명을 발표했다.

    b. 현대에서 미국에 차를 수출한다.

한국어에서 또 한 가지 중요한 비정통적 격표시 구문은 이중주어 및 이중목적어 구문이다. 이중주어 구문은 위 (29)와 같은 구문을 말하며 이는 1문1격 원리에 위배되는 격표시이다. 한국어 이중주어 구문은 2가지 종류가 있다. 하나는 (29)와 같이 술어 자체가 이중주어를 요구하는 경우이고 다른 하나는 (35)와 같이 주어 자리에 소유격이 올 때 이중주어 구문으로 바꾸어 쓸 수 있다.

(35) 주어 자리에 소유격이 올 경우

    a. 코끼리의 코가 크다.   → 코끼리는 코가 크다.

    b. 영희의 얼굴이 예쁘다. → 영희는 얼굴이 예쁘다.

한국어에서는 이중주어 이외에 (36)과 같이 이중목적어도 사용할 수 있다. 이중목적어 구문은 특정한 술어와 관계있는 것이 아니며 보통 전체-부분 관계에 있는 명사들이 쓰인다. 이중주어, 이중목적어 구문은 일본어, 중국어 등 다른 언어에서도 관찰되는 현상이다(박선옥·양경모, 2008; 안기섭·송진희, 2008; Andrew, 1985: 128 참조).

(36) 이중목적어 구문

    a. 철수는 영희를 뺨을 때렸다.

    b. 차를 유리창을 잘 닦아야지!!

한국어에서 세 번째 비정통적 격표시로 볼 수 있는 것은 (37)과 같은 목적격 조사의 특수한 쓰임이다. 즉 이들 구문에서는 목적어라고 볼 수 없는 명사에 목적격 조사를 붙이고 있는 것이다. 한국어의 목적격 조사는 목적어 이외에도 다양한 명사에 쓰인다고 하겠다.

(37) 한국어 비정통적 목적격 표시
    a. 엄마는 부산을 갔다.
    b. 엄마가 철수를 책을 주었다.
    c. 한 시간 동안 집 앞을 걸었다.
    d. 그 노인은 10리를 걸었다.
    e. 그 노인은 한 시간을 잤다/쉬었다.
    f. 우리는 지금 산 중턱을 가고 있다.

제17장

능동태, 수동태, 중간태

능동태, 수동태, 중간태란 태(態)의 종류를 말하며 우리에게는 수동
태 혹은 피동태 등의 개념을 통해 잘 알려져 있다. 이는 인간 언어에
나타나는 중요한 문법현상으로 이 장에서는 이러한 태가 언어에서 어
떤 방식으로 표현되는지를 살펴보겠다.

태의 개념: 태(態)란 영어로 'voice'라고 하는데 이는 원래 '목소리'라는
뜻이고 '의견, 관점'을 뜻하기도 한다. 이와 관련하여 Quirk et al.
(1985, 159)는 태를 다음 (1)과 같이 정의하였다. 이 정의를 보면 'voice'
를 '관점'이라는 뜻으로 이해하면 될 것 같다.[322]

　(1) Quirk et al.(1985)의 '태'의 정의
　　　태는 내용을 바꾸지 않으면서 문장 속에 나타난 동작을 2가
　　　지 관점에서 볼 수 있게 하는 것이다.

　　　Voice [...] makes it possible to view the action of the sentence
　　　in either of two ways, without change of the facts reported.
　　　(Quirk et al., 1985: 159)

---

322) 영문법학자 Jespersen(1924, 164)는 '태'를 나타내는데 'voice(목소리)'라는 용어
　　가 적절하지 않다고 주장한 바 있다.

독일어에서는 태를 'Genus Verbi' 혹은 'Diathese'라고 부른다. 'Genus' 란 원래 종류라는 뜻으로 명사와 관련해서는 남성, 여성, 중성 등의 성(性)을 의미한다.323) 명사의 종류를 성에 따라 3가지로 구분한다는 뜻이다. 이 말을 동사와 관련해서 'Genus Verbi'라고 하면 문자적으로는 '동사의 종류'라는 뜻인데 이는 곧 동사(술어)를 2가지 종류, 즉 능동형과 수동형으로 구분하는 것이다. 'Diathese'는 '배치·배열(disposition)' 이라는 뜻을 가진 그리스어에서 유래한 용어로서 명사구의 배열에 초점을 맞춘 용어로 보인다. 고대 그리스 문법에서는 '태'를 'Diathesis' 라고 불렀고 영어권에서도 학자에 따라서는 이 용어를 쓰기도 한다 (Kulikov, 2011: 368).

한국어 문법에서는 'voice'를 '태(態)'라고 번역하였는데 이 역시 이해하기 쉬운 용어는 아니다. 이와 관련하여 (2)에서 보는 이정민 외 (2000: 942)의 정의가 실마리를 제공할 듯하다. 즉 한자 '態(태)'는 '모습, 모양, 형태' 등을 의미하는데 (2)에 '형태'라는 말이 사용되고 있다. 이렇게 볼 때 한국어에서 '태(態)'라는 용어는 '어떤 명사가 주어로 오느냐에 따라 달라지는 술어의 **형태**'로 이해할 수 있겠다.

> (2) 이정민·배영남·김용석(2000, 942)의 '태'의 정의
>   하나의 행위를 기술하는데 있어서 행위에 가담한 요소들과 술어와의 관계 표현에 사용되는 술부 표현의 여러 형태. 행위에 직접 가담한 동작주가 주어로 표시되는 술부 형태를 능동태라 하고 행위를 입은 대상이 주어로 표현될 때를 수동태라 한다.

(2)에서 '행위를 직접 한 대상'과 '행위를 입은 대상'을 구분하였는데 언어학에서 이들을 각각 행동주(agent)와 피동주(patient)라고 부른

---

323) 영어의 'gender'와 같은 어원이다.

다. 행동주와 피동주가 있는 동사를 타동사라고 한다. 영어로 타동사를 'transitive verb'라고 하는데 'trans-'라는 말은 '넘어가다, 건너가다'는 뜻이다. 타동사란 따라서 동작이 한 쪽에서 다른 쪽으로 넘어가는 것, 즉 그림 (3)과 같이 동작이 행동주에게서 피동주에게로 이동해 가는 것을 나타내는 동사이다.

(3)과 같은 타동사 상황에서 우리는 보통 행동주를 주어로 해서 사건을 기술하는데 이것이 능동태 문장이다. 예를 들어 영어에서 *beat*(때리다)라는 타동사를 가지고 이러한 문장을 만들면 (4a)와 같을 것이다. 단순하게 상황만을 표현하거나 전달하려면 이러한 능동태 문장으로 충분하다. 그런데 인간 언어는 이러한 사건을 (4b)와 같이 피동주를 중심으로 표현하는 방법을 고안해 냈다. 이것이 바로 수동태 문장이다.

(3) 타동사의 모형

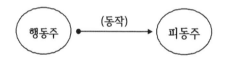

(4) 영어 'beat' 동사의 2가지 태
   a. Mary beat the dog.
   b. The dog was beaten by Mary.

어떻게 보면 꼭 필요한 것도 아닌데 인간 언어에서 왜 이렇게 수동태를 만들어 사용하고 있는지는 알 길이 없다.324) 그러나 어떻든 흥

---

324) 이와 관련해서 19세기 독일의 언어학자 Gabelentz(1861, 455)는 수동태를 '언어의 사치(Luxus der Sprache)'라고 주장한 바 있다.

미로운 것은 지구상의 거의 모든 언어에서[325] 이러한 표현방식을 사용하고 있다는 점이고, 이때 어느 언어에서나 능동태가 기본태이고 수동태가 파생태라는 점이다. 기본태란 1차적인 표현형식이고 파생태란 기본태를 약간 변형시켜 만든 것을 말한다. 예를 들면 (4)에서 *beat*가 기본형이고 *was beaten*은 약간 변형된 파생형이다. 한국어에서 '잡다-잡히다, 쫓다-쫓기다'도 마찬가지이다.

수동태의 형식적 특징과 무수동태 언어 논쟁: Perlmutter & Postal(1983, 3-8)은 수동태의 형식적 특징을 (5)와 같이 3가지로 보고 있으며 이 가운데 어느 것도 수동태를 정의하기 위한 절대적인 기준은 될 수 없다고 한다.

> (5) Perlmutter & Postal(1983)의 수동태의 3가지 특징
> a. 어순의 변화
> b. 격표시의 변화
> c. 동사형태의 변화

내용적으로 (5)와 큰 차이는 없지만 Siewierska(2005)는 수동태의 특징을 (6)과 같이 5가지로 제시하고 있다. (6)에서는 어순에 대한 언급이 없지만 내용적으로 (6b,c)에 포함된 것으로 볼 수 있다. Perlmutter & Postal(1983)은 (5)의 형식적 특징은 언어에 따라 다를 수 있고 나타나지 않을 수도 있다고 보면서 (6b,c)의 내용은 모든 언어의 수동태에 나타난 보편적 특징이라고 보았다(같은 책, 9).

---

325) 수동태가 없는 언어도 있다고 한다(Siewierska, 2005: 434; Keenan & Dryer, 2007: 360 참조).

(6) Siewierska(2005)의 수동태의 5가지 특징

    a. 언어체계에서 능동태와 대립된다.

    b. 능동태의 주어는 수동태에서 수의적 요소가 되며 주격이외의 격으로 나타난다.

    c. 수동태의 주어가 나타날 경우[326] 이는 능동태의 직접 목적어에 해당한다.

    d. 수동태는 능동태에 비해 사용이 제한적이다.

    e. 수동태의 동사에는 특정한 형태변화가 나타난다.

  (5)에 제시한 수동태의 특징에 대해 반대되는 예는 (7)과 같이 키리바시어(Kiribatese)에서[327] 볼 수 있다(Keenan & Dryer, 2007: 327). 이 언어는 '동사 + 목적어 + 주어(VOS)'의 기본어순을 가진 언어인데 (7a)의 능동문을 보면 동사 앞뒤에 'E$_i$, -a$_j$'와 같이 지시어를 먼저 쓰고 이어서 '목적어 + 주어'를 쓰는 형식이다. (7)의 능동태-수동태 문장을 자세히 보면 2가지 명사 *naeta, moa*의 어순이 달라지지 않았다. 또 *naeta*는 능동문의 목적어일 때와 수동문의 주어일 때의 형태(격표시)가 달라지지 않았다. 이 언어에서는 (5a,b)에서 말한 수동태의 특징이 나타나지 않는다는 뜻이다.

(7) 어순과 격표시가 변하지 않는 키리바시어 수동태 문장[328]

    a.

E$_i$	kamate-a$_j$	te	naeta$_j$	te	moa$_i$.
it	kill-it	the	snake	the	chicken

      'The chicken killed the snake.'

---

326) 주어가 나타나지 않을 수도 있다.

327) 뉴질랜드 북쪽, 파푸아 뉴기니아의 동쪽 태평양 상에 있는 섬나라

328) 아래 첨자 'i, j'는 언어학에서 지시대상을 구별하기 위해 붙인 기호이며 언어표현 자체는 아니다.

b. E$_j$ kamate-ak$_i$ te naeta$_j$ (iroun te moa).

it kill-수동 the snake (by the chicken)

'The snake was killed by the chicken.'

(Keenan & Dryer, 2007: 327)

앞서 각주 325)에서 수동태가 없는 언어도 있다고 했는데 이는 어디까지를 수동태로 볼 것인가 하는 문제와 직결되어 있으며 이에 대해서는 학자에 따라 의견이 다르다(Siewierska, 1984: 79-85; Andrew, 2007: 202-210). 이와 관련해서 가장 크게 논란이 되고 있는 언어들이 타갈로그어(Tagalog) 등 필리핀 지역의 언어이다. 언어학에서는 이를 '필리핀어 유형' 혹은 '필리핀식 문장구조'라고 부르기도 한다(Siewierska, 1984: 79; Andrew, 2007: 202).[329]

(8)은 필리핀식 문장구조를 논의할 때 자주 인용되는 타갈로그어의 예문이다(Schachter, 1977; Siewierska, 1984: 80; Andrew, 2007: 203). 타갈로그어는 VSO 어순의 언어이며 명사의 기능을 모두 전치사를 가지고 표시한다.[330] (8)에서 명사 앞에 나타난 *ang, ng, sa, para* 등이 모두 전치사이다. 이 문장에는 명사가 4개 쓰였고 초점표시 *ang*이 이 4개의 명사에 모두 붙을 수 있는데 그때마다 동사의 형태가 달라진다.

(8) 타갈로그어의 필리핀식 문장구조의 예[331]

a. mag-a-alis ang babae ng bigas sa sako para sa bata.

접사-will-take.out 초점 woman 목적 rice 방향 sack for child

'The woman will take some rice out of the sack for the child.'

---

329) 'Philippine type'(Andrew, 2007: 202); 'The structure of Philippine clause' (Siewierska, 1984: 79).

330) 명사의 기능을 모두 후치사(조사)를 가지고 표시하는 한국어와는 아주 대조적이다.

331) 목적 = 목적어, 행위 = 행위자, 초점 = 'focus'

b. a-alis-in   ng babae ang bigas sa   sako <u>para sa</u> bata.

will-take.out-접사 행위 woman 촛점 rice 방향 sack   for   child

'The woman will take some rice out of the sack for the child.'

c. a-alis-an   ng babae ng bigas ang   sako <u>para sa</u> bata.

will-take.out-접사 행위 woman 목적 rice 촛점 sack   for   child

'The woman will take some rice out of the sack for the child.'

d. ipag-a-alis   ng babae ng bigas sa   sako ang   bata.

접사-will-take.out 행위 woman 목적 rice 방향 sack 촛점   child

'The woman will take some rice out of the sack for the child.'

(Andrew, 2007: 203)

여기서 *ang*과 동사의 형태변화를 어떻게 볼 것인가에 따라 타갈로
그어 수동태에 대한 입장이 달라진다. 처음에 이 예문을 제시한
Schachter(1977) 등은 *ang*을 단순한 초점표시로 보았고 동사에 붙
는 접사들도 이와 관련된 것으로 보았다(Siewierska, 1984: 81). 이는
타갈로그어에서 수동태를 인정하지 않는 입장이다. 그러나 Perlmutter
& Postal(1983), Keenan & Dryer(2007) 등은 다른 입장이다. 이들은
*ang*을 주어표지로 보고 주어에 따라 동사형태가 변화하고 있으므
로 타갈로그어에 오히려 다양한 수동태가 발달해 있다고 본다
(Siewierska, 1984: 82; Keenan & Dryer, 2007: 360 참조).[332] 수동태
에 대해 많은 연구를 한 Siewierska는 1984년에는 이에 대해 유보적인
태도를 취하다가 20여년 후인 Siewierska(2005, 434)에 와서는 타갈로
그어를 무수동태 언어로 분류하였다. 그녀는 같은 관점에서 호주 북
부와 파푸아 뉴기니아 지역에 걸친 많은 토착 언어들은 모두 무수동
태 언어로 분류하고 있는데, Keenan & Dryer(2007, 360)은 오히려 이
들 언어를 수동태가 다양하게 발달한 언어로 간주한다.

---

332) (8a)는 능동태 문장이고 (8b-d)는 수동태 문장이라고 본다.

한편 Siewierska(2005, 435)와 Keenan & Dryer(2007, 356)이 모두 수동태와 유사하지만 수동태로 인정하지 않는 경우가 있는데 바로 도치태(inverse)[333] 구문이다. 이러한 구조는 북아메리카 지역의 원주민 언어에서 자주 나타나는 현상인데 '행동주 + 동사 + 피동주'의 구조를 '피동주 + 동사 + 행동주'의 구조로 바꾼다. 이때 명사의 격표시는 위치에 따라 결정된다. 즉 동사 앞에 오느냐 뒤에 오느냐에 따라 격표시가 달라지며, 영어 수동태 문장의 'by + 명사'처럼 명사 하나를 생략할 수 있는 구조가 아니다. (9)는 북아메리카 오집와어(Ojibwa)의 행동주-피동주 도치 구문의 예이다.

(9) 오집와어의 행동주-피동주 도치 구문

    a. aw   nini   wgiːwaːbm-aːn   niw   kweːw-an.
       that   man   saw-direct(정치)   that   woman-어미

    b. aw   kweː   wgiːwaːbm-igoːn   niw   ninw-an.
       that   woman   saw-inverse(도치)   that   man

                              (Keenan & Dryer, 2007: 356)

(9)를 보면 같은 지시사가 위치에 따라서 형태가 달라졌고, 행동주가 되었든 피동주가 되었든 동사 앞에 오는 명사는 별도의 어미가 없고 동사 뒤에 오는 명사에는 어미 -an이 붙어 있다. 그리고 두 문장에서 동사 형태가 정치냐 후치냐, 즉 행동주가 앞에 오느냐 피동주가 앞에 오느냐에 따라 차이가 난다. 이 경우 (9a)가 능동태 문장이고 (9b)가 수동태 문장이라고 하기 어렵고, 따라서 이 언어는 무수동태 언어로 보아야 한다는 것이다.

---

333) 보통 'inverse(language)'라고 부르는데 이 책에서는 이를 일종의 태로 보고 '도치태'라고 부르겠다.

(9a,b)는 얼핏 보기에 둘 다 '명사(주어) + 동사 + 명사(목적어)' 구조의 전형적인 타동사 구문처럼 보이고 따라서 (9b)를 수동태로 보기 어렵다는 위의 주장도 일리는 있다. 그러나 시각을 조금 달리하면 (9b)를 수동태로 보아도 문제없다는 것이 필자의 생각이다. 우선 그림 (3)에서 능동태-수동태의 차이는 행동주를 중심으로 사건을 기술하느냐 아니면 피동주를 중심으로 기술하느냐의 차이이다. 그런데 이러한 차이는 (9a,b)에 잘 반영되어 있다고 볼 수 있다.

또 (9a,b)를 위 (5)에서 본 수동태의 3가지 특징에 비추어 보더라도 (9b)를 수동태가 아니라고 할 이유가 없어 보인다. (9a,b)를 비교해 보면 이 3가지 특징, 즉 어순의 변화, 격표시의 변화, 동사형태의 변화가 모두 나타나 있기 때문이다. (3)의 그림을 중심으로 볼 때 어떻게 보면 (9b)야말로 정확한 '피동주 중심의 사건 기술방식', 즉 수동태라고 할 수도 있다. 위에서 또 '태'를 영어로 '배열/배치'를 의미하는 'Diathesis'라고 부르기도 한다고 했는데 (9a,b)는 정확이 이 개념과 일치하기도 한다.

Siewierska(2005)가 (6)에서 제시한 수동태의 5가지 특징에 비추어 보면 (6b)의 '수동태에서 능동태 주어의 수의성'이 (9b)와 맞지 않다. 그러나 이것은 수동태를 규정하는 데 지엽적인 문제이지 결정적인 요소가 될 수는 없다. 수동태란 기본적으로 '피동주 중심의 사건 기술방식'을 말하며 나머지 사항들은 부수적인 것이기 때문이다.

Siewierska(2005, 434)는 (8)과 같은 필리핀 방식의 구문변형 그리고 (9)와 같은 도치태 방식의 구문변형을 수동태에서 제외시키고 나서 표본 언어 총 373개 가운데 162 : 211로 무수동태 언어가 더 많은 것으로 보고하고 있다. 그러나 위에서 논의한 바와 같이 이 2가지 구문을 수동태에서 제외시켜야 할 결정적인 이유는 없으며 따라서

Siewierska(2005)의 통계는 조심스럽게 해석해야 할 일이다. 그녀의 통계에는 위에서 논의한 필리핀-호주 지역의 언어 80여 개가 무수동태 언어로 분류되어 있으며, 특히 표본 언어 373개 가운데 이 지역의 언어 80여 개를 집중적으로 통계에 포함시킨 것은 균형 잡힌 통계라고 보기도 어렵다.[334]

이와 같이 볼 때 수동태를 어떻게 정의하느냐에 따라서 수동태 언어와 무수동태 언어를 구분할 수는 있겠다. 수동태를 아주 좁은 의미로 해석하면 '무수동태' 언어를 인정할 수 있을 것이다. 그러나 수동태의 개념을 조금 확대하면 이러한 언어들도 수동태 언어에 포함시킬 수 있을 것이다. 어떻든 타동사 상황에서 행동주와 피동주 가운데 어느 쪽에 초점을 맞추어 기술할 것인가의 선택은 모든 언어에 있을 것으로 보이며, 따라서 용어상의 차이는 있을지라도 '태(voice)'의 구별이 전혀 없는 언어는 없을 것으로 짐작된다.

태의 실현방식: 다른 문법 범주들과 마찬가지고 수동태 혹은 '태'도 언어에 따라 여러 가지 방식으로 실현된다. 문법기능의 실현 방식은 크게 2가지로 나눌 수 있다. 문법표지가 하나의 단어 안에 통합되어 나타나는 방식이 있고 별도의 단어나 2개 이상의 단어의 결합으로 나타날 수도 있다. 전자를 합성적(synthetic) 방식이라고[335] 하고 후자를 분석적(analytic) 방식이라고 부른다.

수동태의 실현형식도 마찬가지이다. (10)에서 한국어와 영어를 비

---

334) 지구상의 수 천 개의 언어 가운데서 373개의 표본 언어를 뽑는데 호주-파푸아 뉴기니아-필리핀 지역의 언어를 80여 개 포함시킨 것은 적절한 표본 및 통계라고 보기 어렵다.

335) 형태소(morphological) 수동과 우언적(periphrastic) 수동으로 구별하기도 한다 (Keenan & Dryer, 2007).

교하면 이 차이가 잘 들어난다. 한국어는 전형적인 합성적 방식이고 영어는 2개의 단어가 결합하는 분석적 방식이다. 이러한 수동태의 실현방식은 조금 더 세분할 수 있다.

(10) 수동태의 합성적 실현방식과 분석적 실현방식
    a. 고양이가 쥐에게 **쫓기었다**.
    b. The cat was chased by a rat.

1) 수동적 동사: (11)의 한국어 문장을 조금 주의 깊게 보면 이들을 수동문라고 해야 할지 능동문라고 해야 할지 애매하다. 네이버 인터넷 한·영사전을 찾아보면 이 동사들의 의미는 (12)와 같은데 영어에서는 모두 수동 형식으로 표현된다. (11a-c)를 수동문이라고 부르지는 않지만 한국어의 이 동사들은 '수동적 동사'라고 할 수 있겠다.

(11) 한국어 수동적 동사의 예
    a. 철수가 영희에게 **맞았다**.
    b. 영희가 철수에게 **속았다**.
    c. 도둑이 주인에게 **들켰다**.
    d. 영희가 넘어져서 **다쳤다**.

(12) '맞다, 속다, 들키다, 다치다'의 영어 대응표현
    맞다: be hit, be beaten
    속다: be deceived, be fooled, be cheated
    들키다: be/get caught, be discovered
    다치다: be hurt

경우가 약간 다르기는 하지만 (13)의 영어 문장에서도 수동적 동사의 예를 볼 수 있다. (13a,c)에서는 *open, move*가 타동사로 쓰였지만 (13b,d)

에서는 자동사로 쓰이면서 수동적 의미를 나타내고 있는 것이다.

(13) 영어의 수동적 동사
a. John opened the door.
b. The door opened.

c. John moved the stone.
d. The stone moved.

19세기에 이미 220여 개 언어의 수동태를 형태론적 기준에 따라 분류한 독일의 언어학자 Gabelentz(1861, 477)은 남태평양 지역의 언어에 형태적으로는 능동태이지만 수동의 의미로 사용되는 동사들이 있다고 보고하고 있다. Steiner(1979)도 고대 오리엔트 지방의 수메르어(Sumerian), 엘람어(Elamite), 후르리어(Hurrian), 해트어(Hattic), 우라르투어(Urartian) 등에서 자동사이면서 수동의 개념을 지닌 동사들이 있음을 관찰하였다.

2) 굴절어미 방식: 위의 수동적 동사는 한 단어 안에서 수동적 의미가 표현되기는 하지만 엄밀히 말하면 수동태라고 볼 수는 없다. 기본동사에 형태적 변화가 일어나는 경우부터 합성적 수동태라고 해야 할 것이다. 합성적 수동형은 크게 굴절어미에 의한 방식과 접사에 의한 방식 그리고 모음변화에 의한 방식이 있다. 굴절어미에 의한 방식이란 유럽 언어에서 흔히 나타나는 주어의 인칭과 수, 시제 등에 따른 어미변화를 말한다. 굴절어미에 의한 수동태 형식은 라틴어에서 나타난다. (14)는 라틴어 *amare*('love')의 굴절어미에 의한 능동형과 수동형이다(Keenan & Dryer, 2007: 335).

(14) 라틴어 *amare*('love')의 능동형/수동형

수	인칭	능동형	수동형
단수	1인칭	amo	amor
	2인칭	amas	amaris
	3인칭	amat	amatur
복수	1인칭	amamus	amamur
	2인칭	amatis	amamini
	3인칭	amant	amantur

3) 접사 방식: 접사에는 접두사, 접미사, 접요사가[336] 있는데 수동태 형식에 이 3가지 방식이 모두 사용된다. (15)는 베트남 중부 고산지대 디린(Di Linh) 지역에서 사용되고 있는 스리어(Sre)의 접두사 방식에 의한 수동태의 예이다.

(15) 스리어 접두사에 의한 수동형의 예

    a. Cal   paɔ   mpon.
       wind   open   door
       'The wind opened the door.'
    b. Mpon   gə- paɔ   mə   cal.
       door   수동-open   by   wind
       'The door was opened by the wind.'

                                    (Keenan & Dryer, 2007: 333)

한국어의 대표적인 수동태 형식은 (16)과 같이 '-이, -히, -리, -기'를 동사에 붙여서 만드는 것인데 이 역시 일종의 접사 방식이라고 할 수 있겠다. 만일 접사(affix)와 어미(ending)를 엄격하게 구분한다면 한국어 '-이, -히, -리, -기'는 어미로 보는 것이 더 적절할 것이다.

---

336) 접요사(接腰辭; infix)란 단어 중간에 끼어 들어가는 접사를 말한다. '요(腰)'란 '허리'라는 뜻이다.

(16) 한국어의 접사 방식 수동태
    a. 경찰이 도둑을 잡았다.
    b. 도둑이 경찰에 잡히었다.
    c. 쥐가 고양이를 쫓았다.
    d. 고양이가 쥐에게 쫓기었다.

4) 모음교체 방식: 동사의 모음을 바꾸어서 수동태를 만드는 언어도 있다. 스리랑카에서 널리 쓰이는 싱할리어(Singhalese)가 그 예이다. (17)은 이 언어에 나타난 몇 가지 동사 모음교체 방식 수동형의 의 예이다.

(17) 싱할리어 모음교체 방식 수동형(Haspelmath, 1990: 31)
    bala- 'see'   bäle- 'be seen'
    hūra- 'scratch' hīre- 'be scratched'
    sōda- 'wash'   sēde- 'be washed'
    vēla- 'dry'   vēle- 'be dried'

5) 조동사 방식: 지금까지 동사 자체가 수동적 의미를 가지고 있는 '수동적 동사'와 수동태 표지가 해당 동사 안에 통합되어 나타나는 합성적 수동태 형식에 대해 살펴보았다. 이밖에도 수동태는 해당 동사의 경계를 넘어서 다른 단어와 결합함으로써 만들어지는 이른바 분석적 형식이 있다. 대표적인 것이 조동사 방식인데 영어를 비롯한 유럽 언어들이 흔히 이 유형에 해당한다.

(18)에서 보는 바와 같이 영어의 경우 해당 동사이외에 *be*-동사를 추가해서 수동태를 만든다. 이때 *be*-동사를 수동문 조동사로 보는 것이다.

(18) 영어의 조동사 방식 수동태

    a. A rat chased the cat.

    b. The cat was chased by a rat.

    c. The man bit he dog.

    d. The dog was bitten by the man.

유럽 언어들은 수동태가 기본적으로 이런 조동사 방식인데 로만스어와 슬라브어는 이때 *be*-동사를 쓰며, 게르만어는 *become* 동사가 기본이고 *be*-동사는 부차적이라고 할 수 있다. (19)는 독일어의 2가지 수동문이다. (19a)는 '열리는 동작'을 나타내고 (19b)는 '열려있는 상태'를 나타낸다. 영어의 *be*-동사 수동은 이러한 구별이 없고 상황에 따라 이 2가지 의미 가운데 하나로 해석된다.337)

(19) 독일어의 2가지 수동문

    a. Das Fenster   wird   um 7 Uhr   geschlossen.
       the window   becomes   at 7 o'clock   closed
       'The window is closed at 7 o'clock.'

    b. Das Fenster ist geschlossen.
       the window is closed.
       'The window is closed.'

위 독일어 문장 (19a)에서 조동사 *wird*는 영어의 *become*에 해당하는데 영어에서도 이와 비슷한 의미의 동사 *become*, *get*이 수동태 조동사로 쓰이는 경우가 있다. 한국어에서도 'become'의 의미를 가진 '되다, 지다'가 수동태에 사용되는데 '되다'는 '체포, 구속, 사용'과 같은

---

337) 이에 대해서는 아래에서 더 자세히 논의하겠다.

명사와 결합하기 때문에 조동사로 보기는 어렵다((21) 참조).

(20) 영어의 'become, get'에 의한 수동태
　　a. It [hair] had become bleached.
　　b. He got fired. (Stein, 1979: 40, 58)

(21) 'become'에 해당하는 한국어 '되다, 지다'의 수동
　　a. 창문이 깨어/열어/닫아 졌다.　(조동사)
　　b. 범인이 체포/구속되었다.　　　(조동사 아님)[338]

6) 수동적 동사 + 동작명사 방식: (22)의 영어 예문은 형식은 능동태이지만 의미적으로는 수동태라고 할 수 있다. 동작명사와[339] 수동적 동사가 결합해서 수동의 의미를 표현하고 있는 것이다.

(22) 영어의 '수동적 동사 + 명사' 방식 수동문
　　a. Tom received a blow on the head.
　　b. They suffered great losses. (김선·오윤자, 2008)

이와 같은 수동태 형식은 영어에서는 많이 쓰이지 않으며 영어문법에서 이들을 수동태라고 부르지 않는다. 독일어는 영어보다 이러한 형식이 더 많이 나타난 것으로 보이며(Stein, 1979: 67-70) 중국어에서도 '받다, 먹다, 보다' 류의 동사들이 수동태 조동사로　쓰인다(Gabelentz, 1861: 501f).

이와 관련하여 한국어의 상황은 매우 특징적이다. 한국어 어휘구조

---

338) 현재 한국어 문법에서는 '되다'를 접미사로 보는데 이에 대해서는 아래에서 따로 논의하겠다.
339) 동사적인 의미를 내포하는 명사를 말한다.

의 중요한 특징 가운데 하나가 '위로하다, 선사하다, 야단하다, 체포하다' 등과 같은 '-하다' 형식의 동사이다. 이들은 한자어에서 온 동작명사에 '-하다'가 결합한 것인데 한국어 어휘에서 양적으로 큰 부분을 차지하고 있다. 그런데 이러한 형식의 동사들은 수동태를 만들 때 '-이, -히, -리, -기'에 의한 접사 방식을 사용하지 않고 '동작명사 + 수동적 동사'의 방식을 사용한다. 이때 쓰이는 수동적 동사로는 '받다, 되다, 당하다, 맞다, 입다, 듣다, 보다, 먹다, 얻다' 등이 있다. (23)은 이에 대한 몇 가지 예이다.

> (23) 한국어의 '동작명사 + 수동적 동사' 방식 수동태
>   a. 영희는 철수를 위로했다.
>   b. 철수는 영희에게 위로받았다.
>
>   c. 경찰이 범인을 고문했다.
>   d. 범인이 경찰에게 고문당했다.
>
>   e. 엄마가 아이를 야단했다.
>   f. 아이가 엄마에게 야단맞았다.

여기서 '받다, 당하다, 맞다' 등의 표현을 필자는 송경안(2008, 475)에서 '보조동사(조동사)'라고 불렀는데 이 용어가 아주 적절한 것 같지는 않다. 보조동사란 본동사를 전제로 하는 개념인데 (23)에는 본동사가 없기 때문이다. 국립국어원의 인터넷판 '표준국어대사전'은 이들을 접미사로 보고 있다. 이에 따라 현재 한글맞춤법에서는 '고문당하다'를 하나의 단어로 쓴다. 그러나 이 역시 이론의 여지가 있다. 접사는 기본적으로 의존형태소(bound morpheme)를[340] 말하는데 위의 '당하다, 맞다, 받다' 등은 독립성이 아주 강하기 때문이다.[341] 국립국어원은

(23)의 예문에서 '-하다'도 접미사로 보고 있다. 그러나 이 역시 독립성이 매우 강하기 때문에 단순한 접미사로 보는 데는 이론의 여지가 있다. 일본어 문법에서는 이러한 동사표현을 '동작명사 + 형식동사'의 '합성 술어'로 보기도 하는데(박선옥·양경모, 2008) 일리가 있는 분석이라고 생각된다. 이 경우 명사와 동사가 대등한 관계라고 보는 것이며 이는 현상적으로 타당하기 때문이다.

7) 재귀구문 방식: 앞의 제9장 재귀대명사 편에서 우리는 영어를 제외한 대부분의 유럽 언어들은 재귀구문을 아주 많이 쓰는 언어들이며 이들을 재귀적 언어라고 불렀다. 이들 재귀적 언어에서 재구구문은 아주 다양한 용법으로 쓰이는데 그 가운데 하나가 수동적 용법이다. (24)는 독일어의 재귀구문이 수동적 의미로 쓰이는 예이다. 이밖에 프랑스어, 스페인어, 러시아어 등 유럽 언어에서 이러한 형식의 수동은 흔히 볼 수 있는 현상이다(이숙현·심을식, 2008; 이충회·김원필, 2008; 허성태·임홍수, 2008 참조).

> (24) a. Der Vorhang öffnet sich.
>   the curtain opens itself
>   'The curtain is opened.'
>   b. Das Buch verkauft sich gut.
>   the book sells itself well
>   'The book sells well.'

태의 종류: 지금까지 우리는 수동태의 특징과 형식에 대해 살펴보았는

---

340) 독립적으로 쓰이지 않는 형태소를 말하며, 독립적으로 쓰이는 형태소를 자립형태소(free morpheme)라고 한다.
341) 예: "고문을 두 사람에게 3시간 동안이나 심하게 당했다."

데 지구상의 언어를 관찰하면 우리는 수동태 혹은 '태'를 조금 세분할 수 있다.

1) 동작수동과 상태수동: 위에서 언급한 대로 수동태에 조동사를 사용하는 것은 유럽 언어가 대표적인데 이때 로만스어와 슬라브어는 *be*-동사만을 사용하고 게르만어는 *be*-동사와 *become* 동사를 사용한다. (19)에서 본 바와 같이 게르만어의 이 2가지 조동사에 의한 수동은 각각 동작과 상태를 나타내기 때문에 이들을 '동작수동'과 '상태수동'으로 구분한다. 영어는 독일어와 프랑스어의 특징을 모두 가지고 있는 언어라고 했는데 이 부분에서는 프랑스어와 같다. 즉 수동태에서 기본적으로 *be*-동사만을 사용하며 이것으로 동작을 나타내기도 하고 상태를 나타내기도 한다((25) 참조).

    (25) 영어의 동작수동과 상태수동
        a. The shop was closed by Peter.   (동작수동)
        b. The shop is closed on the weekend. (상태수동)

위 예문 (20)에서 본 바와 같이 영어에서도 *become, get* 등의 동사가 수동태에 쓰이기도 하는데 이러한 경우 동작수동이라고 할 수 있다. 그러나 이들은 영어 문법에서 보통 일반적인 수동태 형식으로 다루어지지 않는다.[342] 한국어 문법에서도 이 2가지 수동태를 구분하지는 않는다. 즉 문맥에 따라 한 가지 형태가 동작을 표현하기도 하고 상태를 표현하기도 한다. 다만 '열려 있다, 닫혀 있다'와 같이 조동사 '있다'를 이용해서 상태수동을 따로 표현할 수는 있다.

---

342) Greenbaum & Quirk(1990, 45)는 '*be* + 과거분사'만을 수동태로 다루고 비공식적인(informal) 영어에서 자주 *get*이 수동표현에 사용된다고 주를 달고 있다.

2) 자동사 및 비인칭 수동: 영어와 한국어에 익숙해 있는 한국인들에게 는 자동사가 수동태로 쓰인다는 것이 생소할 것이다. 그러나 자동사 수동은 많은 언어에서 나타나며 이때는 주어로 올 수 있는 명사가 없 기 때문에 비인칭 수동이 된다.[343] (26)은 독일어에서 볼 수 있는 자동 사 수동의 예이다. 이러한 자동사 수동은 네델란드어, 터키어, 프랑스 어 등에서도 나타난다(Keennan & Dryer, 2007: 345-348 참조).

> (26) 독일어의 자동사 수동
> Es　　wird　　　sonnstags　　nicht　gearbeitet.
> it　becomes　　on Sunday　　not　　worked
> 'We/They do not work on Sunday.'

3) 중간태: '태'에 대한 논의에서 빼놓을 수 없는 것이 중간태(middle voice)의 개념이다. 이는 능동태와 수동태의 중간에 있다는 뜻인데 수동 의 의미를 지니면서 행동주를 표현할 수 없는 경우를 말한다. (24)의 독일어 문장이 그 예이며 이에 해당하는 한국어나 영어 문장도 의미적 으로 보면 중간태라고 할 수 있다((27) 참조). 즉 이 예문들에서 행동 주를 표현하기가 어려우며, 이는 행동주가 생략된 수동구문과는 다르다.

> (27) 한국어, 영어, 독일어 중간태의 예
> a. 그 책은 잘 팔린다.
> b. The book sells well.[344]
> c. Das Buch　verkauft　　sich　　gut.
> 　 the book　　sells　　itself　well
> 'The book sells well.'

---

343) 언어에 따라서는 타동사를 비인칭 수동으로 쓰는 경우도 있는데 러시아어가 그 예이다(허성태·임홍수, 2008 참조).
344) Huddlestone & Pullum(2002, 307)은 이러한 동사를 중간태 자동사(middle intransitive)라고 불렀다.

전통적인 학교문법에서는 중간태라는 용어를 거의 쓰지 않으며 수동태의 일부로 취급하였다. 재귀구문이 발달한 유럽 언어들에서는 중간태가 대부분 재귀구문으로 나타난다. 재귀구문을 잘 사용하지 않는 영어의 경우 중간태가 가끔 (27b)와 같이 표현되고 (28)과 같이 *get-*수동태로 표현되기도 한다.

> (28) 영어의 'get' 중간태(Stein, 1979: 50)
> a. I must get dressed for dinner.
> b. Children might get lost here.
> c. I blame him for getting involved in it.

표준 한국어 문법에서도 중간태라는 용어는 사용하지 않는다. 그러나 자세히 보면 한국어에서도 (29)와 같이 중간태라고 부를 만한 예들이 자주 관찰된다. (29)의 동사들은 형태적으로 보면 모두 수동태이다. 그러나 해당 사건의 행동주를 말하기는 어렵다. 국어사전을 보면 이 동사들은 모두 자동사로 분류되어 있다. 형태적으로 보면 수동형이지만 이미 자동사로 어휘화되었다고 보는 것이다. 물론 이것도 한 가지 분석방법이다. 그러나 '태'의 입장에서 보면 중간태라도 해도 무리는 없을 것 같다.

> (29) 한국어 중간태의 예
> a. 날씨가 많이 풀렸다.
> b. 구름이 걷혔다.
> c. 자동차 브레이크가 밀린다.
> d. 철수가 감기에 걸렸다.

4) 역수동태: 지구상에는 우리에게 생소한 문법구조를 가진 언어가 많

은데 그 가운데 한 가지가 능격언어(ergative language)일 것이다.345) 이
는 타동사의 목적어와 자동사의 주어의 격표지가 같은 언어인데 그
문장구조를 한국어로 나타내 보면 (30)과 같다. 즉 이들 언어에서는
(30a)의 주어와 (30b)의 목적어가 같은 격을 취하는 것이다.

(30) 능격언어 문장구조의 모형
    a. 영희_조사1   잔다.
    b. 철수_조사2   영희_조사1   보았다.

예를 들면 호주의 동북부 원주민 언어 쥐르발어(Dyirbal)가 능격언어
인데 그 문장구조를 보면 (31)과 같다. 이 언어는 '목적어 + 주어 +
동사(OSV)'의 기본어순을 갖는 언어로서 (31b)에서 ŋuma('father')가
목적어이다. 이 목적어가 (31a)의 자동사 구문의 주어와 격표시가 같
다. (31)에서 '-ø'는 특별한 형태가 없는 것을 의미한다.

(31) 쥐르발어의 능격 문장구조(Dixon, 1994: 10)
    a. ŋuma-ø   banaganyu.   (자동사 구문)
       father-격1   returned
       'Father returned.'
    b. ŋuma-ø   yabu-**ŋ**gu   buran. (타동사 구문)
       father-격1   mother-능격   saw
       'Mother saw father.'

이해하기가 쉽지 않지만 (31)의 구조를 우리의 시각에서 설명해 보
면 다음과 같다. '능격(能格: ergative)'이라는 말은 어원적으로 그리스어의

---

345) 능격언어는 유럽과 아프리카 지역에서는 드물게 나타나지만 그 밖의 지역에서
    는 쉽게 찾아 볼 수 있으며 지구상 전체 언어의 1/4 정도가 이 유형에 속하는 것
    으로 추정된다(Dixon, 1994: 2-5).

'ergon(work: 일하다, 작용하다)'에서 온 것으로 'cause, bring out'의 의미이다(이정민 외, 2000: 291 참조).346) 이에 따라 (31b)의 의미를 '어머니가 작용하여 **아버지가** 보였다.'로347) 이해하면 된다. 목적어 '아버지'가 주격으로 해석된 것이다. 이를 한국어와 영어식으로 정리하면 (32)와 같다. (32d)의 큰 괄호에서도 'father'가 자동사 구문의 주어와 비슷하기 때문에348) (31a)의 'father'와 격이 같을 수 있는 것이다.

(32) 문장 (31)의 능격적 해석
    a. 아버지_가 돌아왔다.   (= 31a)
    b. 어머니가 작용하여 [아버지_가 보였다.]   (= 31b)
    c. <u>Father</u>   <u>returned</u>.   (= 31a)
       주격   자동사
    d. Mother caused [<u>father</u> <u>BE SEEN</u>].   (= 31b)
               주격   자동사

그런데 이러한 능격언어에 '태'가 있다. 한국어나 영어의 경우 수동태에서 목적어가 주어로 변한다. 그러면 처음부터 타동사의 목적어가 자동사의 주어와 같은 격을 갖는 능격언어는 어떨까? (33a)의 쥐르발어 문장은 한국어나 영어의 능동태에 해당하는 기본태이고 이 문장의 태를 바꾸면 (33b)가 된다. (33)에서 태에 따라 격표시의 변화가 일어나고 있는데 이를 한국어와 같은 일반 타동사 언어와 비교하면 (34)와 같다.

---

346) 한국어 '능격(能格)'의 '능'도 '힘, 작용력' 등으로 이해할 수 있다.
347) '어머니로부터 어떤 작용/동작이 일어나 아버지가 보이게 되었다.'
348) 수동태는 타동사의 자동사화라고도 볼 수 있다. 예를 들면 '잡다'는 타동사이고 '잡히다'는 목적어가 없기 때문에 자동사라고 볼 수 있다.

(33) 쥐르발어의 2가지 태(Dixon, 1994: 10, 13)

    a. ŋuma-ø   yabu-ŋgu   buran.   (= 31b) (기본태)

       father-격1   mother-능격   saw

       'Mother caused [father BE SEEN].' (= 32d)

       (= Mother saw father.)

    b. yabu-ø   bural-ŋa-nyu   ŋuma-gu.   (파생태)

       mother-격1   see-태표지-과거   father-여격(BY)

       'Mother was caused [TO SEE] BY father.'

       (= Mother saw father.)

(34) 일반 타동사 언어와 능격언어의 태에 따른 격의 변화

    a. 타동사 언어: 목적어 → 주격,   주어 → 기타 격

    b. 능격 언어: 주어 → 목적어격,   목적어 → 기타 격
               (능격)   (격1)   (격1)

(34)를 자세히 보면 격의 변화 방향이 반대로 되어 있다. 일반 타동사 언어에서는 목적어가 주격이 되는데 능격언어에서는 반대로 주어(능격)가 목적어격(격1)으로 변하는 것이다. 이렇게 타동사 언어의 수동태와 반대의 현상이 일어난다고 해서 (33b)와 같은 능격언어의 파생태를 '역수동태(antipassive)'라고[349] 부른다.

이제 (33b)의 역수동태 의미를 우리의 방식에 맞추어서 해석해 보기로 한다. Dixon(1994, 10-13)에 따르면 (33a,b)의 의미는 둘 다 'Mother saw father.'이다. (33a)의 의미해석은 (32)에서 설명한 바와 같다. 문제는 역수동태 (33b)의 의미해석이다. 이 (33b)의 구조는 기본적으로

---

349) 필자는 송경안(2008)에서 이를 '반수동태'라고 불렀는데 '역수동태'라는 용어가 더 적절할 것으로 보인다.

자동사 구문 (31a)의 구조와 같다. 격표시가 'ø'로 된 명사가 주어이다. 그러면 (33b)는 형식적으로는 자동사처럼 해석되면서 실질적으로는 'Mother saw father.'라는 타동사 구문의 의미를 담아야 한다. 능격의 의미를 나타내는 'cause'의 수동형식을 이용하면 (35)와 같이 이 2가지 요건을 충족시킬 수 있다. (35)에서 'was caused'가 자동사 형식이며 문장 전체는 'Mother saw father.'라는 타동사적 의미가 된다.

(35) 역수동태 (33b)의 의미 해석
   Mother <u>was caused</u> [TO SEE] BY father. ((33b) 참조)
   (= Mother saw father.)

이에 따라 이제 능격언어 쥐르발어의 *bura*('see') 동사의 기본형과 역수동형의 의미를 (36)과 같이 정리할 수 있겠다.

(36) 쥐르발어 능격동사 *bura*('see')의 기본형과 역수동형의 의미
   a. bura(기본형):
      A causes B to be seen.   (= A sees B.)
      (A가 작용하여 B가 보이다.)

   b. bural-ŋa(역수동형):
      A is caused to see by B. (= A sees B.)
      (A가 B로부터 작용/영향 받아 (B를) 보게 되다.)

한국어 수동태의 특징: 지금까지 우리는 '태'의 개념과 실현형식 그리고 다양한 태의 종류에 대해 논의하였다. 이 단락에서는 한국어 수동태의 특징에 대해 몇 가지 살펴보고자 한다.

1) 다양한 실현형식: 무엇보다 다양한 실현형식이 한국어 수동태의 중요한 특징일 것이다. 즉 (37)과 같이 한국어는 '-이, -히, -리, -기'에 의한 접사방식, '지다'에 의한 조동사 방식, '당하다, 되다, 받다' 등에 의한 '동작명사 + 수동적 동사 방식' 등 3가지의 형식을 사용하고 있다. 접사방식에서는 다양한 접사들이 사용되고, 세 번째 유형에서는 다양한 수동적 동사들이 사용되는 것이 특징이다.

> (37) 한국어의 3가지 수동형식
>   a. 고양이가 쥐에게 쫓기었다.   (접사방식)
>   b. 창문이 바람에 닫아 지었다.   (조동사 방식)
>   c. 도둑이 경찰에 체포되었다.   (명사 + 수동동사 방식)

현재 한국어 표준문법에서는 접사방식과 '지다'에 의한 조동사 방식만 한국어 수동형식으로 다루고 있다(남기심·고영근, 1985, 292-297; 국립국어원, 2005: 271-281 참조). 그러나 한국어 어휘구조의 매우 중요한 특징으로 꼽을 수 있고, 양적으로 무시할 수 없는 '-하다' 동사의 수동태는 일반적으로 (37c)의 형식으로 나타나는데 이를 수동태에서 제외시키는 것은 무리라고 생각된다. 언어유형론의 시각으로 볼 때 한국어에서 위 3가지 방식 가운데 어느 것이 더 기본적이라거나 우선적이라고 말하기는 어려울 것으로 보인다.

2) 수동태의 생산성과 비대칭성: 지구상의 언어 가운데는 수동태를 자주 쓰는 경우가 있고 잘 쓰지 않는 언어가 있다. 후자의 경우 수동태의 쓰임이 아주 제한적인 경우도 있다(Keenan & Dryer, 2007: 360). 영어는 전자에 속하고[350] 한국어는 후자에 가깝다. 타동사들을 규칙적으로 수동태로 바꿀 수 있을 때 수동태 생산성이 높다고 말한다. 한

국어는 수동태의 생산성이 아주 낮은 언어이다.

한국어에서는 수동문을 자주 사용하지 않을 뿐만 아니라 사용하면 어색하든지 아니면 아예 불가능한 경우가 많다. 예를 들면 (38)의 문장들은 간단한 타동사 구문들이고 영어에서는 이와 같은 구문을 수동태로 바꾸는 것이 문제될 것이 없을 것이다. 그러나 한국어에서는 이 구문들을 수동태로 바꾸는 것이 아주 어색하든지 아니면 거의 불가능하다.

> (38) 수동태 전환이 어려운 한국어 타동사 구문의 예
>   a. 철수가 영희를 찼다.
>   b. 철수가 영희를 밀었다.
>   c. 철수가 그 책을 샀다.
>   d. 철수가 그 책을 썼다.
>   e. 철수가 그 책을 읽었다.
>   f. 철수가 그 책을 보냈다.
>   g. 철수가 과일을 씻었다.
>   h. 영희가 테러범을 죽였다.
>   i. 철수는 영희를 좋아한다/싫어한다/미워한다.

이와 관련하여 또 한 가지 흥미로운 것은 예문 (38a,b)이다. 이 문장들을 수동태로 바꾸어 놓으면 (39a,b)와 같이 되는데 이 수동태 문장들은 우리말에서 보통 능동태 문장 (38a,b)와는 다른 의미로 사용된다. 한국 사람들이 (39a,b)를 (38a,b)의 수동태 문장으로 사용하는 일은 거의 없을 것이다.

이와 같이 한국어에서는 수동태로 바꾸기 어려운 능동태 구문이 많고, 또 (39)와 같이 능동문과 해당 수동문의 의미가 다른 경우가 많아

---

350) 물론 영어에도 *have, lack, suit, resemble* 등 수동태가 불가능한 타동사들이 있다 (Quirk et al., 1985: 162).

2가지 구문 사이에 심한 불균형이 나타난다. 한국어는 능동태와 수동태 사이의 비대칭성이 두드러진 언어라는 것이다.

(39) '차다, 밀다' 수동형의 의미
    a. 영희가 철수에게 차였다.
    b. 영희가 철수에게 밀렸다.

3) 수동형의 중간태적 성격: 표준 한국어 문법에서 중간태라는 용어는 사용하지 않지만 한국어에 중간태로 볼 수 있는 예들이 많이 관찰된다. 특히 (40)과 같이 수동형이 양태부사(manner adverb)들과 결합해서 중간태적 의미를 갖는 일이 많다. 즉 (40)의 경우 행위자가 나타난 일반 수동태 문장은 어색하다. 그러나 행위자 없이 중간태로 사용하면 자연스러운 문장이 된다.

(40) 한국어 수동형의 중간태적 쓰임
    a. 독일에서 현대차가 잘 팔린다.
    b. 밀가루를 쓰면 과일이 잘 씻어진다.
    c. 어째 문이 잘 안 열린다.
    d. 이걸로 하면 유리창이 깨끗이 닦인다.
    e. 온 천지가 눈으로 덮였다.

기본문형의 개념: 기본문형도 역시 이 책의 라이트 모티브(Leitmotiv: 주동기)와 밀접한 연관이 있다. 문장을 구성하는 2가지 기본성분은 명사와 동사이고 문장의 틀을 결정하는 것은 동사이다. 즉 동사는 문장에 나타나는 명사의 수와 종류를 결정하는데, 기본문형은 이렇게 동사가 결정하는 '문장의 틀'과 연관이 있다.

예를 들면 (1a)의 영어 문장에서 빈 칸에 와야 할 말은 *it*인데 이것은 동사 *rain*이 결정한다. 또 동사 *sleep, love, give*는 각각 1개, 2개, 3개의 명사를 요구한다. 동사 *promise*는 명사 2개와 부정사('*to*-infinitive') 구문을 요구한다. 위에서 '명사의 수와 종류'라는 말을 했는데 부정사 구문도 넓은 의미에서 명사의 일종으로 보면 된다.

(1) a. ___ rains.

　　b. John sleeps.

　　c. John loves Mary.

　　d. John gave Mary a book.

　　e. John promised Mary to visit her.

그러면 한 언어에서 사용하는 동사(술어)는351) 수 만 개에 이를 것
인데352) 이들 동사가 모두 다른 방법으로 문장을 만들까? 아니면 거
기에는 몇 가지 패턴이 있을까? 이에 대한 대답은 (1)의 문장들만 가
지고도 쉽게 알 수 있다. (1a)와 같은 방식으로 문장을 만드는 동사는
많지 않지만 (1b,c)와 같이 명사 1개 혹은 2개를 취해서 문장을 만드
는 동사는 수도 없이 많다. (1d)와 같은 방식으로 문장을 만드는 동사
로는 *send, present* 등이 있을 것이고 (1e)와 같은 패턴의 문장은 (2)
에서 볼 수 있다.

> (2) '명사 + 동사 + 명사 + 부정사 구문' 패턴 영어 문장의 예
>> a. John persuaded Mary to visit her.
>> b. John wants Mary to visit her.
>> c. John ordered Mary to visit her.
>> d. John asked Mary to visit her.

(1a-e)의 영어 문장 패턴을 우리는 (3)과 같이 정리할 수 있다. 이
와 같이 한 언어에서 동사들의 특징에 따라 나타나는 대표적인 문장
패턴을 그 언어의 기본문형(basic sentence patterns; BSP)이라고 한다.

> (3) 영어의 5가지 문장 패턴
>> a. 비인칭대명사 + 동사
>> b. 명사 + 동사
>> c. 명사 + 동사 + 명사

---

351) 한국어의 경우 형용사도 술어로 쓰이면서 문장의 틀을 결정하기 때문에 여기에
포함시켜야 한다.
352) 옥스포드 영어 대사전(Oxford English Dictionary)에는 30만 개 정도의 어휘가
등재되어 있고 대학생들의 학습용 사전이 보통 10만 개 정도의 어휘를 수록하
고 있다.

        d. 명사 + 동사 + 명사1 + 명사2
        e. 명사 + 동사 + 명사 + 부정사 구문

영어의 '문장 5형식'과 기본문형: (3)의 패턴들을 가만히 보면 우리에게 많이 익숙한 내용이다. 영어 시간에 배웠던 '문장 5형식'의 내용과 유사하기 때문이다. 그런데 (3a)와 (3e)는 '문장 5형식'에 포함되지 않는다. 여기서 우리는 기본문형과 '문장 5형식'의 관계 그리고 '문장 5형식'의 성격에 대해 분명히 할 필요가 있다.

'문장 5형식'이란 영어 기본문형의 일종이라고 볼 수 있다. 아주 기본적인 영어 문장의 패턴을 5가지로 정리해 놓은 것이다. 이는 1904년 Onions라는 영어문법 학자가 제안한 이래(Onions, 1904 참조) 학교 영문법에 들어와 지금까지 쓰이고 있다. 논의의 편의를 위해 영어 '문장 5형식'을 정리해 보면 (4)와 같다.

    (4) 영어의 문장 5형식
        a. 제1형식: 주어 + 완전자동사
           (John sleeps.)
        b. 제2형식: 주어 + 불완전자동사 + 보어
           (John is honest.)
        c. 제3형식: 주어 + 타동사 + 목적어
           (John met Mary.)
        d. 제4형식: 주어 + 타동사 + 간접목적어 + 직접목적어
           (John gave Mary a book.)
        e. 제5형식: 주어 + 타동사 + 목적어 + 목적보어
           (John thinks Mary honest.)

그러면 이 '문장 5형식'은 영어의 문장 구조를 설명하고 이해하는데 적절한 것이며, 더 나아가 충분한 것인가? 기본문형이라는 말에는 '기

본'이라는 수식어가 붙어있기 때문에 이 '기본'의 범위를 어느 정도로 보느냐에 따라 기본문형의 수가 매우 유동적일 수 있다. 그러나 그렇다고 하더라도 '문장 5형식'은 영어의 문장 구조를 기술하는데 많이 부족하고, 특히 현대 언어학의 관점에서 볼 때는 더욱 그렇다.

이에 대한 문제점을 몇 가지를 살펴보면 다음과 같다. 먼저 (5a)의 문장을 (4)의 문형에 비추어 어느 형식으로 보아야 할 것인가의 문제이다. 이에 대해 보통 제1형식 문장이라고 대답할 것으로 예상된다. 그러나 이에 대한 대답은 간단하지 않다. (4)에서 제1형식 문장이란 주어와 동사만 있으면 되는 문장을 말한다. 그런데 (5a)는 그런 문장이 아니다. 이 문장에서 *in Boston*은 필수 요소이며 이를 생략해 버리면 (5b)와 같이 틀린 문장이 된다. (4)의 '문장 5형식'으로는 설명이 불가능한 문장이라는 뜻이다.

(5) a. John lives in Boston.
    b. *John lives.
    c. John put the book on the desk.
    d. ?John put the book.

(5c)의 문장도 비슷한 상황이다. 즉 이 문장에서도 장소를 나타내는 'on the desk'가 있어야 하며 따라서 (5d)는 온전한 문장이라고 볼 수 없다.353) 이제 (5)의 구문을 적절히 설명하려면 우리는 (4)의 5가지 형식에 2가지를 추가해야 한다. 이에 Quirk et al.(1985)는 Onions의 문장 5형식에 (5)의 두 가지 문형을 추가시켜 영어 '문장 7형식'을 제안한 바 있다.

---

353) 물론 대답 문장 같은 데서 생략된 문장 형식으로는 가능할 것이다.

그러면 Quirk et al.(1985)의 '문장 7형식'이면 영어의 모든 문장을 적절히 기술할 수 있을까? 그렇지 않다. 영어에서 이것으로도 설명하기 어려운 구문은 수도 없이 많다. 우선 위 (2)에서 본 부정사를 포함한 구문들이다. 이 구문들을 굳이 '문장 5형식'에 맞춘다면 제5형식 정도가 될 것이다. 그러나 (6)의 두 문장을 같은 패턴의 문장으로 보는 것은 무리이고, 또 영어 문장구조를 설명하고 이해하는 데 의미도 없는 일이다. 이들은 별도의 문장구조로 보아야 하며, 그렇게 배우고 가르치는 것이 맞다. 영어 시간에 *think*라는 동사와 *persuade*라는 동사가 문장 만드는 방법이 다르다고 가르치고 배워야 한다는 뜻이다.

(6) a. John thinks Mary honest.
　　b. John persuaded Mary to visit her.

이와 비슷한 경우를 우리는 (7)에서도 볼 수 있다. (7a)는 당연히 제3형식 문장이지만 (7b)는 (6b)와 똑 같은 문제를 안고 있다. (7a)와 (7b)는 별도의 문장 패턴으로 보아야 하며 영어의 동사 *want*는 (7)과 같이 3가지로 문장을 만드는 동사라고 설명해야 한다.

(7) a. I want an apple.
　　b. I want to go home.
　　c. I want Mary to go home.

(8a)는 제3형식 문장이다. 그러면 (8b)는 몇 형식 문장일까? 이에 대한 대답은 보통 두 가지로 나온다. 어떤 사람은 제1형식이라고 하고 어떤 사람은 제3형식이라고 한다. 그러나 이 문장은 제1형식도 아니고 제3형식도 아닌 별도의 패턴이다. 즉 영어에서 *wait*는 목적어를 취

하되 *for*라는 전치사를 더 필요로 하는 동사이다. 문장 만드는 방법이 (8a)의 *met*와는 다르다는 뜻이다.

    (8) a. John met Mary.
        b. John waited for Mary.

(9)의 문장들도 '문장 5형식'으로 설명이 불가능한 구문들이다. 이들 구문에서는 형용사가 실질적인 술어로서 문장의 틀을 결정한다. 이때 *his mistake, Mary, that he will win* 등은 형용사의 목적어(보충어)로354) 보아야 한다.

    (9) a. John is conscious of his mistake.
        b. Jane is jealous of Mary.
        c. I am sure that he will win.

형용사가 목적어를 취한다는 말이 한국인에게는 생소하게 들릴지 모른다. 학교에서 배우는 영어문법에서 형용사의 목적어라는 말을 쓰지 않기 때문이다. 그러나 형용사 술어가 주어 이외에 또 다른 명사를 요구하는 일은 다른 언어에서도 흔히 볼 수 있는 일이다. (10)은 이에 대한 한국어와 독일어의 예이다. 한국어의 형용사 '비슷하다, 다르다'는 2개의 명사를 요구하고 두 번째 명사는 목적어(보충어)라고 볼 수 있다. (10c)에서 독일어 형용사 'ähnlich'는 명사를 바로 목적어로 취하고 있으며 (10d)에서 *zornig*는 전치사 *auf*를 동반하면서 목적어를 취한다.

---

354) 보충어란 술어가 필수적으로 요구하는 요소를 말한다.

(10) 한국어와 독일어 형용사 목적어 구문(송경안, 2004 참조)

    a. 영희는 엄마와 비슷하다.

    b. 영희는 제 언니와 다르다.

    c. Peter ist   seinem   Vater   ähnlich.

       Peter is   his(여격)   father   similar

       'Peter is similar to his father.'

    d. Peter ist auf seinen Vater   zornig.

       Peter is at   his   father   angry

       'Peter is angry at his father.'

이렇게 볼 때 Onions(1904)의 '문장 5형식'이나 Quirk et al.(1985)의 '문장 7형식'으로 모든 영어 문장 구조를 설명하려는 것은 무리라는 것을 알 수 있다. 기본문형의 개념을 더 확장시키고 세분할 필요가 있는 것이다.

현대 언어학과 기본문형: 동사가 문장을 만들기 위해 필요로 하는 요소를 현대 언어학에서 보충어(complement)라고 부른다.[355] 위에서 우리는 '동사는 문장의 핵으로서 문장에 필요한 명사의 수와 종류를 결정한다'고 했는데 여기서 '명사의 종류와 수'를 현대 언어학의 용어로 바꾸면 '보충어의 종류와 수'이다. (11)의 밑줄 친 부분은 특별한 형식의 목적어라고 할 수 있는데 이들을 아우르며 적절하게 사용할 수 있는 것이 '보충어'라는 용어이다.[356]

---

355) 이에 대해서는 이미 제1장에서 논의한 바 있다.

356) 이와 관련해서 부가어(adjunct)라는 개념이 있다. 보충어는 필수 성분을 말하며 부가어는 없어도 무방한 수의적인 성분을 말한다. 시간부사들이 대표적인 부가어이다. 장소부사들도 대개 부가어로 쓰이는데 위 (5a) 문장에서 in Boston은 필수 성분이기 때문에 부가어가 아니고 보충어이다.

(11) 영어 문장의 다양한 보충어의 형식

    a. John waited <u>for Mary</u>.

    b. John is conscious <u>of his mistake</u>.

    c. I am sure <u>that he will win</u>.

    d. I want <u>to go home</u>.

    e. I promised Mary <u>to go home</u>.

보충어는 현대 언어학에서 문장형성의 핵심 개념이며 이 보충어들의 형식(종류)과 수를 정리한 것이 곧 그 언어의 기본문형이라고 할 수 있다. 이렇게 보면 한 언어의 기본문형은 5-7가지로 끝날 수 있는 일이 아니며 기본적으로 수 십 가지는 된다고 보는 것이 적절하다.

독일어권의 경우 1970년대부터 기본문형에 대한 논의가 활발하게 진행되었는데 영어의 '문장 5형식'과 같이 10가지 미만의 단순한 문형 개념은 찾아볼 수 없고[357] 적게는 30가지 정도에서 많게는 100가지 정도까지 설정하고 있다. 독일어 문법학자들은 먼저 독일어에 쓰이는 보충어의 종류를 분석하였고 기본문형은 이들의 결합으로 나타나는 독일어 문장구조를 말한다. 학자에 따른 보충어 수와 기본문형의 수에 대한 예를 몇 가지 보면 (12)와 같다.

(12) 독일어 보충어와 기본문형 설정의 예(이점출, 2000: 319)

문법학자 및 자료	보충어	기본문형
Engel & Schumacher(1978)	10가지	30문형
Schumacher(1987)	8가지	42문형
Engel(1988)	11가지	49문형
Helbig & Buscha(1996)	19가지	97문형
Duden(1998)	10가지	36문형

357) 이와 관련한 연구의 초창기에 Brinkmann(1971)이 부정사 구문이나 종속절을 보충어의 범위에 포함시키지 않고 독일어 기본문형을 13가지로 구분한 바 있다 (민춘기, 1998: 45 참조).

(12)에서 Engel & Schumacher(1978)은 기본문형 연구 초기에 발행된 독일어 '동사결합가 사전'이다. '동사결합가(독: Valenz; 영: Valency)'란 동사와 결합하는 보충어와 수와 종류를 말하며, 이는 화학의 '원자가'의 개념에서 따온 것이다. 결합가 사전은 동사별로 이 결합가를 정리하여 사전 형식으로 펴낸 것을 말한다. 국내에서는 서울대학교 홍재성 교수팀이 한국어 동사에 대해 이러한 사전을 펴낸 바 있다(홍재성 외, 1997 참조). (12)의 3가지 자료에 나타난 Engel과 Schumacher는 동일한 학자인데 시기에 따라서 입장이 약간 달라진 것이다.

영어권에서 일찍이 이와 비슷한 생각을 한 학자는 Hornby이다. 영어 기본문형에 대한 그의 생각은 Hornby(1954)에서 시작되었으며 실용 영어사전 Hornby(1974)의 속표지에도 잘 정리되어 있다. 그가 제시한 영어 기본문형은 25가지이며 세분하면 90여 가지에 이른다.

예를 들면 Hornby(1974)의 25문형 가운데 제1문형은 'be'-동사 구문인데 이는 다시 (13)과 같이 8가지로 세분된다. 이 8가지 구문은 한가지 패턴의 문장으로 볼 것인지, 아니면 각각 다른 패턴의 문장으로볼 것인지는 사람에 따라 의견이 다를 수 있다. 그러나 어떻든 이들을별도의 패턴으로 보아도 크게 잘못된 것은 아니다. 영어에서 이들은 8가지의 다른 기본문형으로 보아도 무방하다는 뜻이다. 이밖에도 우리는 (14)와 같은 구문을 별도의 'be'-동사 구문으로 추가할 수도 있을것이다.

(13) Hornby(1974)의 8가지 영어 'be' 동사 구문
    a. This is a book.
    b. This umbrella is mine.
    c. The children are asleep.
    d. This book is for you.

e. This is where I work.

g. There was a large crowd.

h. It was impossible to go further.

i. It was a pity that the weather was so bad.

(14) 추가 가능한 영어 'be' 동사 구문

a. A book is on the desk.

b. That I get up so early is impossible.

사람에 따라 (13g)와 (14a)를 같은 문형으로 보려고 할 수도 있다. 그러나 이 두 구문은 의미가 같고 상호 전환 가능한 구문이기는 하지만 형식적으로는 분명하게 다른 구문이다. 문형이란 의미를 중심으로 구분하는 것이 아니라 동사의 문장구성 방식, 혹은 동사와 보충어의 결합방식을 보고 구분하는 것이며, 이때 보충어의 종류와 수가 중요하다.

독일어권과는 달리 20세기 후반에 이론 언어학이 초강세를 보인 영・미권에서는 Hornby(1974) 이후 '기본문형'이라는 주제로 논의가 활발하게 진행되지는 않았으며 그 대신 문장구성과 관련해서 보충어라는 이름으로 논의가 진행되었다(Gazdar et al., 1985; Pollard & Sag, 1994 참조). 이 때 등장한 핵심 개념이 바로 '핵어-보충어'이 개념이며 이는 독일어권의 동사의 결합가 및 보충어와 같은 개념이다. 문장의 핵어는 동사(술어)이며 그 결합가에 따라 보충어의 종류와 수가 결정되는 것이다.

Quirk et al.(1985, 1220-1231)은 이와 관련하여 영어 형용사 술어가 취하는 보충어를 (15)와 같이 6가지로 구분하였다. 영어에서 형용사가 술어로 쓰이면서 별도의 보충어를 요구한다는 것은 '문장 5형식'

중심의 전통적인 학교문법에서는 생각하지 못했던 개념이며 관용구나 숙어 정도로 인식되었던 개념이다.

(15) 영어 형용사 술어의 6가지 보충어(Quirk et al., 1985)
    a. 전치사구(전치사 + 명사)
       This plan is not compatible with our principles.
    b. 'that'-절
       I am sure (that) he is here now.
    c. 'wh'-절
       It was unclear what they would do.
    d. 'than'-절
       She's quite a different girl than she was five years ago.
    e. 'to'-부정사
       Bob is splendid to wait.
    f. 동사의 현재분사형
       Mary is busy writing letters.

(11)에서 본 영어의 다양한 보충어들도 이러한 새로운 관점에서 이해해야 하며 이와 함께 기본문형에 대해 우리가 지금까지 가지고 있었던 인식을 바꾸어야 한다. 특히 '문장 5형식'으로 영어의 모든 구문을 설명하려는 것은 무리이며, 영어의 구조를 이해하고 가르치고 배우는 데에도 적절하지 못하다. 그 대신 우리는 동사 및 형용사 술어에 주목해야 한다. 이들이 요구하는 보충어의 종류와 수가 곧 기본문형이다. 그리고 나서 실제 문장에서 보충어들을 어떻게 배열할 것인가가 중요한데, 이는 어순의 문제이고 주어를 제외하면 영어와 한국어의 어순이 거의 반대라는 것이 우리가 앞장에서 내린 결론이었다.

한국어의 기본문형: 한국어의 기본문형에 대해서도 1970년대부터 영어

'문장 5형식'을 근간으로 하는 10가지 미만의 기본문형들이 제안되었다. 예를 들면 김민수(1971)은 6문형, 김성화(1972)는 4문형, 김병균(1998)은 7문형, 김혜숙(1998)은 8문형을 제안하였고 국립국어원(2005)는 5문형을 제안하였다. 최근 들어 송창선(2011)도 5문형을 제안하였는데 국립국어원(2005)와 대동소이하다. 이 가운데 김민수(1971)과 국립국어원(2005)의 한국어 기본문형을 보면 (16)-(17)과 같다.

(16) 김민수(1971)의 6가지 한국어 기본문형
    a. 제1형식: 명사 + 동사술어
      • 꽃이 핀다.
    b. 제2형식: 명사 + [형용사 술어, 명사술어]
      • 꽃이 붉다.
      • 개가 발광이다.
    c. 제3형식: 명사 + 명사
      • 풀이 식물이다.
    d. 제4형식: 명사 + 명사 + [동사, 형용사, 명사 술어]
      • 물이 얼음으로 변한다.
      • 시간이 금과 같다.
      • 학생이 공부에 열심이다.
    e. 제5형식: 명사 + 명사 + 동사술어
      • 학생이 책을 읽는다.
    f. 제6형식: 명사 + 명사 + 명사 + 동사술어
      • 누가 책을 아이에게 준다.
      • 회원이 어른을 대표로 뽑았다.

(17) 국립국어원(2005)의 한국어 5가지 기본문형
    a. 제1형식: 주어 + 서술어
      • 꽃이 핀다.
    b. 제2형식: 주어 + 부사어 + 서술어
      • 영미가 의자에 앉았다.

c. 제3형식: 주어 + 목적어 + 서술어
  • 영미는 준호를 사랑한다.
d. 제4형식: 주어 + 보어 + 서술어
  • 준호는 어른이 되었다.
e. 제5형식: 주어 + 목적어 + 부사어 + 서술어
  • 영미는 준호를 천재로 여긴다.

위 두 가지는 모두 한국어 문형 분류를 위해 고민한 흔적이 역력하며 이 둘 사이에는 35년 가까운 시간이 끼어 있기 때문에 약간의 차이가 있다. (16)에서는 동사 술어와 형용사 술어를 나누고 있는데 (17)에서는 나누지 않고 서술어로 통합했다. (16)은 계사구문을[358] 제3형식의 별도의 구문으로 설정하였는데 (17)에는 이것이 없다. (17)은 장소표현을 필수 요소로 인식하고 제2형식을 별도의 문형으로 설정한 것이 눈에 띈다. 위 (5a)와 같은 구문을 별도의 문형으로 인정한 것이다. (16d,e,f)는 (17c,d,e)와 같은 것이다. (16f)에서는 '대표로'를 보어로 보고 있는데 (17e)에서는 '천재로'를 부사어로 보고 있다. 결국 (17)은 (16a,b,c)를 통합해서 하나의 문형으로 묶었고 대신 제2형식을 추가함으로써 5개의 기본문형을 설정한 것이다.

필자가 보기에는 동사문과 형용사문을 나누는 것이 한국어의 특징을 더 잘 반영한 것이라고 생각되며, 언어유형론적으로 볼 때 계사문도 독립된 문형으로 구분하는 것이 더 적절할 것 같다. (16)과 (17)만 놓고 본다면 (16a-c)를 그대로 두고 여기에 (17b-e)를 통합하여 7가지를 한국어 기본문형으로 설정하는 것이 더 나을 것으로 보인다. 물론 동사 술어와 형용사 술어를 구분할 경우 더 많은 수의 문형을 설정할

---

358) (16)에서는 명사 술어문과 계사구문을 구분하고 있는데 필자는 이를 구분할 필요가 없다고 보는 입장이다.

필요가 있을 것이다.

어떻든 위와 같은 기본문형 구분은 위에서 논의한 바 있는 영어 '문장 5형식'과 똑 같은 문제를 안고 있다. 즉 기본문형을 5가지 정도로 지나치게 단순화하다 보면 추상적으로 흐르고 구체적인 언어현상과는 거리가 있을 수밖에 없다. 추상화된 기본문형은 다양한 구문을 두루 어우를 수 있고, 또 다른 언어에도 그대로 적용할 수 있는 이점이 있을지 모른다. 그러나 다른 한편으로는 해당 언어의 고유한 특징을 반영할 가능성은 그만큼 줄어든다.

예를 들면 (17)의 5가지 문형은 영어 '문장 5형식'과 크게 차이가 없다. 영어의 제4형식(직접목적어 + 간접목적어 구문)을 (17e)에 통합시키고 (17b)를 새로 추가해서 한국어 '문장 5형식'을 만든 것이다. 어떻게 보면 (17)을 어순만 바꾸면 '영어 문장 5형식'이라고 해도 크게 문제될 것이 없다. 반대로 영어 '문장 5형식'도 마찬가지이다. 이것은 그대로 한국어에 적용할 수 있고, 독일어에도 적용할 수 있다. 사실 '문장 5형식'은 1) 자동사 구문, 2) 타동사 구문, 3) 수여동사 구문, 4) 보어 구문, 5) 목적보어 구문 등 5가지 문형을 말하는데 어떻게 보면 이는 어느 언어에서나 나타나는 인간 언어의 5가지 대표적인 구문이라고 볼 수 있다. 따라서 이것을 꼭 '영어의 기본문형'이라고 할 필요도 없는 것이다.

어떻든 '문장 5형식'은 지나치게 단순화, 추상화된 것이며 영어 문법에서만, 특히 아시아 지역에서 전통적인 방식의 영어교육을 위해 사용하고 있는 기본문형의 개념이다. 독일어나 프랑스어, 러시아, 중국어, 일본어 교육에서도 얼마든지 적용할 수 있는 것이지만 이들 외국어 교육에서는 이러한 개념을 사용하지 않는다.

이처럼 추상화된 기본문형의 문제점을 우리는 앞서 영어의 예에서 보았는데 한국어 현상과 관련해서도 똑 같은 문제를 제기할 수 있다. 예를 들어 (17)에 따르면 (18)의 문장들은 모두 같은 패턴의 구문, 즉 제1형식 문장으로 보아야 한다. (18a,b,c)는 각각 동사 술어문, 형용사 술어문, 계사구문이다. (18d,e)는 형용사 술어문이면서 동사구와 문장이 주어로 쓰인 문장이다. 그런데 과연 이 5가지 구문은 한국어에서 같은 패턴의 문장으로 보아도 될 것인가 하는 의문이 제기되는 것이다.

(18) 한국어의 다양한 '주어 + 서술어' 구문
  a. 영희가 잔다.
  b. 영희가 착하다.
  c. 영희가 내 동생이다.
  d. 내일 떠나는 것이 확실하다.
  e. 영수가 내일 떠나는 것이 확실하다.

한국어의 구조를 설명하고 이해하는데, 특히 외국어로서 한국어를 가르치고 배울 때 이들을 같은 구문이라고 해야 할 것인지 아니면 다른 구문이라고 해야 할 것인지를 생각해 보면 답은 분명해진다. 이들이 모두 '주어 + 술어' 형식의 문장이라고 주장해도 틀린 것은 아니다. 그러나 이것은 한국어의 특징을 설명하고 이해하는 데는 의미 없는 일이다. 앞서 말한 대로 '주어 + 술어'의 형식은 언어보편적인 현상이며 한국어의 특징을 반영한 것이 아니기 때문이다. (18a,b) 정도는 같은 문형이라고 봄직하다. 그러나 이 두 가지 문형도 영어 등 유럽 언어와 비교할 때 한국어의 중요한 특징을[359) 나타내는 것이므로 별개의 문형으로 처리하는 것이 바람직하다.

---

359) 한국어에서는 형용사가 바로 술어로 쓰인다는 특징을 말한다.

(19)의 4가지 예문도 마찬가지이다. 이들은 모두 타동사 구문, 즉 (17c)의 제3형식 문장이다. (19a,b)에서는 일반명사가 목적어로 쓰였고, (19c,d)에서는 각각 동사구와 문장이 목적어로 쓰였다. (19)에서 또 우리는 '만나다'와 '원하다'가 문장 만드는 방식이 다르다는 것을 알 수 있다. 이 모든 사항들이 한국어 문장구조를 이해하는 데에 중요하며 한국어 교육에서는 당연히 이를 가르치고 배워야 한다.

(19) 한국어의 다양한 타동사 구문
    a. 나는 철수를 만났다.
    b. 나는 사과를 원한다.
    c. 나는 영희와 함께 가기를 원한다.
    d. 나는 영희가 함께 가기를 원한다.

이밖에도 한국어에는 영어 등 유럽 언어와 비교할 때 특징적인 구문들이 많다. 이들도 역시 (17)과 같은 단순한 기본문형으로는 효과적으로 설명하기 어려운 것들이다. 이에 대해 몇 가지 예를 들면 (20)과 같다. (20a,b)는 형용사 술어가 주어이외에 제2의 명사를 필수성분, 즉 보충어로 요구하는 구문이다. 이때 제2의 명사를 (17)의 틀에서 부사어로 볼 것인지, 목적어로 볼 것인지, 보어로 볼 것인지는 중요한 것이 아니다. (20c)는 영어와는 달리 타동사가 한국어에서 특수하게 문장을 만드는 예이다. 이때도 역시 '영희와'를 목적어로 볼 것인지, 부사어로 볼 것인지는 중요한 것이 아니다. 그냥 '동사가 필수적으로 요구하는 보충어'라고 하면 된다. (20d)는 술어가 이중주어를 요구하는 한국어의 독특한 구문이다.

(20) 그밖에 한국어의 특징적인 구문

    a. 철수는 영희와 친하다.

    b. 이 모자는 내 모자와 같다/비슷하다.

    c. 철수는 영희와 사랑한다.

    d. 나는 영희가 무섭다/싫다/밉다/좋다.

이처럼 영어에서와 마찬가지로 한국어에서도 5-6가지의 전통적인 기본문형 개념으로는 문장구조를 충분히 설명하기 어렵다. 우리는 앞서 한 언어의 문장구조를 설명하기 위해서는 일반적으로 수 십 가지의 문형을 설정하는 것이 옳다고 하였는바 이제 그러면 이러한 시각에서 한국어의 기본문형을 어떻게 설정할 것인가를 논의해야 한다. 이와 관련하여 적절하다고 판단되는 것 가운데 하나가 서울대학교 명예교수 홍재성 선생님이 제안한 68가지 한국어 기본문형이다.

앞서 말한 대로 홍재성 교수팀은 한국어 동사에 대해 결합구조 사전을 펴낸 바 있다(홍재성 외, 1997). 홍재성(1999)는 한국어 술어의 결합구조 혹은 결합방식들을 정리하여 총 68가지의 패턴을 설정하였다. 68가지 한국어 기본문형이라고 할 수 있다. 이 패턴들은 먼저 크게 4가지로 나누어지며 이들은 다시 하위부류로 나누어진다. 이를 정리하면 (21)과 같다. 여기에서 조정안은 필자의 의견이다.

홍재성 교수의 이러한 문형분류는 한국어의 특징을 비교적 잘 반영한 세밀한 분류라고 생각된다. (21)의 소분류에서도 다시 들어가면 하위구분이 더 있고 이 하위부류들을 독립적인 문형으로 보아도 무방한 것들이 많다. (21)에서 자동사 구문, 타동사 구문, 형용사 술어구문이[360] 그 예인데 해당 문형의 수를 '조정안'의 수로 보아도 무리가 없

---

[360] 홍재성 선생님은 이 책에서 '형용사 구문의 몇 가지 유형'이라고 말하고 있고 다른 가능성을 열어 두고 있다.

을 듯하다. (21)에서 자·타동사 양용구문은 어차피 자동사 아니면 타동사로 분류될 것이기 때문에 별도의 문형으로 설정하지 않아도 될 것이다.

(21) 홍재성 교수의 한국어 기본문형 구분(홍재성, 1999)

대분류	소분류	문형 수	조정안
동사 구문	자동사 구문	8	9
	타동사 구문	5	9
	자·타동사 양용구문	4	-
형용사 구문	형용사 술어 구문	4	8
	'-있다/없다' 구문	6	1
'-이다' 구문	일반명사 결합구문	10	1
	기타 요소 결합구문	5	1
기타구문	보조용언 구문	4	1
	기능동사 구문	10	1
	숙어 구문	12	-
계		68	31

이밖에 한국어 교육 등 실용적인 측면을 고려한다면 홍재성 교수의 안을 다음과 같이 조금 더 조정할 수 있을 것으로 보인다. '-있다/없다' 구문은 한국어에서 중요한 구문이긴 하지만 하나의 특수구문으로 보거나 기능동사 구문으로 통합해도 될 것 같고, '-이다' 구문은 계사구문으로 1-2가지 문형 정도로 축소해도 무방할 것이다. 보조용언 구문은 구조적으로 동사 구문 및 형용사 구문과 중복될 것이기 때문에 일일이 세분해서 별도의 문형으로 설정할 필요는 없고 특수구문의 일종으로 보면 될 것이다. 기능동사 구문도 중요한 부분인데 이 역시 특수구문의 일종으로 보면 좋을 듯하고 마지막으로 숙어 구문은 기본문

형에서 고려하지 않아도 될 것으로 보인다.

홍재성(1999) 교수가 제시한 자동사 구문, 타동사 구문, 형용사 술어 구문의 예를 5가지씩 보면 (22)-(24)와 같다.[361] (22b)는 자동사에 문장이 주어로 쓰인 예이다. (22d)는 문장이 두 번째 보충어로 왔는데 자동사 구문으로 분류되어 있고, (22e)도 '친구'에 목적격 조사 '-를'이 붙지 않았기 때문에 자동사 구문으로 분류되었다. (23b)는 문장이 목적어로 온 구문인데 (22d)와는 달리 타동사 구문으로 분류되어 있다. 그 이유도 역시 목적격 조사 '-을' 때문인 것으로 보인다.[362]

(24)는 한국어의 다양한 형용사 술어 구문인데 형용사가 바로 술어로 쓰이는 것만으로도 영어 등 유럽 언어와 비교하면 아주 특징적인 구문이라고 할 수 있다. (24b)는 문장이 주어로 온 구문이다. (24c)는 이중주어를 요구하는 형용사 술어의 예이다. (24d)는 형용사가 2개의 명사를 요구하는 경우이며 (22e)도 일종의 이중주어 구문인데 (24c)와는 성격이 조금 다르다.

(22) 홍재성(1999)의 자동사 구문의 예
    a. N_0 V: 애들이 논다.
    b. S_0-것 V: 태우가 거짓말 한 것이 드러났다.
    c. N_0 N_1-로 V: 얼음이 물로 변한다.
    d. N_0 S_1-고 V: 나는 네 동생이 옳다고 본다.
    e. N_0 N_1-와 V: 영주는 전철역에서 친구와 만났다.

---

[361] 여기에 쓰인 약어는 다음과 같다: N = 명사(noun), V = 동사(verb), S = 문장 (sentence), A = 형용사(adjective), 0 = 주어, 1 = 목적어, 2 = 기타 보충어
[362] 크게 보면 기본문형 분류에서 전통적인 자동사, 타동사의 구분은 별로 의미가 없다. 중요한 것은 술어가 몇 개의 보충어를 요구하고, 또 어떤 종류의 보충어를 요구하는가이다. 그냥 이에 따라 문장의 패턴을 구분하면 된다.

(23) 홍재성(1999)의 타동사 구문의 예

    a. N_0 N_1-을 V: 지혜는 기영이를 사랑한다.

    b. N_0 S_1-것-을 V: 모두들 기영이가 간 것을 몰랐다.

    c. N_0 N_2-에게 N_1-을 V: 나는 영주에게 꽃을 주었다.

    d. N_0 N_2-에서 N_1-을 V: 나는 주머니에서 돈을 꺼냈다.

    e. N_0 N_1-을 N_2-로 V: 영서는 나를 바보로 여긴다.

(24) 홍재성(1999)의 형용사 술어 구문의 예

    a. N_0 A: 이 옷은 비싸다.

    b. S_0-것 A: 기영이가 합격한 것이 확실하다.

    c. N_0 N_1-이 A: 나는 태우가 싫다.

    d. N_0 N_1-와 A: 찬우는 종인이와 친하다.

    e. N_0 S_1-기-가 A: 이 책은 읽기가 쉽다.

언어에 따른 차이: 기본문형 혹은 문장구조의 패턴은 언어에 따라 다르며 언어에 따른 특수구문도 있다. 이에 대한 몇 가지 예를 보면 다음과 같다.

1) 비인칭 구문: 한국어와 비교할 때 영어에서 가장 먼저 눈에 띠는 문형은 비인칭 구문일 것이다. 즉 영어는 날씨나 시간 등을 나타내는 표현에서 비인칭 주어를 쓰는데 이는 다른 유럽 언어에서도 일반적으로 나타나는 현상이다. 한국어, 중국어, 일본어 등 아시아 계통의 언어에서는 이러한 비인칭 구문이 쓰이지 않는다. 인칭은 1, 2, 3인칭으로 구별되는데 비인칭이란 이 3가지 인칭에 포함되지 않는다. 인칭대명사는 지시대상이 있는데 반해 영어 비인칭대명사 *it*는 지시대상이 없기 때문이다.

  같은 비인칭 구문이라도 그 용법은 언어에 따라 차이가 있다. 예를 들면 독일어에서는 영어보다 비인칭 구문이 훨씬 다양하게 쓰인다.

(25)는 독일어 비인칭 구문의 예인데 (25b,c)는 영어에 없는 용법이다.

(25) 독일어 비인칭 구문의 예

    a. Es   regnet   heute.

       it   rains   today

       'It rains today.'

    b. Es   klopft   an die   Tür

       it   knocks   on the door

       'Someone knocks on the door.'

    c. Es   hungert   mich.

       it   hungers   me

       'I am hungry.'

2) 유도사 구문: 영어에서 (26)같이 허사 *there*로 시작하는 구문을 유도사 구문이라고 하고 이 허사를 유도사 *there*(introductory 'there')라고 부른다. 의미 내용은 없지만 문장을 이끄는 기능을 하는 요소라는 뜻이다.

(26) 영어의 유도사 구문(Soames & Perlmutter, 1979: 47)

    a. There is a book on the desk.

    b. There arose a controversy on that subject.

유도사 구문은 게르만어와 로만스어에서는 일반화된 구문인데 슬라브어에서는 나타나지 않으며(이숙현·심을식, 2008; 허성태·임홍수, 2008) 아시아 지역의 언어에서도 찾아 볼 수 없는 현상이다. 독일어에서는 대명사 *es*('it')가 유도사로 쓰이며 스페인어에서는 *haber*('have') 동사의 3인칭 단수형이 유도사로 쓰인다((27)-(28) 참조). 영어에서는 유도사의 쓰임이 제한되어 있는데 독일어의 경우 훨씬 폭넓게 쓰인다. 예를 들면 (27b)와 같은 유도사 구문은 영어에서는 불가능하다.

(27) 독일어 유도사 구문

    a. Es kommt ein Mann.

       it   come   a   man

       'A man is coming.'

    b. Es wartet mein Freund auf der Straße.

       it   waits   my   friend   on the street

       'My friend is waiting on the street.'

(28) 스페인어 유도사 구문(이충회 · 김원필, 2008)

    a. Hay un libro en la mesa.

       has a book on the table

       'There is a book on the table.'

    b. Hay dos libros en la mesa.

       has   two books on the table

       'There are two books on the table.'

3) 외치구문: 외치(extraposition) 구문이란 (29)와 같이 영어에서 원래의 주어와 목적어를 밖으로 빼고(extrapose) 그 자리에 소위 가주어, 가목적어를 넣는 구문을 말한다(Jespersen, 1933, 154f). 이 역시 서유럽 언어에는 잘 발달한 구문인데, 슬라브어에는 없는 구문이다(허성태 · 임홍수, 2008). 독일어와 프랑스어에서는 가주어가 나타나는데 스페인어에서는 (30)과 같이 가주어를 사용하지 않고 문장 주어를 그냥 외치시키는 것이 특징이다(이숙현 · 심을식, 2008; 이충회 · 김원필, 2008).

(29) 영어의 외치구문

    a. It is true that he is honest.

    b. I think it unreasonable to drive the car.

(30) 스페인어의 외치구문(이충회 · 김원필, 2008)

Es   verdad   que   Juan   es   bueno.

is   true   that   Juan   is   good

It is true that John is good.'

4) 재귀구문: 우리는 앞의 제9장 재귀구문 편에서 지구상의 언어를 재귀적 언어와 비재귀적 언어로 구분한 바 있다. 재귀적 언어란 재귀대명사 구문을 많이 사용하는 언어를 말하며 영어를 제외한 유럽 언어들이 대부분 여기에 속한다. 이러한 차이는 똑 같은 상황을 표현하면서 어떤 언어는 재귀구문을 사용하고 다른 언어는 그렇지 않는 데서 온 것이다. (31)-(32)는 재귀적 언어인 독일어와 비재귀적 언어인 한국어 및 영어의 '앉다'와 '돌보다' 표현의 예이다. 독일어는 두 구문에서 모두 재귀대명사를 사용하고 있다.

(31) 한국어, 영어, 독일어의 '앉다' 표현
     한: 그는 의자에 앉았다.
     영: He sat down on the chair.
     독: Er   setzt   sich   auf   den   Stuhl.
         he   set   himself   on   the   chair

(32) 한국어, 영어, 독일어의 '돌보다' 표현
     한: 나는 아이들을 돌본다.
     영: I take care of the children.
     독: Ich   kümmere   mich   um   die   Kinder.
         I   worry   myself   about   the   children

5) 이중주어 구문: 이중주어 구문은 하나의 술어에 주어가 두 개 나타나는 경우를 말한다. 이는 한국어나 일본어 등에 특징적으로 나타나

는 구문이며 유럽 사람들에게는 아주 낯설고 이해하기 힘든 구문이다. (33)은 일본어 이중주어 구문의 예인데 한국어 '나는 머리가 아프다. 나는 뱀이 무섭다.' 구문과 똑 같은 구조이다.

(33) 일본어 이중주어 구문(박선옥·양경모, 2008: 494)
a. Watashi-wa   atama-ga   itai.
   I-주격   headache-주격   painful
   'I have a headache. = 나는 머리가 아프다.'
b. Watashi-wa   hebi-ga   kowai.
   I-주격   snake-주격   afraid
   'I am afraid of snakes. = 나는 뱀이 무섭다.'

6) 무주어 구문: 위와 같이 주어를 두 개 쓰는 구문이 있는가 하면 주어가 나타나지 않는 무주어 구문도 있다. 이는 주어를 생략하는 생략문과는 달리 주어를 쓰면 안 되는 구문을 말한다. 영어는 주어를 철저히 쓰는 언어이며 무주어 문장은 없다. 독일어도 이점에서 영어에 가까운데 영어보다는 약간 느슨하다. 예를 들면 독일어에서 '배고프다'는 말을 (34a)와 같이 표현하는데 이 구문을 (34b)와 같이 어순을 바꿀 때는 주어를 넣으면 안 된다.

(34) 독일어 무주어 구문
a. Es hungert   mich.
   it hungers   me
   'I am hungry.'

b. Mich hungert.
   me   hungers
   'I am hungry.'

로만스어 가운데서 프랑스어는 영어와 같이 주어를 철저하게 쓰는 유형이고 스페인어는 주어 사용이 약간 느슨한 언어이다(이숙현·심을식, 2008; 이충회·김원필, 2008). 예를 들면 자연현상을 나타내는 영어의 비인칭 구문은 스페인어에서 무주어 구문으로 나타난다((35) 참조).

(35) 스페인어 무주어 구문(이충회·김원필, 2008: 551)
    a. Llueve   mucho.
       rains   much
       'It rains hard.'
    b. Nevó   en Madrid.
       snowed in Madrid
       'It snowed in Madrid.'

한국어의 경우 주어를 생략하는 일이 워낙 많기 때문에 무주어 문과의 경계가 애매하기는 한데, (36)과 같이 양보절이나 조건절 뒤에서 '되다, 괜찮다, 소용없다' 등 상황을 표현하는 술어가 쓰일 때 무주어 구문이 나타난다(홍재성, 1999: 239 참조).

(36) 한국어 무주어 구문
    a. 지혜가 안 오면 큰일이다.
    b. 지혜가 오면 되겠지.
    c. 지혜가 오더라도 마찬가지야.
    d. 지혜가 와 보았자 소용없어!

7) 감정표현 구문: 한국어, 영어, 독일어의 감정을 나타내는 표현들을 비교해 보면 그 구조적 차이가 매우 흥미롭다. 한국어는 이들을 단순 자동사나 타동사 형식으로 표현하는데 영어는 수동태 형식으로 표현

하며 독일어는 재귀구문으로 표현한다. 이에 대한 몇 가지 예를 보면 (37)과 같다. (37)에서 독일어 'sich'가 재귀대명사이다.

(37) 한국어, 영어, 독일어의 감정표현 구조

독일어	영어	한국어
sich freuen	be pleased	기뻐하다
sich ärgern	be annoyed	화내다
sich erstaunen	be surprised	놀라다
sich fürchten	be frightened	무서워하다
sich schämen	be ashamed	부끄러워하다
sich sorgen	be worried	염려하다

8) 소유표현 구문: 소유표현을 *have* 동사로 나타내는 언어가 있고 *exist* 동사로 나타내는 언어가 있다. 영어 등 서유럽 언어는 전자에 속하고 한국어나 일본어는 후자에 속한다((38) 참조). 유럽 언어 가운데서도 슬라브어는 오히려 한국어 식이다((39) 참조). 예를 들면 러시아어는 소유표현을 "*u*('in') + 소유주 + 계사(∅) + 소유물(주격)"의 형식으로 나타낸다. (39a)는 한국어 '나에게 누나가 있다.' 구문과 아주 흡사하다.

(38) 소유표현 구문의 2가지 형식
　　a. I have a sister.　　　　('have' 동사 유형)
　　b. 나는/에게 누나가 있다.　('exist' 동사 유형)

(39) 러시아어 소유표현(허성태·임홍수, 2008: 566, 571)
　　a. U　menja　　ø　　　sestr-a.
　　　 in　me　　 (is)　　sister-주격
　　　 'I have a sister.'

b. U menja ø choroš-ij drug-ø.[363]

in me (is) good-주격 friend-주격

'I have a good friend.'

제19장 관계절

관계절, 형용사절, 관형절364)**:** 절(節; clause)이란 '문장 속의 문장'을 말한다. 예를 들면 (1)의 영어 문장 속에는 'Mary is honest.'라는 문장이들어 있고 'John thinks ...'라는 문장도 들어 있다. 이렇게 큰 문장 속에 내포된 문장을 절이라고 한다.

(1) '문장 속의 문장' 절
    John thinks that Mary is honest.

절은 대등절과 종속절로 구분된다. 대등절이란 2개의 절이 대등접속사 *and, or, but*으로 연결된 것을 말하며 이 경우 한 문장이 다른 문장의 일부라고 볼 수 없다. 이 3가지 대등접속을 각각 연접(conjunction), 이접(disjunction), 역접(adversative)이라고 부른다. 반대로 종속절은하나의 문장이 다른 문장의 한 요소로 쓰이는 경우를 말한다. 종속절은 큰 문장에 들어가 3가지의 기능, 즉 명사, 형용사, 부사의 기능을할 수 있으며 이들을 각각 명사절, 형용사절, 부사절이라고 부른다.

---

364) 관계절의 유형론에 관한 자세한 것은 Downing(1978), Lehmann (1984), Keenan (1985), Song(2001, 제4장), Andrew(2007) 등 참조.

이와 같은 절의 종류를 영어의 예를 들어 정리하면 (2)와 같다.

(2) 절의 구분

대등절(coordination)

a. 연접: John has much money and Mary is beautiful.

b. 이접: John has much money or Mary is an idiot.

c. 역접: John has no money, but Mary is happy.

종속절(subordination)

d. 명사절: John thinks that Mary is honest.

e. 형용사절: This is the man who met Mary yesterday.

f. 부사절: I don't go out, if/when/because it is rainy.

위 (2d)에서 종속절은 목적어의 역할을 하기 때문에 명사절이고 (2e)의 종속절은 명사를 수식하기 때문에 형용사절이다. (2f)에서 종속절은 주절에서 표현된 '사건'의 조건, 시간, 이유 등을 나타내기 때문에 부사절이365) 된다. (2e)의 형용사절을 우리는 영어 문법에서 관계대명사절 혹은 관계절이라고 배웠다. 그러면 형용사절은 무엇이고 관계절은 또 무엇일까? 그리고 한국어에도 형용사절이나 관계절이 있을까?

위에서 말한 대로 종속절이 문장 안에 들어가면 명사, 형용사, 부사의 역할을 할 수 있다. '형용사절'이란 이러한 기능을 따라 붙여진 이름이다. 그런데 이 형용사절을 영어 및 유럽 언어 문법에서는 관계대

---

365) 부사란 영어로 'adverb'라고 하는데 이는 동사(verb)를 돕는다('ad-')는 뜻이다. 동사는 기본적으로 '사건'을 나타내고 이 사건의 '조건, 시간, 이유' 등을 나타내는 말은 동사를 돕는 말들이기 때문에 부사가 된다. 한국어 '부사(副詞)'에서 '副'도 '돕다, 보좌하다'는 뜻이며, '부통령, 부사장'은 대통령이나 사장을 보좌하는 사람들이다.

명사절 혹은 관계절이라고 부른다. '관계'라는 말은 '(문장을 명사와) 연결시키다'는 뜻이고 이때 유럽 언어에서는 대명사를 사용하기 때문에 '관계대명사'라는 용어를 쓰는 것이다. 그러니까 관계절은 '형용사절'의 유럽식 표현이라고 할 수 있다.

문장이 명사를 수식하는 것은 어느 언어에서나 발견되는 현상이며 한국어의 경우도 마찬가지이다. 예를 들면 (3)의 밑줄 친 부분이 한국어의 형용사절이며 이는 영어의 관계절에 해당한다. 주어와 동사가 있는 '문장'이 명사를 수식하고 있는 구문인 것이다.

(3) 한국어 형용사절의 예
   (a) 이 사람이 <u>어제 영희가 만난</u> 남자이다.
   (b) 이 사람이 <u>어제 철수가 도서관에서 만난</u> 여학생이다.

한국어 문법에서는 형용사절이라는 용어를 사용하지 않으며 (3)의 종속절을 '관형절'이라고 부른다. 여기서 '관(冠)'이라는 말은 '모자, 머리, 앞' 등의 뜻이고 '관형'은 '앞에서 수식한다'는 뜻이다.366) 관형절이란 따라서 '명사 앞에서 명사를 수식하는 문장'이라는 뜻으로 형용사절과 같은 말이고 영어 및 유럽 언어 문법의 관계대명사절과 같은 개념이다.

현대 학문은 유럽에서 시작해서 발전해 왔기 때문에 학문의 용어들도 유럽 중심으로 만들어지고 사용되어 온 경향이 있다. 형용사절, 관계절, 관형절의 경우도 마찬가지이다. 같은 현상을 두고 유럽언어 문법에서 관계절이라는 용어를 써 왔기 때문에 이 용어가 현재 국제 언어학계에서 통용되고 있으며 한국어의 관형절도 영어로 표현하려면

---

366) 한국어 문법에서 '관형'이라는 말은 모두 이런 뜻이다.

'relative clause'라고 할 수 있다.

한국어에서는 관계절을 만들기 위해서 '-ㄴ, -은, -는, -ㄹ, -을' 등의 술어 어미를 사용하고 영어에서는 *that, who, which* 등과 같은 관계대명사를 사용한다. 이와 같이 관계절을 만드는 데 사용하는 언어 요소를 관계절 표지(relativizer)라고 부르는데, 이와 관련해서 (4a,b)와 같은 한국어 관형어 구문들을 어떻게 볼 것인가가 문제이다. 즉 (4a, b)에도 (3)에서와 같이 관계절 표지가 사용되고 있는데 이들을 모두 같은 구문으로 보아야 할 것인지 아니면 (4a,b)의 관형어 구문을 (3)의 관형절과 다른 것으로 보아야 할 것인지가 문제인 것이다.

(4) 한국어 관형어 구문과 영어 대응 표현

　　a. 자는 아이
　　b. 방 안에서 자는 아이

　　c. the sleeping child
　　　 the child who is sleeping
　　d. the child sleeping in the room
　　　 the child who is sleeping in the room

영어의 경우 (4c,d)에서 보는 것처럼 분사구문과 관계절이 분명하게 형식적으로 구분되며 분사구문을 관계절이라고 부르지는 않는다. 그러나 한국어에서는 이러한 구분이 없다. 특히 '자다'와 같은 자동사의 경우 '자는'과 같은 구조를 한국어에서 관계절이라고 해도 언어학적으로 크게 문제될 것은 없다(Schachter & Shopen, 2007: 16, 30 참조).

한편 한국어 '자는'은 영어의 sleeping에 해당된다고도 할 수 있기 때문에 언어학에서 '자는'을 분사형(participle)으로 보기도 한다. 이 경우 '-ㄴ, -은, -는, -ㄹ, -을'은 한국어의 분사형 어미가 된다(Lehmann, 1984: 제3장 참조). 이 한국어의 어미들을 관계절 표지(relativizer)로 볼 것인지 분사형 어미로 볼 것인지는 학자에 따라 의견이 다를 수 있다. 이 장은 관계절에 관해 논의하고 있기 때문에 이 어미들을 일단 관계절 표지로 보고 논의를 진행하겠다.

중국어의 경우도 한국어와 같이 관계절 표지와 부가적367) 형용사 표지가 구분되지 않는다((5) 참조). (5a)는 중국어 형용사 술어 구문이다. (5b)는 '형용사 + 명사' 구조인데 이때 중국어는 보통 형용사 뒤에 '的'를 붙인다. (5c)는 전형적인 관계절 구문인데 (5b)에서와 같이 '的'가 관계절 끝에 붙어 있다.

> (5) 중국어 관계절 및 부가적 형용사 표지 '的'
>   a. 那个   女孩子   漂亮.
>   that   girl   beautiful
>   'That girl is beautiful.'
>   b. 漂亮-的   女孩子
>   beautiful-표지   girl
>   'a beautiful girl' (Schachter & Shopen, 2007: 18)
>   c. 他   昨天   打破-的   窗戶
>   he   yesterday   broke-표지   window
>   'the window which he broke yesterday'
>   (안기섭·송진희, 2008: 604)

관계절 표지의 다양한 형식: 위에서 우리는 한국어, 영어, 중국어의 관계절이 어떻게 만들어지는가를 보았는데 그 방법, 즉 관계절 표지의

---

367) 형용사가 명사를 수식하는 것을 부가적 용법이라고 하고 술어로 쓰일 때는 술어적 용법이라고 한다.

실현형식이 각각 다르다는 것은 알 수 있다. 이 단락에서는 이에 대해 조금 더 자세히 살펴보고자 한다.

1) 의문사: 의문사가 관계대명사로 쓰이는 경우는 영어가 대표적인 예이다. 즉 영어의 관계대명사 *who, which*는 의문사에서 온 것이다. 이들은 간접의문문이나 명사절을 만드는 데에도 쓰이는데 의문사에서 관계대명사로 발전하는 과정을 독일 언어학자 Heine & Kuteva(2006, 209)는 (6a-d)와 같이 4단계로 추정한다.

(6a)에서 *who*는 전형적인 의문사이고 (6b)에서도 의문의 의미가 남아 있기는 하지만 직접적인 의문문은 아니다. (6c)에서 *who*는 의문사의 기능이 약화되고 *who came*은 명사절(목적어)의 성격이 강하다. (6d)는 관계대명사 구문으로 의문의 기능이 전혀 없는데 이는 (6e)와 같은 맥락에서 발전한 것으로 이해하면 된다.

> (6) 의문사에서 관계대명사로 발전한 과정
> a. Who came?
> b. I don't know who came.
> c. You also know who came.
> d. I met the woman who came today.
> e. I met the woman; who? (she) came today.
>   (나는 그 여성을 만났다; 누구냐면 오늘 도착한 (여성))

의문사가 관계대명사로 쓰이는 예는 프랑스어에서도 볼 수 있으며 아시아 계통의 언어 가운데서도 발견된다(Keenan, 1985: 150). (7)은 인도네시아어에서 의문사가 관계대명사로 쓰이는 예이다.

(7) 인도네시아어 의문사와 관계대명사(Keenan, 1985: 150)

    a. Kapada *siapa* yang Ali memberi ubi kentang itu?

        to   who   that Ali   give   potato   this

        'To whom did Ali give this potato?'

    b. perempuan kapada *siapa* Ali beri ubi kentang itu

        woman   to   who Ali give   potato   this

        'the woman to whom Ali gave the potato'

2) 지시대명사: 지시대명사가 관계대명사로 쓰이는 대표적인 언어는 독일어이다. 즉 독일어는 의문사 *welch*('which')가 관계대명사로 쓰이기도 하는데 현대 독일어에서는 주로 지시대명사를 쓴다. (9)의 영어 예문에 쓰인 관계대명사 *that*도 지시대명사에서 온 것이라고 할 수 있다.

(8) 독일어의 지시대명사와 관계대명사

    a. Ich kenne den Mann. Der besuchte dich heute.

        I   know the man. He   visited you today.

        'I know the man. He visited you today.'

    b. Ich kenne den Mann, der heute dich besuchte.[368]

        I   know the man, who today you   visited.

        'I know the man who visited you today.'

(9) 영어에서 지시대명사가 관계대명사로 쓰이는 예

    a. This is the book that I bought today.

    b. The table that stands on the corner is brown.

3) 인칭대명사: 인칭대명사가 관계대명사로 쓰이는 언어도 있다. 히브리어, 터키어, 페르시아어 등이 그 예이다(Keenan, 1985: 146). (10)

---

368) 독일어는 종속절에서 동사가 문장 끝으로 간다.

은 현대 히브리어 관계절의 예인데 인칭대명사 *otam*이 그대로 쓰이고 있다. 이 문장에서 연결소 *she*-는 관계절에만 쓰이는 것이 아니고 종속절에 흔히 쓰이는 접속사의 일종으로 앞서 다른 언어의 예에서 보았던 지시사나 의문사와는 다르다(Keenan, 1985: 153). (11)은 아프리카 가나 지역의 아칸어(Akan) 관계절의 예인데 이 언어에도 접속어 'a'가 따로 있고 관계절에는 인칭대명사 *no*가 쓰이고 있다(Schachter & Shopen, 2007: 30).

> (10) 인칭대명사가 관계대명사로 쓰이는 히브리어의 예
> ha-sarim   she-ha-nast   shalax otam la-mitsraim
> the-ministers 접속소-the-President sent   them   to-Egypt
> 'the ministers that the President sent to Egypt'
>
> (Keenan, 1985: 146)

> (11) 인칭대명사가 관계대명사로 쓰이는 아칸어의 예
> mihuu   obi   a   ɔwɔ   aka   no.
> I.saw   someone   접속소   snake   has.bitten   him
> 'I saw someone whom a snake had bitten.'
>
> (Schachter & Shopen, 2007: 30)

4) 동사의 형태변화: 관계절을 만드는데 별도의 동사의 형태를 사용하는 언어가 있다. 한국어가 대표적인 예이다. 앞서 논의한 바와 같이 한국어는 동사(술어)에 '-ㄴ, -은, -는, -ㄹ, -을' 등의 관형형 어미를 붙여 관계절을 만든다. (13)은 드라비다어(Dravida) 관계절의 예인데 구조적으로 볼 때 한국어 번역문 '너희들이 나에게 준 책이 찢어졌다.' 와 아주 비슷하다.369)

---

369) 드라비다족은 인도의 남부에 거주하는 최대의 종족이다. 현재 인도의 지배 계

(12) 한국어 관계절과 관계절 표지

    (a) 이 사람이 <u>어제 영희가 만난</u> 남자이다.

    (b) 이 사람이 <u>어제 철수가 도서관에서 만난</u> 여학생이다.

(13) 드라비다어 관계절의 동사어미(Lehmann, 1984: 50)

    mīru   nāku   iccin-a   pustukamu   cirigipǒ-yin-adi.

    you   me   gave-어미   book(주격)   tore-과거-it

    'The book you gave me was torn.'

    '너희들이 나에게 준 책이 찢어졌다.'

아프리카의 벰바어(Bemba)도 동사의 형태를 가지고 관계절을 만드는데 어미를 사용하는 것이 아니라 접두사를 사용한다(Schachter & Shopen, 2007: 16). (14a)는 형용사/동사의 술어문이고 (14b)는 관계절이라고 할 수 있는 부가적 구문이다.

(14) 벰바어의 형용사/동사 술어문과 접두사에 의한 관계절

    a. umuuntu   áashipa/   áakosa/   áalemba

       person   is.brave   is.strong   is.writing

       'The person is brave/strong/writing.'

    b. umuuntu   ùashipa/   ùakosa/   ùalemba

       person   who.is.brave/   who.is.strong/   who.is.writing

       'a brave/strong/writing person'

                             (Schachter & Shopen, 2007: 16)

5) 첨사: 관계절을 만드는데 첨사(particle),[370] 즉 특별한 단어를 사용하는 언어들도 있다. 첨사는 단어의 일부가 아니며 독립된 단어라는

층인 북부의 아리안족이 유럽에서 건너오기 전에 인도 지역을 널리 차지하고 있던 종족으로 생김새만 보아도 아시아족이라는 것을 알 수 있으며 언어적으로도 한국어와 아주 비슷하다.

370) 특수한 기능을 하는 단어들을 말한다.

점에서 어미나 접두사와 구별된다. 관계절에 첨사를 사용하는 언어로는 중국어가 대표적이다. 위 예문 (5)에서 본 것처럼 중국어에서는 관계절 끝에 첨사 '的'를 붙인다. 중국어는 고립어이기 때문에 '的'가 어미일 수는 없고 독립된 단어로 보아야 한다. (15)는 중국어 관계절의 다른 예이다. 중국어 '的'는 관계절 이외에 (16)과 같이 다른 수식어 뒤에도 두루 쓰이는 첨사이다.

(15) 중국어 관계절 첨사 '的'(장려용, 2016: 169)
這 是 [我 今天 從 圖書館 借] 的 書。
this is [I today from library borrow] 첨사 book
'This is the book that I borrowed from the library today.'

(16) 중국어 첨사 '的'의 다른 용법(조희무·안기섭, 2008: 361)
a. 他 的 書 (그의 책)
b. 抵抗 的 力量 (저항할 힘)
c. 偉大 的 國家 (위대한 나라)
d. 對 國家 的 貢獻 (국가에 대한 공헌)

중국어와 같이 시노-티베트어 계열의 고립어이면서 SOV 어순을 가진 라후어(Lahu)도[371] 첨사 *ve*를 관계절 표지로 사용한다. 이 표지는 명사절 뒤에도 나타나는 접속소이다. (17a)는 첨사 *ve*가 명사절 뒤에서 접속소로 쓰인 예이고 (17b)에서는 *ve*가 관계사로 쓰였다(Lehmann, 1984: 62).

---

371) 라후족은 중국, 미얀마, 태국, 베트남 등에 사는 소수 민족이며 중국에는 란창 라후족(拉祜族) 자치현이 있다.(https://en.wikipedia.org/wiki/Lahu, 2017)

(17) 첨사가 관계사로 쓰인 라후어의 예(Lehmann, 1984: 62)

    a. nɔ   là   ve   ŋà   halɛ   jâ.

       [you come 접속소]   I   glad   very

       'I am very glad that you come.'

    b. [mû+phe mâ mu]   ve   yɛ.

       [roof   not high]   첨사   house

       'the house whose roof is not high'

6) 무표지: 관계절에 특별한 형태적 표지가 없는 언어도 있는데 일본어에서 우리는 이러한 현상을 볼 수 있다. 일본어는 여러 가지 면에서 한국어와 아주 비슷하지만 한국어 '-ㄴ, -은, -는, -ㄹ, -을'에 해당하는 관형형 어미가 없다. 예를 들면 (18a)에서 *atta*는 한국어의 '만났다'에 해당하는데 그 뒤에 바로 피수식 명사 *sono shoojo*가 따라 온다. 한국어에서 '어제 내가 만난 소녀'라고 할 것을 일본어에서는 '어제 내가 만났다 소녀'와 같이 표현한 것이다.

(18) 일본어 무표지 관계절의 예 (박선옥·양경모, 2008: 592)

    a. kinoo   Taro-ga   atta   sono shoojo.

       yesterday Taro-주격 met   the   girl

       'the girl whom Taro met yesterday.'

    b. kanojo-ga tsukutta sono keeki-wa oishi-katta.

       she-주격   made   the   cake-주제 good-과거

       'The cake which she made was good.'

아프리카 나이지리아 지역의 이조어(Ijo)도 관계절 만드는 방법이 일본어와 유사하며 북아메리카 원주민어 라코타어(Lakhota)도 특별한 관계절 표지를 사용하지 않는데 관계절의 위치는 '명사 + 관계절'의 순서이다(Lehmann, 1984: 72, 80). 영어에서 종종 (19)와 같이 관계

대명사를 생략하는 일이 있는데 이 경우도 무표지 관계절에 해당한다고 하겠다.

(19) 영어 무표지 관계절의 예
　　　a. This is the man I met yesterday.
　　　b. This is the bed I have slept in.

이상에서 우리는 관계절이 언어에 따라 다양한 형식으로 나타나는 것을 보았다. 한국어는 동사(술어) 어미가 사용되는데 영어는 여러 가지 방법을 사용한다. 분사구문 등을 넓은 의미의 관계절로 본다면 영어는 관계절 형식이 더 늘어날 것이다. 이를 정리해 보면 (20)과 같다.

(20) 한국어와 영어 관계절 실현형식 비교
　　　한국어: 동사(술어)의 어미 '-ㄴ, -은, -는, -ㄹ, -을'
　　　영어: 의문사('who, which'), 지시대명사('that'), 무표지,
　　　　　　동사변화 형태('-ing, -ed, to-infinitive')

관계절의 위치: 한국어와 영어 관계절에서 또 한 가지 중요한 차이는 관계절의 위치이다. 한국어는 관계절이 명사 앞에 오고 영어는 뒤에 온다. 위의 여러 언어 예문들에서 보았던 것처럼 이 차이는 단순히 한국어-영어의 차이가 아니고 언어유형론적 차이라고 할 수 있다. 관계절 전치형 언어와 관계절 후치형 언어의 구분이다. 위에서 예로 든 언어 가운데 일본어, 중국어, 드라비다어, 라후어는 한국어와 같은 유형이고 독일어, 인도네시아어, 아칸어, 뱀바어는 영어와 같은 유형이다.
　관계절은 크게 보면 명사 수식어의 일종이고 명사 수식어의 위치에 대해서는 제15장 어순편에서 자세히 논의한 바 있다. 즉 명사 수식어

가 일관되게 명사 앞에 오는 언어가 있고, 반대로 일관되게 명사 뒤에 오는 언어도 있으며 혼합형 언어도 있다. 한국어는 첫 번째 유형이고 영어는 세 번째 혼합형 언어이다. 이 장에서 논의한 관계절의 위치도 이러한 유형론적 원리에 따라 이해할 수 있다.

한국어-영어 관계절의 위치와 관련해서 또 한 가지 중요한 것은 지시사류와 관계절의 순서이다. 즉 한국어는 (21)과 같이 지시사가 관계절 뒤에 오는 것이 자연스럽고 영어는 이러한 어순이 불가능하다. 이 역시 단순한 한국어-영어의 차이가 아니고 언어유형론적 차이이다 (Keenan, 1985: 145). 유럽 언어들은 영어와 같은 유형이고 중국어, 일본어는 한국어와 같은 유형이다.

(21) 한국어 관계절과 지시사류의 위치
    a. <u>영수가 어제 만난</u> 그 여학생
    b. <u>어제 영희를 만난</u> 그 남학생

제20 장　의문문과 부정문

　의사소통의 기본단위는 문장이라고 했는데 문장은 우리 주변의 상황을 단순하게 서술하는 경우도 있지만 질문을 한다거나 명령이나 요청을 할 때도 사용된다. 이에 따라 우리는 문장의 종류를 서술문, 의문문, 명령문, 감탄문, 기원문 등으로 나누기도 한다. 서술문은 다시 긍정문과 부정문으로 나눌 수 있다. 이 장에서는 이러한 문장의 종류 가운데 기능적으로 중요하다고 생각되는 의문문과 부정문의 유형에 대해 논의하고자 한다.

1. 의문문의 유형

의문문의 종류: 의문문은 상대방으로부터 정보를 얻기 위해 사용하는 문장을 말하며 이는 그 형식에 따라 몇 가지로 나눌 수 있다. Siemund (2001)은 의문문을 (1)과 같이 3가지로 구분하였다. 판정 의문문은 내용의 진위를 묻는 의문문이며 대답이 제한되어 있다고 해서 '폐쇄

(closed) 의문문'이라고도 하고, '예-아니오'로 대답한다고 해서 'yes-no 의문문'이라고 부르기도 한다.

의문사 의문문은 의문사가 나타나는 의문문으로 대답의 가능성이 제한되어 있지 않다고 해서 개방 의문문이라고도 하고 '의문사 의문문', 'wh-의문문' 등으로 불리기도 한다. (1c)와 같은 선택의문문은 둘 중에 하나를 선택하게 하는 의문문 형식이다.

> (1) 3가지 종류의 의문문(Siemund, 2001)
> > a. 판정 의문문(polar interrogatives)[372]
> > > 예) *Does a platypus lay eggs?*
> > b. 의문사 의문문(constituent interrogatives)[373]
> > > 예) *What is a platypus?*
> > c. 선택 의문문(alternative interrogatives)
> > > 예) *Is a platypus a mammal or a bird?*

의문문의 종류에 대해 물론 학자에 따라 다른 의견을 가질 수 있다. 예를 들면 Sadock & Zwicky(1985)는 의문문을 (2)와 같이 5가지로 구분하였다. 이 가운데 (1a-c)는 (1)의 3가지 유형과 같은 것이다. (2d)의 확인 의문문은 자신의 생각을 상대방에게 확인하는 형식의 의문문이며 영어의 부가의문문이 여기에 속한다. 한국어의 경우 '-지'가 확인 의문문을 만드는 어미로 쓰인다. 수사 의문문은 어떤 사실을 강조하기 위해 의문문의 형식을 빌려 표현하는 경우를 말한다. (3)-(4)는 확인 의문문과 수사 의문문의 예이다.

---

372) '예-아니오'라는 양쪽 극단 중에서 대답을 선택한다고 해서 'polar(양극적)'이라는 용어가 사용되었는데 이 책에서는 편의상 '판정의문문'이라고 부르겠다.
373) 문장의 구성요소 가운데 한 부분에 대해 묻는 것이라는 뜻에서 구성요소(constituent)라는 말이 사용되고 있다. 이 책에서는 편의상 의문사 의문문이라고 부르겠다.

(2) Sadock & Zwicky(1985)의 5가지 의문문

    a. 판정 의문문(*yes-no* questions)

    b. 선택 의문문(alternative questions)

    c. 의문사 의문문(question word questions)

    d. 확인 의문문(biased[374] questions)

    e. 수사 의문문(rhetorical questions)

(3) 확인 의문문

    a. 너 어제 집에 안 들어갔지?

    b. 너 그 사람 좋아 하지 않니?

(4) 수사 의문문

    a. 내가 왜 너한테 그런 걸 일일이 말해야 돼?

    b. 세상에 이게 나라입니까?

이와 같은 의문문의 구분은 기능에 따른 구분이라고 할 수 있는데 이러한 관점에서 보면 (5)와 같이 의문문의 다른 기능들도 더 있을 수 있다. 이러한 다양한 의문문의 기능은 한국어나 영어뿐만 아니라 다른 언어에서도 일반적으로 나타나는 현상일 것으로 보인다.

(5) 의문문의 명령이나 요청, 부탁 기능

    a. 너 이 좁은 공간에서 계속 그 담배를 피워야 되겠어?

    b. 밀폐된 공간인데 담배를 조금 자제해 주시면 안 될까요?

    c. 너 내일 시험 본다는 녀석이 게임이나 하고 있을 거야?

    d. 실례 좀 해도 되겠습니까?

    e. 나 좀 도와 줄 수 있을까?

    f. 뭐, 그런 걸 가지고 그러세요?

---

374) 확인의문문은 중립적인 입장에서 상대방에게 묻는 것이 아니라 화자의 입장이 이미 한 쪽으로 기울어진 상태에서 던지는 질문이기 때문에 Sadock & Zwicky (1985)는 'biased(치우친)'이라는 용어를 썼다.

의문문의 실현형식: 지구상의 언어에서 의문문은 여러 가지 방법으로 실현되는데 언어유형론적으로 보면 보통 (6)과 같이 8가지 형식을 구분할 수 있다. 한 언어에서 이 형식들이 여러 가지 사용될 수도 있고 하나의 의문문에 겹쳐서 나타나기도 한다(Ultan, 1978; Siemund, 2001 참조).

> (6) 의문문의 8가지 실현형식
>> a. 억양(intonation)
>> b. 의문 첨사(interrogative particles)
>> c. 술어 어미(verbal inflection)
>> d. 의문문 조동사(interrogative auxiliary)
>> e. 어순 변화(order of constituents)
>> f. 의문 부가사(interrogative tags)
>> g. 이접구조(disjunctive constructions)
>> h. 의문사(interrogative words)

1) 억양: 억양은 의문문에서 가장 일반적으로 나타나는 형식적 특징이다. Ultan(1978)에 의하면 95%의 언어가 판정 의문문에서 문장의 끝을 올리는 상승조 억양을 사용한다. (7)의 한국어 문장들은 억양에 따라 서술문, 명령문, 의문문이 구별되는 예이다. 한국어에서도 경상지역 방언의 경우 (8)과 같이 판정 의문문에 하강조 억양이 나타난다.

> (7) 억양과 한국어 문장
>> a. 언니는 집에 가. ↘   (서술문)
>> b. 언니는 집에 가! →   (명령문)
>> c. 언니는 집에 가? ↗   (의문문)

> (8) 경상방언 판정 의문문의 하강조
>> a. 집에 가나? ↘
>> b. 그래 좋나(그렇게 좋나)? ↘

2) 의문첨사: 언어연구에서 첨사(particle)란 특별한 기능을 위해 쓰이는 한정된 수의 단어를 말한다. 의문첨사란 의문문을 만들기 위해 쓰이는 특별한 단어나 그 버금가는 표현을 말한다. 프랑스어의 *est-ce que*, 중국어의 '嗎(ma)', 러시아어의 *li* 등이 그 예이다. 첨사는 지구상의 언어에서 억양 다음으로 가장 많이 쓰이는 의문문 표지이다(Siemund, 2001: 1013).

(9a)의 프랑스어 예문은 *est-ce que*를 문장 앞에 붙임으로서 의문문을 만들었다. 이 표현은 문자적으로 보면 영어의 'is it that ~'에 해당한다(이숙현·심을식, 2008). 자세히 보면 이 첨사 자체가 의문문 형식인데 현대 프랑스어에서는 이 표현을 그냥 의문문 앞에 붙이는 요소로 인식한다. (9b)는 중국어 의문첨사 '嗎'의 예이고 (9c)는 러시아어의 예이다. 러시아어의 주된 의문표지는 억양이며 이에 곁들여 의문첨사들이 쓰이기도 한다(허성태·임홍수, 2008).

(9) 프랑스어, 중국어, 러시아어 의문첨사의 예
  a. Est-ce que   Paul va chez   lui?
      첨사   Paul go to   him
    'Does Paul go to him?' (이숙현·심을식, 2008)
  b. 你   去   上海   嗎?
      you   go Shanghai   첨사
    'Do you go to Shanghai?' (송진희·안기섭, 2008)
  c. Pravlino   li   oh   otvetil?
    correctly 첨사 he answered
    'Did he answer correctly?' (허성태·임홍수, 2008)

3) 술어 어미: 동사나 형용사 등 술어의 어미를 통해 의문문을 만드는 언어가 있는데 한국어가 대표적인 예이다. 특히 한국어는 서술문과

마찬가지로 의문문에서도 (10)과 같이 다양한 어미가 발달해 있는 것이 특징이며 이는 한국어를 배우는 외국인들에게 매우 어려운 과제가 될 것이다.

> (10) 술어 어미에 의한 한국어 의문문의 예
>   a. 영희가 집에 있을까?
>   b. 영희가 집에 있니?
>   c. 영희가 집에 있습니까?
>   d. 영희가 집에 있지?
>   e. 영희가 집에 있지요?

Siemund(2001, 1014)는 (10)과 같은 한국어의 의문문 표지를 중국어의 '嗎'와 비슷한 첨사로 보았다. 그러나 한국어의 이 표지들은 첨사가 아니라 어미이며 중국어의 '嗎'와는 성격이 다르다. 첨사는 기본적으로 독립된 어휘라는 특징이 있고 어미는 독립된 어휘가 아니라 단어의 일부이다. 이러한 관점에서 보면 위 한국어 의문문 표지들은 첨사가 될 수 없다.

Siemund(2001, 1013)은 또 일본어의 의문 표지도 첨사로 보고 있는데 이 역시 잘못된 분석이다. (11)에서 -ka는 일본어의 대표적인 의문문 표지이고 kai, kashira, ke, koto, te, nai, no, ne, darou, tte 등도 의문문 표지로 쓰인다(박선옥·양경모, 2008: 206). 이 표지들이 술어에 붙는 것이면 어미로 보아야 하고, 술어와 독립적으로 문장 뒤에 붙는 것이면 첨사로 보아야 한다. 즉 한국어의 '-까, -니'와 같은 것이면 어미이고 중국어의 '嗎'와 같은 것이면 첨사가 될 것인데 일본어의 첨가어적인 성격으로 보아 이들은 술어에 붙는 어미로 보는 것이 타당할 것이다.

(11) 일본어의 의문문 표지

    a. Ano   hito-wa   gaikokujin-desu-ka?

       that person-주격   foreigner-존대-의문

       'Is that person a foreigner?'

    b. Anata-wa   itsu   benkyooshi-masu-ka?

       you-주격   when   study-존대-의문

       'When do you study?' (박선옥·양경모, 2008: 206)

4) 의문문 조동사: 의문문을 위해 특별한 조동사가 쓰이는 경우를 말한다. (12)와 같은 영어의 의문문 조동사 *do*가 대표적인 예이다.

(12) 영어의 조동사에 의한 의문문

    a. You want coffee. – Do you want coffee?

    b. You met Mary. – Did you meet Mary?

5) 어순 변화: 문장요소들의 위치를 바꿈으로써 의문문을 만드는 경우도 있는데 독일어가 대표적인 예이다. 이 언어는 의문문에서 주어와 동사의 위치를 바꾼다. 독일어의 기본어순은 '주어 + 동사 + 목적어'인데 의문문에서는 '동사 + 주어 + 목적어'의 어순이 된다((13) 참조).

(13) 어순 변화에 의한 독일어의 의문문

    Peter liebt Marie. →   Liebt Peter Marie?

    Peter loves Mary   loves Peter Mary

의문문에서 어순이 바뀌는 예는 영어에서도 볼 수 있다. 즉 영어의 경우 조동사나 *be*-동사가 있을 때 (14)와 같이 의문문에서 어순의 변화가 일어난다.

(14) 어순 변화에 의한 영어의 의문문

Jane is your sister. →   Is Jane your sister?
You can swim.   →   Can you swim?

6) 의문 부가사: 의문 부가사(interrogative tags)를 이용하는 경우는 영어 문법에서 잘 알려진 부가의문문이 대표적인 예이다. 앞에는 서술문이 오고 그 뒤에 부가사를 덧붙여 의문문을 만드는 형식이다. 영어로 부가의문문을 'tag question'이라고 하는데 이때 'tag'는 원래 '꼬리, 꼬리표'라는 뜻이다. (15)에서 밑줄 친 부분이 부가사에 해당한다.

(15) 영어의 부가의문문 및 부가사
    a. Peter loves Mary, *doesn't he*?
    b. Peter doesn't love Mary, *does he*?

영어의 경우 부가의문문이 이와 같이 특별한 형식으로 발달해 있는데 한국어에서는 일률적으로 문장 끝에 '그렇지? 그렇지 않아?'와 같은 단순한 부가사를 덧붙이면 된다. 영어에는 부가의문문이 특별한 형식으로 발달해 있기 때문에 영어 문법에서 이를 별도의 의문문 형식으로 설정하여 가르친다. 그러나 한국어의 경우 이러한 의문문을 특별한 형식이라도 하기는 어렵다. 한국어 문법에서는 따라서 이를 별도의 의문문 형식으로 다루지 않으며 '부가의문문'이라는 용어 자체를 사용하지 않는다.

언어유형론적으로 볼 때 영어의 부가의문문이 오히려 특별한 경우에 해당하며 다른 언어는 보통 한국어와 비슷하게 부가의문문을 만든다. (16)은 한국어, 독일어, 러시아어, 프랑스어의 의문 부가사 예이다. (16)에서 러시아어 예문의 *li*는 (9c)에서 본 바와 같이 의문문에 쓰이는 첨사이다. 프랑스어의 부가사 *n'est-ce pas?*는 영어의 *isn't it?*
에 해당하는데 앞서는 서술문에 따라 형태가 달라지는 것이 아니다.
우리말의 '그렇지 않아?'와 비슷하다.

(16) 한국어, 독일어, 러시아어, 프랑스어 부가의문문

한: 너 어제 영희 만났지, 그렇지/안 그래?

독: Peter liebt Marie, nicht wahr?
Peter loves Mary, not true
'Peter loves Mary, doesn't he?'

러: P´otr l´ubit sboju ženu, ne tak li?
Peter loves his wife, not so 의문첨사
'Peter loves his wife, doesn't he?'

(허성태 · 임홍수, 2008: 279)

프: Paul aime sa femme, n'est-ce pas?[375)]
Paul loves his wife, not1-is-it not2
'Paul loves his wife, doesn't he?'

(이숙현 · 심을식, 2008: 252)

7) 이접구조: 이접(disjunctive constructions)이란 두 개의 표현이 'or'로 연
결되는 것을 말하는데 의문문에서 이접구조란 긍정표현과 부정표현을
'or'로 연결시키는 형식을 말한다. 한국어에서 '가 안 가?, 먹어 안 먹
어?' 같은 구문이 그 예이다. 이러한 형식의 의문문은 특히 중국어에
서 많이 나타나는 것으로 알려져 있다((17) 참조: Siemund, 2001,
1016). 영어의 경우 (18)과 같이 보통 문장 끝에 *or not*을 붙여서 비슷

---

375) 프랑스어에서는 *n'-* ~ *pas*가 영어의 *not*에 해당한다.

한 구문을 만들 수 있다.

> (17) 중국어의 이접구조 의문문(송진희·안기섭, 2008: 216)
>> a. 你　忙　不　忙?
>> you busy not busy
>> 'Are you busy?'
>> b. 你　有　沒　有　女朋友?
>> you have not have girl friend
>> 'Do you have girl friend?'

> (18) 영어의 이접구조 의문문
>> a. Will you go or not?
>> b. Did you meet Mary or not?

8) 의문사와 의문사의 위치: 의문사(interrogative words)란 영어의 *who*, *what*, *when*, *where*, *why*, *how* 등의 표현들을 말하며 이러한 표현들은 당연히 어느 언어에서나 나타나는 보편적인 현상일 것이다. 영어의 경우 의문사가 항상 문장 앞으로 이동하는데 이는 유럽 언어에 나타나는 일반적인 현상이다. (19a,b)는 각각 의문사가 문장 앞에 온 스페인어와 러시아어의 예이다.

> (19) 스페인어와 러시아어의 의문사 위치
>> a. ¿A　quién　ama　Pedro?
>> 목적격 who loves Peter
>> 'Whom does Peter love?' (이충회·김원필, 2008: 267)
>> b. Kogo　l'ub-it　P'otr?
>> whom loves Peter
>> 'Whom does Peter love?' (허성태·임홍수, 2008: 276)

중국어의 경우 의문사의 위치는 변동이 없으며 서술문과 동일하다. (20)은 중국어 의문사 의문문 및 의문사 위치의 예이다.

(20) 중국어 의문사의 위치(송진희 · 안기섭, 2008: 217)
　　a. 他　是　誰？
　　　he　is　who
　　　'Who is he?'
　　b. 你　　買　　什麼　　東西?
　　　you　buy　what　　thing
　　　'What did you buy?'
　　c. 現在　　幾　　　点？
　　　now　which　time
　　　'What time is it now?'

한국어와 일본어는 기본적으로는 중국어와 같이 의문사를 그냥 제 자리에 두는 유형이다((21a,b) 참조). 그러나 이 두 언어는 일반적인 어순의 특징 때문에 의문사가 자유롭게 문장 앞으로 이동할 수도 있 다((21c-f) 참조).

(21) 한국어 의문사의 위치
　　a. 영희가 언제 철수를 만났지?
　　b. 영희가 어디서 철수를 만났지?
　　c. 언제 영희가 철수를 만났지?
　　d. 어디서 영희가 철수를 만났지?
　　e. 영희가 철수를 언제 만났지?
　　f. 영희가 철수를 어디서 만났지?

Greenberg(1963, 82)에 따르면 의문사의 위치는 해당 언어의 기본어순과 밀접한 연관이 있다. VSO 언어는 의문사들이 문장 앞으로 이동하며 SOV 언어에서는 의문사들이 이동하지 않는다. SVO 언어의 경우 의문사들이 문장 앞으로 이동하는 것이 일반적인데 예외적인 경우도 있다. 영어는 SVO 언어의 일반적인 경향을 따르고 있으며 중국어는 예외적인 경우이다.

이상에서 우리는 의문문의 8가지 유형론적 실현형식을 살펴보았다. 개별언어는 보통 이 가운데 한 가지 방법만을 사용하는 것이 아니라 여러 가지 방법을 함께 사용한다. 한국어와 영어의 의문문 형식을 정리하면 (22)와 같다. 괄호 안은 쓰이고는 있지만 해당 언어의 문법기술에서 별도의 의문문 형식으로 간주하지 않은 경우이다.

> (22) 한국어와 영어의 의문문 형식
>   한국어: 억양, 술어어미, 의문사 (의문 부가사, 이접구조)
>   영 어: 억양, 의문문 조동사, 어순 변화, 의문 부가사, 의문
>   사 (이접구조)

그 밖의 논점: 이밖에 의문문의 유형과 관련해서 짚고 넘어갈 것이 두 가지 있다. 하나는 의문사 형태의 다른 용법이고 다른 하나는 대답문 첨사 'yes-no'의 용법이다.

1) 의문사 형태의 다른 쓰임: (23)의 한국어 문장을 보면 형태는 의문사와 같은데 실제로는 의문사가 아닌 표현들이 나타난다. 이 예문들에서 '누가, 언제, 어디에' 등은 의문사가 아니며 특별히 정해지지 않은 사람이나 시간, 장소 등을 가리킨다. 이러한 표현들을 언어학에서 부정대명사(indefinite pronoun) 혹은 부정부사라고 한다.

(23) 한국어 의문사 형태의 부정표현 용법

    a. 방 안에 누가 있네.

    b. 언제 한 번 만나자.

    c. 책상 서랍 어디에 있을 거야.

    d. 영희가 뭘 먹고 있네.

    e. 어떻게 하면 또 되더라고.

    f. 어떤 사람이 고등학교 동창이라며 전화했던데요.

이와 같이 한국어에서는 의문사가 그대로 부정대명사나 부정부사로 쓰이고 있는데 이는 한국어에서만 나타나는 특이한 현상이 아니고 다른 언어에서도 흔히 나타나는 현상이다(Haspelmath, 1997). 일본어와 중국어도 이 점에서 한국어와 아주 비슷하다(박선옥·양경모, 2008; 송진희·안기섭, 2008 참조). 언어에 따라서는 의문사에 무엇을 조금 덧붙여서 이러한 부정 표현을 만드는 경우도 있다. 영어의 *somehow*, *somewhere*, *somewhat*, *somewhen* 등이 그 예이다.[376] 독일어는 (24)와 같이 의문사 앞에 *irgend*-를 덧붙여서 부정 표현을 만든다.

(24) 독일어 의문사와 부정(indefinite) 표현

    a. wer 'who'   –   irgend-wer

    b. was 'what'   –   irgend-was

    c. wann 'when'   –   irgend-wann

    d. wo 'where'   –   irgend-wo

    e. wie 'how'   –   irgend-wie

    f. welch 'which'   –   irgend-welch

2) 대답문 첨사의 쓰임: 대답문 첨사란 판정 의문문의 대답문에 쓰이는

---

[376] 영어의 경우 *somewho* 대신 *someone*이 쓰인다. 또 *somewhat*은 일반적으로 부사로 쓰이며 사물에 대한 부정대명사는 *something*이다.

영어의 'yes-no'와 한국어의 '예-아니오'를 말한다. 영어의 'yes‐no'와 한국어의 '예-아니오'가 용법이 다르다는 것은 잘 알려진 사실인데 이역시 단순히 두 언어의 차이라기보다는 유형론적 차이라고 할 수 있다. 즉 대답문 첨사 사용에서 영어와 같은 유형의 언어가 있고 한국어와 같은 유형의 언어가 있다. 이러한 차이는 부정 의문문에 대한 대답에서 나타난다. 영어와 한국어에서 'yes/no'와 '예/아니오'가 반대로 쓰인 것이다((25) 참조).

(25) 한국어와 영어 부정 의문문과 대답
    한: 철수가 영희를 안 좋아합니까?
    아니오, 좋아합니다.
    예, 안 좋아 합니다.
    영: Doesn't Peter love Mary?
    Yes, he loves her.
    No, he does't loves her.

이와 같은 대답문 첨사의 용법에 있어서 중국어, 일본어는 한국어와 같은 유형이고 스페인어, 아랍어는 영어와 같은 유형이다. 유럽 언어 가운데서도 러시아어는 한국어와 같은 유형에 속한다(송경안·이기갑 외, 2008 참조).

대답문 첨사와 관련해서 독일어와 프랑스어는 제3의 유형을 보인다. 즉 이 두 언어에서는 3가지의 대답문 첨사가 쓰이는데 영어의 *yes*가 2가지로 나누어진다. (26)은 독일어 의문문과 3가지 대답문 첨사의 예이다. 이와 같이 독일어에서는 대답문 첨사로 *ja/nein/doch*가 쓰이는데 *ja/nein*이 영어의 *yes/no*에 해당한다. 프랑스어에서도 *oui/non/si* 등 3가지 대답문 첨사가 쓰이는데(이숙현·심을식, 2008) *si*가 독일어의

*doch*에 해당한다. 이 표현들은 상대방의 질문에 대해 강하게 부정하는 것이며 한국어의 '천만에요' 정도에 해당한다.

(26) 독일어 부정 의문문과 대답문 첨사

Liebt Peter Marie?	'Does Peter love Mary?'
Ja, er liebt sie.	'Yes, he loves her.'
Nein, er liebt sie nicht.	'No, he doesn't love her.'
Liebt Peter Marie nicht?	'Doesn't Peter love Mary?'
Doch, er liebt sie.	'Yes, he loves her.'
Nein, er liebt sie nicht.	'No, he doesn't love her.'

우리가 영어를 배우면서 흔히 느끼는 것처럼 대답문 첨사의 용법이 한국어와 다르기 때문에 이를 자연스럽게 익히기가 매우 어렵고 상당한 시간이 걸린다. 그 반대의 방향도 마찬가지이다. 즉 영어식에 익숙해 있는 사람은 한국어식 대답문 첨사를 배우기가 매우 어렵다. 독일어와 프랑스어는 제3의 유형이기 때문에 이들 언어를 배울 때는 또다른 주의와 노력이 필요하다.

2. 부정문의 유형

부정의 종류: 부정문은 긍정문에 영어의 *not*이나 한국어의 '안, 못' 과 같은 부정소를 붙여서 만든다. 일반적인 부정문의 경우 문장 전체를 부정하는 것으로 보는데 이를 표준부정이라고 한다. 부정문을 만드는 방법에는 이밖에도 여러 가지 방법이 있으며 이를 영어를 중심으로

정리해 보면 (27)과 같다. 부정 수량사의 다른 예로는 *none, no (friend)* 등이 있고 *not for long, not until Friday, not because I like you* 등은 부사어 부정에 해당한다. 부정 부사어의 다른 예로는 *seldom, rarely hardly, barely, scarcely* 등이 있다.

> (27) 다양한 종류의 부정 (Payne, 1985)
>   a. 표준부정(standard negation)
>   예: Peter does not love Mary.
>   b. 수량사 부정(negated quantifier)
>   예: Not many students passed.
>   c. 부정 수량사(negative quantifier)
>   예: None of the students passed.
>   d. 부사어 부정(negated adverbials)
>   예: Not always do I pay taxes.
>   e. 부정 부사어(inherently negative adverbials)
>   예: Never did he say anything about it.

표준부정의 실현형식: 이 책은 이 가운데 표준부정을 중심으로 부정문의 유형에 대해 살펴보고자 한다. 표준부정은 문장부정이라고 할 수 있는데, 문장부정이란 곧 '사건'을 부정하는 것이고 '사건'은 술어로 표현되기 때문에 표준부정은 '술어부정'이라고 볼 수도 있다. 표준부정은 보통 술어(동사)에 부정소를 붙여서 만들며, 부정소는 언어에 따라 다양한 형식으로 나타난다. Dryer(2016)과 Payne(1985)를 기초로 이를 정리하면 다음과 같다.

1) 부정 첨사: 부정문을 만드는 부정소가 첨사(particle)로 나타나는 경우를 말한다. 첨사란 특별한 기능을 위해 쓰이는 단어 및 단어군을 말

한다. 한국어의 '안, 못'이나 영어의 *not*, 프랑스어의 *ne ~ pas* 등이 여기에 해당한다. Dryer(2016)의 통계에 따르면 지구상의 언어 가운데 부정 첨사를 사용하는 언어가 절반가량으로 가장 많다. 부정 첨사는 대부분 동사 바로 앞에 위치하며 동사 뒤에 위치하는 경우도 있다.

(28)은 부정 첨사가 동사 앞에 오는 몇 가지 언어의 예이며(송경안·이기갑 외, 2008 참조) 이러한 형식의 부정문이 세계의 언어에 가장 많이 나타난다. 아랍어는 동사가 맨 앞에 오는 VSO 언어인데 부정소 'a'가 동사 앞에 오면서 문두에 위치하게 된다. 프랑스어의 부정소 *ne ~ pas*는 불연속 표현이다. 원래 *ne*가 영어 *not*에 해당하고 *pas*는 영어의 'pace(한 발짝)'에 해당한다. *ne ~ pas*의 문자적 의미는 따라서 '한 발짝도 ~ 하지 않다'이다.

(28) 부정 첨사가 동사 앞에 오는 예
    한국어: 부정 첨사 '안, 못'
    철수는 학교에 안 다닌다.
    철수는 오늘 학교에 못 간다.

    중국어: 부정첨사 '不'
    我們　不　　學習　　英語。
    we　　not　learn　English
    'We do not learn English.'

    러시아어: 부정 첨사 'ne'
    Pyotr　　ne　　lyubit　　Mary-i.
    Peter　　not　　love　　Mary
    'Peter doesn't love Mary.'

스페인어: 부정 첨사 'no'.

Pedro no quiere a María.
Peter not love 목적격 Mary
'Peter doesn't love Mary.'

아랍어: 부정 첨사 'mā, ā'

ā yuḥibbu Buṭrusu Maryam.
not love Peter Mary
'Peter doesn't love Mary.'

프랑스어: 불연속 부정 첨사 'ne … pas'

Je n'-aime pas Marie.
I not1-love not2 Mary
'I don't love Mary.'

영어의 부정 첨사의 위치는 이들 언어와 약간 다르다. (29)의 3가지 영어 부정문에서 첨사 *not*은 *be*-동사와 조동사 뒤에 왔다. 이 위치는 본동사 및 의미적 술어 *tall*의 앞이라고도 볼 수 있다. 그러나 영어를 프랑스어와 러시아어의 현상과 더 자세히 비교해 보면 영어는 '동사 + 부정 첨사'의 순서로 보는 것이 적절하다. 일반동사 부정문에서 '부정 첨사 + 동사'의 순서를 보인 프랑스어와 러시아어는 계사 구문과 조동사 구문에서는 '부정 첨사 + 조동사/계사'의 순서를 보인다(30) 참조). 이는 영어와 반대이며 따라서 영어 부정 첨사의 위치는 (28)의 언어들과는 달리 '동사 + 첨사'로 보아야 할 것 같다.[377]

    (29) 영어 부정 첨사의 위치

        a. He is not tall.

---

[377] 'not + 내용 술어(본동사, 형용사)'의 순서라고 볼 수도 있다.

b. He will not go home.

c. He does not go home.

(30) 영어와 프랑스어, 러시아어 부정 첨사의 위치 비교

프랑스어, 러시아어:
부정첨사 + 일반동사
부정첨사 + 조동사/계사

영어:
조동사 'do' + 부정첨사 + (일반동사)
조동사/계사 + 부정첨사 + (본동사)

영어의 이러한 특징은 게르만어의 흔적으로 보인다. 독일어의 경우 계사구문과 조동사 구문에서 부정 첨사의 위치가 영어와 같다((31) 참조). 일반동사 구문에서 독일어 부정 첨사의 위치는 유동적이기는 하지만 동사에 앞서는 일은 없다. (28)과 같은 방식은 아니라는 뜻이다.

(31) 독일어 계사/조동사 구문과 부정 첨사의 위치

a. Peter ist nicht groß.
   Peter is not tall
   'Peter is not tall.'

b. Peter will nicht Marie treffen.
   Peter will not Mary meet
   'Peter will not meet Mary.'

2) 부정 접사: 부정 첨사 다음으로 많이 쓰이는 부정소 형식은 동사 및 술어의 접사이다(Dryer, 2016 참조). 접사는 동사 앞에서 접두사로 나

타날 수도 있고 동사 뒤에 접미사로 나타날 수도 있는데 접두사가 더 일반적이다. (32)는 시베리아 원주민 언어 콜리마 유카기르어(Kolyma Yukaghir)에 나타난 접두사 부정소의 예이다.

(32) 콜리마 유카기르어(Maslova, 2003: 492; Dryer, 2016 재인용)

met　　numö-ge　　　el-jaqa-teje.

I　　house-장소　　not-achieve-미래

'I will not reach the house.'

3) 부정문 조동사: 부정문을 만들기 위해 조동사를 쓰는 경우도 있는데 영어가 대표적인 예이다((29c) 참조). 영어의 경우 *be*-동사 구문의 부정 명령문을 만들 때도 조동사 *do*가 쓰인다((33) 참조). (34)는 에벤키어(Evenki)에 나타난 부정문 조동사의 예이다. (34a)의 동사에 붙은 어미가 (34b)에서는 조동사 'ə-'(not)에 붙어 있다.

(33) 영어 명령문의 부정문 조동사

a. Don't be deceived by his looks.

b. Don't be made to look foolish. (Quirk et al., 1985: 827)

(34) 에벤키어(Evenki)어의 부정문 조동사

a. Nuɲan baka- ɦki- n.

he　　find-과거-3인칭

'He found.'

b. Nuɲan　　ə- ɦki- n　　bakaa.

he　　not-과거-3인칭　　find

'He didn't find.' (Payne, 1985: 213)

지금까지 우리는 3가지 주요 부정소 실현형식을 보았는데 Dryer

(2016)이 조사한 지구상의 1,038개 언어 가운데 이 3가지 형식이 나타나는 비율은 (35)와 같다.[378] 이 표에서 첨사인지 조동사인지 애매한 경우란 동사변화 형태가 분명하지 않아 부정소를 동사로 보아야할지 아니면 첨사, 즉 부사의 일종으로 보아야 할지 애매한 경우를 말한다. (36)은 부정소 위치에 따른 통계이다. 이 2가지 표에 따르면 (28)과 같은 부정문 형식이 가장 일반적인 유형이라는 것을 알 수 있다.

(35) 부정소 실현형식의 사용 비율

실현형식	언어 수	백분율
부정 첨사	502	48.4
부정 접사	395	38.1
부정문 조동사	47	4.5
첨사인지 조동사인지 애매한 경우	73	7.0
접사와 첨사 공용	21	2.0
계	1,038	100.0

(36) 부정소 위치에 따른 언어유형의 통계

위치유형	언어 수	백분율
첨사 + 동사	524	49.5
동사 + 첨사	171	16.1
접사 + 동사	162	15.3
동사 + 접사	202	19.1
계	1,059	100.0

한국어 부정문의 특징: 한국어의 부정문은 언어유형론적으로 독특한 특징을 나타낸다.[379] 부정소 형태가 아주 다양하게 발달해 있으며,

---

378) Dryer(2016)에는 이중부정(double negation)을 별도의 실현형식으로 다루고 있는데 이 책에서는 이를 고려하지 않았다.

반면에 영어의 *none, nothing, never, not all, seldom*과 같은 부정 표현이 없다.

1) 다양한 부정소: 한국어에는 아주 다양한 부정소가 발달해 있는 것이 특징이다. 우선 한국어에는 2가지의 부정첨사 '안, 못'이 있는데 그 쓰임이 다르다((37) 참조). 한국어에는 또 2가지 부정문 조동사(보조용언)가 있는데 이들 역시 용도가 다르다((38) 참조).

> (37) 한국어의 2가지 부정 첨사
> a. 영희는 오늘 학교에 안 간다.
> b. 영희는 오늘 학교에 못 간다.

> (38) 한국어 2가지 부정문 조동사(보조용언)[380]
> a. 철수는 영희를 만나지 않는다.
> b. 영희는 슬프지 않다.
> b. 밤늦게 다니지 말아라.
> c. 그럴 줄 알았으면 가지 말 걸.

(38)에서 '않다'는 원래 '아니 하다'의 줄임말이지만 현대 한국어에서는 이미 독립된 어휘로 굳어졌으며 국어사전에는 보조동사 및 보조형용사라고 되어 있다. 한국어에서 흔히 현재시제에서 어형변화 유무를 가지고 동사와 형용사를 구분하는데 이 기준에 따르면 '않다'가

---

379) 일본어도 이 점에서 한국어와 아주 비슷하다(전남대학교 일문과 이덕배 교수 개별면담).

380) 조동사를 영어로 'auxiliary'라고 하는데 한국어 문법의 보조용언도 영어로는 이렇게 불러야 한다. 보조용언은 보조동사와 보조형용사를 아우른 개념이다. 보조동사는 조동사와 같은 말이다. 이 책에서는 편의상 '조동사'라는 용어를 사용하고 있다.

(38a)에서는 보조동사이고 (38b)에서는 보조형용사이다. '말다'는 주로 명령문과 결합하는 것이 특징이다.

위 (33)-(34)에서 우리는 영어와 에벤키어의 부정문 조동사를 보았는데 자세히 보면 이 둘은 약간 성격이 다르다. 영어의 조동사는 자체적으로 부정의 의미를 담고 있는 것이 아니라 부정소 'not'과 결합해야 한다. 반면 에벤키어의 조동사는 그 자체가 부정의 의미를 담고 있다. 한국어는 이 두 가지를 모두 가지고 있다. '않다'는 영어의 조동사와 비슷하고 '말다'는 에벤키어 조동사와 비슷하다.

한국어에서 '없다'도 특별한 부정소라고 할 수 있다. 이는 '있다'의 부정어인데 (39)와 같이 한국어에서는 '있다/없다'가 여러 가지 명사나 문장과 결합하면서 특별한 의미를 나타낸다.[381] 이 경우 '없다'가 부정소인 것은 분명한데 위에서 본 3가지 형식의 부정소, 즉 첨사, 접사, 조동사 가운데 어느 형식에도 속하지 않는다. 굳이 범주를 나눈다면 '부정 술어(negative predicate)'라고 할 수 있겠다.

(39) 한국어 '있다/없다'의 다양한 용법
    a. 영희는 친구가 있다/없다.
    b. 영희는 양심이/예의가/문제가 있다/없다.
    c. 이 책은 재미가 있다/없다.
    d. 이 일은 나와 상관이 있다/없다.
    e. 영희가 벌써 일어날 수 있어?
    f. 영희가 벌써 일어날 리 없다.

한국어에는 한자어에서 온 형용사류가[382] 많은데 이 경우 접두사

---

381) 홍재성(1999, 220) 교수는 한국어 기본문형 논의에서 '있다/없다' 구문을 별도의 구문으로 설정하였다.
382) 한국어 문법에서 (40)의 '-적이다'로 끝나는 술어들을 단일한 어휘로 보지는 않

'불-/부-/비-'가 부정소 역할을 하는 일이 많다((40) 참조). 한자어에서 온 형용사류라고 해서 모두 이런 식으로 부정표현을 만드는 것은 아니지만[383] 어떻든 이는 한자어가 많은 한국어나 일본어에서 나타나는 독특한 현상이라고 하겠다. 물론 영어에도 *un-*, *in-* 등의 접두사들이 있는데 한국어의 '불-/부-/비-' 등과는 성격이 조금 다르다. 한국어 이 접두사들은 경우 훨씬 폭넓게 그리고 규칙적으로 사용된다.[384]

(40) 한국어의 부정 접두사

분명하다 ⇒ 불분명하다	효율적이다 ⇒ 비효율적이다
친절하다 ⇒ 불친절하다	문법적이다 ⇒ 비문법적이다
정확하다 ⇒ 부정확하다	협조적이다 ⇒ 비협조적이다
적절하다 ⇒ 부적절하다	민주적이다 ⇒ 비민주적이다

2) 부정 수량사, 부정 부사, 부정 대명사: 한국어 부정문에서 또 한 가지 특징적인 것은 (27)의 여러 가지 부정문과 관련된 것이다. 지금까지의 논의는 (27a)의 표준부정에 관한 것이었는데 (27b-e)에 제시된 영어의 다른 부정표현을 한국어와 비교하면 매우 흥미롭다. 논의의 편의상 (41)에 이 영어 예문들을 반복한다.

(41) 그 밖의 부정표현[385]
  a. Not all students passed. (수량사 부정)
  b. None of the students passed. (부정 수량사)
  c. Not always do I pay taxes. (부사어 부정)
  d. Never did he say anything about it. (부정 부사어)

는다.
383) '조용하다, 평온하다, 이상하다, 명석하다' 등.
384) 언어학에서는 이를 '생산적(productive)'이라고 한다.
385) (41e,f)는 필자가 추가한 것이다.

e. Nobody wants to meet Mary.　　　　(부정 대명사)

f. He did nothing today.　　　　　　(부정 대명사)

위 5가지 영어의 부정표현 형식에 정확히 대응되는 한국어 표현은 한 가지도 없다. 예를 들면 *not all*은 '부정소 + 수량사'의 형식인데 한국어에는 이에 대응하는 '안 모든, 안 여러'라는 표현이 없다. (41b) 의 *none*이라는 표현도 한국어에서는 한 단어로 표현할 수 없다. (41c) 의 *not always*도 한국어에서 '안 항상'이라고 표현하지 않는다. (41d-f) 의 *never, nobody, nothing*도 마찬가지이다. (41)의 영어 문장을 한국 어로 옮기면 (42)와 같다.

(42) 영어 부정문 (41a-f)의 한국어 번역문

　　a. 모든 학생이 합격하지는 **않았다**.

　　b. 아무 학생**도** 합격하지 **않았다**.

　　c. 나는 세금을 항상 내지는 **않는다**.

　　d. 그는 그 일에 대해 한 번도 이야기하지 **않았다**.

　　e. 아무도 메리를 만나려고 하지 **않는다**.

　　f. 그는 오늘 아무 것도 하지 **않았다**.

(42)를 자세히 보면 한국어 예문들은 모두 표준부정(술어부정) 형식 으로 표현되고 있음을 알 수 있다.[386] 물론 위 영어의 부정표현들을 한국어로 정확히 옮기기 위해서는 '-는, -도, 아무' 등의 표현이 동반 되기는 한다. (41)-(42)에서 보는 차이는 단순히 한국어와 영어의 차 이라기보다는 언어유형론적 차이라고 할 수 있다. 유럽 언어들은 대

---

386) 술어로 쓰일 수 있는 '많다, 적다'는 '많지 않은, 적지 않은'과 같은 표현을 만들 수 있다. 그러나 이는 수량사와는 관계없이 '방에서 노는, 요즘 잘 나가는' 등의 표현과 같이 한국어 술어구를 가지고 만드는 일반적인 관형어 구문이다.

개 영어와 같고 일본어는 한국어와 같다. '沒, 不, 未, 無' 등 다양한
부정표현이 발달해 있는 중국어는 영어와 같은 유형이다. 중국어의
몇 가지 예를 보면 (43)과 같다.

> (43) 중국어 부정 대명사, 부정 부사, 부사어 부정[387]
> 　　　有人 'someone'　　　　→　沒有人, 沒人 'nobody'
> 　　　甚麼東西 'something'　→　沒有東西 'nothing'
> 　　　總是, 常常 'always'　　→　不總是, 不常常 'not always'
> 　　　從來 'ever'　　　　　　→　從不, 從未, 從沒 'never'

---

387) 캠브리지 온라인 사전(http://dictionary.cambridge.org, 2016/12) 참조. 전남대 중
　　문과 김태완 교수 개별면담.

제21장 시제, 상, 서법

시제(tense), 상(aspect), 서법(mood)은 현대 언어학에서 아주 중요한 범주이다. 이들은 경계가 애매하기도 하기도 하고 관점에 따라 그 범위가 매우 유동적이기도 하다. 전통적인 학교문법에서는 보통 시제와 상을 구분하지 않고 함께 다루며 서법은 보통 가정법, 기원법 등을 말하지만 현대 언어학의 관점은 많이 다르다.

시제(tense)란 말하는 시점을 기준으로 어떤 사건이 일어난 시간을 나타내는 것으로 현재시제, 과거시제, 미래시제가 있다. 상(相: aspect)이란 사건의 진행 상황, 즉 동작이 어떤 단계에 있는가를 나타내는 것을 말하며 영어의 진행형과 완료형이 그 예이다. 진행형은 현재진행, 과거진행, 미래진행이 있을 수 있고 완료형도 현재완료, 과거완료, 미래완료가 있을 수 있기 때문에 시제와 상은 별개의 개념으로 보아야 한다. 서법(敍法: mood)이란 '서술하는 방법'이라는 뜻이다. 서법을 가리키는 영어의 'mood'는 방법이라는 의미의 'mode, modus'와 같은 어원이다. 이는 어떤 사건의 내용에 대한 화자의 태도를 표현하는 것으로 영어에서는 직설법, 가정법, 기원법이 그 예이다. 이 세 가지는 화자가 사건을 표현하는 방법이 다른 것이다.

1. 시제

시제의 개념: 시제란 말하는 시점(발화시점; speech time)을 기준으로 사건이 일어난 시점(사건시점; event time)이 언제인가를 나타내는 문법적 체계이다.388) 시제는 보통 현재, 과거, 미래 시제를 구분할 수 있는데 지구상의 언어 가운데 이 3가지 시간적 관계를 구분하지 못하는 언어는 없을 것이다. 그러나 이것이 문법체계로 확립되어 있느냐는 다른 문제인데 언어학에서는 발화시점과 사건시점의 시간적 관계가 '문법체계로 확립되어 있는 경우만' 시제라고 부른다. 문법적 체계란 이 시간적 관계가 술어의 형태변화나 조동사와 같은 문법소를 통해 표현되는 것을 말한다.

무시제 언어: 문법적 체계라는 관점에서 보면 시제표시가 아예 없는 언어가 있다. 중국어와 같이 어형변화가 없는 고립어가 여기에 해당하는데 이러한 언어를 무시제 언어라고 할 수 있다. 이밖에도 무시제 언어에는 인도네시아의 바하사어(Bahasa), 필리핀의 타갈로그어(Tagalog),389) 아프리카 가나의 아칸어(Akan), 멕시코의 초칠어(Tzotzil), 인도의 문다리어(Mundari), 호주의 와르가마이어(Warrgamay), 일본 북부와 러시아 인근 지역의 아이누어(Ainu) 등 거의 모든 대륙에 걸쳐 분포되어 있다

---

388) 언어학에서는 보통 여기에 기준시점(reference time)을 따로 구분하기도 한다 (Reichenbach, 1947; Dahl, 2004: 1182). 예를 들면 과거완료는 기준시점이 과거의 어느 한 시점이 되고 사건시점은 그보다 앞서는 것을 말한다. 이때 발화시점은 물론 또 다른 시점이다.

389) 타갈로그어는 고립어가 아니며 동사에 시제표지와 비슷한 요소가 첨가되는데 전문가들은 이를 시제표지가 아니라 상(aspect) 표지로 본다(Kroeger, 1993: 15 참조). 상에 대한 자세한 것은 아래에서 다시 논의할 것이다.

(Dixon, 2012: 9).

(1)은 무시제 언어인 중국어의 예이다. 이 예문에서 보는 바와 같이 중국어는 동사나 그 밖의 문법적 수단을 통해 시제를 표시하지 않는 다. (1a)-(1c)의 경우 시간부사가 있어서 시제를 짐작할 수는 있지만 이 시간부사가 필수적인 것이 아니다. 시간부사가 없는 예문 (1d)의 경우 대화상황을 모르면 시제를 파악할 수가 없다.

(1) 무시제 언어 중국어 예390)

  a. 昨天   我   跟   他   見面.
    yesterday   I   with   him   meet
    'I met him yesterday.'

  b. 今天   我   跟   他   見面.
    today   I   with   him   meet
    'I meet him today.'

  c. 明天   我   跟   他   見面.
    tomorrow   I   with   him   meet
    'I'll meet him tomorrow.'

  d. 他   去   上海.
    he   go   Shanghai
    'He goes/went/will go/ to Shanghai.'

2분 체계와 3분 체계 언어: 우리는 보통 시제가 현재, 과거, 미래 등 3 가지로 나누어지는 것으로 생각한다. 그러나 언어학적으로 자세히 따 져보면 그렇지도 않다. 시제란 앞서 말한 대로 시간적 관계가 '문법체 계로 확립되어 있는 경우를' 말하며 언어유형론에서는 보통 시제와 관 련해서 세계의 언어를 2분 체계와 3분 체계 언어로 구분한다(Hewson

---

390) 과거 사건일 경우 동사 뒤에 흔히 '了'를 덧붙이기도 하는데 이 역시 필수요소는 아니다.

& Bubenik, 1997: 26). 이는 시제를 2가지로 구분하는 언어와 3가지로 구분하는 언어를 말하며 앞서 말한 무시제 언어는 이에 해당되지 않는다.

인간 언어에서 가장 기본적인 시제는 현재, 과거, 미래 가운데 어느 것일까? 보통 현재시제라고 생각하기 쉬운데 그렇지 않다. 물론 언어 생활에서 현재시제가 가장 중요한 것은 사실이다. 하지만 이는 기본적인 시제이기 때문에 따로 표시가 안 될 수도 있다.[391] 그리고 이 기본시제는 미래의 사건에까지 두루 쓰일 수 있다. 인간 언어에서가장 기본적인 시제는 현재시제가 아니고 과거시제이다(Lindstedt, 2001). 즉 시제가 문법체계로 정립된다면 과거시제가 우선적이라는 것이다. 이에 따라 세계의 언어에서 과거와 비과거의 구분이 우선적이고 비과거는 다시 현재와 미래로 나누어질 수 있다. 과거-비과거의 구분이 2분 체계이고 과거-현재-미래의 구분이 3분 체계이다. 이를 정리하면 (2)와 같다.

(2) 시제의 유형(Hewson & Bubenik, 1997: 26 참조)

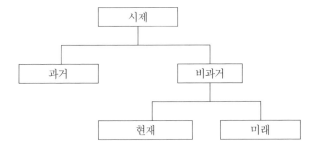

(3)은 호주의 이딘어(Yidiɲ)에서 볼 수 있는 2분 체계 시제의 예이다

---

391) 한국어에서도 형용사는 현재시제 표시가 따로 없다.

(Dixon, 1977; Chung & Timberlake, 1985: 205). 즉 이 언어는 동사의 어미에 의해 과거와 비과거를 구분한다. 2분 체계 언어의 경우 미래를 현재시제로 나타내기도 하고 우리말의 '~ㄹ 것이다'처럼 구절 표현으로 길게 풀어서 쓰기도 한다.

(3) 호주 이딘어(Yidiɲ)의 2분 체계 시제

    a. ŋayu   gun-diːɲ.

      I   return-과거

      'I have returned.'

    b. biriːɲɖiːɲ   biɾi   gun-ɖiŋ.

      sea   back   return-비과거

      'I'll return back by sea.'

(Chung & Timberlake, 1985: 205)

발트해 연안의 리투아니아어(Lithuanian)는 3분 체계 언어인데 (4)에서 보는 바와 같이 3가지 동사어미를 가지고 현재, 과거, 미래 시제를 구분한다(Senn, 1906/1966; Chung & Timberlake, 1985: 204).

(4) 리투아니아어의 3가지 시제

    a. dirb-au.

      work-1인칭.단수(과거)

      'I worked/was working'

    b. dirb-u.

      work-1인칭.단수(현재)

      'I work/am working'

    c. dirb-s-iu.

      work-미래-1인칭.단수

      'I will work/will be working'

(Chung & Timberlake, 1985: 204)

원근성의 표현: 지구상의 언어 가운데는 과거시제와 미래시제를 구분하면서 시간의 원근성에 따라 동사형태가 다시 달라지는 경우가 있다 (Dahl, 1985: 120). 즉 과거에서도 가까운 과거인지 먼 과거인지, 또 미래에서도 가까운 미래인지 먼 미래인지를 동사형태로 구분하는 것이다. 이것을 언어학에서 원근성(remoteness)이라고 부르는데 이 원근성을 구분하는 대표적인 언어가 아프리카 반투어계의 뱀바어(Bemba)이다 (Givon, 2001: 342). (5)-(6)에서 보는 바와 같이 이 언어는 원근성을 4단계로 나누어 표현한다.

> (5) 뱀바어 과거시제의 원근성 표현
>
> > a. 어제 이전: ba-à-li-boomba.
> >   they-과거1-상-work
> >   'They have worked.'
> > b. 어제: ba-á-léé-boomba.
> >   they-과거2-상-work
> >   'They were working.'
> > c. 오늘 일찍: ba-àcí-boomba.
> >   they-과거3-work
> >   'They worked.'
> > d. 3-4 시간 전: ba-á-boomba.
> >   they-과거4-work
> >   'They (have) just worked.'

> (6) 뱀바어 미래시제의 원근성 표현
>
> > a. 3-4 시간 후: ba-áláá-boomba.
> >   they-미래1-work
> >   'They will work.'

b. 오늘 늦게: ba-lé́é-boomba.

they-미래2-work

'They will work.'

c. 내일: ba-kà-boomba.

they-미래3-work

'They will work.'

d. 내일 이후: ba-ká-boomba.

they-미래4-work

'They will work.'

(Givon, 2001: 342)

영어와 한국어의 시제: 영어와 한국어의 시제에서 위 (5)-(6)의 뱀바어와 같은 원근성의 구분은 없다. 그러나 시제가 2분 체계일까 3분 체계일까에 대해서는 분명한 대답을 하기가 쉽지 않다. 두 언어에 모두 과거시제가 있는 것은 확실한데 현재시제와 미래시제의 구분이 있느냐가 문제이다. 더 정확히 말하면 현재시제가 있는 것도 분명한데 미래시제가 있느냐가 관건이다. 이에 대해 흔히 "그 구분이야 당연히 있는 것 아닐까? 영어에는 *will*이 있고 한국어에는 '~ㄹ 것이다'가 미래시제 표현이지 뭐."라고 생각할 수 있다. 그러나 언어학적으로 따지고 들어가면 이는 간단한 문제가 아니고 학자들 사이에도 이견이 있다.

예를 들면 Boland(2006, 130)은 (7)과 같이 영어의 시제를 3분 체계로 보고 있다.392) 이러한 주장은 수긍할 만한 이야기이고 당연한 것 같기도 하다.

---

392) "The inflection on the finite verb and the auxiliary *will* distinguish between past, present and future tense."

(7) 영어의 3시제의 예(Boland, 2006: 130-135)

    a. I saw him yesterday.

    b. I know her very well.

    b. Well, I'll be back tomorrow.

그러나 영어의 시제를 과거·비과거의 2분 체계로 보려는 주장도 만만치 않다(Curme, 1931: 354; Quirk et al., 1985: 177 참조). 이에 대한 가장 중요한 근거는 영어에서 (8)과 같이 현재시제가 미래시제도 함께 표현한다는 점이다.

(8) 영어의 2시제 체계의 근거(Quirk et al., 1985: 177)

    a. Yesterday was Sunday. (과거)

    b. Today is Monday.　　(현재)

    c. Tomorrow is Tuesday.　(미래)

이와 같은 관점에서 보면 *will*은 기본적으로 의지를 표현하는 조동사이며 현대 영어에서 미래를 표시하는 조동사로 간주할 수도 있지만 모든 문장에 쓰는 것은 아니다. 예를 들면 (9a-b)를 비교해 보면 *will*은 단순히 미래를 나타내는 조동사가 아니라고 할 수 있다. 이 두 문장의 용도가 동일하지는 않을 것이기 때문이다.

(9) 'will'이 단순한 미래 조동사가 아니라는 근거

    a. Tomorrow is Tuesday.　　(단순한 미래)

    b. Tomorrow will be Tuesday. (단순한 미래 표시 아님)

한국어는 영어보다 약간 더 애매한 상황이다. (10)에서 보는 것처럼 한국어에도 과거시제와 현재시제가 구분되는 것은 분명하다. 그리고

(10c)에서처럼 현재형이 미래시제로도 쓰일 수 있는 것으로 보아 한국어 시제를 2분 체계, 즉 과거와 비과거 시제만 구분되는 체계라고 볼 수도 있다(이건환, 2008; 이남순, 1998).

> (10) 한국어의 2가지 시제표현
>   a. 철수는 어제 독일에 갔다.
>   b. 철수는 지금 독일에 간다.
>   c. 철수는 다음 주에 독일에 간다.

한편 (11)의 예문들을 보면 한국어에 미래시제가 있는 것도 같다.[393] 그러나 언어학적으로 따지고 들어가면 한국어에서 이들은 별도의 시제체계로 인정하기가 쉽지 않다. 우선 이 가운데 가장 일반적으로 쓰이는 것이 '-ㄹ 것이다'인데 이는 구절(phrase) 표현으로써 아직 문법체계로 정립된 상태가 아니라고 할 수 있다. 아직 시제로 보기는 어렵다는 뜻이다.[394]

> (11) 한국어의 미래시제 표현
>   a. 내일 비가 오겠다.
>   b. 내일 비가 올 것이다.
>   c. 내일 비가 오리라.

(11c)의 '-리다/-리라'의 경우 일반적으로 쓰는 미래표지라고 보기는 어렵기 때문에 이 역시 한국어의 시제체계로 정립된 것이라고 주

---

393) 표준 한국어 문법은 미래시제로 인정한다(남기심·고영근, 2003; 국립국어원, 2005 참조).
394) '너 내일 갈 거야? / 나 내일 갈 거야.' 등에서 '갈 거야'를 '갈거야'로 붙여 쓴다면 문법체계로 들어온 것이다. 이 경우 '~ㄹ거야'를 하나의 어미로 볼 수 있기 때문이다. 그러나 한국어 맞춤법에서 아직 그렇게 쓰지 않는다.

장하기는 어렵다. (11a)의 '-겠'은 분명한 어미이고 미래표지로 비교적 널리 쓰이는 편이기 때문에 시제체계로 보아 줄 여지가 있다. 그러나 (12)에서 보는 것처럼 이 역시 미래시제 문장에 자유롭게 쓰이는 것은 아니기 때문에 과거표지 '-았/-었' 및 현재표지 '-ㄴ/-은/-는'에 대비되는 한국어의 미래시제 표지로 보기는 어렵다. (12b,d)가 미래의 사건을 나타내는 것은 사실이지만 그렇다고 '-겠'이 단순한 미래를 나타낸다고 할 수는 없다.

(12) 한국어 현재형(비과거형)과 '-겠'
    a. 나 다음 주에 독일 간다.
    b. 나 다음 주에 독일 가겠다.
    c. 철수는 다음 주에 독일에 간다.
    d. 철수는 다음 주에 독일에 가겠다.

(13)은 모두 한국어에서 미래를 표현하는 문장인데 그 의미가 조금씩 다르다. 용도가 다르다는 뜻이다. 전체적으로 보면 한국어에서 '-ㄹ 것이다. -겠'이 미래의 사건을 표현하는 데 사용되기는 하지만 미래시제에 현재형(비과거형)을 사용하는 경우와 그 용도가 다르고 일반적인 미래표지로 사용되고 있다고 보기는 어렵다. 이렇게 볼 때 한국어의 시제를 3분체계라고 하기는 어려울 것 같다.

(13) 한국어 3가지 미래 표현
    a. 내일 철수가 온다.
    b. 내일 철수가 오겠다.
    c. 내일 철수가 올 것이다.

한국어와 영어를 비교해 보면 영어 *will*이 한국어의 '-ㄹ 것이다. -

겠'보다 문법체계 속으로 더 많이 들어와 있다고 볼 수 있다. *will*의 경우 특히 *we'll, I'll*에서처럼 접어화하면서[395] '의지 표현'은 거의 없어지고 단순한 미래표지로 일반화되어 가는 상황이다. 어떻든 한국어와 영어는 위 (4)의 리투아니아어처럼 3시제 체계가 분명하게 정립된 것은 아니며 영어와 한국어를 비교한다면 영어가 3시제 체계에 더 가까이 가 있다고 하겠다.

한국어 시제 체계와 관련해서 한 가지 주목할 만한 것은 현제시제 표시가 필수적으로 나타나지 않는다는 점이다. 명령문이나 청유문은 물론 약속이나 의지 표현 등에서 현재형을 따로 사용하지 않으며 형용사, 의문문, 존칭서법에서도 현재시제 표지로 볼 만한 것이 없다 ((14) 참조; 이건환, 2008; 이남순, 1998 참조). 한국어의 이러한 현재시제 표시 방법은 언어유형론적으로 볼 때 흥미 있는 현상이며 이에 대해서는 별도의 논의가 필요할 것으로 보인다.

(14) 한국어 무표지 현재시제의 예

　a. 내일 가거라.
　b. 지금 바로 가자.
　c. 내일 가마.
　d. 지금 바로 가겠다.

　e. 영희가 예쁘다/멋지다/어리다.
　f. 영희가 가/가니/가냐/가나?
　g. 영희가 갑니다.

---

395) 접어(clitic)는 아직 두 개의 단어라고 보는 경우이고 이보다 더 문법성이 강해지면 어미나 접두사, 접미사가 된다.

2. 상

상의 개념과 분류: 앞서 언급한 것처럼 상(相)이란 사건의 진행 상황, 즉 동작이 어떤 단계에 있는가를 나타내는 것이며 영어의 진행형과 완료형이 그 예이다. 그러나 이 상이라는 개념은 일반인에게 쉬운 개념이 아니다. 상을 영어로 'aspect'라고 하는데 우리말에 '상'이라는 말이나 영어의 'aspect'라는 말이나 쉽게 이해가 안 가기는 마찬가지이다. 이 상의 개념을 조금 쉽게 이해할 수 있는 용어 가운데 Dixon (2012, 31)이 사용한 'phase of activity(행위/사건의 국면/단계)'라는 말이 있는데 그는 이를 '사건이 시작되는지, 진행 중에 있는지, 끝났는지 등을[396] 나타내는 것'이라고 했다. Dixon 자신은 이를 상(aspect)과 동일한 개념으로 쓰지는 않았지만[397] 이는 현대 언어학에서 사용하는 넓은 의미의 상의 개념을 나타내는 용어로 볼 수 있으며 특히 일반인들이 상의 개념을 이해하는데 적절한 설명 방법이라고 생각된다.

이에 따라 우리는 상을 (15)와 같이 정의할 수 있겠고 이를 그림으로 나타내 보면 (16)과 같다. 즉 예를 들면 우리는 사건의 국면을 (16)과 같이 6가지로 나누어 볼 수 있는데 이는 곧 6가지 상을 나타내는 것이다. 이들을 예정상, 임박상, 진입상, 진행상, 완결상, 결과상 등으로 부른다.

> (15) 상의 정의: 상이란 사건(동작, 행위)의 진행국면(진행단계)을
>   나타내는 문법적 기제(장치, 범주)를 말한다.

---

396) 'to specify whether an activity is beginning, continuing or finishing'(Dixon, 2012: 31). '등'이라는 말은 필자가 추가한 것이다.
397) Dixon(2012, 31)은 'phase of activity'를 상의 하위범주로 보았다.

(16) 상 개념의 도식화

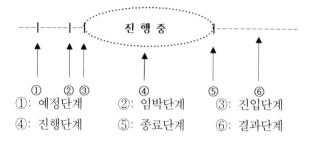

①: 예정단계   ②: 임박단계   ③: 진입단계
④: 진행단계   ⑤: 종료단계   ⑥: 결과단계

이 6가지 단계를 영어로 표현해 보면 (17)과 같다. 이는 독자의 이해를 돕기 위해 영어로 표현해 본 것이며 이들을 모두 영어의 상이라고 말하지는 않는다. 이들은 상적인 의미를 표현하고는 있지만 영어의 문법체계로 정립된 상이라고 할 수는 없기 때문이다. 이 가운데 영어의 문법체계로 정립된 상은 (17d-e) 정도일 것이다(Heine, 2005).

(17) 영어의 6가지 상 표현
    a. John is going to sleep.
    b. John is about to sleep.
    c. John is beginning to eat.
    d. John is sleeping.
    e. John has closed the window.
    f. John has the book bought.

사건의 국면, 즉 상은 이밖에도 여러 가지로 세분할 수 있으며 학자에 따라 분류방식이 다를 수 있다. 예를 들면 Dahl(1985)는 상을 (18)과 같이 7가지로 분류하고 있다. Brinton(1988)도 7가지 상을 구분하고 있는데[398] 하위범주는 Dahl(1985)와 다르다. Heine(2005)는 세계

---

398) perfective(완결상), imperfective(미완결상), perfect(완료상), ingressive(진입상),

언어의 상을 9가지로 분류하고 있는데399) 하위범주는 이 두 학자와
또 차이가 있다. 한편 영문판 위키피디아 백과사전은 30가지의 상을
구분하고 있다.

> (18) Dahl(1985)의 상 분류
>> a. perfective(완결상)
>> b. imperfective(미완결상)
>> c. progressive(진행상)
>> d. conclusive(종결상)
>> e. habitual and generics(습관 및 총칭상)
>> f. perfect(완료상)
>> g. experiential(경험상)

　(18)에서 습관상이란 어떤 행위가 습관적으로 일어나는 경우를 말
하며 (19a)의 영어 *used to* 구문이 그 예이다. 총칭상이란 (19b)와 같
이 일상적으로 일어나는 일을 말한다. 경험상은 영어 완료형의 경험
적 용법이 그 예이다((19c) 참조).

> (19) 습관상, 총칭상, 경험상의 예
>> a. He used to come on Tuesdays.
>> b. The sun rises in the east. / The dog barks.400)
>> c. I have met him three times.

　이처럼 상은 학자에 따라 적게는 7가지에서 많게는 30가지까지 하

---

　　continuative(지속상), egressive(종결상), habitual(습관상)
399)　progressive(진행상), proximative(임박상), iterative(반복상), habitual(습관상),
　　completive(종결상), resultative(결과상), perfect(완료상), imperfective(미완결
　　상), perfective(완결상)
400)　'개는 짖는 동물'이라는 뜻이다.

위범주가 설정되는데 (17)의 영어 예문에서 본 것처럼 이 상들이 개별언어에서 모두 문법체계로 정립된 것은 아니다. 어떤 상들이 어느 정도 문법체계로 정립되어 있느냐는 개별언어에 따라 차이가 있다. 예를 들면 (18)의 완결상(perfective), 미완결상(imperfective)은 상 분류에서 가장 널리 알려진 범주이지만 영어나 한국어 문법에는 이러한 상의 구분이 없다. (19a)의 경우도 영어의 관용구 *used to*가 과거의 습관적인 행위를 표현하는 것이고 이것이 의미적으로 습관상에 해당한다는 뜻이지 영어의 문법체계에 진행형이나 완료형과 같이 습관상의 구별이 있다고 말하기는 어렵다. (19b)의 총칭상도 영어에서 의미적으로는 구분이 되지만 문법적으로 구분되는 것은 아니기 때문에 이를 영어의 상이라고 말할 수는 없다.

완결상(perfective), 미완결상(imperfective), 완료상(perfect): 앞서 말한 것처럼 언어학에서 상을 30개까지 분류하고 있지만 이들이 개별언어에서 한꺼번에 문법체계로 나타나는 것은 아니며 개별언어에서 문법 형태로 구분되는 것은 많아야 2~4가지 정도일 것이다. 영어의 경우 진행형과 완료형이 있으며 상 언어로 잘 알려진 러시아어 및 슬라브어의 경우 완결상(perfective)과 미완결상(imperfective)을 구별한다.

러시아어의 완결상과 미완결상의 구분은 현대 언어학에서 상에 관한 논의의 출발점이라고 할 수 있으며(Comrie, 1976 참조) 가장 기본적인 상 구분인데 우리 한국 사람들에게는 매우 생소한 개념이다. 영어와 한국어에 이러한 개념이 없기 때문이다. 한편 이 개념은 영어의 완료상(perfect)과 용어가 비슷하여 혼란스럽기까지 하다. 완료상과 완결상은 완전히 다른 개념이며 영어의 'perfect'를 우리가 보통 '완료'라고 번역하기 때문에 이와 구분하기 위해 이 책에서는 '완결상'이라는 용어를 사용하였다. 한편 국내의 러시아어나 프랑스어 문법학계에서는 'perfective'를 '완료'라고 번역하고 있는데 이는 영어의 완료와는 다른 개념이다. 영어에서 완료형의 용법이 우리말의 '완료'라는 용어만 가지고 이해하기 어렵듯이 러시아어의 'perfective'라는 개념도 '완료'라고 하든 '완결'이라고 하든 우리말의 용어만 가지고는 이해하기가 쉽지 않다.

영어의 완료라는 개념은 다음에 따로 논의하기로 하고 이 단락에서는 러시아어 등 슬라브어에 일반화 되어 있는 완결상(perfective)과 미완결상(imperfective)의 개념에 대해 살펴보기로 한다. 앞서 말한 대로 이는 언어학에서 가장 일반적인 상의 구분이며 슬라브어뿐만 아니라 프랑스어나 스페인어 등 로만스어 그리고 아랍어 등에서 광범위하게 나타나는 구분이다. 현대 언어학의 'aspect'라는 개념은 이 두 가지 상의 구분에서 시작된 것이다(Dixon, 2012: 35).

완결상과 미완결상의 차이는 실제로 어떤 사건이나 행위가 끝났느냐 끝나지 않았느냐의 차이라기보다는 화자가 그 사건/행위를 어떤 관점에서 기술하느냐의 차이라고 할 수 있다. 완결상은 사건이나 행위 전체를 하나의 완성된 단위로 보고 기술하는 것이고 미완결상은 사건/행위를 하나의 과정으로 보고 이 과정에 초점을 맞추어 기술하는 것이다(Comrie, 1976: 16; Dahl, 1985: 78; Dixon, 2012: 34f 참조). 위 (16)의 도식으로 설명하자면 ③~⑤의 전체 과정을 하나의 사건단위로 기술하는 것이 완결상이고 ③~⑤ 사이의 어느 한 지점에 시각을 고정시키고 행위 자체를 기술하는 것이 미완결상이다.

예를 들면 '어제 저녁에 너가 집에 왔을 때 나타사(Natasha)가 무엇하고 있었느냐?'는 질문에 '편지를 쓰고 있었다.'고 대답한다면 이 대답은 편지를 쓰는 행위 자체, 즉 과정에 초점을 맞추어 말하는 것으로

미완결상에 해당한다. 그러나 '어제 나타샤가 저녁 먹고 무엇 했느냐?'
는 질문에 '친구에게 편지를 썼다.'고 대답한다면 이 대답은 편지 쓰
는 행위 전체를 하나의 완성된 단위로 기술한 것이며 완결상에 해당
한다. 이 2가지 편지 쓰는 행위를 러시아어로 표현하면 (20)과 같다.

(20) 러시아어 2가지 상 표현(Dixon, 2012: 35 참조)
    a. Natasha   pisala   pis'mo.   (미완결상)
       he   wrote.미완   letter
      'He was writing a letter.'
    b. Natasha   na-pisala   pis'mo.   (완결상)
       he   완결-wrote   letter
      'He wrote a letter.'

(20b)의 동사 앞에 접사 *na*-가 붙었는데 이것이 완결상을 표시하는
것이고 (20a)처럼 이 접사가 없으면 미완결상이 된다. 러시아어는 동
사가 일반적으로 2가지 상을 갖는데 (20)과 같이 접사를 이용하기도
하고 형태변화를 통해 나타나기도 하며 별도의 단어나 강세를 이용하
기도 한다(Dixon, 2012: 35). 러시아어의 상을 논의할 때 흔히 습관상,
진행상, 반복상 등 여러 가지 다른 상이 있다고 말하는데 이는 의미상
의 분류이며 실지로 러시아어에서 형태적으로 구분되는 것은 완결상
과 미완결상의 2가지이다. 습관상이나 진행상, 반복상 등은 미완결상
으로 표현되는 용법의 일부이다(허성태 · 임홍수, 2008: 143).

상과 시제: 상과 시제는 별개의 현상이며 이를 혼동해서는 안 된다. 전
통적인 영어문법에서 현재, 과거, 미래는 시제이고 진행형, 완료형은
상이다. 영어에 현재진행, 과거진행, 미래진행형이 있고 완료에도 현

재완료, 과거완료, 미래완료가 있는 것을 보아도 시제와 상이 별도의 현상이라는 것을 알 수 있다. 위 (16)의 도식을 시간 축을 따라 현재 시점에 놓을 수도 있고 과거 쪽으로 밀쳐놓을 수도 있고 미래 쪽으로 이동시킬 수도 있다. 상은 시간에 묶여 있지 않다는 뜻이다. 시제는 기준시점이 있지만 상은 기준시점이 없다.

러시아어의 완결상과 미완결상도 시제와 상관없이 쓰인다. 다만 현재시제는 그 의미상 완결상과 결합할 수 없기 때문에 현재 완결상은 없다. 즉 완결상은 사건 진행의 전체 과정을 통으로 묶어 하나의 단위로 표현하는 것이기 때문에 사건의 종료를 전제로 한다. 따라서 종료되지 않은 현재의 사건을 기술하는 데는 완결상이 사용될 수 없다. 영어에 현재완료형이 있는 것과 큰 대조를 이루며 이는 영어의 완료상(perfect)과 러시아어의 완결상(perfective)이 다른 개념이라는 증거이기도 하다.

(21)-(22)는 러시아어 완결상과 미완결상이 시제와 결합한 예이다 (허성태·임홍수, 2008: 141). 미완결상은 현재, 과거, 미래시제와 결합하였고 완결상은 과거, 미래시제와 결합하였다. 미완결상의 미래는 *byt* ('be') 동사의 미래 시제형에 본동사의 미완결상 기본형(원형)을 결합한 것이다.

    (21) 러시아어 미완결상의 과거, 현재, 미래시제

       a. Ja   pisa-l   pis'mo.

         I   write.미완-과거   letter

         'I was writing a letter.'

       b. Ja   piš-u   pis'mo.

         I   write.미완-현재   letter

         'I am writing a letter.'

c. Ja   bud-u   pisat'   pis'mo.
   I   be-미래   write.미완.기본형   letter
   'I will write a letter.'

(22) 러시아어 완결상의 과거와 미래시제
   a. Ja   na-pisa-l   pis'mo.
      I   완결-write-과거   letter
      'I wrote a letter.'
   b. Ja   na-piš-u   pis'mo.
      I   완결-write-미래   letter
      'I will have written a letter.' (허성태·임홍수, 2008: 142)

영어의 상과 완료형: 영어의 상에는 진행형과 완료형이 있다. *used to, be going to, be about to, keep* + *~ing* 같은 표현도 상을 나타내기는 하지만(Boland, 2006: 126) 이들은 문법체계로 정립된 상이라고 보기는 어렵고 영어에 나타난 '그밖에 상적 표현'이라고 보는 것이 적절할 것이다.

   조동사 편에서 본 것처럼 영어의 진행형은 원래 'be on + ~ing' 구조에서 출발한 것이다. 즉 영어의 진행형 문장 (23a)는 (23b)와 같은 중세 영어 문장에서 출발한 것이며 영어 진행형의 현재분사는 따라서 원래 동명사에서 출발했다는 것을 알 수 있다.

(23) 영어 진행형의 기원(Kuteva, 2001: 24)
   a. John is hunting.
   b. John is on hunting.

진행상은 어느 언어에든지 있을 것으로 생각되는데 사실은 그렇지 않다. 진행상이 없는 언어도 있고 있더라도 용법 및 사용빈도가 언어에 따라 다르다. 진행상이 없는 언어의 예로는 독일어가 있다. 슬라브어나 로만스어에 비해 게르만어는 상이 잘 발달하지 않은 언어이다. 영어에 있는 진행상이나 완료상이 독일어에는 없으며 이밖에 다른 상도 특별히 없다. 말하자면 독일어에는 문법적으로 정립된 상이 없는 셈이다. 영어의 진행형 문장을 써야 할 상황에서 독일어는 현재형 문장을 쓴다. 예를 들면 (24)의 영어 진행형 문장을 독일어로 옮기면 (25)의 현재형 문장이 된다.

(24) 영어 진행형 문장
a. Where are you going?
b. I am going to the library.

(25) 영어 진행형 문장 (26)과 독일어 번역문
a. Wohin geh-st du?
where go-현재 you
b. Ich geh-e zu der Bibliothek.
I go-현재 to the library

한편 한국어와 영어를 비교해 보면 영어가 한국어보다 진행형을 훨씬 많이 쓴다. 예를 들면 (24)의 영어 진행형 문장을 한국어로는 보통 (26a,b)와 같이 말하며 (26c,d)는 조금 어감이 다르다. 전체적 보면 현재의 사건이나 행위를 기술할 때 영어는 주로 진행형을 사용하고 한국어는 주로 현재형을 쓴다.

(26) 영어 진행형 문장 (26)과 한국어 문장
a. 어디 가니?
b. 응, 도서관에 가.
c. 어디 가고 있니?
d. 도서관에 가고 있어.

영어의 완료형(perfect)은 'have + 과거분사'의 구조로 이루어지는데 그 용법을 분명하게 설명하기는 쉽지 않다. 역사적으로 보면 *have*는 원래 (27a)와 같은 본동사에서 출발하였고 완료형은 (27b)와 같은 구조에서 출발하였다. 고대 게르만어에서 이때 과거분사 *bought*는 형용사적으로 쓰였으며 앞서는 명사 *book*의 성, 수, 격에 따라 형용사 어미변화를 하였다(Heine, 1997: 192).

   (27) 영어 완료조동사 'have'의 변화
       a. 제1단계: I have a book.
       b. 제2단계: I have a book bought.
       c. 제3단계: I have visited the president.
       d. 제3단계: I have slept for two hours.

초기의 이러한 구문에서는 *have* 동사의 목적어가 될 수 있는 명사만 이러한 구문에 사용되었다. 즉 *book, sister, apple* 같은 명사만 (27b)의 구조에 사용되었고 *city, president, Boston*과 같은 명사는 의미상 *have*의 목적어가 될 수 없으므로 이러한 구문에 쓰이지 않았다. 이후 'have + 과거분사'의 구조가 특별한 문법적 기능(완료)을 갖기 시작하면서 이 구문은 (27c)와 같이 *city, president, Boston* 같은 명사로 확대되었고 결국에는 (27d)와 같이 아예 목적어가 없는 동사에까지 쓰이게 되었다.

완료(perfect)라는 용어는 고대 그리스어, 라틴어 문법에서 유래한 것인데 고대 언어에서는 'have + 과거분사'의 형식이 아니라 동사변화 형태로 실현되었으며[401] 그 의미는 '현재의 시점에서 볼 때 완료된

---

401) http://blog.naver.com/khan_moses/220512660025

것(현재완료)'을 말했다(Dixon, 2012: 31). 그러니까 원래 고대 문법에서 완료(perfect)는 실제로 '사건의 완료'를 의미하였다. 영어 문법의 완료(perfect)라는 용어도 고대 문법에서 온 것인데 그 의미 및 기능은 전혀 다르다. 즉 영어의 완료는 '사건의 완료'에 초점이 있는 것이 아니다. 이러한 것은 영어에서 과거시제로 나타낸다. 이점에서 영어 문법에서 '완료'는 적절한 용어가 아니라고 할 수 있다(Dixon, 2012: 33). 유럽 문법기술의 전통에 따라 'perfect'라는 용어를 사용하고는 있지만[402] 이는 영어의 현상을 잘 반영한 용어는 아니라는 뜻이다.

그러면 영어의 완료상을 어떻게 이해해야 할까? 영어의 완료는 보통 (28)과 같이 4가지 용법으로 나누며 그 예문은 (29)와 같다(Comrie, 1976: 56ff).

(28) 영어 완료형의 4가지 유형
    a. 결과(perfect of result)
    b. 경험(experiential perfect)
    c. 계속(perfect of persistent situation)
    d. 완료(근과거, perfect of recent past)

(29) 4가지 완료형의 예문
    a. Bill has gone to America. (결과)[403]
    b. Bill has been to America. (경험)[404]
    c. We have lived here for ten years. (계속)
    d. John has just arrived. (완료; 근과거)

---

402) 독일어에도 영어의 'have + 과거분사'와 같은 구조가 있는데 이 역시 '완료(perfect)'라고 부른다. 그러나 용법은 과거시제와 같다.
403) 'Bill은 지금 미국에 가 있다.'
404) 'Bill은 미국에 가 본 적이 있다.'

앞서 말한 대로 이들은 '사건의 완료'를 나타내기 위한 것이 아니다. 사건의 완료를 나타내려면 (29a)처럼 말할 필요 없이 'Bill went America.'라고 하면 된다. (29)의 문장들이 단순한 '사건의 완료' 혹은 과거시제와 다른 것은 '현재 시점과의 연관성'인데 이 점을 보통 영어의 4가지 완료 용법의 공통분모로 본다(Jespersen, 1924: 269; Comrie, 1976: 52; Boland, 2006: 128). 이에 대한 세 학자의 견해를 보면 (30)과 같다.

(30) 영어 4가지 완료상의 공통점에 대한 견해
　　a. the present state as the outcome of past event
　　　(과거 사건의 결과로서 현재의 상태; Jespersen, 1924: 269)
　　b. the continuing present relevance of a past situation
　　　(과거 상황의 지속되는 현재와의 관련성; Comrie, 1976: 52)
　　c. the post-state of the event
　　　(이전 사건의 사후 상태; Boland, 2006: 128)

이 가운데 (30a,c)는 구체적이기는 하지만 영어 완료상의 4가지 용법을 모두 잘 설명할 수 있는 것 같지는 않다. 특히 이들은 경험적 용법과 계속적 용법에 적용하기에는 무리가 있다. 예를 들면 (29b)는 'Bill이 미국에 가 본 경험이 있다.'는 뜻인데 이는 '현재의 상태(present state)'나 '사후 상태(post-state)'와는 거리가 멀다. (29c)의 상황도 마찬가지이다. 이 역시 과거나 이전 사건의 사후 상태를 나타내는 것이 아니라 지금도 지속되고 있는 사건을 나타낸다. (30a,c)는 (29a,d)의 완료적 용법과 결과적 용법을 설명하는 데는 유용할 것으로 보인다.

(30b)의 Comrie(1976)의 견해는 약간 추상적이긴 하지만 영어 완료상의 4가지 용법에 모두 적용할 수 있을 것 같다. 이를 조금 수정하여

우리는 영어 완료상의 공통점을 (31)과 같이 정리할 수 있겠다. 이에 따르면 사건 자체는 과거에 시작되어서 이미 끝났거나 아직 지속되는 상황일 수 있다. 그리고 이들은 모두 현재라는 시점과 관련지어서 표현된다.

(31) 영어 4가지 완료상의 공통점: 과거에 시작된 사건의 현재와의 연관성

여기서 '현재와의 연관성'은 매우 추상적인데 이는 2가지 범주로 나눌 수 있다. 한 가지는 (30a,c)가 말하는 '이전 사건과 연관된 현재의 상태'이다. 완료적 용법과 결과적 용법이 여기에 해당한다. 현재와의 연관성에 대한 다른 한 가지 범주는 '과거의 한 시점과 현재 사이의 시간적 구간(time span) 표현'이다. 경험적 용법과 계속적 용법이 여기에 해당한다. (29b)는 'Bill이 태어나서부터 현재까지'라는 구간을 표현하고 (29c)는 '10년 전부터 현재까지'라는 구간을 표현한다. 어떻든 이들은 둘 다 (31)의 조건을 충족시킨다. 이를 정리하면 (32)와 같다.

(32) 영어 완료상의 '현재와의 연관성'의 2가지 범주
   a. 이전 사건과 연관된 현재의 상태
      (완료적 용법, 결과적 용법)
   b. 과거의 한 시점과 현재 사이의 시간적 구간 표현
      (경험적 용법, 계속적 용법)

이로써 우리는 영어 완료형의 용법을 2가지 범주로 나눈 셈인데 이는 무리하게 한 가지 방법으로 설명하려는 것보다 영어 완료형을 이해하는 데 더 유용할 것으로 보인다. 완료형은 한국어에 없는 현상

이기 때문에 우리 한국 사람이 이해하기가 매우 어렵다. 가능하면 의미적 공통분모를 찾아가지고 4가지 용법을 함께 설명할 수 있으면 좋겠지만 무리하게 추상적으로 흘러가면 이를 이해시키는데 도움이 되지 않을 것이다. 이 점에서 필자는 (31)-(32) 정도의 설명이 적절한 선이라고 생각한다.

한편 이와 같은 설명 방식도 한 가지 해결해야 할 문제가 있는데 그것은 'have + 과거분사'라는 하나의 형식으로 어떻게 이처럼 여러 가지 의미(용법)가 가능할까 하는 의문이다. 이는 언어표현 및 문법형식의 다의성으로 설명해야 한다. 표현의 다의성은 모든 언어에 보편적으로 나타나는 현상이다. 영어 조동사들의 다의성이 좋은 예이다. 완료형의 다양한 용법도 이러한 관점에서 보면 된다. 완료형이라는 하나의 문법형식이 여러 가지 의미기능을 갖는 것이다.

하나의 문법형식이 복수의 상(aspect)을 표현하는 예는 (33)과 같이 우리말의 '~고 있다' 형식에서도 볼 수 있다. (33a)는 동작의 진행을 나타내고 (33b)는 동작의 결과를 나타낸다.

> (33) 한국어 한 가지 문법형식의 2가지 상 표현의 예
> a. 영희는 파란 사과를 먹고 있다.
> b. 영희가 오늘은 갈색 코트를 입고 있다.[405]

한국어의 상: 한국어에서도 여러 가지 방법으로 다양한 상을 표현한다. 한국어의 상을 표현하는 대표적인 형식은 (34)와 같이 조동사 '있다'로 표현되는 구문이다. 이 구문들은 각각 '녹다, 입다, 쓰다, 믿다'라는 동사들의 특정한 국면, 즉 상(asepct)을 나타내고 있다. 이 구문들은

---

405) 물론 이 문장도 동작의 진행을 나타낼 수 있다.

'있다'로 표현되는 4가지의 다른 상이라고 할 수 있다. 영어의 'have + 과거분사' 구문이 4가지의 다른 상을 표현한 것과 비슷한 상황이라고 하겠다. 이들 상에 대해 어떤 이름을 붙일 것인가는 사람에 따라 의견이 다를 수 있다.

> (34) 조동사 '있다'에 의한 한국어 상 표현
> a. 아이스크림이 녹고 있다.
> b. 아이스크림이 녹아 있다.
> c. 영희가 오늘 빨간 모자를 쓰고 있다.
> d. 영희는 그 소문을 믿고 있다.

한국어에는 이밖에 '가다/오다, 대다, 쌓다, 두다, 놓다, 버리다, ~하곤 하다, ~하려 하다' 등에 의해서도 상이 표현된다. 몇 가지 예를 보면 (35)와 같다(Rhee, 1996; 이건환, 2008 참조). '가다/오다'는 어떤 변화가 진행되는 것을 말하며, '대다/쌓다'는 어떤 일이 반복적으로 일어나는 것을 말한다. '두다/놓다'는 앞일에 대비해서 무슨 일을 마친 상태를 표현하는 것이며 '버리다'는 어떤 일은 종결한 것을 나타내고 '~하곤 하다'는 어떤 일을 습관적으로 하는 것을 말한다. '~려고 하다'는 어떤 일의 예정이나 임박을 나타낸다.

> (35) 한국어의 그밖에 상 표현
> a. 방이 식어 간다.
> b. 아이가 자꾸만 울어 쌴다/댄다.
> c. 아침을 든든히 먹어 두었다/놓았다.
> d. 어중간해서 그냥 다 먹어 버렸다.
> e. 영희는 아침마다 우유를 마시곤 한다.
> f. 철수가 떠나려고 한다.

자세히 보면 한국어에는 이밖에도 상 표현이라고 볼 수 있는 구문들이 더 있을 것이다. 다만 이들을 한국어 문법 기술에서 모두 상으로 볼 것인가에 대해서는 심도 있는 논의가 필요할 것이다. 위에서 우리는 영어의 *used to, be going to, be about to* 등을 상적 표현이라고 부를 수는 있을지 모르지만 영어에서 문법체계로 정립된 상이라고 보기는 어렵다고 말한 바 있다. 이러한 입장을 견지한다면 한국어에서 어디까지를 문법적인 상으로 보고 어디서부터 상적 표현으로 볼 것인가는 깊이 논의해야 할 주제이다.

크게 보면 단어 및 구절 표현 자체의 의미에서 오는 상 표현은 문법적인 상이라기보다는 '상적 표현'으로 보아야 할 것이다. (35)의 '대다/쌓다, 놓다/두다, 버리다, ~하곤 하다, ~하려고 하다' 등이 여기에 해당한다. 반면 '있다, 오다/가다' 등에 의한 상 표현은 한국어에서 문법적인 상으로 봄직하다. 한국어의 상에 관한 문헌에서 종종 '벌써, 이미, 아직, 방금' 등의 부사들도 상적 표현으로 보는 경우가 있는데 기본적으로 부사 자체는 상을 표현하는 것은 아니고 술어와 결합해서 상적인 의미를 분명히 하는 정도일 것이다.

한편 한국어에서 상을 몇 가지로 볼 것인가도 간단한 문제가 아니다. 앞서 보았던 것처럼 의미기능에 따른 상의 구분은 적게는 7가지에서 많게는 30가지까지 가능하다. 한국어는 물론 모든 개별언어에서 이와 같이 다양한 상은 어떤 방식으로든 표현할 수는 있을 것이다. 그렇다고 한국어 혹은 해당 개별언어에 문법적으로 그렇게 다양한 상이 발달해 있다고 말하기는 어렵다. 앞서 말한 대로 영어의 경우 진행상과 완료상을 문법적인 상으로 보는 것이 적절하다.

한국어의 상에 대해서도 다양한 하위분류가 제안되었다. 위 (16)의 도식으로 보면 기본적으로 예정상, 진행상, 완료상은 설정할 수 있을 것이다. 그러나 이 가운데 진행상은 분명하게 문법적인 상으로 정립되어 있는 것으로 보이지만 예정상과 완료상은 이론의 여지가 있다. 또 완결상과 미완결상이 언어유형론에서 기본적인 상의 구분이라고 했는데 한국어에서도 이 두 가지 상을 구분하려는 시도들이 있다. 그러나 이 역시 조심스러운 부분이다. 완결상과 미완결상의 구분이 한국어에서 의미적으로는 가능할지 모르지만 문법적으로 체계화되어 있는 것은 아니기 때문이다.

3. 서법

서법의 개념: 서법(mood)이란 '서술하는 방법' 또는 '표현하는 방법'이라는 뜻이다. 이는 화자가 사건의 내용에 대해 어떤 태도를 가지고 말하느냐는 것으로 예를 들면 다음 예문 (36a)-(36c)는 '철수가 간 사건'에 대해 화자의 태도가 각각 다르게 표현되어 있다. '표현하는 방법'이 다른 것이고 요즈음 말로 하면 '표현의 모드(mode)'가 다른 것이다. 'mood(서법)'라는 말은 'mode'와 어원적으로 같은 말이다. 독일어 문법에서는 'mood(서법)'을 'Modus'라고 하는데 이는 'mode'의 라틴어식 표현이다.

(36) 화자의 태도 표현
    a. 철수가 갔다.
    b. 철수가 갔을 것이다.
    c. 모르긴 해도 철수가 갔을 것이다.

(36a-c)에서 화자의 태도 혹은 표현하는 방법이 다르다고 했는데, 그러면 이 세 문장의 서법(mood)이 다른 것일까? 그렇지는 않다. 화자의 태도 표현을 모두 서법이라고 부르지는 않으며 언어학에서 '서법'이란 이러한 화자의 태도가 특별한 문법적인 형식으로 나타나는 것을 말한다. 영어에 직설법(indicative mood), 가정법(subjunctive mood), 기원법(optative mood)이 그 예이다.

직설법은 화자가 문장의 내용이 사실이라고 생각하고 말하는 것이고 가정법은 사실이 아닌 것을 가정해서 말하는 것이며, 기원법은 화자의 소원을 표현하는 것이다. 영어에서 이러한 화자의 태도는 (37)과 같이 동사의 형태에 반영된다. 이 문장의 시제는 모두 현재인데 동사의 형태가 각각 다른 것이다. 이와 같이 화자의 태도가 별도의 문법 형식으로 나타나는 것을 '서법'이라고 부른다.

(37) 영어의 세 가지 서법(mood)
    a. The queen goes to Luxemburg.   (직설법)
    b. If the queen were a bird, (...)   (가정법)
    c. Long live the queen!   (기원법)

서법과 양상: '사건 내용에 대한 화자의 태도 표현'이라는 말은 앞서 제11장 조동사 편에서 양상(modality)을 정의할 때 보았던 개념이다. 즉 조동사의 3가지 주요 의미영역이 시제, 양상, 상이고 이 가운데 양상은 사건에 대한 화자의 태도를 표현하는 것이라고 했다. 서법(mood)도 화자의 태도를 표현하는 것이고 양상(modality)도 화자의 태도를 표현하는 것이라는 말인데 이것을 어떻게 이해해야 할까? 이들은 같은 것일까 다른 것일까?

전통적으로406) 문법 기술에서는 서법과 양상을 구분한다. 서법은 위 (37)과 같이 동사의 형태변화로 표현되는 직설법, 가정법, 기원법 등의 구분을 말하고 양상은 *must, can, may* 등의 양상조동사나 *perhaps, maybe* 등의 부사로 표현되는 화자의 태도를 말한다(Palmer, 1986: 21). 양상은 크게 인식(epistemic) 양상과 의무(deontic) 양상을 구분하는 데 전자는 확신의 정도를 말하고 후자는 의무의 정도를 말한다. 영어의 경우 보통 하나의 조동사가 두 가지 양상을 모두 표현하는데 (38)에서 *must*의 두 가지 용법이 대표적인 예이다.

(38) 2가지 종류의 양상
    a. John must go home now.   (의무 양상)
    b. John must be at home now.   (인식 양상)

그러나 현대 언어학에 들어와서는 이들을 별개의 범주로 보지 않으며 양상이라는 큰 틀에서 다루고 있다. 즉 현대 언어학은 화자의 태도 표현을 모두 넓은 의미의 양상으로 보는데 이 태도표현의 형식과 내용이 언어에 따라 다를 수 있다(Chung & Timberlake, 1985; Palmer, 2001; Haan, 2006). Chung & Timberlake(1985)는 'mood'를 상위 개념으로 사용하고 그 하위범주를 'mode'라고 부른다. 여기서 'mood'는 넓은 의미의 양상으로 보아야 하며 'mode'는 인식 양상, 의무 양상 등 양상의 하위범주를 말한다.

양상의 다양한 형식이란 동사형태로 표현되느냐, 영어의 조동사와 같이 별도의 동사로 표현되느냐 아니면 또는 *perhaps, maybe* 등처럼 부사류로 표현되느냐의 차이이다. 이때 동사형태로 표현되는 것을 따

---

406) 다른 학문 분야도 거의 마찬가지이겠지만 '전통적'이라는 말은 보통 유럽 학문의 전통을 가리킨다.

로 서법(mood)이라고 부르며 서법을 양상의 하위범주로 간주한다. 양상의 다양한 내용이란 지구상의 언어가 표현하는 화자의 다양한 태도 표현의 내용을 말하며 위 (37)-(38)은 영어에서 볼 수 있는 예이다. 양상의 내용을 어떻게 분류하느냐는 학자에 따라 차이가 있다.

예를 들면 Bybee et al.(1994)는 양상의 내용을 (39)와 같이 크게 4가지로 구분하였다. 행동주 중심 양상은 행동주(주어)에게 가해지는 조건을 표현하는 것으로 의무, 필요, 능력 표현 등을 말한다. 화자 중심 양상은 화자가 청자에게 가하는 조건을 나타내는 것으로 명령, 금지, 기원, 허가 표현 등을 말한다. 전통적으로 의무 양상이라고 불렀던 것들이 여기에 포함된다. 종속절 양상은 영어의 가정법과 같이 종속절에 특별히 표현되는 양상을 말한다.

(39) Bybee et al.(1994)의 4가지 양상 구분
     a. 행동주 중심 양상(agent-oriented modality)
     b. 화자 중심 양상(speaker-oriented modality)
     c. 인식 양상(epistemic modality)
     d. 종속절 양상(subordinating modality)

현실법(realis)과 비현실법(irrealis): 양상 혹은 서법과 관련하여 현대 언어어학에서 중요한 개념으로 등장한 것이 현실법(realis)과 비현실법(irrealis)의 구분이다. 전통적인 개념으로 보면 이는 서법의 일종인데 지구상의 언어들 가운데는 문장을 표현할 때 그 내용이 현실(사실)이냐 아니냐에 따라 술어의 형태가 달라지는 경우가 있다. 이미 일어난 일이나 지금 일어나고 있는 일을 이야기 할 때는 현실법을 쓰고 아직 일어나지 않았거나 과거에 일어나지 않았던 일을 이야기 할 때는 비현실법을 쓴다(Dixon, 2012: 22). 아메리카 원주민 언어와 파푸아 뉴

기니아 지역 및 호주 원주민 언어에서 흔히 관찰되는 현상이다(Dixon, 2012: 22; Palmer, 2001: 107). 영어에서 직설법과 기원법도 현실법과 비현실법의 차이라고 할 수 있는데 영어는 현실과 비현실을 엄격히 구분해서 술어 형태를 달리 쓰지는 않는다. 예를 들면 (40)의 예문에서 '내일 비오는 것'과 '상대방이 시험에 합격하는 것'은 현실이 아니지만 영어에서는 직설법을 쓴다. 현실법과 비현실법이 발달한 언어에서는 이 경우 비현실법을 사용할 것이며 이것이 동사의 형태에 반영될 것이다.

(40) 영어 비현실의 직설법 표현의 예
   a. If it rains tomorrow, …
   b. I hope you pass the exam.

파푸아 뉴기니아 지역의 마남어(Manam)는 현실법과 비현실법을 엄격하게 구분하는 언어이다. 이 언어의 경우 과거의 일, 현재의 일, 습관적인 일은 현실법으로 표현하고 미래의 일, 명령, 경고, 비현실적인 내용 등은 비현실법으로 표현한다(Palmer, 2001: 147). (41)-(42)는 각각 미남어 현실법과 비현실법 문장의 예이다. 이 예문에서 *u-*, *i-*, *ñi-*, *mi-*, *go-* 등이 서법표지인데 이들은 동사의 접두사로 쓰이면서 주어의 인칭과 수를 나타내기도 한다.

(41) 마남어 현실법 문장의 예407)
   a. u-nóʔu.
      I.현실-jump
      'I jumped.'

---

407) REAL = realis(현실법), IRR = irrealis(비현실법)

b. úra   i-pura-púra.

rain it.현실-come-come

'It is raining.'

c. ʔi-zen-zéŋ.

we.현실-chew betel-chew betel

'We (habitually) chew betel-nuts.'

(42) 마남어 비현실법 문장의 예

a. úsi   né-gu   mi-ásaʔi.

loincloth of-me   I.비현실-wash

'I will wash my loincloth.'

b. go-moanáʔo.

you.비현실-eat

'Eat!'

c. ŋáu   u-rére   nóra   boʔanábe   go-púra.

1.비현실 I-want   yesterday   초점   you-come

'I wish you had come yesterday.'

(Lichtenberk, 1983; Palmer, 2001: 148 재인용)

영어의 가정법: 영어 문법에 가정법이라는 용어가 있다. 이를 영어로는 'subjunctive mood'라고 하는데, 조금 눈여겨보면 한국어 용어와 영어 용어 사이에 큰 거리가 있는 것을 알 수 있다. 영어의 'subjunctive'라는 말 속에 '가정'이라는 뜻이 전혀 없기 때문이다. 'subjunctive'는 '아래' 혹은 '종속'을 의미하는 'sub-'와 '연결, 접속'을 의미하는 '-junctive'가 결합된 것으로 문자적으로는 '종속접속'이라는 뜻이다. 'subjunctive mood'는 따라서 직역하면 '종속접속법'이 된다.

그런데 이것을 왜 우리말에서 '가정법'이라고 번역하였을까? 또 가정법을 왜 영어로는 'subjunctive mood'라고 할까? 이것은 오랜 유럽 문법의 전통과 연관이 있다. 즉 고대 그리스어에서는 종속절의 동사를 직설법형으로 쓰지 않고 이와 다른 형태를 썼는데 이는 종속절의 내용이 사실(현실)이 아닐 수도 있다고 보았기 때문이다.408) 이에 따라 그리스어 문법에서 이를 종속접속법(subjunctive mood)이라고 불렀고 이후 영어 등 유럽의 다른 언어 문법에서도 이 용어를 사용한 것이다. 현대 언어학의 용어로 하자면 이는 일종의 비현실법(irrealis)이다.

그러나 영어의 경우 모든 종속절에서 '종속접속법'을 사용하는 것이 아니고, 특별히 사실에 반하는(counter-factual) 가정을 표현할 때만 사용하기 때문에 우리말로 옮길 때 이를 '가정법'이라고 한 것이다. 그러니까 유럽 언어연구의 전통에 따라 영어 문법에서 'subjunctive mood(종속접속법)'라는 용어를 사용하고는 있지만 사실 이는 모든 종속절에 쓰는 서법이 아니고 가정문에 쓰는 서법이다. 따라서 이에 대한 정확한 용어는 'hypothetical mood(가정법)'가 되어야 할 것이다.

같은 유럽 언어라고 하더라도 '종속접속법'을 사용하는 양상이 언어에 따라 많은 차이를 보인다. 예를 들면 독일어에는 '종속접속법'이409) 2가지가 있는데 이들은 형태와 기능이 다르며 일상 언어에서 사용하는 빈도가 영어보다 훨씬 높다.

> (43) 독일어 '종속접속법' 사용의 예410)
> 점원: Hallo!   'Hello!'
> 손님: Ich hätte X, Z, Y.   'I have_SUBJ X, Z, Y'
> 점원: Das war es?   'That was it?'
> 손님: Ja, das wäre es.   'Yes, that was_SUBJ it.'

---

408) 예를 들면 'John said/thought that Mary was ill.'이라는 문장에서 'Mary'가 정말 아팠는지는 알 수 없는 것이다.

409) 독일어 문법에서는 종속접속법(subjunctive)이라는 용어를 쓰지 않고 대신 'Konjunktiv(영어: conjunctive)'라는 용어를 쓰는데 우리말로는 '접속법'이라고 번역한다.

410) SUBJ = subjunctive(종속접속법)

예를 들면 (43)은 독일의 가게에서 점원과 고객 사이에서 흔히 들을 수 있는 대화이다. 고객이 'X, Y, Z'를 달라고 할 때 *haben*('have') 동사의 접속법형 *hätte*를 썼다. 영어로 하자면 *I would have/I would like to have* 정도의 표현이다. 또 점원이 '다 되셨어요?'라고 물었는데 손님은 *sein*('be') 동사의 접속법형 *wäre*를 썼다.411) 우리식으로 말하면 '그런 것 같애요.' 정도의 어감이다.

전체적으로 보면 영어는 특별하게 문법체계로 발달한 양상조동사와 서법 그리고 양상부사를 통해 화자의 태도, 즉 양상을 표현한다. 영어의 서법은 동사 형태로 보면 직설법형, 가정법형 그리고 기본형(기원법, 명령법) 등 3가지이다. 독일어에도 영어와 같이 양상조동사, 서법, 양상부사가 있는데 그 용법과 사용빈도에서 많은 차이가 난다. 우선 서법에서 동사의 형태가 4가지로412) 구분되고 (종속) 접속법의 사용 빈도가 영어에 비해 매우 높다. 독일어는 또 양상부사가 아주 다양하게 발달한 언어로서 이를 별도의 품사로 설정하는 학자들이 많다. 태도 표현 면에서 독일어가 영어보다 훨씬 다양하고 미세하다고 하겠다.

영어 조동사들의 2가지 의미: 영어의 양상조동사 *must, can, may* 등은 (44)와 같이 2가지 의미를 갖는 것으로 잘 알려져 있다. 우리는 위에서 이 2가지 의미를 의무 양상과 인식 양상으로 구분하였다.

> (44) 영어 양상조동사들의 2가지 의미
> a. John must go home now.   (의무 양상)
> b. John must be at home now.   (인식 양상)

---

411) 영어 *be*-동사의 가정법 형태 *were*는 (43)의 독일어 *wäre*에서 온 것이다.
412) 직설법, 명령법, 접속법 1, 접속법 2.

c. John may go home now.　　　(의무 양상)

d. John may be at home now.　　(인식 양상)

어떻게 하나의 동사에 '~해야 하다'는 의무와 '~임에 틀림없다'는 추측 표현이 같이 나타날 수 있을까? 영어를 처음 대하는 한국인들에게는 이러한 영어 조동사의 2가지 용법이 매우 생소했을 것이고 영어를 배운 이후에도 대개의 경우 배워서 알고는 있지만 이해가 가는 것은 아닐 것이다. 이는 영어에 특별한 양상조동사 체계가 발달해 있으며 또 이들이 의무 양상과 인식 양상을 동시에 나타내고 있는데 비해 우리말에는 이러한 양상조동사 체계가 없기 때문이다.

하나의 표현이 여러 가지 의미를 갖는 것은 어느 언어에서나 관찰되는 현상이다. 그렇다고 해도 영어 조동사의 2가지 의미는 얼른 이해가 가지 않는다. 이 2가지 의미가 너무 다른 것으로 보이기 때문이다. 그러나 언어의 변화 과정을 보면 다의어는 대부분 한 가지 의미에서 출발하는데 영어 조동사의 다의성도 마찬가지이다. 이해를 돕기 위해 먼저 우리말의 예를 한 가지 들어 보겠다. (45)는 '~ㄹ 수 있다'가 능력 표현, 의무 양상, 인식 양상을 나타내는 예이다. 영어 'can'의 용법과 아주 흡사하다.

(45) 한국어 인식 양상과 의무 양상의 분화의 예

　　a. 철수는 수영을 할 수 있다.　　　(능력 표현)

　　b. 거기는 여성만 들어갈 수 있다.　　(의무 양상)

　　c. 영희를 좋아하니까 철수가 갈 수 있다. (인식 양상)

이 3가지 의미의 공통점은 '가능성'이라고 할 수 있다. 신체적 가능성, 허가의 가능성, 사건의 사실성에 대한 가능성이다. 의미의 변화는

[구체 > 추상, 객관 > 주관]의 방향으로 나아간다(Heine et al., 1991 참조). (44)에서 가장 구체적인 것은 신체적 가능성이다. 또 의무 양상은 객관적 가능성이지만 인식 양상은 주관적 가능성이다. 이렇게 볼 때 (45)의 의미변화의 방향은 [능력 표현 > 의무 양상 > 인식 양상]이라고 할 수 있다(Bybee et al., 1994; Haan, 2006; 이기갑, 2008 참조). 영어에서 양상조동사들의 두 가지 의미도 이와 같은 방식으로 설명할 수 있다. 예를 들면 *must*의 2가지 의미에는 '필연성'이라는 공통점이 있다. 여기서 외적인 개관적 필연성은 의무가 되고 화자의 내적인 주관적 필연성은 확신이 된다.

한국어의 태도 표현: 우리말에 '어야!' 다르고 '아야!' 다르다는 말이 있다. 비슷한 것 같지만 화자의 태도가 다르다는 뜻이며 이 속담은 태도 표현이 아주 섬세하게 발달해 있는 한국어의 특징을 잘 나타내고 있는 말이다. 물론 언어학에서 '어야!, 아야!'와 같은 호칭에 담긴 화자의 태도 표현까지를 양상이라고 부르지는 않으며 양상은 문장의 내용에 대한 태도 표현을 말한다. 그러나 전체적으로 한국어는 화자의 태도 표현이 아주 다양하고 섬세하게 발달해 있는 언어이며 이점에서 양상표현도 마찬가지이다. 우리는 흔히 미국이나 독일 사람들이 우리보다 직설적으로 표현하는 경향이 있다고 느끼는데 이것은 바로 한국어와 영어 및 독일어의 언어적 특징 때문에 받는 느낌이다. 한국어는 태도 표현이 매우 섬세한 데 비해 영어나 독일어는 그렇지 않는 것이다. 영어와 독일어를 비교하면 독일어의 태도 표현이 더 섬세한 편이다.

양상은 양상동사, 부사류, 동사어미 그리고 그밖에 구절(phrase) 단위로도 표현될 수 있는데 이 가운데 동사어미로 실현되는 경우를 특별히 전통적으로 서법이라고 불렀다. 현대 언어학에서는 특별히 현실법과 비현실법을 구분하기도 하는데 한국어에서는 이 둘을 형태적으로 구분하는 일은 거의 없기 때문에 큰 의미가 없다. 그러나 한국어에는 다른 서법이나 양상이 다양한 방법으로 표현된다. 한국어 양상표현의 방법들을 몇 가지 보면 (46)과 같다. 한국어에는 수많은 부사류가 양상을 표현하고 있고 한국어 문법에서 양상술어라고 따로 분류하지는 않지만 양상을 나타내는 술어들이 많이 있다. (46c)-(46d)와 같은 부사구나 술어구도 얼마든지 만들어 낼 수 있을 것이다. 이러한 것들이 한국어 태도 표현을 매우 섬세하고 풍부하게 만든 것이다.

> (46) 한국어의 다양한 양상 표현 (서법 제외)
>   a. 양상부사: 아마, 분명히, 확실히, 혹시, 어쩌면, ...
>   b. 양상술어: 틀림없다, 분명하다, 확실하다, 보다, 싶다, 같
>   다, 보인다, 모양이다, ...
>   c. 양상부사구: 어떻게 보면, 분명하지는 않지만, 잘은 모르
>   겠지만, 모르긴 해도, ...
>   d. 양상술어구: ~야 한다/된다, ~도 된다/좋다, ~ㄹ 수 있
>   다, ~ㄹ 것이다, ~지도 모른다, ~ㄹ 것으로 본다, ~하면
>   좋겠다, ~하는 것이 낫겠다, ...

(46)의 양상표현들과 함께 한국어에서 태도 표현을 더욱 풍부하게 만든 것은 서법이다. 다양한 동사(술어) 어미의 발달이 한국어의 특징이라고 할 수 있는데 한국어는 이 어미들을 통해 화자의 입장을 아주 다양하고 미세하게 표현해 내는 언어이다. 일찍이 최현배 선생(1937/1961)의 입장에 따라 전통적으로 한국어의 서법을 서술형, 의문형, 명령형, 청유형으로 나누었는데 이후 많은 학자들이 여러 가지 세분된 제안들을 내놓았다. 예를 들면 서정수 선생(1986)은 한국어의 서법을

(47)과 같이 13가지로 구분하였다.

(47) 서정수 선생(1986)의 한국어 13가지 서법 구분
    a. 단순 서술: 아이들이 웃는다.
    b. 감탄 서술: 그가 노래를 잘 부르는구나.
    c. 약속 서술: 내가 도와주마.
    d. 질문: 그 사람이 의사이니?
    e. 확인 질문: 그 사람이 의사이지?
    f. 의문: 그 사람이 의사일까?
    g. 명령: 여기에 앉아라.
    h. 소원: 우리를 도와 주소서.
    i. 허락: 네 맘대로 하려무나.
    j. 청유: 이제 그만 가자/가지.
    k. 추정: 그 사람은 벌써 그곳에 도착했으리라/도착했겠다.
    l. 의도: 내가 그 사람을 만나겠다.
    m. 보고: 길수가 장에 가더라.

남기심·고영근 선생(2003, 318)의 경우 한국어 서법을 직설법, 회상법 등 8가지로 나누고 있으며 위키피디아 백과사전은 16가지로 분류하고 있다. 영어에서 동사어미로 구분하는 서법은 3가지이고 독일어는 4가지라고 했는데 한국어의 경우 적게는 6가지에서 많게는 16가지까지 구분하고 있다. 학자들의 다양한 분류 방식은 한국어 서법표현이 그만큼 풍부하고 섬세하다는 것을 뜻한다. 이 섬세한 차이를 어느 정도 선에서 나눌 것인가에 따라 서법의 종류가 많아지기도 하고 적어지기도 할 것이다. 이때 '어느 정도의 선'에 대한 기준이 언어학에서 분명하게 정해져 있지 않기 때문에 어느 학자의 분류가 옳다고 말할 수는 없다. 언어유형론의 입장에서 보면 한국어에 매우 다양하고 풍부한 양상표현 및 서법이 발달해 있다는 것이 중요하며 이를 어

떻게 분류할 것인가는 중요한 문제가 아니다. 서양 사람들이 우리보다 직설적으로 표현하는 경향이 있다고 느끼는 것은 한국어에 이러한 풍부하고 섬세한 태도 표현이 잘 발달해 있기 때문일 것이다.

시제중심 언어, 상중심 언어, 서법중심 언어: 이상에서 우리는 시제와 상 그리고 서법 및 양상에 대해 살펴보았다. 이와 관련해서 언어유형론적으로 중요한 한 가지는 언어에 따라 이 3가지 문법범주 가운데 '어느 한 가지가 중심 범주로 발달해 있다는 것이다(Bhat, 1999: 95). 중심 범주란 모든 문장, 더 정확히 말하면 모든 긍정 서술문에[413] 필수적으로 나타나는 범주를 말한다. 한 언어에 시제, 상, 서법이 모두 나타날 수도 있고 이 가운데 일부만 나타날 수도 있는데 이 범주들이 모든 문장에 필수적으로 나타나는 것은 아니다.

예를 들면 영어의 상으로 진행형과 완료형이 있는데 이것이 모든 문장에 나타나지는 않는다. 또 양상조동사나 양상부사가 있지만 이 역시 모든 문장에 필수적인 것은 아니다. 서법의 경우도 마찬가지이다. 모든 서술문에 현실이냐 비현실이냐 등을 구분해서 동사형태가 달라지지는 않는다. 그러나 시제는 모든 서술문 문장에 나타난다. 따라서 영어의 경우 시제, 상, 서법 가운데 시제를 중심범주로 보아야 하며 이러한 언어를 시제중심 언어(tense prominent language)라고 부른다. 즉 영어는 모든 문장에 상이나 서법을 구분해서 표시하지는 않지만 시제는 반드시 표시된다.

한국어도 시제중심 언어이다. 우리말에도 상과 다양한 양상표현이 있지만 이들이 모든 문장에 필수적인 것은 아니다. 또 다양하고 풍부

---

413) 긍정 서술문 = affirmative declarative main sentence

한 서법이 발달되어 있기는 하지만, '-다'로 끝나는 기본 서술문 문장을 중심으로 보면 시제가 필수적이며 그밖의 서법표시는 선택적인 요소라고 할 수 있다.

한편 지구상에는 상이나 서법이 중심 범주인 언어도 있다. 이들 언어에서는 모든 문장에 시제는 나타나지 않더라도 상 혹은 서법이 필수적으로 나타나며 Bhat(1999)는 이들을 각각 상중심 언어(aspect prominent language), 서법중심 언어(mood prominent language)라고 불렀다.414) 상중심 언어는 문장의 동사(술어)에 기본적으로 시제를 표시한 것이 아니라 동작이 종결되었느냐의 여부를 표시한다. 이때 상은 보통 완결상과 미완결상으로 구분된다. 서법중심 언어에서는 문장의 술어에 기본적으로 시제나 상이 표시되는 것이 아니라 문장의 내용이 현실이냐 비현실이냐를 표시한다.

(48) 서파이어어의 상에 따른 동사형태(Bhat, 1999: 121f)

완결형(기본형)	미완결형	의미
cùgò	cùgùlì	'deep'
muguro	mugure	'smile'
kwù	kwùù	'die'
bya	byìì	'drink'
ce	ceni	'know'
kanha	kanre	'be tired'
yige	yìgè	'take out'

아프리카의 서파이어어(Supyire)는 상중심 언어이다. 이 언어는 동사가 기본적으로 완결형과 미완결형으로 구분되며 완결형이 기본형이고

---

414) 이 3가지 언어유형의 구분은 동사의 변화형태에 근거한 것이기 때문에 중국어와 같이 어형변화가 전혀 없는 고립에는 해당되지 않는다.

미완결형이 파생형태이다. 몇 가지 예를 보면 (48)과 같다(Carlson, 1994: 130; Bhat, 1999: 121 재인용).

버마어(Burmese)는 서법중심 언어이다. 즉 이 언어는 시제표지는 따로 없고, 문장 끝 첨사로 현실법과 비현실법을 구분하는 두 가지 서법 표지 *te/thā/ta/hta*(현실)와 *me/mǎ/hma*(비현실)를 가지고 있다(Comrie, 1985: 50f). (49)는 이 언어의 예문인데 현재와 과거의 사건에는 현실법을 쓰고 미래의 사건에는 비현실법을 사용하였다.

(49) a. sǎneineí-taìñ   mye?   hpya?-te.
        saturday-every grass   cut-현실
        '(He) cuts the grass every Saturday.'

    b. da-caúñmoú   mǎ-la-ta.
        that-because:of   not-come-현실
        'Because of that (they) didn't come.'

    c. mǎne?hpañ · sá-me.
        tomorrow   begin-비현실
        '(We) will begin tomorrow.' (Comrie, 1985: 50f)

참고문헌

강범모(2010), 언어: 풀어쓴 언어학개론. 서울: 한국문화사.

교사용(1964), 중학국어문법, 고등국어문법(한국국어교육연구회 편). 서울: 향문사. (이광정, 1999 재인용)

국립국어원(2005), 외국인을 위한 한국어 문법 1. 서울: 커뮤니케이션북스.

권종성(1987), 문자학 개요. 평양: 과학·백과사전 출판사.

김 선·오윤자(2008), 영어의 수동태. 송경안·이기갑 외. 언어유형론 3. 서울: 월인.

김 선·조경숙(2008), 영어의 격. 송경안·이기갑 외. 언어유형론 2. 서울: 월인.

김규식(1908), 대한문법. 油印本. (이광정, 1999 재인용)

김명배(1997), 이태리어 대명사의 변천. 이어이문학 4:1. 1-29.

김미형(1995), 한국어 대명사. 서울: 한신문화사.

김민수(1960), 국어문법론연구. 서울: 통문관. (이광정, 1999 재인용)

김민수(1971), 국어문법론. 서울: 일조각.

김방한(1988), 역사-비교언어학. 서울: 민음사. 참조

김병균(1998), 국어 기본문형의 연구. 어문논집 26. 63-82.

김상돈·이경희(1999), 근대국어의 격연구, 국어의 격과 조사. 小石 성광수 교수 화갑기념논총. 서울: 월인.

김성화(1972), 기본문형 설정: 학교문법에 나타난 기본문형 혼란상을 분석하면서. 국어교육연구 4:1. 117-144.

김순임(2016), 독일어, 영어, 프랑스어의 명사 비교 연구. 용봉인문논총 49. 41-80.

김혜숙(1998), 한국어 기본문형 설정에 대하여: 효과적인 국어교육을 위하여. 국어국문학 122. 13-47.

김홍범(1994), 한국어의 상징어 연구. 연세대학교 대학원 박사학위논문.

김홍범·박동근(2001), 한국어 상징어 사전편찬의 실제. 사전편찬학 연구 11:2. 203-220.

김희상(1911), 조선어전. 경성: 보급서관. (이광정, 1999 재인용)

남궁억(1913), 조선문법. 필사본. (이광정, 1999 재인용)

남기심·고영근(1985/2003), 표준 국어문법론. 서울: 탑출판사.

남영신(1997), 국어사전. 서울: 성안당.

민춘기(1998), 현대 도이치말의 문형 연구. 단국대학교 대학원 박사학위논문.

박상준(1932), 개정철자준거 조선어법. 평양: 동명서관. (이광정, 1999 재인용)

박선옥·양경모(2008), 일본어의 품사. 송경안·이기갑 외. 언어유형론 1. 서울: 월인.

박선옥·양경모(2008), 일본어의 어순. 송경안·이기갑 외, 언어유형론 1. 서울: 월인.

박선옥·양경모(2008), 일본어의 격. 송경안·이기갑 외. 언어유형론 2. 서울: 월인.

박선옥·양경모(2008), 일본어의 기본문형. 송경안·이기갑 외. 언어유형론 1. 서울: 월인.

박선옥·양경모(2008), 일본어의 문장유형. 송경안·이기갑 외, 언어유형론 1. 서울: 월인.

박선옥·양경모(2008), 일본어의 수동태. 송경안·이기갑 외. 언어유형론 3. 서울: 월인.

박선옥·양경모(2008), 일본어의 접속표현. 송경안·이기갑 외, 언어유형론 2. 서울: 월인.

박승빈(1935), 조선어학. 경성: 조선어학연구회. (이광정, 1999 재인용)

박영순(1996), 日本語人稱代名詞の時代的變遷樣相についての硏究. 신일전문대학 논문집 10. 51-75.

박종우(1946), 한글의 문법과 실제. 부산: 중성사출판부. (이광정, 1999 재인용)

사희만(2008), 아랍어의 문장유형. 송경안·이기갑 외, 언어유형론 1. 서울: 월인.

사희만(2008), 아랍어의 부치사. 송경안·이기갑 외. 언어유형론 2. 서울: 월인.

사희만(2008), 아랍어의 어순. 송경안·이기갑 외, 언어유형론 1. 서울: 월인.

서정수(1986), 국어의 서법. 국어생활 1986. 겨울호.

세계 언어구조 지도 (=> Haspelmath et al.(eds.), 2005 참조)

소 창(작성 중). 한국어와 중국어 어순의 유형론적 연구. 전남대학교 대학원 박사학위 논문(2019. 2. 졸업예정).

송경안 외(2015), 언어의 이해. 서울: 신아사.

송경안(1982), 독일어 어순의 일반화를 위하여. 용봉논총 11. 81-90.

송경안(1993), 독일어 영어 한국어 어순의 비교연구. 독일언어문학 1. 258-275.

송경안(2004), 기본문형에 대한 유형론적 접근. 독일언어문학 24. 1-20.

송경안(2008), 격의 유형론. 송경안·이기갑 외. 언어유형론 2. 서울: 월인.

송경안(2008), 태. 송경안·이기갑 외. 언어유형론 3. 서울: 월인.

송경안(2010), 인칭대명사 유형론의 몇 가지 논점에 대하여. 독일언어문학 47. 65-90.

송경안(2011), 독일어의 새로운 이해. 서울: 신아사.

송경안(2011), 청자-화자간 역동과 일본어 대명사의 문법화. 언어학 19:1. 61-78.

송경안(2012), 청자-화자간 역동과 유럽언어 대명사의 변화. 언어학 20:2. 61-80.

송경안(2013), Speaker-Hearer Dynamics and Grammaticalization of Korean Pronominals. 언어학 21:2. 115-137.

송경안(2015), 독일어, 영어, 프랑스어 기능어의 어휘구조 대조연구. 언어학 23:1. 107-138.

송경안·김순임(1998), 독일어, 영어, 불어의 조동사 비교연구. 독일언어문학 9. 97 -133.

송경안·김순임(2000), 독일어, 영어, 불어의 동사구조 비교연구. 독일언어문학 13. 1-19.

송경안·이기갑 외(2008), 언어유형론 1, 2, 3. 서울: 월인.

송진희·안기섭(2008), 중국어의 문장유형. 송경안·이기갑 외, 언어유형론 1. 서울: 월인.

송창선(2011), 국어의 기본 문형 설정. 국어교육연구 48. 233-256.

안기섭·송진희(2008), 중국어의 격. 송경안·이기갑 외. 언어유형론 2. 서울: 월인.

안기섭·송진희(2008), 중국어의 보조동사. 송경안·이기갑 외. 언어유형론 3. 서울: 월인.

안기섭·송진희(2008), 중국어의 접속표현. 송경안·이기갑 외, 언어유형론 2. 서울: 월인.

안기섭·송진희(2008), 중국어의 부치사. 송경안·이기갑 외. 언어유형론 2. 서울: 월인.

온라인 세계 언어구조 지도(==〉 http://wals.info)

유길준(1904), 조선문전. 필사본. (이광정, 1999 재인용)

이건환(2004), 한국어의 격과 조사. 전남대학교 언어유형론 세미나 발표 자료.

이건환(2008), 국어의 시제와 상. 송경안 이기갑 외, 언어유형론 III. 서울: 월인.

이건환·송경안(2008), 한국어의 품사. 송경안·이기갑 외. 언어유형론 1. 서울: 월인.

이광정(1987), 국어품사분류의 역사적 발전에 대한 연구. 서울: 한신문화사.

이광정(1999), 전통문법에서의 격연구. 한국어학회(편), 국어의 격과 조사. 서울: 월인. 9-48.

이기갑(2008), 양상의 유형론. 송경안 이기갑 외, 언어유형론 III. 서울: 월인.

이기갑(2008), 어순의 유형론. 송경안·이기갑 외, 언어유형론 1. 서울: 월인.

이남순(1998), 시제·상·서법. 서울: 월인

이병기(1929/1930), 조선어 문법강화. 조선강단 1. (이광정, 1999 재인용).

이성하(1998), 문법화의 이해. 서울: 한국문화사.

이숙현·심을식(2008), 프랑스어의 기본문형. 송경안·이기갑 외. 언어유형론 1. 서울: 월인.

이숙현·심을식(2008), 프랑스어의 문장유형. 송경안·이기갑 외, 언어유형론 1. 서울: 월인.

이숙현·심을식(2008), 프랑스어의 수동태. 송경안·이기갑 외. 언어유형론 3. 서울: 월인.

이숙현·심을식(2008), 프랑스어의 어순. 송경안·이기갑 외, 언어유형론 1. 서울: 월인.

이숙현·심을식(2008), 프랑스어의 품사. 송경안·이기갑 외. 언어유형론 1. 서울: 월인.

이숭녕(1956), 중등국어문법. 서울: 을지문화사. (이광정, 1999 재인용)

이숭녕·김석주(1977), 동아 국어대사전. 서울: 동아출판사.

이용덕(2004), 일본어 일이인칭대명사의 변천에 관한 연구. 일본어문학 27. 151-166.

이인모(1949), 재미나고 쉬운 새 조선 말본. 서울: 금룡도서. (이광정, 1999 재인용).

이점출(2000), 독일어 동사 문형에 관한 비교 연구. 독어교육 20. 299-323.

이정민·배영남·김용석(2000), 언어학사전(개정증보판). 서울: 박영사.

이충회·김원필(2008), 스페인어의 기본문형. 송경안·이기갑 외. 언어유형론 1. 서울: 월인.

이충회·김원필(2008), 스페인어의 문장유형. 송경안·이기갑 외. 언어유형론 1. 서울: 월인.

이충회·김원필(2008), 스페인어의 수동태. 송경안·이기갑 외. 언어유형론 3. 서울: 월인.

이필수(1923), 정음문전. 경성: 조선정음부활회. (이광정, 1999 재인용)

이환묵(1999), 영어전통문법론. 서울: 아르케.

이희승(1949), 초급국어문법. 서울: 박문사. (이광정, 1999 재인용)

임혜순(1993), 중세영어 3인칭 단수 여성대명사 'She'에 관한 고찰. 언어학 15:1. 383-395.

임혜순(1995), 영어의 인칭대명사 변화. 언어학 17:1. 337-351.

장려용(2016), 한국어·중국어·영어 접속표현의 유형론적 대조연구. 전남대학교 대학원 박사학위 논문.

장하일(1947), 중등 새 말 본. 서울: 교재연구사. (이광정, 1999 재인용).

정규영(2008), 아랍어의 품사. 송경안·이기갑 외, 언어유형론 1. 서울: 월인 출판사.

정렬모(1946), 신편고등국어문법. 서울: 한글문화사. (이광정, 1999 재인용)

정인승(1956), 표준고등말본. 서울: 신구문화사. (이광정, 1999 재인용)

조경화·송경안(2008), 독일어의 어순. 송경안·이기갑 외, 언어유형론 1. 서울: 월인.

조두상(1999), 영어 대명사의 시대별 변천연구. 새한영어영문학 41:1. 279-317.

조희무·안기섭(2008), 중국어의 품사. 송경안·이기갑 외, 언어유형론 1. 서울: 월인.

조희무·안기섭(2008), 중국어의 어순. 송경안·이기갑 외, 언어유형론 1. 서울: 월인.

첨 연(2017), 한국어와 중국어 품사의 유형론적 대조연구. 전남대학교 대학원 석사학위논문.

최태호(1957), 중학말본. 서울: 사조사. (이광정, 1999 재인용)

최현배(1937/1961), 우리말본. 서울: 정음사.

최현배(1965), 영어의 SHE는 '그미'로. 현대문학 3월호. (김미형, 1995 재인용).

허 웅(1965), '이이, 그이, 저이'는 여성전용으로. 현대문학 3월호. (김미형, 1995 재인용).

허성태·임홍수(2008), 러시아어의 기본문형. 송경안·이기갑 외, 언어유형론 1. 서울: 월인.

허성태·임홍수(2008), 러시아어의 문장유형. 송경안·이기갑 외, 언어유형론 1. 서울: 월인.

허성태·임홍수(2008), 러시아어의 수동태. 송경안·이기갑 외. 언어유형론 3. 서울: 월인.

허성태·임홍수(2008), 러시아어의 어순. 송경안·이기갑 외, 언어유형론 1. 서울: 월인.

허성태·임홍수(2008), 러시아어의 품사. 송경안·이기갑 외, 언어유형론 1. 서울: 월인.

허성태·임홍수(2008), 러시아어의 시제와 상. 송경안 이기갑 외, 언어유형론 III. 서울: 월인.

허성태·임홍수(2008), 러시아어의 품사. 송경안·이기갑 외. 언어유형론 1. 서울: 월인.

홍기문(1927), 조선문법요령. 현대논평 1. (이광정, 1999 재인용)

홍재성 외(1997), 현대 한국어 동사 구문 사전. 서울: 두산동아.

홍재성(1999), 한국어 문장과 그 구조. 남기심·이상억·홍재성 외(공저), 외국인을 위한 한국어 교육의 방법과 실제. 제9강. 서울: 한국방송통신대학교 출판부.

Admoni, W.(1962): Über die Wortstellung im Deutschen. In: Moser, H.(hrsg.), Ringen um eine neue deutsche Grammatik. Darmstadt: Wissenschaftliche Buchgesellschaft. 376-380.

Admoni, W.(1970), Der deutsche Sprachbau. 3. Aufl. München: C. H. Beck'sche Verlagsbuchhandlung

Aikhenvald, A.(2000), Classifiers: A Typology of Noun Categorization Devices. Oxford: Oxford University Press.

Aikhenvald, A.(2007), Classifiers in multiple environments: Baniwa of Içana/ Kurripako - A North Arawak perspective. International Journal of American Linguistics 73:4. 475-500.

Akmajian, A., S. Steele & T. Wasow(1979), The category AUX in universal grammar. Linguistic Inquiry 10. 1-64.

Ameka, F. K.(2001), Ideophones and the nature of the adjective word class in Ewe. In: Voeltz, F. K. Erhard & C. Kilian-Hatz(eds.), Ideophones. Amsterdam:

John Benjamins. 25-48.

Andrew, A.(1985/2007), The major functions of the noun phrase. In: Shopen, T.(ed.), Language Typology and Syntactic Description. 62-150.

Andrew, A.(2007), Relative Clauses. In: Shopen, T.(ed.), Language Typology and Syntactic Description II. (Second Edition) Cambridge: Cambridge University Press. 206-236.

Anward, J.(2001), Parts of speech. In: Haspelmath, M., E. König, W. Oesterreicher & W. Raible(eds.). Language Typology and Language Universals. Berlin: Walter de Gruyter. 726-735.

Aronstein, Ph.(1925), Englishe Wortkunde. Leipzig: Teubner.

Baker, M.(2003), Lexical Categories. Cambridge: Cambridge University Press.

Barz, R. K. & A. V. N. Diller(1985), Classifers and standardization: Some South and South-East Asian compa- risons. In: Bradley, D.(ed.), Language Policy, Language Planning and Sociolinguistics in South-East Asia. Canberra: Pacific Linguistics. 155-184.

Bhat, D. N. S.(1999), The Prominence of Tense, Aspect and Mood. Amsterdam/ Philadelphia: John Benjamins.

Bhat, D. N. S.(2000), Word Classes and Sentential Functions. In: Vogel, P. & B. Comrie(eds.), Approaches to the Typology of Word Classes. Berlin: Walter de Gruyter. 47-64.

Bhat, D. N. S.(2004), Pronouns. Oxford: The Oxford Uni- versity Press.

Bhat, D. N. S.(2005), Third-person pronouns and demonstra tives. In: Haspelmath, M., M. S. Dryer, D. Gil & B. Comrie(eds.), The World Atlas of Language Structures. Oxford: The Oxford University Press. 178-181.

Birkmann, Th.(1987), Präteritopäsentia. Tübingen: Niemeyer.

Bisang, W.(1999), Classifiers in East and Southeast Asian languages: Counting and beyond. Trends in Linguistics Studies and Monographs 118. 113-186.

Blake, B.(1994), Case. Cambridge: The Cambridge Universty Press.

Boland, A.(2006), Aspect, Tense and Modality: Theory, Typology, Acquisition. Vol. 1. Utrecht: LOT.

Bolinger, D.(1980), Wanna and the gradience of auxiliaries. In: Brettschneider, G. & Ch. Lehmann (eds.), Wege zur Universalforschung: Sprachwissenschaftliche Beiträge zum 60. Geburtstag von Hansjakob Seiler. Tübingen: Gunter Narr. 292-299.

Breu, W.(1994), Interactions between lexical, temporal and aspectual meanings. Studies in Language 18. 23-44.

Brinkmann, H.(1971), Die deutsche Sprache: Gestaltung und Leistung. Düsseldorf: Pädagogischer Verlag Schwamm.

Brinton, L. J.(1988), The Development of English Aspectual Systems. Cambridge: Cambridge University Press.

Broschart, J.(2002), The characteristics of word classes from a crosslinguistic perspective. In: Cruse, D. A., F. Hundsnurscher, M. Job & P. R. Lutzeier (eds.), Lexilogie. Ein internationales Handbuch zur Natur und Struktur von Wörtern und Wortschätzen. Berlin: Walter de Gruyter. 662-674.

Brown, L.(2001), A Grammar of Nias Selatan. Sydney: University of Sydney.

Brown, R. & A. Gilman(1960), Pronouns of power and solidarity. In: Sebeok, T.(ed.), Style in Language New York: John Wiley & Sons. 253-276.

Bußmann, H.(1990), Lexikon der Sprachwissenschaft. Stuttgart: Alfred Kröner Veralg.

Bybee, J., R Perkins & W. Pagliuca(1994), The Evolution of Grammar. Chicago: The University of Chicago Press. 176-243.

Carlson, R.(1994), A Grammar of Supyre. Berlin: Mouton de Gryuter.

Chomsky, N.(1957), Syntactic Structures. The Hague: Mouton.

Chung, S. & A. Timberlake(1985), Tense, aspect, and mood. In: Shopen, T.(ed.), Language Typology and Syntactic Description III. Cambridge: Cambridge University Press. 202-257.

Churchward, C. M.(1953), Tongan Grammar. Oxford: Oxford University Press.

Comrie, B.(1976), Aspect. Cambridge: Cambridge University Press.

Comrie, B.(1981), Language Universals and Linguistic Typology. Oxford: Basil Blackwell.

Comrie, B.(1985), Tense. Cambridge: Cambridge University Press.

Conrad, R.(ed.)(1988), Lexikon sprachwissenschaftlicher Termini. Leipzig: VEB Bibliographisches Institut.

Craig, C. G.(1986), Jacaltec noun classifiers. In: Craig, C. G.(ed.): Noun Classes and Categorization. Amsterdam: John Benjamins. 263-293.

Craig, C. G.(ed.)(1986): Noun Classes and Categorization. Amsterdam: John Benjamins.

Creissels, D.(2000), Typology. In: Heine, B. & D. Nurse, African Languages. Cambridge: Cambridge University Press.

Crystal, D.(1980), A First Dictionary of Linguistics and Phonetics. London: Andre Deutsch.

Curme, G.(1931), Syntax: A Grammar of the English Language. London: Heath &

Co.

Cysouw, M.(2001), The Paradigmatic Structure of Person Marking. Oxford: The Oxford University Press.

Dahl, Ö.(1985), Tense and Aspect Systems. Oxford: Basil Blackwell.

Dahl, Ö.(2004), Tense. In: Booij, G., Ch. Lehmann & J. Mugdan, S. Skopeteas (eds.), Morphologie: ein internationales Handbuch zur Flexion und Wortbildung. Vol. 2. Berlin: Walter de Gruyter. 1180-1190.

Derbyshire, D. C.(1979), Hixkaryana. (Lingua Descriptive Studies, 1.) Amsterdam: North-Holland.

Devitt, D.(1994), Copula Constructions in Cross-linguistic and Diachronic Perspective. Buffalo, New York: SUNY Buffalo Dissertation.

Diller, A.(1994), Thai. In: Goddard, C. & A. Wierzbicka (eds.), Semantic and Lexical Universals. Amsterdam: John Benjamins. 149-170.

Dingemanse, M.(2011), The Meaning and Use of Ideophones in Siwu. PhD dissertation. Radboud University, Nijmegen. http://thesis.ideophone.org/.

Dingemanse, M.(2012), Advances in the cross-linguistic study of ideophones. Language and Linguistics Compass 6/10. 654 - 672.

Dixon, R. M. W.(1977), A Grammar of Yidiɲ. Cambridge: Cambridge University Press.

Dixon, R. M. W.(1982), Where Have All the Adjectives Gone? and Other Essays in Semantics and Syntax. (Janua Linguarum: Series Major 107.) Berlin: Mouton de Gruyter.

Dixon, R. M. W.(1986), Noun classes and noun classification in a typological perspective. In: Craig, C. G.(ed.), Noun Classes and Categorization. Amsterdam: John Benjamins. 105-112.

Dixon, R. M. W.(1994), Ergativity. Cambridge: Cambridge University Press.

Dixon, R. M. W.(2010), Basic Linguistic Theory. Vol. 2: Grammatical Topics. Oxford: Oxford University Press.

Dixon, R. M. W.(2012), Basic Linguistic Theory. Vol. 3. Oxford: Oxford University Press.

Doke, C. M.(1935), Bantu Linguistic Terminology. London: Longman.

Downing, B. T.(1978). Some universals of relative clause structure. In: Greenberg, J. H., C. A. Ferguson & E. A. Maravcsik(eds.), Universals of Human Language. Vol. 4. California: Stanford University Press. 375-418.

Dryer, M.(1995), Word order typology. In: Jacobs, J., A. v. Stechow, W. Sternefeld & Th. Vennemann(eds.), Syntax: An International Handbook of Contemporary

Research. Vol. 2. Berlin: Walter de Gruyter. 1050-1065.

Dryer, M.(2005), Order of subject, object and verb. In: Haspelmath, M., M. Dryer, D. Gil & B. Comrie(eds.), The World Atlas of Language Structures. Oxford: Oxford University Press. 330-333.

Dryer, M.(2007), Word Order. In: Shopen, T.(ed.), Language Typology and Syntactic Description Vol. 1. Cambridge: Cambridge University Press. 61-131.

Dryer, M.(2016), Negative morpheme. In: Dryer, M. S. & M. Haspelmath(eds.), The World Atlas of Language Structures Online, Chapter 112. (2016. 12.)

Duden(1998), Grammatik der deutschen Gegenwartssprache. 6. Aufl. Mannheim: Duden Verlag.

Elders, S.(2001), Defining ideophones in Mundang. In: Voeltz, F. K. E. & Ch. Kilian-Hatz(2001)(eds.), Ideophones. Amsterdam: John Benjamins. 97-110.

Engel, U.(1988), Deutsche Grammatik. Heidelberg: Julius Groos.

Engel, U. & H. Schumacher.(1978): Kleines Valenzlexikon deutscher Verben. Tübingen: Gunter Narr.

Erben, J.(1972), Deutsche Grammatik. München: Max Hueber.

Finkenstaedt, T., W. Herget, H. Neihaus & D. Wolff(1973), Ordered Profusion: Studies in Dictionaries and the English Lexicon. Heidelberg: Carl Winter.

Flämig, W.(1964): Grundformen der Gliedfolge im deutschen Satz und ihre sprachlichen Funktionen. Beiträge zur Geschichte der deutschen Sprache 86. 309-349.

Flämig, W.(1959), Zum Konjunktiv in der deutschen Sprache der Gegenwart. Inhalte und Gebrauchsweisen. Berlin

Foley, W. A.(1991), The Yimas Language of New Guinea. Stanford: Stanford University Press.

Fortescue, M.(1984), West Greenlandic. Kent: Croom Helm.

Fourquet, J.(1959): Strukturelle Syntax und inhaltbezogene Grammatik. In: Gipper, H.(hrsg.), Sprache - Schlüssel zur Welt. Düsseldorf: Schwann. 360-375.

Gabelentz, H. C. von der.(1861), Über das Passivum. Eine sprachvergleichende Abhandlung. Abhandlungen der philologisch-historischen Classe der königlichsächsischen Gesellschaft der Wissenschaft 3. 449-546.

Gair, J. W. & W. S. Karunatillake(2000), Lexical anaphors and pronouns in Sinhala. In: Lust, B. C., K. Wali, J. W. Gair & K. V. Subbarao(eds.), Lexical Anaphors and Pronouns in Selected South Asian Languages. Berlin:

Mouton de Gruyter. 715-773

Gazdar, G., E. Klein, G. K. Pullum & I. Sag(1985). Generalized Phrase Structure Grammar. Cambridge, Mass.: Harvard University Press.

Giridhar, P. P.(1980), Angami Grammar. Mysore: Central Institute of Indian Languages.

Givon, T.(2001), Syntax. Vol. 1. Amsterdam: John Benjamins.

Goursau, H. & Goursau, M.(1991), Europäisches Wörterbuch. München: Orbis.

Greenbaum, S. & R. Quirk(1990), A Student's Grammar of the English Language. Harlow: Longman.

Greenberg, J.(ed.)(1963), Universals of Language. Cambridge, Mass.: MIT Press.

Greenberg(1963), Some universals of grammar with particular reference to the order of meaningful elements. In: Greenberg, J. H.(ed.), Universals of language. Cambridge, Mass: MIT Press. 73-113.

Greenberg, J. H.(1972), Numeral classifiers and substantival number: Problems in the genesis type. Working Papers in Langauge Universals(reprinted in Greenberg, 1990: 16-93).

Greenberg, J. H.(1990), On Language: Selected Writings of J. H. Greenberg. (K. Denning & S. Kemmer(eds.)). Stanford: Stanford University Press.

Greenberg, J., Ch. Ferguson & E. A. Moravcsik(1978), Universals of Human Language. Vol. 1-4. California: Stanford University Press.

Haan, F.(2006), Typological approach to modality. In: Frawley, W.(ed.), Modality. Berlin: Mouton de Gruyter.

Haspelmath, M.(1990), The grammaticization of passive morphology. Studies in Language 14:1. 25-72.

Haspelmath. M.(1997), Indefinite Pronouns. Oxford: Oxford University Press.

Haspelmath, M.(2004), Coordinating constructions: An overview. In: Haspelmath, M.(ed.)(2004), Coordinating Constructions. Amterdam: John Benjamins. 3-39.

Haspelmath, M., M. S. Dryer, D. Gil & B. Comrie(eds.)(2005), The World Atlas of Language Structures. Oxford: Oxford University Press.

Haspelmath, M., E. König, W. Oesterreicher & W. Raible (eds.)(2001), Language Typology and Language Universals. Handbücher zur Sprach- und Kommunikationswissenschaft 20.1. Berlin: Walter de Gruyter.

Haspelmath, M., E. König, W. Oesterreicher & W. Raible (eds.)(2003), Language Typology and Language Universals. Handbücher zur Sprach- und Kommunikationswissenschaft 20.2. Berlin: Walter de Gruyter.

Havlik, E. J.(1991), Lexikon der Onomatopöien: Die Laut-imitierenden Wörter im Comic. Frankfurt a.M.: Zweitausendeins.

Hawkins, J.(1983), Word Order Universals. New York: Academic Press.

Heine, B.(1976), A Typology of African Languages Based on the Order of Meaningful Elements. (Kölner Beiträge zur Afrikanistik, 4.) Berlin: Dietrich Reimer.

Heine, B.(1989), Adpositions in African Languages. Linguistique Africaine 2. 77-127.

Heine, B.(1993), Auxiliaries: Cognitive Forces and Grammaticalization. Oxford: Oxford University Press.

Heine, B.(1997), Possession: Cognitive Sources, Forces and Grammaticalization. Cambridge: Cambridge University Press.

Heine, B.(2005), A Taxonomy of the Most Common TAM Categories in the Languages of the World. Mimeograph. Institute of African Studies. University of Cologne.

Heine, B., U. Claudi & F. Hünnemeyer(1991), From cognition to grammar: Evidence from African languages. In: Traugott, E. C. & B. Heine(eds.), Approaches to grammaticalization. Vol. 1. Amsterdam: John Benjamins. 149-187.

Heine, B., U. Claudi & F. Hünnemeyer (1991), Grammaticalization: A Conceptual Framework. Chicago: University of Chicago Press.

Heine, B. & T. Kuteva(2006), The Changing Languages of Europe. Oxford: Oxford University Press.

Heine, B. & K.-A. Song(2011), On the grammaticalization of personal pronouns. Journal of Linguistics 47:3. 587-630.

Helbig, G. & J. Buscha(1998), Deutsche Grammatik. Ein Handbuch für den Ausländerunterricht. Leipzig: Langenscheidt.

Hengeveld, K.(1992), Noun-verbal Predication: Theory, Typology, Diachrony. Berlin: Mouton de Gruyter.

Hewson, J. & V. Bubenik(1997), Tense and Aspect in Indo-European Languages. Amsterdam: John Benjamins.

Hinds, J.(1986/2001), Japanese. London: Routledge.

Hinton, L., J. Nichols & J. Ohala(eds.)(1994), Sound Symbolism. Cambridge: Cambridge University Press.

Hornby, A. S.(1954), A Guide to Patterns and Usage in English. Oxford: Oxford University Press

Hornby, A. S.(1974), Oxford Advanced Learner's Dictionary of Current English. Oxford: Oxford University Press.

Huddleston, R. & G. Pullum(2002), The Cambridge Grammar of the English Language. Cambridge: Cambridge University Press.

Hughes, G. (2000), A History of English Words. Oxford: Basil Blackwell.

Humboldt, W. von(1936), Über die Verschiedenheit des menschlichen Sprachbaues und ihren Einfluss auf die geistige Entwickelung des Menschengeschlechts. Berlin: Königliche Akademie der Wissenschaft.

Humboldt, W. von(1838), Über die Kawi-Sprache auf der Insel Java. Berlin: Königliche Akademie der Wissenschaft. Bd. 2.

Humboldt, W. von(1840), Über die Kawi-Sprache auf der Insel Java. Berlin: Königliche Akademie der Wissenschaft. Bd. 3.

Hutchisson, J. P.(1986), Suraurunga pronouns and the special uses of quadral number. In: Wiesemann, U. (ed.), Pronominal Systems. Tübingen: Gunter Narr. 1-20.

Im, Hae-Soon(1988), The usage of the second person singular pronoun YE as a polite form of address in Late Middle English. Eoneohag (Journal of the Linguistic Society of Korea) 9:1. 133-171.

Iwasaki, S. & P. Ingkaphirom(2005), A Reference Grammar of Thai. Cambridge: The Cambridge University Press.

Jespersen, O.(1924), The Philosophy of Grammar. London: Allen & Unwin.

Jespersen, O.(1933), Essentials of English Grammar. London: Allen & Unwin.

Kabuta, N. S.(2001), Ideophones in Cilubà. In: Voeltz, F. K. E. & Ch. Kilian-Hatz(eds.), Ideophones. Amsterdam: John Benjamins. 139-154.

Keenan, E.(1985), Relative clauses. In: T. Shopen(ed.), Language Typology and Syntactic Description II. Cambridge: Cambridge University Press. 141-170.

Keenan, E. & M. Dryer(2007), Passive in the world's languages. In: Shopen, T.(ed.), Language Typology and Syntactic Description I. (second edition). Cambridge: Cambridge University Press. 325-361.

Kilian-Hatz, Ch.(1999), Ideophone: Eine typologische Untersuchung unter besonderer Berucksichtigung afrikanischer Sprache. Habilitationsschrift der Universität zu Köln, Germany.

Kim, Yoo-Kang(1997), Pronouns and addressing in English: A Socio-historical study on you and thou. Sociolinguistics (Journal of the Sociolinguistic Society of Korea) 5:2. 173-190.

Kirkwood, H.(1969): Aspects of word order and its communicative function in

English and German. Journal of Linguistics 5. 85-107.

König, Ch.(2008), Case in Africa. Oxford: Oxford University Press.

Kroeger, P.(1993), Phrase Structure and Grammatical Relations in Tagalog. Stanford: CSLI Publications.

Krishnamurti, B.(2003), The Dravidian Languages. Cambridge: Cambridge University Press.

. Kulikov, L.(2011), Voice typology. In: Song, Jae Jung(ed.), The Oxford Handbook of Linguistic Typology. Oxford: Oxford University Press. 368-398.

Kunene, D.(1978), The Ideophone in Southern Sotho. Berlin: Dietrich Reimer.

Kuno, S.(1973), The Structure of the Japanese Language. Cambridge, Mass.: MIT Press.

Kuteva, T.(2001), Auxiliation: An Enquiry in the Nature of Grammaticalization. Oxford: Oxford University Press.

Langacker, R. W.(1991), Foundations of Cognitive Grammar. Vol. 2. Stanford: Stanford University Press.

Lehmann, C.(1984). Der Relativsatz. Tübingen: Gunter Narr.

Lichtenberk, F.(1983), A Grammar of Manam. (Oceanic Linguistics Special Publication 18.) Hawaii: University of Hawaii Press.

Lindstedt, J.(2001), Tense and aspect, In: Haspelmath, M., E. König, W. Oesterreicher & W. Raible(eds.). Language Typology and Language Universals. Handbücher zur Sprach- und Kommunikationswissenschaft 20.1. Berlin: Walter de Gruyter. 768-784.

Maduka-Durunze, O.(2001), Phonosemantic hierarchies. In: Voeltz, F. K. Erhard & Ch. Kilian-Hatz(2001)(eds.), Ideophones. Amsterdam: John Benjamins. 193- 203.

Martin, S.(1962), Phonetic symbolism in Korean. In: Poppe, N.(ed.), American Studies in Altaic Linguistics. Indiana: Indiana University Publications. 177-189.

Maslova, E.(2003), A Grammar of Kolyma Yukaghir. (Mouton Grammar Library, 27.) Berlin: Mouton de Gruyter.

McKnight, G. H.(1923), English Words and Their Background. New York/London: D. Appleton and Co.

Mcshane, M. J.(2005), A Theory of Ellipsis. Oxford: The Oxford University Press.

Newman, P.(1968), Ideophones from a syntactic point of view. Journal of West African Languages 5. 107-117.

Okell, J.(1969), A Reference Grammar of Colloquial Burmese. Oxford: The Oxford

University Press.

Onions, C. T.(1904): An Advanced English Syntax. London: Kegan Paul, Trench, Trubner & Co.

Palmer, F.(1986/2001), Mood and Modality. Cambridge: Cambridge University Press.

Park, Min-Sun(1984), The Thou-You distinction in Hamlet. Silla University Journal 16. 63-71.

Payne, D. L.(1986), Noun classification in Yagua. In: Craig, C. G.(ed.)(1986): Noun Classes and Categorization. Amsterdam: John Benjamins. 113-131.

Payne, J. R.(1985), Negation. In: Shopen, T.(ed.) Language Typology and Syntactic Description I. Cambridge University Press. 197‐242

Perlmutter, D. M. & P. Postal(1983), Toward a universal characterization of passivization. In: Perlmutter, D.(ed.), Studies in Relational Grammar 1. Chicago: University of Chicago Press. 1-29.

Pilot-Raichoor, C. & G. Lazard(2001), Le RIVALC et la revue actances. In: Haspelmath, M., E. König, W. Oesterreicher & W. Raible(eds.), Language Typology and Language Universals. Handbücher zur Sprach- und Kommunikationswissenschaft 20.1. Berlin: Walter de Gruyter. 344-359.

Pollard, C. & I. A. Sag(1994), Head-driven Phrase Structure Grammar. Chicago: University of Chicago Press.

Primus, B.(1999), Case and Thematic Roles. Tübingen: Max Niemeyer Verlag.

Pullum, G. K. & D. Wilson(1977), Autonomous Syntax and the Analysis of Auxiliaries. Language 53. 741-788.

Pustet, R.(2003), Copulas: Universals in the Categorization of the Lexicon. Oxford: Oxford University Press.

Quirk, R., S. Greenbaum, G. Leech & J. Svartvik(1985), A Comprehensive Grammar of the English Language. London: Longman.

Ramat, P.(1987), Introduction. In: Harris, M. & P. Ramat (eds.), Historical Development of Auxiliaries. Berlin: Mouton de Gruyter. 3-20.

Reichenbach, H.(1947), Elements of Symbolic Logic. London: Collier-Macmillan.

Reischauer, E. O.(1960), Chapter 10 of Reischauer, E. O. & J. Fairbank, East Asia: The Great Tradition. Boston: Houghton Mifflin.

Rhee, Seongha(1996), Semantics of Verbs and Grammaticalization: The Development in Korean from a Crosslinguistic Perspective. Seoul: Hankuk Publisher.

Rhie, Byong-Tschan(1987): Zu einer Typologie der Wortstellung. Language Research

23:3. 341-349.

Rhodes, R.(1994), Aural images. In: Hinton, L., J. Nicholes & J. Ohala(eds.), Sound Symbolism. Cambridge: Cambridge University Press. 276-292.

Rijkhoff, J.(2000), When can a Language have adjectives? Vogel, P. & B. Comrie(eds.): Approaches to the Typology of Word Classes. Berlin: Walter de Gruyter. 217- 257.

Sadock, J. M. & A. M. Zwicky(1985). Speech act distinctions in syntax I. In: Shopen, T.(ed.), Language Typology and Syntactic Description. Cambridge University Press. 155-196.

Samarin, W.(1965), Perspective on African ideophones. African Studies 24. 117-121.

Sampson, G.(1985), Writing Systems. Standford: Stanford University Press.

Sapir, E.(1921), Language. New York: Harcourt Brace.

Sasse, H.-J.(1991), Aspekttheorie. In: Sasse, H.(hrsg.), Aspektsysteme. Arbeitspapier des Sprachwissenschaftliches Instituts der Universität zu Köln. Nr. 14 (Neue Folge). 1-36.

Sasse, H.-J.(1993), Syntactic categories and subcategories. In: Jacobs, J., A. von Stechow, W. Sternefeld & Th. Vennemann(eds.). Syntax: An International Handbook. Berlin: Walter de Gruyter. 646-685.

Schachter, P.(1985), Parts of speech system. In: Shopen, T.(ed), Language Typology and Syntactic Description. Cambridge: Cambridge University Press. 3-61.

Schachter, P.(1977), Reference-related and role-related properties of subjects. In: Cole, P. & J. Sadock(eds.), Syntax and Semantics 8: Grammatical Relations. New York: Academic Press. 279-306.

Schachter, P. & T. Shopen(2007), Parts-of-speech systems. In: Shopen, T.(ed.), Language Typology and Syntactic Description I. (second edition). Cambridge: Cambridge University Press. 1-60.

Scheler, M.(1977), Der englische Wortschatz. Berlin: Erich Schmidt.

Schoenberg, I. E. & J. Maurer(2006), Focus on Grammar 1. New York: Pearson.

Schumacher, H.(1987): Ergänzungsklassen und Satzmodelle in einer Valenzgrammatik. In: Wörter, Schätze, Fugen und Fächer des Wissens. Theodor Lewandowski zum 60. Geburtstag. Tübingen: Gunter Narr. 133-156.

Seiler, H.-J.(2001), The Cologne UNITYP project. In: Haspelmath, M., E. König, W. Oesterreicher & W. Raible(eds.), Language Typology and Language Universals. Handbücher zur Sprach- und Kommunikationswissenschaft

20.1. Berlin: Walter de Gruyter. 323-343.

Senn, A.(1906/1966), Handbuch der litauischen Sprache. Heidelberg: Carl Winter.

Shipley, J.(1984), The Origins of English Words. Baltimore: The Johns Hopkins University Press.

Shopen, T.(ed.)(1985/2007), Language Typology and Syntactic Description, Vol. 1-3. Cambridge: Cambridge University Press.

Siemund, P.(2001). Interrogative constructions. In: Haspelmath, M., E. König, W. Oesterreicher & W. Raible(eds.). Language Typology and Language Universals. Handbücher zur Sprach- und Kommunikationswissenschaft 20.2. Berlin: Walter de Gruyter. 1010-1027.

Siewierska, A.(1984), The Passive: A Comparative Linguistic Analysis. London: Croom Helm.

Siewierska, A.(ed.)(1998), Constituent Order in the Languages of Europe. Berlin: Walter de Gruyter.

Siewierska, A.(2005), Passive constructions. In: Haspelmath, M., M. Dryer, D. Gil & B. Comrie(eds.), The World Atlas of Language Structures. Oxford: Oxford University Press. 434-437.

Soames, S. & D. M. Perlmutter(1979), Syntactic Argumentation and the Structure of English. Berkeley: University of California Press.

Sohn, Ho-min(1994), Korean. London: Routledge.

Sommerfeldt, K. E. & G. Starke(1992), Einführung in die Grammatik der deutschen Gegenwartssprache. Tübingen: Max Niemeyer.

Song, Jae Jung(2001), Linguistic Typology: Morphology and Syntax. London: Longman.

Song, Jae Jung(2011), The Oxford Handbook of Linguistic Typology. Oxford: Oxford University Press.

Song, Kyung-An(2002), Korean reflexives and grammaticalization. Sprachtypologie und Universalforschung 55:4. 340-353.

Steele, S.(1978), The Category AUX as a Language Universal. In: Greenberg, J. H., Ch. A. Ferguson & E. A. Moravcsik(eds.), Universals of Human Language. Vol. 4. California: Stanford University Press. 7-46.

Steele, S., A. Akmajian, R. Demers, E. Jelinek, Ch. Kitagawa, R. Oehrle & Th. Wasow(1981), An Encyclopedia of AUX: A Study in Cross-linguistic Equivalence. Cambridge, Mass.: MIT Press.

Stein, G.(1979), Studies in the Function of the Passive. Tübingen: Gunter Narr.

Steiner, G.(1979), The intransitive-passival conception of the verb in languages of the ancient Near East. In: Plank, F.(ed.), Ergativity: Toward a Theory of Grammatical Relations. New York: Academic Press. 185-218.

Stockwell, R. & D. Minkova(2001), English Words: History and Structure. Cambridge: Cambridge University Press.

Testelets, Y. G.(2001), Russian works on linguistic typology in the 1960-1990s. In: Haspelmath, M., E. König, W. Oesterreicher & W. Raible(eds.), Language Typology and Language Universals. Handbücher zur Sprach- und Kommunikationswissenschaft 20.1. Berlin: Walter de Gruyter. 306-322.

Thun, N.(1963), Reduplicative Words in English: A Study of Formation of the Types tick-tick, hurly-burly and shilly-shally. Uppsala: Carl Bloms.

Trubetzkoy, N. S.(1939), Grundzüge der Phonologie. Göttingen: Vandenhoek and Ruprecht.

Ultan, R.(1978), Some general characteristics of interrogative systems. In: Greenberg, J., Ch. A. Ferguson & E. A. Maravcsik(eds.), Universals of Human Language. Vol. 4. Califonia: Stanford University Press. 211-248.

Voeltz, F. K. E. & Ch. Kilian-Hatz(2001), Introduction. In: Voeltz, F. K. E. & Ch. Kilian-Hatz(eds.), Ideophones. Amsterdam: John Benjamins. 1-8.

Vos, F.(1964), Papers on Korean studies. In: Yamagiwa, J. K. (ed.), Papers of CIC Far Eastern Language Institute, The University of Michigan. Committee on Far Eastern Language Instruction of the Committee on Institutional Cooperation(Ann Arbor, Michigan).

Wajanarat, S.(1979), Classifiers in Mal(Thin). Mon-Khmer Studies 8. 295-303.

WALS = The World Atlas of Language Structure.(Haspelmath et al., 2005; http://wals.info/ 참조)

Weir, E. M. H.(1994), Nadëb. In: Kahrel, P. & van den Berg, R.(eds.), Typological Studies in Negation. Amsterdam: John Benjamins. 291-323.

Wiesemann, U.(ed.)(1986), Pronominal Systems. Tübingen: Gunter Narr.

[인터넷 사이트]

http://blog.daum.net/wingjindo/174
http://cafe.daum.net/bsikuze
http://findnamo.tistory.com/36
http://richway69.blog.me/220328816800
http://wals.info/ (Haspelmath et al., 2005 참조)
https://www.hu-berlin.de
https://en. wikipedia.org/wiki/Leonard_Bloomfield)

https://en.wikipedia.org/wiki/Vowel

https://ko.wikipedia.org/wiki/문자

https://ko.wikipedia.org/wiki/%EA%B5%AD%EC%96%B4%EC%9D%98_%EC%84%9
C%EB%B2%95

가정법 subjunctive
강조사 intensifier
격배당 case assignment
격변화 declination
결합가 valency
경험상 experiential
계사 copula
계열축 paradigm
곡용 declension
관계사 relativizer
기본문형 basic sentence patterns
기본어순 basic word order
기본형 basic form
기원법 optative
기준시점 reference time
능격 ergative
닫힌 체계 closed syatem
대용사 proform
도치태 inverse
명사분류체계 noun class system
모방적 어류 mimetic words
목적격 accusativ
미완결상 imperfective
발화시점 speech time
변화계열 paradigm
보문절 complement clause
보충어 complement
부가어 adjunct
부동사 converb
부정대명사 indefinite pronoun
부정부사 indefinite adverb
부치사 adposition
분류사 classifier
분석적 analytic
비과거 non-past

비유정성 inanimate
비정통적 non-canonical
비현실법 irrealis
사건시점 event time
사건의 국면 phase of activity
사격 oblique case
상 aspect
상중심 언어 aspect prominent language
상태동사 stative verb
생산성 productivity
서법 mood
서법중심 언어 mood prominent language
수량 분류사 numeral classifier
습관상 habitual
시제 tense
시제중심 언어 tense prominent language
쌍칭 dual number
양상 modality
양상조동사 modal auxiliary
어휘적 정보 lexical information
여격 dative
역수동태 antipassive
역접 adversative
연접 conjunction
열린 체계 open system
완결상 perfective
완료 perfect
원근성(시제) remoteness
유정성 animate
음성 상징 sound symbolism
의무 양상 deontic modality
의문 부가사 interrogative tag
의문 첨사 interrogative particle
의성의태어 ideophone
의성의태어 onomatopoeia

이접 disjunction
인식 양상 epistemic modality
자어 daughter language
자의성 arbitrary
접사 affix
접속법 conjunctive mood
접속표현 connective expression
접어 clitic
조동사 auxiliary
조어 parent language
종결상 conclusive
종료상 perfective
중간태 middle voice
직격 upright case
직설법 indicative
진행형 progressive
첨사 particle
총칭 generic
축소명사 diminutive
탈격 ablative

태 voice
통속 라틴어 Vulgar Latin
표준부정 standard negation
표지 marker
표현적 어류 expressive words
피동주 patient
학교문법 school grammar
합성적 synthetic
핵/핵어 head
핵어 전치 head initial
핵어 후치 head final
행동주 agent
행동주 중심 양상 agent-oriented modality
현실법 realis
화자 중심 양상 speaker-oriented modality
환치사 circumposition
활용 conjugation
호격 vocative
후치사 postposition

저자 소개

송 경 안

[학력 및 경력]
1973 광주고등학교 졸업
1977 전남대학교 사범대학 독어교육과(학사)
1979 서울대학교 대학원 독문과(석사)
1981 서울대학교 대학원 언어학과 박사과정 수료
1986 독일 보훔(Bochum) 대학교 언어학과(박사)

독일학술교류처(DAAD) 초청 유학(1980, 1985)
독일훔볼트재단 초청 연구(1992, 2002)
현재 전남대학교 독문과 교수

▌언어의 유형과 한국어 그리고 영어

초 판 1쇄 인쇄 2019년 1월 20일
초 판 1쇄 발행 2019년 1월 25일
저 자 송경안
펴낸이 이대현
편 집 박윤정
디자인 김보연
펴낸곳 도서출판 역락 | 등록 제303-2002-000014호(등록일 1999년 4월 19일)
주 소 서울시 서초구 반포4동 577-25 문창빌딩 2층
전 화 02-3409-2058(영업부), 2060(편집부) | 팩시밀리 02-3409-2059
전자우편 youkrack@hanmail.net | 홈페이지 http://www.youkrackbooks.com
ISBN 979-11-6244-232-6 93700